雍正大传

关河五十州
——作品

中国出版集团 现代出版社

目录

康熙临终前，允禩、允禵在朝野的声望均超过胤禛，康熙去世后，两集团也仍然是一股不小的政治力量，胤禛当然能感觉得到。在他眼中，允禩、允禵无异于两只虎，允禩又是其中最大的“虎”，要一起对付的话困难太大，而且还很危险，所以他只能先以宠信来笼络控制住允禩及其党羽，以免发生变乱。

每个皇帝都有他所认为的君臣之道，雍正的特别之处在于他一方面拥有令人莫测高深的帝王心术，并且也用这种心术驾御大臣，但另一方面又有着非常深情的一面。当雍正认识到年羹尧如此为他着想时，简直感动到有些语无伦次。他把年羹尧真心待他的这些事告诉给最信任也最亲近的允祥、隆科多，说一次就流一次眼泪。

雍正认为自古“一人得道，鸡犬升天”，贪官们贪得盆满钵满，亲戚们多少总能分得一点油水，另外还有一种平时以清官形象示人的伪清官，在沽名钓誉、假装清廉的同时，却放纵宗族亲友接收贿赂。在雍正看来，勒令贪官的亲戚帮助赔偿，并没有任何道义上的问题，反正你们以前从贪官那里得到的好处都不干净，现在不过是如数吐出来而已。

古代多有君主赏识和宠幸臣下的例子，但像雍正这样对待田文镜，平心而论是极为少见和难得的，他对田文镜说，他这样做，“不过叫你知道你主子（雍正本身出自正黄旗，所以才自称主子）为人居心，真正明镜铁汉，越发勉力小心就是了”。

第一章

高手从来都不是天生的

1716年秋天，戴铎从京城出发，前往福建出任知府，就在途经武夷山时，他遇到了一个行为古怪的道士，并立刻产生了与之交谈的兴趣。

在小说《红楼梦》中，开篇一出场的就是一僧一道，即癞头跣脚的癞僧、跛足蓬头的跛道。别看他们的形貌无法让人恭维，且举止怪异，疯疯癫癫，却神通广大，小说中的主要人物每到穷途困厄时，他们就会出来指点迷津或为之化解困境。

小说虽为虚构，却也反映了那个时代的一种观念，当时人们认为，很多仙道高僧就隐藏在民间，他们通常举止怪异，却能够先知先觉，预言人之祸福，指点命运玄机。戴铎对道士的兴趣就来自于此：既然眼前这位道士也极可能是个奇人异士，自然就能够洞悉许多关于未来的秘密。

在履任知府前，戴铎是京城清客。在《红楼梦》中，贾府常年养着一群文人，此即所谓清客。小说中有个叫詹光的清客，平时对贾宝玉父子百般奉承讨好，乃至丑态百出，但等到贾府失势，他就马上辞职离开了。《红楼梦》的作者曹雪芹显然很不屑于这类人，据考证，他给清客起名就多带有调侃之意，比如詹光音同“沾光”，意为沾主人家的光。

其实如果把清客单纯地看成一种用于谋生的职业，就没必要如此纠结了，更何况清客也分三六九等，既有詹光这样才质鄙陋，只能起个帮闲解闷作用的低等清客，也有颇具才能和眼光的上等清客。戴铎就是可以为幕主出主意的幕僚，他在主人家也有着相当的地位，出任福建知府即为幕主所荐。

戴铎要让道士算的，是幕主将来的前程如何。道士卜算之后告诉他：“乃是一个‘万’字命。”

“万”字命，就是说戴铎的幕主将龙飞九五，进入大内，成为至高无上的皇帝。戴铎听了大喜过望，但他一直到与道士分别，都没有把幕主的真实身份告诉对方：皇四子胤禛！

严苛的教育方式

话说康熙皇帝有一年微服出宫，见汉人卫某之妾长得漂亮，便召其入宫，大加宠幸。卫某也因妻而贵，简升为御前侍卫，他老婆随即给康熙生了个儿子，也就是胤禛。

这是野史中对胤禛身世的一段描写，按照其中的说法，胤禛并不是康熙的亲骨肉，而是“卫家儿”，生父为卫某。

相对于野史，正史中却记载得相当明确，胤禛于1678年诞生于宫中，生母为乌雅氏，满洲正黄旗人，胤禛是她生的第一胎男孩儿。可以用来驳斥“卫家儿”的另一个依据，是胤禛出生那年，正值康熙平定三藩之乱的关键阶段，吴三桂已在衡州称帝，从来不肯废于政事的康熙忙于打击三藩尚嫌精力不够，又有什么余暇跑到宫外去勾引别人老婆?

康熙十二岁大婚，在生育前几个子女的时候，他自己其实都还只是一个发育并不完全的少年，皇后和妃嫔们与他年岁相仿，在生理上也不成熟，这种情况下所结合生育的子女，往往在身体条件上先天就存在严重不足，缺陷很多，以至于再怎么精心护养也无济于事。康熙的头六个子女都是他在十八岁以前生养的，这些子女也都无一例外地在四岁以前就夭亡了。

胤禛诞生时，康熙已有了十个儿子，但能够健康成长的皇子只有胤禔、胤礽、胤祉三人，按照清代皇室规矩，皇子夭折，即不叙齿，也就是不再按年龄长幼在兄弟中排行，这样一来，胤禛便成了皇四子。

胤、禛二字在字典里都属于冷僻字，胤禛兄弟们的名字也一样，看上去怪怪的，这主要是因为他们一旦被起名，人人就都要避讳其名字，甚至于连同音也不行。清代著名词人纳兰性德本名纳兰成德，由于“成”与胤礽的礽（既可读“仍”也可读“成”）音同，所以只能改“成”为“性”。皇帝这么多子子孙孙，只能多从冷僻字中挑选，如此才能尽可能减少日常生活中因避讳而造成的不便。

胤字是辈字排行，康熙一共有三十五个儿子，得以叙齿的二十个皇子用的都是这个字。禛字按辞书解释是“以真受福”，表示康熙希望他能够对上天和祖宗真诚，以此得到福佑。

从胤禛及其兄弟们被起名那一刻起，就注定他们的人生将与普通人完全区分开来，但这并不是说他们能坐享其成，恰恰相反，他们从小就必须接受极其严格的皇家教育和训练。以胤禛为例，他自四岁起即入尚书房读书，学习满、汉文和以四书五经为主要内容的文化课程，同时接受骑射、游泳等军体课目的训练。

康熙一朝，宫廷中有很多服务于皇室的西方传教士。法国传教士白晋当年耳闻目睹，包括胤禛在内，所有皇子的老师都是精挑细选出来的饱学之士。胤禛先后师从的老师分别有顾八代、张英、徐元梦等，与胤禛关系最密切的顾八代官至礼部尚书，胤禛给他的评价是“品行端方，学术醇正”。讲授四书五经的张英、讲授满文的徐元梦也均官至大学士，白晋了解到，他们都是“翰林院中最博学的人，从青年时期就在宫廷里培养的第一流人物”。

就这样，康熙还不放心。他看到有些贵胄之家对儿孙过分娇惯，结果等这些儿孙长大成人之后，不是“痴呆无知”，就是“任性狂恶”，因此对皇子的学习抓得非常紧，不仅亲自检查学习情况，有时还审阅儿子们的文章乃至当面给他们讲解功课。

在康熙和老师们的严厉督促下，皇子们一天之内几乎没有任何时间可用于玩乐，他们从懂事起，唯一能够当作娱乐和消遣的项目，恐怕就是骑马、射箭和使用各种火器了，但那其实也是在学习，只不过是不看书罢了。

皇室这种严苛的教育方式，不仅把白晋看得瞠目结舌，认为“欧洲人无法办到”，就连很多大臣见了都叹为观止。清人赵翼有一次在朝中值早班，他在五鼓也就是凌晨四点钟左右入朝，那时候天还没亮，百官都未上朝，宫庭里只有几个打杂的在走动，赵翼自己也睡意未尽，就靠在柱子上打起了瞌睡。就在这时，他隐隐约约地看到有一盏白纱灯进入了隆宗门，一问，才知道是皇子们的早课已经开始了。

赵翼是从读书求功名这条路上走过来的，他自认为学习已很刻苦，但还不能起这么早，没想到皇子们居然天天如此，他为此深受触动，感叹：“本朝家法之严，皇子读书一事，已迥绝千古。”

十全十美的皇太子

胤禛九岁那年，首次随康熙“秋狝”，以后康熙几乎每年都会“秋狝”，每次也都要指令几位皇子侍行。

所谓“秋狝”，是在塞外与蒙古王公一道打猎。法国传教士张诚深得康熙信任，他曾先后八次随康熙或大臣出行蒙古和关外。在1691年的一次，康熙不但把胤禛等年龄较大些的皇子（胤禛此时已十四岁）带在身边，打猎时，还叫另外四个皇子随同前往，其中最大的十二岁，最小的才九岁。

在整整一个月里，皇子们风吹日晒，和康熙一起终日狩猎于草原，“他们身背箭筒，手挽弓弩，时而奔驰，时而勒马，显得格外矫健”。在那些天里，皇子们几乎每天都能捕获几只野味回来，就连最年幼的皇子甫一出手，也用短箭猎获了两头鹿。

狩猎只是形式，“非以从禽，实以行武”。提高骑射技能，培养吃苦耐劳的能力和锻炼意志，才是康熙执意让儿子们参与秋狝的真正目的所在，当然，他所希望的还远不止于此。

秋狝名为狩猎，其更大的意义是为了密切与蒙古王公的关系，用以加强北方边防。1691年那次，康熙在关外最重要的活动就是举行多伦会盟，在会盟中他成功地调解了蒙古各部的纷争，并慑服众心，彻底解决了蒙古游牧民族对中原的威胁。

胤禛在侍行过程中亲眼见证了康熙的作为，他发自内心地对父亲表示钦佩：“一人临塞北，万里息边烽。”对于康熙来说，让胤禛等人通过观察揣摩，提高处理政事的能力和获得一些经验，无疑是他带儿子们出塞的一个重要意图。

所有良苦用心都没有白费。1697年，胤禛二十岁，在这一年，法国传教士白晋得知皇子们在学业上进步极快，别说胤禛，就连年龄最小的皇子也已学完四书中的前三部，并开始学习最后一部。1707年，胤禛三十岁，皇子们大多除学业大进，还通过随皇父巡阅四方以及奉命参与社会活动，在增长见识的同时，拥有了“进得书房，出得厅堂”的自信。

康熙望子成龙，但他万万没有想到，正是这些逐渐成器的儿子，却给他的晚年生活带来了无穷困扰。

事情还得从立储说起，与中原王朝的嫡长子继承制不同，满人原本的习俗多为传爱传少，而且他们在入关之前也没有建立相应的储君制度。入关后清代的第一个皇帝顺治能够即位，乃是各派政治势力交锋过程中相互妥协的结果。

顺治在位时，按照传爱传少的传统，曾有立爱妃董鄂妃所生之子为太子的打算，但这个孩子出生三个月后就死了，不久董鄂妃也得病去世。福临伤心欲绝，自此便再未立储，待到顺治临终弥留之际，才由孝庄太后做主立康熙为皇太子，所以史书上说，假使董鄂妃母子尚在，“母爱子抱，神器恐非圣祖（指康熙）所能有”，江山就不一定是康熙的啦！

当年顺治即位，不过是个六岁幼童，实权完全操于摄政王多尔衮之手。康熙登基时，也仅有八岁，须由四大臣辅政，四大臣中的鳌拜独擅大权，使得康熙形同傀儡。顺治父子均不甘于充当泥塑木偶，两人都对架空他们的人恨得牙痒痒，亲政后不约而同地展开反击：顺治毫不客气地剥夺了多尔衮的一切封号，甚至下令毁墓掘尸；康熙设计逮捕鳌拜，并将其予以禁锢。

毫无疑问，顺治父子都不希望曾经发生在自己身上的悲剧重演，顺治欲立董鄂妃之子为太子，康熙自然也会做这方面的考虑，尤其他在除掉鳌拜后，三藩之乱又起，政局动荡不安，出于安定人心的需要，建立储君变得更加势在必行。

康熙是个深受汉文化熏陶，同时对汉文化也相当推崇的君主，他认识到，要想“垂万年之统，系四海之心”，就必须摈弃过去传爱传少或不立储君的习惯，学习中原王朝的嫡长子继承制。

众皇子中，胤禔是长子，可他是庶妃所生，在清代宫室中，庶妃是指地位很低、没有正式封号的妃嫔，这样胤禔就先被排除在外。皇次子胤礽比胤禔小两岁，他是康熙的原配妻子孝诚仁皇后的儿子，足称“嫡长子”。除此之外，还有更深一层的背景，孝诚仁是辅政大臣索尼的孙女，索尼没有附和鳌拜擅权之举，后来又领衔奏请康熙亲政，孝诚仁也因此备受康熙宠爱。不幸孝诚仁皇后刚生下胤礽就难产死了，这种痛心与怜惜互相交织的感情，使得康熙在自己二十二岁时，就决定立尚不满两周岁的胤礽为太子。

“朕为上天之子，朕所仰赖者，惟上天所倚信者，惟皇太子”。自胤礽被册立后，康熙寄予了无限期望，对他的关注和关心也远超过其他皇子。白晋在给法国国王路易十四的一份秘密报告中透露，康熙的主要培养对象就是皇人子胤礽。

自胤礽六岁进学，康熙就专门为他挑选老师，胤礽的老师熊赐履、汤斌等人都是康熙朝著名的理学家。康熙自己平时不管政务多么繁忙，都要抽出时间来亲自给胤礽讲四书五经，有一个阶段，甚至在每天临朝御政之前，还要让胤礽当着他的面，将前一天所授的功课内容背诵复述一遍，直至熟记和融会贯通为止。

错误的轨道

表面看来，胤礽并没有让乃父失望。他八岁时，朝鲜使臣来华，带回国的消息是未来的中国皇位继承人既能背诵四书五经，又能左右开弓地射箭，具备着同年龄段儿童所普遍不具备的素养。

成年后，胤礽更是显得才华横溢，他不但熟读诗书，通晓满汉文字，而且娴习骑射，康熙称赞他“骑射、言词、文字，无不及人处”。作为一个常居宫中的外国神父，白晋这样描述那时人们印象中的胤礽：“他那英俊端正的仪表，在北京宫廷里同龄的皇族中，是最完美无缺的。他是一个十全十美的皇太子，以至在皇族中，在宫廷中，没有一个人不称赞他。”

可惜，世上许多看似完美无缺的事物往往都经不起仔细推敲，金玉其外、败絮其中的现象也屡见不鲜。置身于一片赞美声中，胤礽很早开始就已经变得飘飘然，乃至无心于学业，一心只想着以后如何继承皇位。他十三岁时，大臣董汉臣上疏，内有“谕教元良”的陈情，就是请皇帝注意太子的教育，这表明胤礽至少在学习态度上已大不如前。康熙看到奏疏后，却根本没有想一想自己儿子的问题，而是认为老师不称职，胤礽的老师汤斌、耿介因而获咎，耿介被罢官，汤斌不久病死。

由于康熙的偏爱护短，皇太子不但没能从错误的轨道上及时醒悟过来，反而随着年龄的增长，胃口和欲望不断扩大，开始越来越热衷于对权力的追逐。

古代宫廷本就是个权斗的大舞台。康熙是现在的老皇帝，来日无多，早晚归西，太子是未来的新皇帝，如日中天，前景灿烂，这么一看，很多人都悄悄地把筹码放在了胤礽一头。领侍卫大臣索额图系前辅政大臣索尼之子、胤礽的叔舅公，由他主持，围绕在太子周围的拥护者逐渐形成了一股庞大势力，此即所谓“太子党”。

康熙那么聪明的一个人，不可能察觉不出太子党的蛛丝马迹，但他仍和处理董汉臣的上疏一样，没有对胤礽及太子党采取任何预防措施。康熙的这种态度和做法，在纵容胤礽的同时，也让部分皇子及臣工从中读出了似是而非的信号，即老皇帝其实是允许大家各自拥有势力的。

在成年皇子中，胤禔岁数最大，“嫡长子”只缺一个“嫡”字。如果拿白晋“完美无缺”的标准来衡量，胤禔也与胤礽不相上下。据白晋说，胤禔不仅英俊聪明，才华横溢，“有许多优秀品质和极好的天性”，而且“皇帝十分宠爱这位皇子”。能够对此加以佐证的是，康熙两次亲征噶尔丹，胤禔都担任了重要军务；内政方面，康熙巡视永定河堤时，他还曾受命负责疏浚河道。可以说，在众皇子中，胤禔是独立从事政务活动最多的一个，连太子都有所不及。

见胤禔有不服太子乃至挑战太子权威的心理基础和条件，有人便借此乘虚而入。大学士明珠是皇长子胤禔的舅父，他为帮助胤禔，联络一部分重要朝臣与太子党对立，两派展开明争暗斗。康熙发现后，再不可能置之不问，为稳定皇太子的地位，1688 年，他下旨罢斥明珠，从而结束了两派之间的竞争。

只惩治明珠，说明康熙还没有意识到，或者说不愿意正视问题的实质所在。此后，胤礽的权势与日俱增，也越发不知收敛。索额图负责制定的关于太子的制度，使胤礽所拥有的规格几乎与皇帝相同：服装皆用黄色，要知道黄色可是皇帝的专用颜色；每年元旦、冬至等节日，胤礽在东宫升座，诸王百官须排班朝贺，进表笺，行二跪六叩首礼。

胤礽的“礼制逾常”之举，显示着储权已逐渐与皇权形成了对立，但由于父子感情尚未破裂，所以康熙继续选择了忍而不发。直到 1690 年 8 月，康熙第一次亲征噶尔丹，出兵之后，因感觉身体不适，不得不回师京城，途中他想念胤礽，特将他召至行宫相见。

病中的康熙形容消瘦，身体憔悴。按照道理，看到老父这种样子，做儿子的不说当场落泪，也应该很伤心难过才是，可是令康熙备感失望和心酸的是，胤礽在见到他时竟没有一丝一毫的哀容——居然连装一下都做不到！

康熙内心受到了沉重打击，他当即让胤礽先回京师，父子感情至此出现了裂痕，也就是从这个时候起，康熙开始重新审视他这个儿子。

真是不看不要紧，一看吓一跳，他这才知道，原来胤礽早已养成了奇骄至奢、贪得无厌的毛病，而且性格乖戾暴躁，十三岁时，就有人说太子“刚愎喜杀人”，成人后更有凌虐宗亲贵胄、朝中大臣的事发生，有时甚至鞭挞王爷贝勒。

除此之外，胤礽并不安于皇太子之位，企图早日登极之心迫切，这也就能够解释当他面对病中的康熙为什么会无动于衷了。白晋后来得知，在那次胤礽来见康熙时，胤礽的一些随从“甚至流露出一些喜色”，原因就是他们“希望自己的主子能早日登上皇帝宝座”。

老皇帝活着的时候，是否可以提前交权给新皇帝？翻阅史书，倒也不乏其例，比如南宋时，宋高宗在盛年时主动禅位给皇太子，自称太上皇。有一次，康熙也对胤礽说：“朕将来要把政事都交给你，然后找个山水佳处另行居住，以优游养性，只要能时常听到你的名字就行了。”

问题是，这种禅让的打算只可能发生在父子感情未恶化之前，之后你还放心把祖宗留下的基业和自己拼命打下的江山，提前交到他手中吗？

蠢蠢欲动

尽管已经认识到了事情的严重性，对于胤礽也“心眷爱稍衰”，但康熙始终不肯承认，正是自己不分轻重的骄纵和溺爱，才使胤礽变成了如今这种样子，他仍像过去一样，一厢情愿地认为全是胤礽身边人的错，只要对这些人做出严厉处分，胤礽就可能幡然悔悟，改过自新。

1697 年，康熙以“私在皇太子处行走，甚属悖乱”为名，将胤礽身边的膳房人、茶房人或处死，或拘禁家中。次年，为了让胤礽产生危机感，他又授诸子以世爵，授大皇子胤禔、三皇子胤祉为郡王，授四皇子胤禛以下四名皇子为贝勒。这些世爵封号均非徒有虚名的空衔，而是各自都能分到若干佐领，也能参与政务。

可是康熙的这一系列措施并没有能够完全起到他意想中的作用和效果。处死胤礽身边人事件和授爵，只是使太子党和太子地位受到削弱，但胤礽依然故我，贪财好利、暴戾不仁的坏毛病一个没改，连随康熙南巡期间都不知遮掩。1705 年，胤礽随康熙南巡至江宁，因江宁知府陈鹏年供奉比较简单，胤礽恼怒之下，竟要将其处死，后经人援救，陈鹏年才得以幸免。

与此同时，胤礽和康熙之间的父子关系也没有得到改善。受封的皇子们若单就文武兼备的才能而言，几乎个个都不差，以前胤礽被封太子，因为系皇父所封且权势显赫，多数人都只能把各种羡慕忌妒恨的念头藏在心里，安分守己地过着日子，现在一看胤礽失势，而自己突然受封，似乎又有取东宫之位而代之的希望，于是其中的几个兄弟便蠢蠢欲动起来。

最起劲的是周围曾聚集着以明珠为首的派别，有能力与太子分庭抗礼的大皇子胤禔。此次皇子授爵，胤禔被封直郡王，三皇子胤祉虽然也同时被封郡王，但不久就因罪被降为贝勒，所以在众兄弟之中除太子，以胤禔的爵位为最高。如此种种，令胤禔认为自己取代胤礽的希望最大，他迷信厌胜术（民间一种用诅咒来加害他人的巫术），在访得胤祉的下人、牧马厂蒙古喇嘛巴汉格隆会厌胜术后，他便将巴汉格隆请来“施法”，指望以此咒死胤礽。

其次是八皇子胤禩。胤禩也是深受康熙喜爱的皇子，年方十八岁即被授予贝勒，是封爵皇子中年龄最小的一个。当年康熙倡导仁政，胤禩即以仁爱自励，同时他在南方士人中也享有很好的声誉，名士何焯在胤禩府中侍读，后因丁忧返回原籍，胤禩不仅多次给何焯写信，嘱其节哀，还委托何焯的弟弟在南方帮他采购图书。事情传开后，“文士都说胤禩极是好学，极是好王子”。

回过头来看，胤禩好学和喜欢招贤纳士可能是真的，仁爱却未必，因为他像胤禔一样觊觎储位，也一样不择手段地想弄死自己的兄长。京城里有个叫张明德的相师，被人荐到胤禩府中看相，他先夸胤禩是“贵相”，接着说“皇太子暴戾，若遇我，当刺杀之”，同时还吹嘘自己有十六个武艺高强的好友，只要招来一两个就能刺死太子。

如果张明德不是得知了什么风声，或是通过察言观色了解了胤禩的心思，他怎么敢当着胤禩的面说这种话？果然胤禩听了不但不表示惊讶或愤怒，反而还很高兴，过后又把张明德的话转告给了与之交厚的弟弟胤禟、胤禵。

除了企图暗杀胤礽，那段时间，很多皇子都和王公联合起来对胤礽进行揭发。关于胤礽品行不端的材料越来越多，连朝鲜使臣都从中了解到不少，比如胤礽“多受贿赂”“沉耽酒色”“事事牟利”等。这其中最令人震惊的是，胤礽居然还有乱伦和养娈童的行径，康熙知道后很是气愤，坦承自己平时从不允许宫外的妇女随意出入宫内，也不让容貌姣好的少年随侍左右，谁知儿子却如此变态，实在是想不到，“今皇太子所行若此，朕实不胜愤懑”。

发现太子成为众矢之的，地位不稳，康熙似乎也流露出了易储意图，太子党的智囊团首领索额图便怂恿胤礽先下手为强，发动政变。不料事情泄露，康熙先发制人，传令刑部将索额图及其党人尽行拘捕，罪名是“议论国事，结党妄行”。

康熙认为正是索额图挑拨离间和怂恿，才使他和胤礽父子离心离德，如果不是自己及早察觉，甚至可能酿成政变，因此对索额图切齿痛恨。索额图被捕后不久就神秘地死于狱中，但康熙余恨未消，多年后仍说“索额图诚本朝第一罪人也”。

戒急用忍

随着索额图的死，太子党烟消云散，康熙并没有真的易储，胤礽也仍然以太子的身份随侍皇父外出巡幸。一切似乎都重新归于平静，然而这只是表象，实际情况却是父亲猜忌儿子，儿子怨恨父亲，他们之间的关系更趋恶化。

1708 年夏天，康熙巡行塞外避暑，命胤礽等皇子随行。其间，一到晚上，胤礽就围着康熙的帐篷转，从帐篷的缝隙中窥视皇父的动静，康熙发现后，怀疑胤礽是想为索额图复仇，继续策划政变。

康熙八岁登基，十四岁亲政，此后经历过无数的惊涛骇浪，但他从来没有设想过，自己最疼爱的儿子会给自己造成致命威胁，这使他简直有一种防不胜防之感——“朕未卜今日被鸩，明日遇害，昼夜戒慎不宁”。

思前想后，康熙不得不痛下决心。返程路上，他突然在行宫前召集诸王大臣，然后命令胤礽跪下，接着便老泪纵横地公布了皇太子不仁不孝的各种罪状，末了说：“朕之天下，断不可以付此人！”说完痛哭倒地，大臣们急忙上前将他扶起。

稍稍稳定心神后，康熙宣布皇太子胤礽没有资格接受祖宗创立的基业，将其废黜并加监禁，“乘朕身体康健，定此大事，著将胤礽即行拘执”。废立太子关乎国本，本应到京城祭告天地后再宣之于众，康熙如此急行废黜，是因为他觉得自己对于皇太子的劣行已经容忍了二十年之久（从胤礽十三岁时，胤礽的老师汤斌、耿介获咎算起），到了忍无可忍，无法再忍的地步。

康熙不知道的是，太子一废，才算真正拉开了皇室纷争的序幕，包括四皇子胤禛在内的其他皇子全都被卷入了这场旋涡之中。

胤禛曾经一再强调，自己从小受乃父异眷，是由康熙亲自抚养长大的，而其他兄弟则多托人视养，因此从小其他兄弟就对他很敬爱。胤禛这么说，并非是在没有根据地信口胡吹，内务府总管马武侍候康熙五十年，他就负责照应幼小的胤禛，而且“抱持服侍，备极小心”。胤禛儿时也很受康熙喜爱，据说他八岁那年得了一场病，其时康熙正在秋狝，闻讯一昼夜就赶回京城探视。

只是随着年岁增长，胤禛在皇父心目中的位置开始悄然下降。野史中说是因为他嗜杀外国进贡的小白鼠，而康熙素来宽厚仁慈，发现后对他日益嫌恶疏远。胤禛受到皇父冷落，脾气发作，便干脆离家出走，在外面待了一段日子。

关于胤禛嗜杀小白鼠的事，正史中无此记载，而且皇子与普通人家的孩子不同，不是想出宫就能出宫，但这个故事还是揭示出了其中的一个实情，那就是在胤禛逐渐长大后，康熙确实不太喜欢他了。

不喜欢的明显迹象来自皇子授爵，胤禛虽被封为贝勒，但受封郡王的胤祉只比他年长一岁，同时比他小三岁的胤禩也封了贝勒。胤禛不能被封王的原因跟小白鼠毫无关系，而是康熙发现他从幼时开始就有两个缺点，一是性格急躁，“为人轻率”，二是“喜怒不定”。有此两点说明胤禛平时遇事不沉着，情绪起伏大，容易说过头话，办过头事，这显然不符合康熙对于皇子的要求。

大约在授爵的前几年，康熙便训诫胤禛遇事务必“戒急用忍”，避免“喜怒不定”。胤禛当即将“戒急用忍”四字书写出来，置于居室，以便朝夕观览，他这么做倒不仅仅是为了迎合或敷衍皇父，而是确实认识到了自己的缺点并想予以改正。

在以后很长的一段时间里，胤禛都能依靠坚忍的毅力来锻炼自己，竭力克服身上所存在的毛病。他自云少年时就喜欢阅读佛家典籍，成年后不但更事研讨，而且还雇人代自己出家，拥有所谓的替僧。有人认为，禅学在胤禛性格修炼的过程中也确实起到了很大作用。

三十岁后的胤禛做事虽然仍非常感性，但一般情况下，都表现得城府极深，喜怒不形于色，也很少犯急躁和感情用事的毛病。他自己总结道：“经历世故多年，所以动心忍性处实不寻常。”如果引为教育学的案例，他和胤礽恰是一正一反，一个生来脾气急躁，控制不住自己的情绪，因为批评和周围环境的压力，有了脱胎换骨式的变化和进步；另一个原本可能没有急躁之病，但在长辈的溺爱和鲜花掌声中逐渐迷失方向，反而变成了一个乖戾暴躁的人。

皇子们成年后，康熙主要把精力放在胤礽等人身边，对胤禛关注不多。就在废黜太子的这一年，他在对儿子们进行点评时，又老话重提，说胤禛“喜怒不定”。在康熙可能就是这么一说，但胤禛意识到如果不改正皇父的这一评价和成见，对自己的影响将会非常之大——当时官场上考核官员有一条标准，叫作“浮躁”，倘若哪个官员得到这样的评语，官往往就做不成了。官员尚且不能浮躁和喜怒不定，一个皇子岂能连官员都不如?

他急忙启奏道：“当初听到皇父关于我‘喜怒不定’的训诫时，我深感惭愧，不过此后一直反省并改正着错误。这十余年来，性格已经基本稳定，居心行事也不像幼时那样忽喜忽怒了，所以皇父您也未就这方面再批评过我。鉴于‘喜怒不定’四字关乎我的生平，请皇父不要将这一谕旨记载在档案里。”

康熙听后回想了一下，觉得确如胤禛所言，于是传谕：“十余年来，实未见四阿哥有喜怒不定之处，此语（即‘喜怒不定’）不必记载。”

探测器

太子废黜事件发生时，胤禛没有随康熙出巡，他和胤禩奉命“在京办理事务”。

从前因为胤礽储君的地位，胤禛对其十分恭敬，但胤礽根本不把他放在眼里，对之非常轻视鄙薄。如今胤礽一变而为阶下囚，胤禛就算不借机报复，只是坐而观之，于情于理也都说得通，然而就在多数兄弟幸灾乐祸，全都忙着对胤礽落井下石的时候，胤禛却一反常态，表现得十分着急——不是急着要继续把胤礽往深坑里推，而是为太子将另易他人而不安。

胤禛和胤礽的关系虽然一般，但至少不对立，而且两人已有君臣名分，以后胤礽做了新皇帝，就是待胤禛再不好，也坏不到哪里去。胤禔、胤禩受父亲喜爱，地位明显超过胤禛，胤礽被废，新太子既轮不到他胤禛，他和胤禔、胤禩的关系也不密切，太子换人后，又需要建立新的君臣关系，这对他并没有好处。

在自身与储位无关，连替补都难以指望的情况下，胤禛自然不愿意出现新太子。与此同时，虽然大家都觉得胤礽已无翻身之日，但胤禛隐隐察觉出其中似乎还有变数：要是父亲突然改变主意呢？到时太子依旧是胤礽，自己在其倒霉的时候帮助他，无异于进行了一笔所费不多，然而收效可能很大的感情投资。

是不是可以帮胤礽说话，康熙的态度无疑举足轻重。在康熙一行返京途中，废太子胤礽本由胤禔看守，回京后，康熙除下旨将胤礽继续予以拘禁，规定未经许可，不准他与任何人见面，还命胤禛与胤禔共同看守。

此时康熙对废太子的态度其实很矛盾，他始终自欺欺人地希望胤礽只是被周围人所蛊惑，甚至是因为脑子一时糊涂才干出了蠢事。在这种心理支配下，他自己固然可以对废太子生杀予夺，但其他人要想对胤礽不利，实际是他内心非常不愿意看到的。

胤禔在出巡和返京途中，受康熙之命担负保驾和看守胤礽之责，由此给他造成了一个很大的错觉，即以为自己已是未来储君的最佳人选。由于过于兴奋，他根本未体察到康熙复杂的内心世界，只是一心想着如何尽快弄死胤礽。康熙心思敏锐，岂能看不出来，他立刻对胤禔失去了好感。在行宫宣布废黜太子时，针对朝臣中有人猜测胤禔是否能当太子，他明确表示"并无欲立胤禔为皇太子之意"，而且指出胤禔"秉性躁急愚顽"，没有资格做皇太子。

早在返京时，康熙就已安排亲信侍卫直接看管胤礽，回京后让胤禛参与看守，也未尝没有牵制和提防胤禔的考虑。接到看守任务后，胤禛亲自给关在牢房中的废太子送去了一碗羹汤。门卫或许是受到过相关的嘱咐或暗示，对此加以阻止，胤禛推开门卫，一边走一边说："我只知道尽兄弟之情，不知道顾及什么个人的利害得失！"

这件事自然很快就被奏报给了康熙，康熙不但没有不高兴，还对胤禛的行动颇为赞许。一碗羹汤犹如探测器，让胤禛进一步确认康熙对于废太子只是恨铁不成钢，而绝没有要置之于死地的打算，保护废太子的正当利益，对自己有益无害。

康熙回京后，亲自撰写祭告天地太庙社稷的文书，说明废黜太子的原因，写完了他让人拿给胤礽看。胤礽虽处绝境，态度倒还很倔强，说："我的皇太子之位本就是皇父给的，皇父要废就废，何必告天？"胤禔把这个话转奏给康熙，康熙大为恼火："做皇帝是受天之命，这样大事，怎能不告天，胤礽如此胡说，以后他的话不必上奏了！"

胤禔将此谕旨传达给胤礽，胤礽知道胤禔对他不怀好意，如果父亲盛怒之下真的对他不闻不问，自己的境遇极可能更为糟糕，于是连忙请胤禔替他传话："皇父若说我别样的不是，事事都有，只弑逆的事，我实无此心，须代我奏明。"

胤禔正为胤礽又一次掉到沟里感到高兴，哪肯给他帮忙，当即便以皇父已有旨意在先为由，严词厉色地加以了拒绝。

弄巧成拙

胤禛虽不愿意胤禩当新太子，但为了避免将来吃亏，他同胤禩一派也保持着若即若离的关系，胤禛的门客马尔齐哈作为双方的联络人，与胤禩一直往来密切。

这时除了胤禛，胤禩一派皇子也或多或少地看出，康熙对废太子尚留有余地。依附于胤禩的九皇子胤禟对胤禛说："这件事关系重大，我们似乎还是应该代奏才是。"胤禛完全同意："九阿哥你说得对，即使我们因代奏得了不是，也该替他（胤礽）奏明。"

两个人去找胤禔商量，可是胤禔仍不肯答应代奏，胤禛见状便下决心说："你不奏，我就奏。"

胤禔拗不过，只得同意代废太子陈奏。康熙听后说你们奏得对，下旨把套在胤礽脖子上的锁链给拿掉了。

代奏一事，对康熙和废太子之间的感情疏通起到了积极作用，虽然只有废太子是直接的受益者，却间接让胤禛在康熙面前赢得了好感，除此之外，胤禛的仗义直陈，也给众人留下了重兄弟义气，敢讲实话的良好印象。

对于废黜太子，康熙的感受完全可以用一句"打在你身，痛在我心"来形容。自将胤礽废立拘禁起，一连六天，他都辗转反侧，整夜整夜地失眠，到了第七天，他谕告群臣，说胤礽的种种举动，"竟类狂易之疾，似有鬼物凭之者"，也就是他认为胤礽其实是中了邪，而不是本心有什么问题。

康熙此语既是在为胤礽开脱，显然也是因为他实在无法接受残酷的现实，而必须找个名目让他自己得到安慰。如果胤禔能静下心来，仔细揣摩一下，不难领悟得到，只可惜这位大皇子已被争储斗争弄得头脑发昏，哪里还能想到这一层？

不过鉴于康熙明确表示不会立他为太子，胤禔在失望之余，便转而支持亲近自己的人当太子。

按照清宫制度，为了避免母子关系过于亲密，从而联合起来有所企图甚至谋求皇位，后妃生了孩子后，必须交给另外的后妃去抚养，即亲生的母亲不能直接抚养亲生的儿子。胤禩儿时为胤禔生母惠妃所抚养，两人由此结纳，早在太子被废黜之前，他们便联合起来共同对付太子，胤禩接受相面等府中秘密，胤禔也都知道。

胤禔向康熙保荐胤禩为太子，为了打动康熙，他竟然把张明德为胤禩相面，说胤禩“后必大贵”的事都和盘托出，并且自告奋勇可以充当处死胤礽的干将，“今欲诛胤礽，不必出自皇父之手”。

康熙知道胤禔对胤礽有敌意，但尚未料到他的杀心如此之重，不由又惊又怒，当场痛斥胤禔“不谙君臣大义，不念父子至情”，是“乱臣贼子，天理国法，皆所不容”。

胤禔的话让康熙变得无比沮丧。他不仅是对胤禔彻底失望，还因为从中意识到胤禩也参与了这场储位之争，而且很可能已与胤禔联合，密谋“聚集党羽，杀害胤礽”。

在废黜胤礽，对胤禔又失去好感的情况下，康熙确曾一度寄望于胤禩。废黜皇太子的第四天，他即让胤禩署理内务府总管，负责对前任内务府总管凌普进行审查。

凌普是胤礽乳母的丈夫，康熙任用他，是出于对胤礽的溺爱，方便胤礽指使内府下人和使用宫中财物，结果凌普便也借着太子的势力多行贪婪不法之事。胤禩接任内务府总管，是皇家出现重大事情时的非常任命，总管人选都得是皇帝信得过的才行。对胤禩而言，不仅是一种荣耀，也是他进一步获得储位的信号和机会。

胤禩在太子被废之前，恨不得找人刺杀兄长，负责审查牵涉到胤礽的案件后，却又想在大庭广众之下收买人心，以突出自己的仁爱和肚量。为此，他准备包庇凌普，草草了结此案，只可惜在老到的康熙面前，这点伎俩还是显得太嫩了一点。康熙听完上奏后，一眼便识破了胤禩等人的心思：“凌普贪婪巨富，众所周知。你们的调查根本就是草草了事，如此欺骗朕，朕必斩尔等之首！”又说：“八阿哥到处博取虚名，凡是朕宽宥及施以恩泽的地方，他都要归功于己，不过就是想让别人都称赞他罢了。”

胤禔、胤禩仿佛是一个过左，一个过右，却都没有能够逃脱自作聪明、弄巧成拙的窠臼。营私舞弊，与君父争人心，仅此两点，就足够让康熙对胤禩失望了，偏偏胤禔这个猪队友还来添乱，等于是把胤禩的活路给彻底堵死了。

康熙循着相面的线索顺藤摸瓜，除将相师张明德处死，进而在乾清宫召集众皇子，当众指斥胤禩“妄蓄大志”，阴谋夺嫡，下令予以锁拿，交议政处审理。

胤礽被废黜后，凡是已经涉足政治舞台的皇子，大多已被自觉不自觉地卷进了这场旋涡，其中一类是自己想当皇太子，如胤禔（被康熙否决前）、胤禩，另一类是见自己当皇太子无望，就公开或暗中向他们所支持的人靠拢。九皇子胤禟、十四皇子胤禵即为后面一类，他们与胤禩素来交厚，也实际参与了张明德案，二人甚至私藏毒药，准备一旦胤禩遭遇不测，就陪着胤禩同归于尽。

眼看着胤禩要倒大霉，胤禟忙暗示胤禵：“尔我此时不言，何待？”两人向康熙陈奏：“八阿哥无此心，臣等愿保之。”

康熙一听，这种时候居然还有人组团替胤禩帮腔，很是恼火，斥责道：“你们两个要指望他（胤禩）做了皇太子，日后登极，封你们两个为亲王吗？你们的意思是说你们有义气，都是好汉子，我看来都是梁山泊的义气！”

胤禵性格较为耿直，遭到斥责后，当众便诅咒发誓，说愿以一死证明自己绝无依附别人当亲王的想法，因为激动，他在言语举止间对康熙有些冲撞和冒犯。康熙大怒，当即拔出身上的小刀对他说：“你要死，如今就死！”

发现场面失控，五皇子胤祺赶紧跪上前将康熙抱住，其他皇子也都叩首恳求。康熙怒气稍解，但在收了小刀之后，又拿着板子要打胤禵。胤禟跪上前抱住，被康熙连打两个巴掌，整个脸都红肿起来。最后胤禵仍挨了鞭笞二十板，被与胤禟一起逐出宫外。

狩猎场

胤禩在接受审理时，承认了张明德给他相面一事，康熙对此做出处理：“贝勒胤禩听了张明德那样的妄言，竟然不上奏报告，著革去贝勒，为闲散宗室。”

对胤禩的惩罚，和废黜胤礽一样，其实也是康熙在往自己身上插刀。想到自己最器重的这三个儿子，或自甘堕落，或包藏祸心，多年来的倾心培育、用心呵护转眼成空，康熙几有痛不欲生之感。与此同时，胤禟、胤禵联手为胤禩求情一事，又使他敏锐地觉察出，其他皇子可能也都或明或暗地参与了夺嫡斗争，而这正是他最感恐惧之处。他平时把皇子们带到塞外狩猎场，为的是要提高御敌技能，何曾想到有一天皇宫也会变成狩猎场，皇子们相互猎杀对方乃至对他这个君父都形成威胁呢？

康熙熟读史书，想当年，齐桓公为春秋五霸之首，功业何等显赫，不料在他死后，五个公子忙于争夺王位，居然不给老子办葬礼，齐桓公的尸首被扔在床上达六十七天，最后尸虫都从窗子里爬了出来！

史书中描述的情景令康熙不寒而栗，在他亲自撰写的祭告天地太庙社稷文书中，特地声明“臣虽有众子，远不及臣”，表示所有皇子都不令他满意，所以不会立即再立太子，意思就是让众皇子安分守己，不要再邀结人心和谋夺储位。

在胤禟、胤禵求情事件发生后，康熙训诫众皇子说：“观伊等以强凌弱，将来兄弟内或互相争斗，未可定也。”“众阿哥当思朕为君父，朕如何降旨，尔等即如何遵行，始是为臣子之正理。”他还把齐桓公的例子搬出来，对皇子们说：“尔等如果继续争竞不息，等朕死时，必至将朕躬置乾清宫内，尔等束甲相争耳！”

可是争嫡大戏的序幕既已拉开，岂有中途突然落幕的道理？康熙苦口婆心，已近乎于在哀求儿子们听话，儿子们却并没有被他打动，事态发展也没有能够真正得到控制。

康熙的应对办法之一，是杀鸡给猴看，先向看起来与废太子走得较近且又年长的皇子开刀。三皇子胤祉过去与胤礽关系不错，因此被立即召至城中拘捕。其间，胤禛居然也被莫名其妙地关押了起来，具体原因皇宫档案中虽没有记载，但据分析，无非两条：一是奉命看守废太子时，曾替废太子说话，有太子党嫌疑；二是他是年长皇子，有结党和谋反的可能。

胤禛以前和废太子的关系并不亲密，这一点大家都看得到，抓胤禛实在很勉强，几乎可以说就是拿来给胤祉陪绑的。胤祉就不一样了，他与废太子确实曾经“甚相亲睦”，所以他非常紧张，为了“戴罪立功”，便主动揭发说，手下的蒙古喇嘛巴汉格隆会厌胜术，大阿哥胤禔与其曾时常来往。康熙得报立即派人对有关的几个喇嘛进行审查，巴汉格隆等人在被审时供认：“直郡王欲咒诅废皇太子，令我等用术镇魇是实。”

康熙下令按照口供进行搜查，结果真的从十几个地方都挖出了镇魇物件，此事令他受到极大震动，认为胤禔“其行事比废皇太子胤礽更甚，断不可以轻纵也”。

1708 年 12 月 12 日，胤禔被革去王爵，幽禁于王府内。与胤礽、胤禩等人不同的是，胤禔这一跤跌倒后就再也没能爬起来，他的政治生命被彻底终结。

在康熙的潜意识里，一直巴望胤礽只是中邪而致疯癫，镇魇案可谓是对症下药，给了他最想得到的那个解释：“凡镇魇皇太子，使之不善，播扬恶名者，俱系大阿哥。皇太子虽有恶名，并未杀人，亦无党羽。”镇魇案发的次日，康熙即召见废太子胤礽和胤禩，并说自此以后不提往事，与胤礽牵扯在一起的胤祉、胤禛也因此获释。

康熙虽然如其所愿地对胤礽有所谅解，但是也没有说让胤礽立即复立，他的公开态度是“立皇太子之事，朕心已有成算”，即究竟立谁为皇太子，他不会告诉众人，到时只须听他安排。

此后，有人因为看到康熙召见胤礽，便认为废太子有复立的可能，依旧密上条陈，加以保奏。康熙不得不再次跟大臣们打招呼，让大家不要向废太子献殷勤——立谁为太子，“在朕裁夺”，表明胤礽此时并不在他的考虑范围之内。

意外偏偏就发生了

至皇太子被废黜，立嫡长子制度在清宫已存在了三十多年，这使康熙君臣在心理上早就形成了一种既定观念，那就是国家必须有储君，胤礽虽然被废，但或早或晚，总得有人填补此虚位。很快，在宫内外的无形压力下，康熙原有的决心就动摇了。12 月 25 日，他突然命满汉文武大臣各自举荐太子，还说除大阿哥胤禔，诸皇子皆可入选，“众意属谁，朕即从之”。

举荐太子，大家都可以，除了大学士马齐。按清制，大学士要以满人居首，马齐是首席大学士，相当于百官之首，在朝中位高望重。康熙担心，如果让马齐参与举荐，将出现不可控的意外，因此指示“议此事，勿令马齐预之”。

怕意外，意外偏偏就发生了。康熙可能以为群臣举荐，被举荐者一定有好几个，他可以从中挑选，不料送来的名单上却只有一个人的名字：胤禩！

发现与自己的想象大相径庭，康熙慌了，他当即收回诺言，转而改口说立太子事关重大，还要再尽心详议。

且不说胤禩不久前才刚刚遭到处分，就说眼前群臣众口一词都要推荐他当太子，就让康熙深感威胁——以前就说你爱博取虚名，与君父争人心，现在看来果然不差，不然怎么可能得到大臣们的一致拥戴？

对于康熙来说，他的所有儿子也都是他的臣，只要他在位一天，就决不允许任何臣子挑战皇权。“春秋之义，人臣无将（将是谋逆的意思），将则必诛”，胤礽被废的原因之一就是因为权倾皇父，胤禩尚未得到储位，就有了做第二个胤礽的政治潜力和能量，这是康熙无论如何不能容忍的。

康熙不好直接道出自己的隐衷，对于胤禩不能被立为太子的原因，除了在废太子问题上犯过罪，刚受革爵处分，他又临时敷衍出两条：其一，胤禩没有办理过政事，缺乏经验；其二，胤禩的生母身份低微，母家门第和出身不适宜做储君。

此时康熙处于骑虎难下之势，他不愿屈从群臣意见立胤禩，但若立胤禩以外的人，难孚众望不说，其他皇子也不会服气，无奈之下，他想到只有把原来的太子抬出来，才能让众人说不出什么闲话。几年后，他重新回顾了自己的这段尴尬处境及其心态：“朕前患病，诸大臣保奏八阿哥，朕甚无奈，将不可册立之胤礽放出。”

次日，康熙召见大臣，说太皇太后、皇后最近都不约而同地做了一个梦，梦见废太子被冤枉了。借着这个引子，他放出了风声：“朕现在不会马上立胤礽为皇太子，只是令你们诸大臣知道一下而已。”

1708年12月27日，康熙召集废太子胤礽、诸皇子以及领侍卫内大臣等，除继续为胤礽理正冤枉和加以释放，又让胤礽当众表态。胤礽吃了这么多苦头，哪能不学乖，马上顺着父亲的意思说千错万错都是自己的错，以后如果不改恶从善，或对揭发他的人打击报复，“天亦不容”。

接着，康熙敞开心扉和大家分享了他的心情。他说他翻阅史书，发现自古以来凡太子被废，没有一个废太子能保住性命，之后皇帝也没有一个不后悔，言下之意，同样的悲剧也可能发生在他们父子身上，所以胤礽千万不能重蹈覆辙，以致害人害己。

康熙不但怕废太子故态复萌，还担心儿子们因争嫡而骨肉相残，为此他特地讲了胤礽的几个兄弟的好处，希望胤礽能与之亲近。被夸奖的兄弟中甚至也包括了胤禩："八阿哥之为人，诸臣奏称其贤，裕亲王（康熙的兄长，已病故）生前也曾奏言，八阿哥心性好，不务矜夸。"

其实康熙对胤禩成见已深，所谓"诸臣称贤"云云恰是引起他猜忌与不满之处，他内心的胤禩也绝不是"心性好，不务矜夸"，而是为人阴险，居心叵测。他之所以违背自己心意说这些话，不过是想让胤禩等有争嫡实力的皇子与胤礽捐弃前嫌，转而也"改恶从善"，辅佐胤礽。

就在这次讲话中，康熙还意味深长地提到了一个上古传说。传说商汤之际，太甲即位，即位后不理朝政，破坏成法，结果被大臣伊尹放逐。三年后，太甲痛改前非，悔过自新，便又被迎回都城复位。"古放太甲，卒成令主。有过何妨，改之即是。"

康熙的真实意图至此昭然若揭，第二天，诸臣就都题本请求复立胤礽。康熙考虑胤礽以戴罪之身获释不久，马上就让他复立不太合适，遂将题本留中不发，准备待时机成熟再行宣布。

风向还在变

康熙认定举荐案藏有猫儿腻，但他不动声色，过了几个月后才突然进行追查。起先群臣还相互包庇，可是纸终究包不住火，最后真相水落石出，原来果真有人违规，而违规者就是限令不得参与举荐的首席大学士马齐！

根据调查，举荐那天，马齐首先到内阁，对另一位大学士张玉书说："大家的意思是都想举荐胤禩。"实际就是要众人举荐胤禩。领侍卫内大臣鄂伦岱、理藩院尚书阿灵阿、户部尚书王鸿绪、工部右侍郎揆叙等人早有拥立胤禩之意，他们抓住马齐的这句话，暗中联结，在手掌上书"八阿哥"三个字以示众人，朝臣们见此，便相继推荐了胤禩。

皇家制度，立储是皇帝的绝对权力，皇帝喜爱谁就立谁为储君，任何人不得染指。早在废黜太子的当月，康熙就曾对皇子们发出警告："诸阿哥如有钻营谋为皇太子者，即国之贼，法断不容。"同样的，他也不允许大臣辅助皇子谋求储位，为的就是防止这些人将来居功专擅，使得皇权旁落。

康熙将马齐等人在举荐案中的举动一律看作结党图私，是在帮助胤禩谋取储位，他斥责马齐："你不就是想结恩于胤禩，好为日后专权行方便吗？"作为对大臣们的警告，他下旨革去马齐大学士一职，交由胤禩"严行管束"。

康熙严查举荐案的另一个目的，是为胤礽复位扫清障碍。1709 年 4 月 18 日，康熙祭告天地、宗庙、社稷，以胤礽受胤禔镇魇而发疯，现已康复为名，宣布复立胤礽为太子，祭文中称"臣诸子中，胤礽居贵"。

康熙年轻时候因过于投入政务和学习，曾经大口吐血，但他酷嗜游猎，年年不停，所以身体其实一直都很强壮，就算偶尔生病也很快就好了。自废黜太子那年起，因为胤礽不争气和诸子争夺储位，他急火攻心，生了一场大病，且久久不能痊愈。

康熙生病后，大臣中虽有问安的，但不过多是虚应故事，根本连皇帝的健康状况都不敢细问，更有甚者，个别皇亲国戚出于某种目的，仍催逼着他尽快建储，而全然不顾病人的身心健康。

坐在皇位上的人固然拥有无上权势，却也有着高处不胜寒的寂寞和悲哀，就在康熙备感辛酸苦恼，明知得病都不肯主动求治的时候，胤祉、胤禛以年长皇子身份坚请康熙不要硬撑，赶快就医休息："皇父圣容如此清减，不令医人诊视，进用药饵，徒然拖延，万国何所依赖？"两人还请求由他们来择医护理："臣等虽不知医理，愿冒死择医，令其日加调治。"

来自亲情的温暖和体贴，如同春雨一样滋润了康熙的心田。他当即接受请求，命二人同胤祺、胤禩一起检视药方和用药，经过一番治疗和调养，终于得以恢复了健康。

胤祉、胤禛如此贴心，固然有父子之情，但同时也是因为他们获释不久，急于要赢得康熙的信任和好感。康熙也的确深受感动，尤其胤禛，与其余皇子不同，是他亲自抚养长大，现在一看，果然还是自己一手带大的孩子最孝顺："惟四阿哥，朕亲抚育，幼年时微觉喜怒不定，至其能体朕意，爱朕之心，殷勤恳切，可谓诚孝！"

除了孝顺，胤禛在看守胤礽时的表现，也让康熙觉得他比其他儿子更顾念手足之情，因此特传谕旨表彰："前拘禁胤礽时，并无一人为之陈奏，惟四阿哥性量过人，深知大义，屡在朕前为胤礽保奏，似此居心行事，洵是伟人。”

面对皇父给出的这么高的评价，照例胤禛应该高兴才是，但他接旨后却极力否认，说自己从来没有保过胤礽，“皇父褒嘉之旨，臣不敢仰承”。

废太子事件本身是一场没有预演的政治角斗，皇子们谁也不具备足够的经验，运用八面玲珑、四方讨好策略周旋于其中的胤禛同样如此。为废太子说话时，他本来已经观察好了风向，确认对己有利，康熙当时也曾对此予以肯定，谁知一转眼，康熙要拿废太子事件做文章，竟又把他作为太子党嫌疑给关了起来。

政治角斗就是如此险恶，你以为已经看准了风向，其实风向还在变，而在风向转变时，别说多往前迈出一步，就是半步，都可能遭遇不测之灾。胤禛一旦领悟到此，整个人都感到后怕不已，他知道他再不能冒类似的风险，也绝不能接受皇父的表彰——在胜负未分，众兄弟仍虎视眈眈的情况下，接受表彰无异于引火烧身，必将遭来兄弟们的嫉妒。况且，谁知道胤礽将来究竟会有什么样的结局？倘若又出事，自己将可能因太子党的罪名而第一个受到牵连。反之，谢绝表彰，却能让人觉得你居功不傲，知荣守辱，给皇父和胤礽留下的好感也不会因此就被抹掉。

在复位太子的同时，康熙为使皇家皆大欢喜，也为了牵制皇太子，不使他的政治地位与其他皇子过于悬殊，将八皇子胤禩重新封为贝勒，封胤禛与三皇子胤祉、五皇子胤祺为亲王，七皇子胤祐、十皇子胤䄉为郡王，九皇子胤禟、十二皇子胤裪、十四皇子胤禵为贝子。胤禛启奏，说胤禟、胤裪、胤禵的爵位较低，都是一般兄弟，他愿意降低自己的世爵，以提高胤禟等人的爵位，使得兄弟们地位相当。

胤禛的奏述自然很假很做作，但搔中的正是康熙的痒处，老皇帝就怕儿子们争权夺利，这个时候，就算他看出你是在表演，心里也一样受用。康熙因此称赞胤禛“为诸阿哥陈奏之事甚多”——平时不是乐衷于跟其他兄弟斗来斗去，而是尽可能多为他们说好话或在需要的时候给予支持，好样的！

胤禛在康熙心目中的地位于是继续上升，几个月后，他被正式赐号雍亲王，登上了作为臣子所能到达的顶端。

高手从来都不是天生的，在狂风骇浪的不断冲击下，依靠着出众的悟性和耐力，权斗场上的四皇子已然在向高手进阶。

扶不起的阿斗

这个世上，有人越历练越老练，有人却仿佛是扶不起的阿斗，吃再多的亏，也不知道“教训”二字怎么写。胤礽复位是康熙在不得已的情况下所做出的选择，这是当时许多人都清楚的，京城及江南的舆论均透露出这样的信息：“东宫目下虽然复位，圣心犹在未定。”“东宫虽复，将来恐也难定。”

别人都知道太子的地位很不稳固，胤礽却意识不到这一点，也从没想到通过改过来改善自己的处境。复位后，他仍不知韬光养晦，照旧纠集党羽，扩展势力，很快在周围又聚集了一批亲贵大臣，从而形成新的太子党势力。吃穿住行方面，他还是大摆太子派头，不但标准比康熙都要高出几倍，而且常派家奴向各省富饶地区勒索贡物和美女，稍不如意，就向康熙诬告地方官，要求给予惩罚。这么说吧，他不是改过自新的问题，而是变本加厉了。

太子如此胡作非为，弄得官员们无所适从，有“两处总是一死”之言。康熙也听到了这句话，而且知道处于夹缝中的官员们日子有多难过：屈从太子，乃至投靠逢迎结党吧，老皇帝不乐意，“被朕知觉，朕即诛之”；忠于老皇帝，不理会太子吧，太子嗣位后也会遭到惩罚，同样可能被砍头。

太子从被废到复立，不过才六个多月，如果马上再废，岂不是要让外人看笑话？康熙只好极力隐忍，胤礽要责备的官员就替他责备，要处分的就替他处分，要驱逐的就替他驱逐，总之尽可能满足他的愿望和要求。当然康熙也采取了措施，他的措施就是不让太子单独活动，每有巡幸，必令其随从，以防止发生事变。当时的朝鲜使臣在给本国的报告中说：“皇太子经变（指第一次被废）之后，皇帝操切甚严，使之不得须臾离侧。”

胤礽根本不顾及康熙的一片苦心孤诣，他认为自己被父亲带到东带到西，一点自由都没有，可其他皇子却想到哪里就到哪里，因而牢骚满腹，怨气冲天。此时的老皇帝康熙虽近花甲之年，但身体并无明显异样，反过来，作为太子的胤礽却已直奔不惑之年而去，这使得他脱口而出：“古今天下，岂有四十年太子乎？”

隔墙有耳，这句难听的话别说传到康熙的耳朵里，连海外的朝鲜人都知道了！

胤礽在复位前险被夺嫡，对胤禩等兄弟怀恨在心。康熙对此自然很清楚，他第二次对众皇子大授世爵，用意之一就是避免众皇子受到太子的打击报复，同时改善太子与兄弟们的关系。可是让他始料不及的是，诸子提高了地位，自恃显贵，反而更不将太子放在眼里，也更有资本与太子争斗了，他们之间的裂痕非但没有得到弥合，反而越来越大。

还在举荐案爆发时，胤禩就事实上形成了以他为核心的党人势力。胤礽复位，胤禩党人非常失望，大臣阿灵阿甚至说他都不想活了，他们不甘就此失败，便利用胤礽的弱点，推波助澜地营造倒太子的舆论氛围。工部右侍郎揆叙甚至不惜拿出家财，与阿灵阿等人合谋收买走街串巷的民间艺人，在人们宴饮会聚的地方用演出节目的方式编派胤礽，总之是不把胤礽攻倒誓不罢休。当时民间流传一句谚语："此人（胤礽）为君，皇族无噍类矣！"康熙素来重视社会舆论的采集，这些显然都不能不影响到他的视听和决策。

像第一次废黜太子时那样，康熙一忍再忍，直至忍无可忍。1711年12月6日，他召集诸王文武大臣，指出："今国家大臣，有些是为依附皇太子而援结朋党的。诸大臣都是朕擢用之人，受恩五十年，那些想要依附皇太子的大臣，究竟意欲何为？"

这时有人告发涉嫌结党的步军统领托合齐不守礼法，康熙即命胤祉、胤禛以及领侍卫内大臣阿灵阿、署内务府总管马齐等人，会同宗人府进行审查。

胤祉、胤禛曾受胤礽牵连而被关押，阿灵阿属胤禩党，马齐在举荐案中因极力举荐胤禩被惩，他们或者急于同胤礽划清界限，或者支持胤禩，反对胤礽，由他们参与对太子党人的审讯，自然一个个都不会手软。

1712年5月17日，宗人府等衙门将太子党人的审讯供词具奏，康熙评论说，"此等事俱因胤礽所致"，太子党的事都是胤礽造成的。数月后，胤礽被再度废立、拘禁，康熙痛心疾首："（胤礽）狂疾未除，大失人心。祖宗弘业，断不可托付此人！"

这段废立、复立、再废立的过程，令康熙身心极度疲惫，"心思用尽，容颜清减"，对胤礽也彻底死了心。他当众宣布："后若有奏请皇太子已经改过从善，应当释放者，朕即诛之。……日后朕若再行复立，其何以示天下耶？"

继他的哥哥胤禔之后，胤礽在储位大战中成为第二个被猎杀者，他虽然人还活着，但已成了一具再也无法醒来的政治僵尸。

夺储策

储位又空缺了，更多的皇子开始进入争储的中心地带。1713 年，雍亲王府的清客戴铎给胤禛写了一封长信。在信中说，值此胤礽被废，储位未定之际，诸皇子争夺激烈，谁活动有力，谁就可能夺标，“利害之关，终身荣辱”。他鼓动胤禛参加角逐，争取不世之荣，并提出了参与争储的一整套方案。

看完这封信后，胤禛批复道：“你说的虽是金玉良言，但对于我没有一点用处，因为我不想图谋大位。”他还说，做皇帝是“大苦之事”，要是给我，我躲还来不及呢，怎么会去争夺呢？

胤禛的批语显然半真半假，认为戴铎所说是金石之言是真，说不想谋图大位是假。

站在胤禛的角度，他原先确实对储位不抱希望，但随着胤禔、胤礽先后出局，自己被封为亲王，政治地位已在仅为贝勒的胤禩之上，以他的能力和抱负，这个时候如何还能对储位无动于衷？再退一步说，倘若他真的不想当太子，怎么会容忍或不告发戴铎引诱皇子谋位的大罪？

说到底，他这一手，不过是遮人耳目，免得万一信件内容暴露，自己难以脱身而已。

戴铎在“夺储策”中分析得非常好，康熙是世所公认的明君，“有天纵之资，诚为不世出之主”，但恰恰就是他太精明了，与之打交道才异常困难：你在他面前表现得庸碌无能，“不露其长”吧，他必然嫌弃你没有用；可若过于突出和张扬，“过露其长”，他又会猜疑你想抢他风头！

比如说胤禩，才智过人，“颇有识量”，别说在大臣中，就是在皇子里面威望也是最高的，否则自身失去争嫡希望的胤禔不会转而支持他，胤禟、胤䄉等人也不会认为他“极正气”，并甘心依附，对其“倾心悦服”。可胤禩的优势也恰恰是他的劣势，他过早地崭露了头角，光芒耀眼到甚至有超越康熙本人之势，如此岂能不败？

另一方面，康熙能干的儿子又实在太多，倘若在争储之战中一个个地与之较量，“此有好竽，彼有好瑟，此有所争，彼有所胜”，也就是打倒这个可能干不倒那个，在这个地方得胜，在另外一个地方就可能失利。胤礽二次复立后，动手扳倒他的尽管仍是皇父，但众兄弟所施放的明枪暗箭，亦未尝不是导致他折戟的因素之一。

“处庸众之父子易，处英明之父子难；处孤寡之手足易，处众多之手足难。”这是戴铎的总结，他提出的对策是投其所好。

老皇帝春秋已高，身体不适，对皇子们越来越不放心，从胤禔到胤礽、胤禩，不管具体犯的是什么错误，都被指为“不仁不孝”。既然他要的是这个，那你就给他这个，“孝以事之，诚以格之，和以结之，忍以容之”，这样老皇帝再怎么挑刺，也难找出破绽。

在以投其所好之法与康熙及众兄弟周旋的同时，戴铎还建议胤禛，在有把握夺取储位之前，必须装出对储位毫无兴趣、毫不在意的样子，尽量不树敌，也尽量不把争储的矛盾引到自己身上，从而使得“有才者不为忌，无才者以为靠”，换句话说，就是得学会隐蔽自己。

“夺储策”的基本精神、脉络和胤禛自己的所思所想可谓不谋而合，事实上，他也早就这么做了。胤礽第一次被废前，胤禛便在藩邸宴请康熙，之后他和胤祉共同为康熙治病效劳，鞍前马后，小心服侍，更使得康熙对他留下了“诚孝”的良好印象，父子感情得到进一步加强。

至于如何隐蔽，胤禛自有绝招。他喜欢研讨佛法，也精通佛法，被封雍亲王后不仅在北京西山修建大觉寺，广为招揽佛徒，而且常在雍邸和僧人品茶讲法，研讨佛理，所谓“偶值朝来暇，留师品茗泉”。

尊崇佛教尤其是藏传佛教，本是清朝国策，康熙朝也以此为渠道，用于加强和蒙古王公的联系，但胤禛的目的决不仅仅是为了响应国策，最主要的还是要把自己打扮成一个恬情自适、与世无争、一心向佛的皇子，以掩盖他的真实用意及其活动。

胤禛擅长赋诗作文，他以“天下第一闲人”的扮相，写下了“懒问沉浮事，间娱花柳朝”等诗句，同时又编辑了一套名为《悦心集》的文集，书中收录历代政治家、思想家、僧道及一般文人隐士的著述，所选文字内容充满了佛家出世的思想。

在小说《红楼梦》中，跛足道人作了一首《好了歌》，这样基调的作品在《悦心集》里可谓比比皆是。比如唐寅的《一世歌》：“请君细点眼前人，一年一度埋荒草，草里高低多少坟，一年一半无人扫。”又比如无名氏的《醒世歌》：“南来北往走西东，看得浮生总是空。天也空，地也空，人生杳杳在其中。日也空，月也空，来来往往有何功。”

就在争储大战风起云涌，你争我夺的时候，雍亲王却一边哼哼着“人生如梦，一切皆空”，一边“安心坐下念弥陀”。这样一个人，不问功名荣辱，一心只愿与山僧野老为伍，过清心寡欲的恬淡生活，你们还会觉得他有威胁吗？

你敢跟我一斗吗

胤禛是个极聪明和富有心计的人，戴铎能够想到的，他都提前想到并且预先做出了部署，比如培植人才。

按照顺治以后的清代八旗制度，皇帝自将三旗，叫作上三旗，其余五旗分属亲王、贝勒，称为下五旗。胤禛被封雍亲王，主镶白旗，戴铎是镶白旗人，与胤禛有事实上的主奴关系，即所谓的属人，按照惯例，属人即使出任高官，也依旧附属和听命于本门主人。戴铎在“夺储策”中主张大力培植包括属人在内的雍邸人才，胤禛对此显然是非常认同的，因为还在“夺储策”诞生之前，他就已在重重烟幕掩护下，着意于帮助门下有能力的属人谋求官职，以打造听命于他的嫡系人马，这其中最有名的就是年羹尧。

有的清宫野史上像煞有介事地记载道，胤禛生母私通年羹尧，“入宫八月”，生下了胤禛，又说“吕氏居奇，私乱谋立”，仿佛他们之间是吕不韦和秦始皇的关系。其实专家根据朝鲜史料考证，年羹尧比胤禛还小一岁，证明这些说法只是茶余饭后的笑谈而已。

年羹尧的父亲年遐龄累官至湖北巡抚，所以家境很是显赫。据传年羹尧自幼就伟岸异常，膂力过人，平时好勇斗狠，就是不愿安下心来读书。年遐龄给他聘请了三位师父，都被他给打跑了，之后再没人敢来应聘。年遐龄为此十分头疼，只好张榜用高薪招募良师，但过了很长一段时间，依旧乏人问津。

一天，总算有个老者来到年府，对年遐龄说：“听说公子缺一名师父，故来应募。”

年遐龄一看，老者已近六十，想想年轻力壮者尚且待不下去，这么一个老头如何能够胜任？于是忙说：“感谢先生美意，只是小儿顽劣，师父已经被打跑三个了！”

老者居然没被吓退：“这件事我已经听说了，不过还是让我姑且一试吧。”

见老者并非说笑，年遐龄便择日命年羹尧拜这位姓汪的老先生为师。拜师仪式结束，年羹尧招呼不打一声就走了，第二天开学也不来，只在花园中玩耍，奇怪的是，汪先生也不勉强他。如是者三，两人互不干涉，虽然师父没有被赶跑，可年羹尧也一天课都没上。

过了一个月，汪先生似乎是有些无聊了，关上门弹奏胡琴。这时年羹尧忽然闻声破门而入，对汪先生说：“先生，我愿意学这个。”

汪先生道：“你还是去玩吧，学这个干什么？”他不说这话还好，一说更激起了年羹尧的好奇心：“先生，我愿意学这个，请你教教我。”

于是汪先生便开始教年羹尧弹胡琴，可是他学了没多久，刚刚能弹成个样子，就扔下胡琴去玩了。

汪先生也不与之计较，某日又在书斋里吹奏胡笳，年羹尧再次破门而入，要学吹胡笳。汪先生说：“算了吧，这个不是你能学会的。”

年羹尧再三恳求，汪先生只好答应教他，但和上次一样，他仅仅学了个皮毛，便半途而废。

很多天过去了，年羹尧一天书也没读过，不过汪先生通过欲擒故纵之法，已于不动声色中掌握到了自己学生的优缺点：优点是不受陈规束缚，对新鲜事物感兴趣，发展潜力大，缺点是没有恒心和韧劲儿，做事往往浅尝辄止，自然也读不进书。

结合年羹尧膂力过人、喜欢打斗等其他特点，汪先生计上心来。一天，他换上新花样，独自在室内练起了拳棒，年羹尧透过窗户看到大喜，这不正是我平常爱玩的那套吗？他立即闯进来：“先生，这是最好的，我愿意学！”

汪先生并不直接回应，只是说：“听说你力大能斗，你去找些仆人来，让我看看你的身手。”

年羹尧正愁没地方显摆自己的本事，一听先生要看，便立刻应承着召来十六名体壮善斗的家仆。

“先生，你看我的身手如何？”年羹尧和这些家仆每人手里都拿一根棍子，话音刚落，他举棍一挥，十六名家仆全部仰天栽倒在地。

汪先生见状点点头：“身手确实可以，但你敢跟我一斗吗？”

“有什么不敢的？但要我打赢了，你可不要到外面四处宣扬，说什么年家的儿子又欺负老师了。”年羹尧年少气盛，哪肯相让。

汪先生一笑：“不会的，你且莫担心。”

两人于是你一棍我一棍地较量起来，打着打着，汪先生身形一闪，突然消失了。年羹尧扑了个空，连忙大叫：“先生，你到哪里去啦？”

“我在这里。”汪先生在年羹尧的耳边说道。原来在神不知鬼不觉中，他已经闪到了年羹尧背后——如果他愿意的话，年羹尧早就被打倒在地了！

十三太保

一个花甲之年的老者，身手竟如此快捷矫健，年羹尧大为敬服，说：“先生，这个你一定要教我。”

汪先生摇摇头：“你还是玩去吧，学它有什么用呢？”

年羹尧急了，双膝跪地，恳求道：“先生必须教我，我真的愿意学！”

“真的想学？”

“真的想学。”

“好，起来，起来！”

汪先生一边让年羹尧从地上站起来，一边从床上拿出一卷书交给他：“你要跟我学，就得先读这卷书。”

年羹尧最怕读书，一听头就大了：“我想学的是搏击术，读这个干什么？”

“搏击术充其量不过是一人敌，读此书可万人敌！”汪先生告诉他。

“哪有这种事？先生是骗我的吧？”年羹尧不相信，“这么小小的一卷书，我拿两个手指一捏就可以扔到一丈开外，有什么万人敌？”

“你要这么认为，那就不要跟我学了，还是玩你的去吧。”汪先生正色道。

年羹尧一心要先生教他搏击术，不得已，只好说：“那我就先读书吧。”

至此，年家书斋便传出了琅琅读书声。邻居们得知，年遐龄那个顽劣不堪、犹如野马一样的儿子，终于被先生收住缰绳，开始用功读书了。

年羹尧一边读书，一边习武，逐渐成长为一个文武双全的栋梁之材。据正史记载，在胤禛被封贝勒的次年，二十二岁的年羹尧就考中了进士，入翰林院为庶吉士。庶吉士是从进士中选拔出来的佼佼者，虽然还不是正式官员，但已具备了成为高级官员的资格。

青少年时期所受到的教育往往让人受益一生。日后当年羹尧权倾一时之际，不管多大的官从面前走过，他都不会拿正眼去看，唯独对家里延聘的塾师极为尊重客气，当然要求也很高。为此，他曾亲笔写下一副对联，悬挂于私塾门口，曰："怠慢先生，天诛地灭；误人子弟，男盗女娼。"

年家是汉军镶白旗，年羹尧与胤禛的关系，也就是从胤禛主镶白旗开始的。对于这一本旗中的希望之星，胤禛备加笼络，并称其为"最有才情之人"，两人建立关系不久，年羹尧即得以出任四川巡抚。

野史里的胤禛"少年无赖，好饮酒击剑"，由于不被皇帝所喜爱，且与太子相争，于是便以增加阅历，了解民间疾苦为名，只身行走于江湖。在行走江湖的过程中，他结交了很多剑客力士，并与其中的十三人结拜为兄弟，十三兄弟个个身怀绝技，被人们称为"十三太保"。

传说中"十三太保"中的老二擅练剑之术，能把剑练到小如草芥，藏在指甲缝里，用剑时伸手往空一指一掷，飞剑盘空，当者披靡。年羹尧是雍邸"十三太保"中屈指可数的封疆大吏，以此比拟，他已足当老二的名号了。

胤禛在争储中的活动手法是力图隐蔽，不露痕迹。按照戴铎在"夺储策"中所言，为扩展力量，除在雍邸中提拔人才，还要加意联络百官。可是康熙有不准皇子结交官僚和结党的规定，加上胤礽、胤禩的前车之鉴，所以胤禛最初表现得极其谨慎，在延揽方面没有什么大动作，不过他还有另外一个渠道对此加以弥补，这就是"用比丘密参帷幄"。

让信得过的一些僧人参与机密及其谋划，是胤禛有别于其竞争对手的地方。与胤禛交往甚密的禅僧性音、禅师文觉等人，都曾以这样的方式充当过胤禛的"比丘军师"，别看他们是出家人，但长年的禅修使其思维缜密，同时他们又都见多识广，对社会和朝廷的观察较常人更为深刻，在胤禛的夺嫡活动中可以起到较好的辅助作用。当然最重要的一点是，胤禛系以学佛的名义与他们交往，不易引起外人注意和泄密。

雍邸智囊们谋划的内容，自然离不开如何击败对手。胤禔、胤礽相继出局后，胤禩虽然只是贝勒，前面还有三个亲王、两个郡王，但入主东宫的呼声仍以他为最高。

胤禩的强项是受到大臣和文士的拥护，胤禛对此有清醒的认识，他也曾竭力在这方面进行追赶。阎若璩是康熙年间的著名学者，此人学问精深，可惜考运不佳，连博学鸿儒科这类专门录取学者的考试都通过不了。胤禛亲自写信将阎若璩从家乡请到京城自己的府邸，一见面就握着他的手，一边赐坐一边称其为“先生”。

阎若璩应邀进京后，胤禛每天都会把他的书要去阅读，阎若璩每送去一篇，胤禛便连连称善，令老先生如遇知音。不久，阎若璩因病在京城寓所去世，胤禛为之恸哭，不仅派人安排阎的丧事，还亲自撰写挽诗及祭文，中间最为惹眼的一句就是“三千里路为予来”。

如此“读书等身，一字无假”的一个大学问家，跑这么远的路来京城，就是为了见我啊！很显然，胤禛是想借此在朝野间树立自己礼贤下士的形象，并以此取得士人和官员的好感。

胤禛礼遇阎若璩尚是他被封亲王前的事，等到他决定夺取储位后，出于韬光养晦的策略需要，反而谨慎了许多，在争取朝野的支持率方面，自然无法与胤禩进行抗衡，实际上，胤禩党人也正是依靠他们在这方面所拥有的优势，对第二次废黜胤礽起到了推波助澜的作用。

胤礽两度被废后，在政治舞台上，康熙昔日最器重的三个儿子仅存其一，胤禩除被恢复了爵位，还得以常常在康熙外出时随驾，似乎二人曾经破裂的父子关系也已有所改善。

形势看上去对胤禩非常有利，对胤禛非常不利。可是人得意的时候总是特别容易出昏招，号称“最贤”的胤禩亦莫能外，而且他触碰的正是戴铎特别指出，胤禛特别注意，而康熙又特别在乎的底线。

第二章

一石激起千层浪

胤礽再次被废的次月，康熙外出打猎，住在京北的遥亭，胤禩因生母两周年忌辰出京祭祀，完毕后住在京北的汤泉。两人的住所相隔不远，如果换成胤禛，可能马上就会跑去遥亭的行营向皇父嘘寒问暖了，但胤禩却没有这么做，他既不请安也不请旨，只是派一名太监和一名亲随前去康熙处，表示自己将在汤泉处等候皇父一同回京。这倒也算了，最糟糕的是他还让太监和亲随带了两只将死的鹰送给康熙。

满人对鹰是很崇拜的，甚至在一些满人的墓碑上也刻着鹰，胤禩不亲自前来请安和请旨，又送将死之鹰，立即被康熙认为是在藐视自己，所谓“老鹰虽强，也有老死之时也”！此时距离两废胤礽不久，康熙的心情尚未完全平复，胤禩的举动无疑是在他的伤口上撒盐，气得他浑身发抖，差点心脏病发作死过去。

后人对待毙之鹰事件往往感到困惑不已，不明白胤禩好端端地为什么要送两只将死之鹰给康熙，以致触怒对方。难道他真的像康熙所认为的那样，已经膨胀到敢于公然挑战皇父的权威了吗？以胤禩的性格、处境和当时的条件来说，这是根本讲不通的。有人推测胤禩是受到了陷害，但以康熙的精明睿智和大权在握，谁敢在他眼皮子底下玩这种猫儿腻？事后又怎么可能查不出来？

还有人说是康熙要借此机会大做文章，故意陷胤禩于不义。可是康熙一直处于绝对优势地位，他要打击胤禩，不就是张张嘴几句话的事吗？又何必大费周章，对亲生儿子使出如此下作的手段？

问题可能还是出在胤禩自己身上。胤禩虽是个有头脑的皇子，但他不像胤禛那样对康熙复杂的内心世界体察入微，同时对形势过于乐观的误判，也让他在康熙面前缺乏足够的审慎和谨卑，这一点从他不请安不请旨就可以看得出来。依此脉络来观察，待毙之鹰事件应该是无心之失所酿成的祸端：一方面，待毙之鹰不是已死之鹰，或许只是生病或状态萎靡而已，胤禩错在没有亲自对鹰进行挑选和检查，但他绝不是要故意给皇父送去晦气；另一方面，如果康熙当时心情大好，相信多数情况下也不会对此过分计较，但偏偏他正处于疑神疑鬼的状态之中，于是就上纲上线，把事情无限扩大了。

让你们知道什么叫作以卵击石

待毙之鹰事件发生后，康熙暂停让胤禩外出随驾。胤禩尚不甘心，他从胤礽初次被废时，众人全都要保举他的事实出发，认为自己有被再次推举的可能，便找机会问康熙："我如今应该怎么做？要不就装病不起，免得再有保荐我的事情？"

康熙听后，立即斥责道："你不过是一个贝勒，怎么敢说这样越分的不法之言？你是想以此来试探朕吗？"

胤禩碰了一鼻子灰，只得悻悻而退，但胤禩党人仍在暗中进行活动，希望能够尽快让康熙立胤禩为皇太子。

胤禩党人活动得越厉害，康熙越心神不安。他把胤禩与胤礽做了比较，说："二阿哥悖逆，屡失人心，胤禩则屡结人心，此人之险百倍于二阿哥也。"

联系到胤禩从相面案以来的一系列活动，康熙深感威胁，他为此设想了两种严重后果，一种是胤禩为篡位直接谋害自己，另一种是胤禩与其他兄弟一起联合逼宫，"朕怕就怕日后会出现猪狗一样的阿哥，仰赖其恩，为之兴兵搆难（即发动叛乱），逼朕逊位而立胤禩者"。

康熙说如果这两种情况出现，"朕惟有含笑而殁已耳"。事实上，作为一名雄才大略、早已在政治舞台上千锤百炼的君主，康熙并不认为生前真的对付不了胤禩及其党人，他担心的是自己死后，"（胤禩）谓朕年已老迈，岁月无多，乃至不讳（死亡）。他曾为人所保，谁敢争执？遂自谓可保无虞矣"。

在康熙看来，胤禩毕竟有着被群臣公举的历史，若自己一旦亡故，就算不立太子，或立的是其他皇子，胤禩都有被群臣拥护上台的可能，所以他才那么优哉游哉，也才敢于那么藐视自己。

既然你这么阴险，你们那一伙人的能量又这么大，那我就要从现在起认真对付，让你们知道什么叫作以卵击石！

1715 年 1 月 1 日，康熙在巡幸塞外途中，召集随驾诸皇子，从相面案说起，一直说到胤禩结党谋位，他不仅当众指责胤禩“不孝不义”，而且宣布要与胤禩断绝父子关系：“朕与胤禩父子之恩绝矣！”

胤禩乳母的丈夫雅齐布因罪被充发边地，但他仗着与胤禩的关系，仍继续潜藏于京城。康熙早就知道这一情况，此时便派人回京，将雅齐布捉拿归案并予以正法。胤礽在第一次被废后，康熙也是先将胤礽乳母的丈夫凌普抓起来审讯，两者其实都是在用杀鸡给猴看的方式警告皇子：你们不要以为我不知道你们的底细，我知道得清清楚楚！我先前不出手，只是尚留有余地罢了。

康熙的突袭令胤禩措手不及，方寸大乱，次日便上折辩护，称自己冤枉。康熙嗤之以鼻：“试问朕哪里冤枉他啦？总之，此人党羽甚恶，阴险已极，即朕亦畏之，将来必为雅齐布等报仇也。”

康熙对胤禩的痛恨及其斥责程度已超过了胤礽，几与胤禔等同，但康熙已经两废太子，大皇子、二皇子都被圈禁中，如果再革除胤禩的爵位乃至将其圈禁，对于皇室和康熙自己的仁君形象无疑都会产生极为负面的影响，所以康熙在痛骂胤禩“大奸大邪”的同时，却并未对其做出特别严厉的处罚，至1714年底，才以“行止卑污，凡应行走处俱懒惰不赴”的罪名，停发胤禩及其属下护卫官员的俸银俸米。

在两废太子时，康熙每次对太子党主要成员都除恶务尽，胤禩党比太子党的基础更广，党人数量更多，出于类似原因，康熙对胤禩党人也只能适可而止。大臣鄂伦岱、阿灵阿已经被查到是胤禩党核心成员，然而康熙除了在当众指责胤禩时点了两人的名，并没有对他们进行严厉惩治，鄂伦岱照旧任领侍卫内大臣，阿灵阿照旧任理藩院尚书。

对康熙而言，这可能是一种无可奈何的宽容，但实质上却起到了纵容的效果。阿灵阿认为胤禩年庚与前代帝王相同，有君主的福分，所以在康熙已进行棒喝的情况下，他们反而加紧了活动。

胤禩党的活动再次引起康熙的警觉和愤怒。1715年11月，他指责胤禩门客何焯，说何焯把当今的文章比作万历末年的文字，有侮辱圣朝之嫌。

加上其他罪名，何焯的翰林院编修、进士、举人等功名被尽行革除。康熙还在胤禩给何焯的信上批道：“八阿哥与何焯书，好生收着，恐怕失落了。”显见得已把这些信看作胤禩的罪证，处分何焯，也就是要让胤禩难堪。

1716 年 10 月 26 日，正在热河秋狝的康熙得知胤禩得了伤寒病，遂降旨胤禵："你向来与八阿哥胤禩相好，著你同太医商酌调治。"随后又询问正在行宫伴驾的胤禛："八阿哥生病，你曾派人去看望过没有？"

胤禛照实答道："还没有派人去看。"康熙嘱咐他："你应该派人去看望一下。"

胤禛暗里与胤禩为敌，但表面还要和胤禩维持关系，又见康熙询问他时，隐隐然似乎还有责备他作为兄长，对皇弟不够关心的意思，岂敢有所怠慢，于是连忙派人回京探视。几天后，探视人返回行宫，报告说胤禩病情严重，大有离世之态。

胤禛揣摩康熙尽管前段时间打击了胤禩及其党人，然而毕竟父子血脉相连，到这个时候，内心一定会牵挂着胤禩，为了表示自己也顾及着兄弟情，他在向康熙报告胤禩的病情后，便请示自己是否可先行回京去看视胤禩。

康熙允许胤禛先回京，但令人始料不及的是，他随后就露出了不悦的表情，说四阿哥置扈驾于不顾，忙忙地去看望胤禩，"观此关切之意，亦似党庇胤禩"，因此罚胤禛与胤禵一同料理胤禩的医药事务。胤禛吃惊之余恍然大悟，知道自己领会错了康熙的意思，惹出了麻烦，于是赶紧向康熙认错，奏称"臣不知轻重，实属错误，罪所难免"。康熙这才解除疑虑，谅解了他。

备感心惊

康熙向来标榜"父慈子孝"，当初胤禔就是因为不念父子兄弟的骨肉之情而被剥夺了政治生命。胤礽第一次被废囚禁时，胤禛为他说话，虽为此曾遭到关押审查，但也是后来的事，最初康熙可是肯定的，胤禛想在他面前表现得对胤禩关心，其实就是深思熟虑的结果，哪里能想到皇父转眼就会变脸呢？

只能说在两废太子和剧烈的争嫡斗争中，康熙的性情也在变，他变得格外多疑和敏感，特别是对被他认为"不孝不义"的皇子已不再存有既往那样的温情。"喜怒不定"曾是他对幼年胤禛的评价，但如今放在他自己身上倒是恰如其分。

康熙不久启驾回京，动身前往京城西郊的畅春园，胤禩这时就住在畅春园附近的自家花园里，而他的花园又正好位于从热河到畅春园的必经之路上。11 月 8 日，康熙回銮停留于京城北郊的汤泉，特打发人传旨给料理胤禩病务的胤禛、胤禵："将胤禩移回家中之处，著诸皇子议奏。"

康熙平时曾教训皇子："你们都是皇子王阿哥，富贵之人，要各自注意保护身体，凡是宜忌之处，必当忌之，凡秽恶之处，勿得身临。"他还举例说，出行在外时，如果途中碰到"不祥不洁之物"，就应该遮掩躲避。"千金之子，坐不垂堂"，积累千金的富人坐卧都不靠近堂屋的屋檐处，以免被掉下来的屋瓦砸到，更何况做皇子的，尤其要规避危险。

皇子们马上领会了皇父的意思，他要求把胤禩移回城里府中，是为了保证他自己在经过胤禩的花园时，不碰到所谓不吉祥的事，至于重病之中的胤禩到底是死是活，似乎并不在他的考虑范围之内。

虽然皇子们都知道胤禩不受皇父待见，父子感情已经决裂，但皇父竟然冷酷无情到如此程度，还是令大家备感心惊。胤禛之前在康熙面前触过霉头，自然康熙说什么就是什么，胤禵同样不敢违拗，二人再征询其他皇子的意见，多数皇子也都说该移，只有胤禟不同意，他愤怒地问道："八阿哥病得这么重，如果移往家中，万一发生不测，谁承担责任？"

见胤禟情绪激动，诸皇子经过商议，便一齐上奏康熙进行请示。康熙的回应绝得很："八阿哥的病极其沉重，不省人事，若移回家中，断不可推诿朕躬令其回家。"那意思就是要不要将胤禩移回家中，你们可以看着办，但倘若出了事，绝不能说是我让他回家的。

康熙这种态度，等于把责任推给了他的儿子们。皇子们商量来商量去，只能两害相权取其轻：胤禟说得没错，重病人不宜移送，路上可能出现危险，可这事既然是皇父先前曾交代过的，大家奉命而行，也未必就能让谁承担责任；反之，如果不移送，胤禩的病情虽还没有沉重到马上要死的地步，但看样子也就仅剩一口气了，一旦在花园里病逝，让皇父碰到了"不祥不洁之物"，惹得他雷霆震怒，这个责任才是谁都承担不了，也不敢承担的。

当下，众人不管胤禟如何激动和阻止，决定一面奏闻，一面将胤禩移回城里府中。

11 月 11 日，康熙让一批王公大臣前去看视胤禩，并"同四阿哥多方延医，竭力调治”。这批王公大臣中多为胤禩党人或疑似胤禩党人，如鄂伦岱、阿灵阿、马齐等。胤禛看到旨意，首先想到的就是必须彻底与胤禩及其党人划清界限，不让皇父产生任何疑心，他当即返回汤泉，向康熙表示：“臣素来不谙医药，今既送胤禩到家，臣无可料理之事。”

次日，康熙返回畅春园，此时胤禩早已被转走，自然也没让他撞着什么晦气。

人的心都是肉长的，但在特定的环境下，它也会一天天变硬。康熙的心变硬了，皇子们的心也变硬了，昔日关于仁义、忠恕、孝悌的道德教条如今甚至连伪饰的价值都不再具备，所有人都冷冰冰地面对彼此，然后等待着一轮又一轮的决斗和淘汰，其间没有父子，没有兄弟，没有骨肉，只有胜负归属和对唯一皇权的渴望。

万字命

胤禩没有死，不久他就痊愈了。大约康熙也觉得自己的做法太不近人情，与慈父形象极为不符，于是恢复了胤禩的俸银俸米，并遣人传谕说：“你的病刚好，想吃什么，只管告诉朕。朕此处什么吃的东西都有，但不知道合不合你的口味，所以不敢送去。”

老皇帝说“不敢”，作为儿臣的胤禩又哪敢承受，他赶紧跑到宫门内跪求康熙收回这两个字。康熙却当着众皇子的面说：“胤禩往往多疑，每用心于无用之地……于无事中故生事端，众人观之，成何体统！”

眼看与皇父的关系已经僵硬到了话不投机半句多的地步，为免再次惹恼康熙，胤禩从此以后只能夹着尾巴，谨小慎微地过日子，即便康熙外出巡幸时允许他和其他兄弟一起随驾侍行，也不敢越雷池半步。

出头的椽子总是先烂，继大阿哥、二阿哥之后，八阿哥宣告基本出局，曾经最受康熙喜爱也最有希望上位的三个皇子至此无一幸存，胤禛夺嫡的前景看上去一片光明。

就在胤禩出局的这一年，胤禛给门客戴铎谋到了一个福建知府的职位，戴铎在赴任途中和到任后都不间断地给主子写信，报告自己的见闻以及胤禛交代事务的办理情况。在其中的一封信中，他告诉胤禛，他在经过武夷山时，遇到了一个“行踪甚怪”的道人，与之交谈，“语言甚奇”，但如何奇法他却没有说，只是写道“俟奴才另行细细启知”。

戴铎的讲述引起了胤禛的浓厚兴趣，在批语中追问道：“所遇道人所说之话，你可细细写来。”戴铎回禀，他让道士给胤禛卜了一卦，卜出的是一个“万”字，“奴才闻之，不胜欣悦，其余一切，另容回京见主子时再为细启知也”。

戴铎给主子送福建的土产品，他的这封回信被装在盛放土产品的匣子的双层夹底内，由此可见，他没有进一步透露详情不是为了卖关子，而是害怕泄密，他在信中也表达了这一意思：“福建到京甚远，代字甚觉干系。”

得知道士算定自己是万字命，胤禛兴奋异常，他在批语中赞扬了戴铎的谨慎，并令戴铎将道人的话“细细写来”，还说：“你得遇如此等人，你好造化。”

除了戴铎替胤禛问卜，另一个门客马尔齐哈也曾对胤禛“指天文而谈祸福”，估计也是恭维胤禛“天命所在”，有登上九五之尊的人主之分。

自胤禩相面案被发现后，康熙对此严加禁止，但胤禛的门客仍不约而同地顶风而进，而胤禛也不顾罹罪，迫不及待地追问详情，表明在胤禩折戟的情况下，逐渐成形的胤禛党竞争贰储的信心大增，已经有了进一步扩张势力和进行活动的企图。不过企图毕竟只是企图，在有志于夺储的皇子中，胤禛一直深藏不露，他和他的党人大概也很快意识到一味急进的不妥和危险性，所以尽管主子提出了要求，但戴铎并没有继续将道士的话“细细写来”，而胤禛本人也未再进行追问。

与胤禩党相比，胤禛党基础薄弱，必须耐下性子精耕细作，这一点胤禛比谁都清楚，但曾用长信给他献策并替主子算出万字命的戴铎却未必清楚。戴铎初到福建水土不服，不久就生了病，他想告病回京，就此请示胤禛。胤禛接到信很不高兴，回复道：“你为什么要说这样告病没志气的话？将来位至督抚方可扬眉吐气，若始终都在他人之下，岂能如意？”戴铎说他在福建生活不习惯，胤禛更不以为然：“天下皆如此，不独福建。”

戴铎去福建不光是水土不服，还因为无油水可捞。新任福建巡抚兼闽浙总督陈瑸是一个有名的清官，康熙称其为“苦行老僧”，在他任上，福建官场的一切陋规被尽行清除，令戴铎感觉苦不堪言。由于胤禛不许他回京，自己屡次告病又得不到批准，戴铎就想通过捐献两千两军饷的办法，寻求到军队服役。

戴铎本质上是个文人，当兵打仗未必是那个材料，到了军队很难出头，胤禛知道后再次加以阻止："至西边效力之举，甚觉孟浪，皇上前不是当要的。"

胤禛让戴铎继续坚持下去，但他对手下的生活和健康状况并不是不关心，在回信中特意嘱咐戴铎："你生病了，就必须注意调理。古人云，节饮食，省嗜欲，自可却病延年，你万不可令庸医给你用药。"

戴铎能献"夺储策"，就说明他不是一个一般的门客，胤禛对他是抱有期待的。为了坚定戴铎的信心，胤禛派人到吏部活动，将戴铎的兄长戴锦"活动"成了河南开归道。

戴铎对此自然很是感激，写信说："此乃主子特恩。奴子弟兄受恩天高地厚，将来不知作何效力，方可仰报于万一。"

"你哥哥大不如你，不过是一员俗宦罢了。"胤禛答道，"目前有你哥哥效力，你宽心保养，身子要紧。"

短板

在关于胤禛游历江湖的野史传闻中，说他有一年游历至嵩山少林寺时，拜了一位本领高强的武僧为师。这位少林武僧有几十个徒弟，以胤禛的食量为最大，平时吃得最多，师兄弟们因此不仅嘲弄他，还总是差使他一个人烧水做饭。胤禛对此毫不介意，也绝口不提一句皇宫里的事，因此没人知道他的真实身份。

半年后，胤禛学成出师。师兄弟们不相信他在这么短的时间内能够出师，纷纷提出要跟他比武。胤禛不予理会，众人以为他是胆怯不敢应战，言语更加肆无忌惮，几乎什么难听的话都说了出来。胤禛大怒，遂奋然出手，结果不出手便罢，一出手便将向他挑战的所有僧人都打败了。

师父看在眼里，对胤禛说："你的武艺有进步了！"师徒分别时，他赠送胤禛铁杖一柄，以留作纪念。这时众僧看到山下聚集着大批太监和卫士，才知道胤禛的庐山真面目。

可惜现实中的胤禛却并不是一个精通武术的人，他曾拿自己与父亲做比较，"技射不及皇考（指康熙）"。其实就是在众皇子中，胤禛的骑射功夫也不突出，可以说武艺就是他的短板，而正是这块短板，限制和阻碍了他继续往前迈进。

从明末起，蒙古便分裂为漠南、漠北和漠西三部。若拿当年三部的分布位置与今天的地图一一对应，漠南是内蒙古，漠北是蒙古国，漠西是新疆和青海。到康熙时期，漠南、漠北都已正式纳入中华版图，唯有漠西蒙古尚在版图之外。

漠西蒙古又分四大部，论军事实力，以驻牧于新疆的准噶尔部为最强，其次则为驻牧于青海的和硕特部。康熙屡次征伐的噶尔丹就是准噶尔部首领，在征伐战役中，噶尔丹的侄子策妄阿拉布坦曾与康熙合作。鉴于他有立功表现，在噶尔丹败亡后，康熙便将噶尔丹留下的余众及其故地全部交给他，并承认了他在准噶尔部的首领地位。不料策妄阿拉布坦上台后得志便猖狂，重操噶尔丹旧业，不断向周边扩张，成了朝廷新的隐患。

1715 年 5 月，策妄阿拉布坦派兵骚扰哈密，康熙在塞外行宫召胤禛、胤祉商议对策。当时很多人都以为策妄阿拉布坦来势汹汹，且矛头对准的是其他边外部落，所以建议朝廷只派兵防守自家边境，先顾自己要紧。胤禛提出不同看法，认为策妄阿拉布坦居心险诈，当初征讨噶尔丹时就应该一并剿灭，如今他既然扰犯哈密，自然更要用兵征讨。

康熙向来重视边外部落在巩固边疆上的作用，多次指出，蒙古才是清帝国真正的长城。胤禛的主张与之不谋而合，他指出："如果我们的军队不能救援诸番（指被策妄阿拉布坦侵犯的其他边外部落），则边外部落势必为贼所并。此时提议守边，你们觉得妥当吗？"

康熙一语定乾坤，吏部尚书富宁安随即被委任为靖逆将军，领侍卫内大臣傅尔丹被委任为振武将军，督兵前去征讨。可是由于对敌情估计不足，康熙事先未为前线将领配置一名统帅，结果导致军队出师后一直收效不大，他为此很是着急，在看过富宁安从乌鲁木齐方面发来的军情疏报后，大发感慨："朕年纪大了，血气渐衰，就把这件事拖延下来了。若是朕少壮时，早已成功了。"

康熙说的是实话，他虽然不是开国之君，但却是名副其实的功夫皇帝，能够平定三藩和噶尔丹，就是明证，只是此时的他不仅已届花甲之年，而且也不再拥有健康的体魄。

早在第一次废黜太子时，康熙就被气成一场大病，后来尽管痊愈，然而还是落下了病根。再废太子时，他嘴上说丝毫不介意，在谈笑间就把事情都处理完了，其实精神和身体上同样受到不小创伤。在此之后，康熙便屡屡犯病，有时还很严重，一度连右手都不能写字，只好用左手写，确无精力再亲自率兵征讨了。

康熙有心起用皇子代他领兵，遂命诸皇子传阅富宁安的奏疏。被囚禁于自己府中的废太子胤礽虽无人身自由，也看不到富宁安的奏疏，但他毕竟拥有近四十年储君的历史，“百足之虫，死而不僵”，有些人仍认为他有复位可能，愿意为其提供方便和通风报信，所以他很快也获知了此事。

胤礽想通过都统公普奇保举自己为大将军，以出征来恢复旧日的储位。医生贺孟頫常到府中为胤礽的福晋看病，胤礽便用重金买通他，让他带着自己用矾水写的亲笔信出宫，将信交给公普奇。

哪知胤礽做事不密，被辅国公阿布兰探听到了消息。阿布兰起初对是否要予以揭发尚犹豫不决，后来在胤禩党人、贝子苏努的劝说下，才决定进行检举，这就是“矾书案”。案发后，贺孟頫、公普奇被惩处，胤礽本人虽未受到多少谴责，但图谋出征的心机算是枉费了。

退台策

康熙的健康状况越来越差，他自己也不得不承认，自废太子起，因“过伤心神”，身体消瘦虚弱，“渐不及往时”。从 1717 年夏天起他就生了病，当年秋天，在率领皇子们射箭习武时，因体力不支，只得在一旁参观射箭。冬天则出现了心神恍惚、头晕等现象，开始在别人的扶持下尚能行动，后来病情加重，腿脚都已经肿得穿不了鞋子，下不了地。

康熙是一个性格达观的人，面对现实，并不忌讳谈论死亡。12 月，他在乾清宫召见诸皇子及满汉大臣进行面谕，说夏商周三代之事不可全信，然而自秦朝以来，在近两千年的岁月里，称帝而有帝号者有两百二十人，“朕有幸在位时间最长，已经满足了”。

康熙称这是他准备了十年的一次面谕，相当于遗诏。在通过“遗诏”总结自己的一生后，他又表示如果现在公开立储，时机还不成熟，言下之意，短期间根本不想立太子，也不会立太子。

老皇帝不讳辞世，谁都明白他确实已经身体不支，外界自然就更想知道新的储君是谁了，康熙的表态让大家颇有些失望。前来祝贺冬至的朝鲜使臣回国报告说："皇帝（指康熙）诏书辞旨荒芜无归宿，而太子（指胤礽）无复位之理。"——清国皇帝自说自话地讲一通，里面却没多少实质性的东西，只知道废太子是不可能再复位了。

不过"遗诏"同时也吊足了众人的胃口，因为上面还有"立储大事，朕岂能遗忘？"就是说康熙虽不准备马上立储，但已经开始重新考虑和酝酿嗣君人选。

由于这次面谕正好发生在康熙准备派皇子领兵出征的同一时间，便给外界赋予了更多解读的可能：皇帝似乎有意把西征作为从实践中选择、锻炼和培养储贰，并通过建功立业来树立其个人威信的最佳途径。

一石激起千层浪，出征人选立刻成为争储大戏中的焦点，皇子们个个被搅得食不安寝，夜不能寐。胤禛从没有担任过固定的差使，缺的就是事功，又是征讨策妄阿拉布坦的倡议者，自然更不会也不肯放过这一大好机会，据说他已经积极谋求出任领兵大将军，可或许是考虑到他在武略方面的能力并不突出，康熙没有同意。

胤禛无法领兵出征，也就意味着这个机会落到了其他皇子身上，胤禩党又活跃起来。夺储大战刚开始的时候，皇子们都是各立门户，树党蓄势，之后便逐渐合并成若干小集团，这些小集团中以胤禩党为最强，郡王胤䄉、贝子胤禟、胤禵等人都拥护胤禩，是胤禩党的骨干成员。

在胤禩被康熙所嫌后，胤禩党改变策略，决定将胤禩、胤禟、胤禵推到前面，实行相机而动、非此即彼的抱团儿竞争，即如果胤禩继嗣无望，便拥胤禟，如果胤禟无望，再拥胤禵。

在胤禩离储位越来越远，胤禵也未真正显山露水的时候，胤禟暂时成为胤禩党的支持对象，他告诉心腹、葡萄牙籍传教士穆景远："外面人都说我和八爷、十四爷三个人里头有一个立皇太子。"

胤禟是一个生财有道的皇子，他的太监何玉柱到关东私刨人参贩卖，他本人在天津还开有木行，尽管胤禛等其他皇子也通过做生意扩充财力，但都不及胤禟。依靠相对充裕的财力，胤禟一边收买康熙身边的太监魏珠、梁九功等，伺察康熙的喜怒动静，一边不断扩大势力和网罗人员。穆景远受命给四川巡抚年羹尧送荷包，说："胤禟相貌大有福气，将来必定要做皇太子的，皇上看他也很重。"其意希望年羹尧参加胤禩党，为胤禟效力。

年羹尧是胤禛旗中属人，一年前其妹年氏经康熙指配为胤禛的侧福晋，年家因此由下五旗的镶白旗被"抬入"上三旗的镶黄旗，胤禛和年羹尧在原有的属人关系基础上又成了郎舅。这层背景众所周知，胤禟挖墙脚居然能挖到他这里，活动规模之大可以想见。

当年社会上盛传胤禩、胤禟、胤禵三人中将有一人被立为太子，有人推测是胤禟等人自己编造并扩大出去的。胤禛及其党人即便明知背后有胤禩党活动的影子，但在丧失出征机会的前提下，这种社会舆论也不免会让他们备受打击。

听闻胤禛在夺储大战中形势不利，远在福建任职的戴铎急忙给胤禛写信，说台湾远处海洋之中，沃野千里，而台湾道一职兼管兵马钱粮，你不如将我调到这个职位上去，"替主子吞聚训练，亦可为将来之退计"。

胤禛虽然也被外界传言弄得心急如焚，懊丧不已，可是他明白自己最多也只是落败了一局，远没有到摊手认输的时候，更何况夺储本就是一条有进无退的不归路，像戴铎这样一有风吹草动就惊慌不已，忙着寻找退身之计，未来哪里还会有成功的可能？

如果说戴铎献"夺储策"时尚有一流谋士的影子，他后来不安于位乃至提出谋求退路的主张，可是太让胤禛失望了。接到戴铎的信后，胤禛怒气冲冲地回复道："你如果在京时就这样做人做事的话，我当初断不会礼遇你，我以国士待你，你做的事却比骂我还厉害！你若还存着这样的心，就算不遭灾祸，也必受天谴，我劝你还是好好地做你的道吧（戴铎时已升任福建道员）！"

戴铎的"退台策"本身就是个馊主意。胤禛自决定夺储以来，就竭力伪装自己，假装置身于旋涡之外，胤禟想把年羹尧都挖过去，你可以说是胤禩党人利令智昏，但也正好说明胤禛伪装巧妙——胤禩、胤禟等人至今都认不清他的真面目，以为他无夺储野心，所以资源放着也是放着。

若胤禛真的施行"退台策"，将戴铎派到台湾去组织武装，等于是自我暴露，不但将使胤禛与嗣君彻底无缘，而且还会死得更快更惨。因为按照康熙平三藩后所建立起来的地方军政结构，一个区区台湾道根本就造不了反，退一步说，即算戴铎在岛上能够聚集起一点人马，以康熙和清帝国所拥有的军事实力，被攻破和击败也是分分钟的事！

胤禛竭力镇定心神，他知道自己还有很多机会，这个时候最重要的是沉住气，绝不能自乱阵脚或让别人看出任何破绽。事实也的确如此，就在戴铎提出“退台策”前后，康熙便传旨胤禛，让他协助自己料理孝惠章皇太后的医药和丧葬事务。

孝惠章皇太后是康熙的嫡母，康熙对她十分孝顺。皇太后生病及去世期间，康熙正好也在病中，五皇子、恒亲王胤祺因为从小由皇太后抚养长大，所以主动要求代父照料，但康熙没有同意，只让胤禛等人进行协助，可见胤禛此时在康熙心目中仍占有较高地位。

不挖白不挖

在协助照料皇太后的皇子名单中，排第一位的并不是胤禛，而是三皇子、诚亲王胤祉。

胤祉是个文人气息较重的皇子。在康熙第一次授皇子世爵时，他就已被封为郡王，可是不久康熙的庶妃敏妃去世，按例皇子百日内不许剃头，胤祉却不守丧仪，因而坐降贝勒。除了文人式的自由散漫，胤祉还有文人式的胆小怯懦，因为和太子关系较好，他被当作太子党遭到关押审查，为了洗脱自己的嫌疑，他主动对胤禔进行揭发，直接把大阿哥推入了万劫不复的深渊。

胤禔、胤礽相继出事后，论年龄胤祉居首，又受封亲王，在皇子中具有特殊地位。自 1713 年起，康熙命胤祉在畅春园开蒙养斋馆，负责主持对大型图书的编辑，其间胤祉大量吸收学者参加编辑活动，由此更受父亲的喜爱和器重。

许多文人其实并不适合做官，但他们往往并不甘于只吟诗作赋和做学问，一厢情愿地以为自己在官位上也能大展身手，对胤祉而言，只是把官位换成了皇位。

受到环境的影响和诱惑，胤祉也逐渐产生了摘取东宫印绶的念头。有个叫杨道昇的文人被认为“颇通才学，兼能天文”，胤祉便把他请到府里作为门客。杨道昇的“能天文”应该是指他善于夜观天象，这与相师张明德替胤禩相面、武夷山道人为胤禛算命并没有本质不同，胤祉也是要通过获得所谓的天命所示来增强自己争夺储位的信心。

胤祉主镶蓝旗，在他得意的时候，他的镶蓝旗属人孟光祖打着主子的旗号，到各省进行活动。按照清代制度，皇子及其属人离开京师需要批准登记（这也是诸多有关胤禛的江湖传说只是传说的原因所在），而属人在地方上行走的话，若无勘合（即介绍信），地方官府也不能予以接待。现实情况是，孟光祖并无勘合和任何其他证明文件，但却在各省官府间畅通无阻，地方官员们还纷纷为他提供车船马骡的方便，不用说，自然是王阿哥的招牌在其中起着作用。

孟光祖在活动期间，代表胤祉向四川巡抚年羹尧、江西巡抚佟国勷赠送了礼品，年羹尧回赠了马匹银两，佟国勷也回送给孟光祖银两缎匹。同样按照清制，王阿哥与地方外任官员互赠礼品，官员必须奏报中央备案，但无论年羹尧还是佟国勷都没有这么做。

孟光祖事件案发后，康熙下令将孟光祖予以处斩，将佟国勷革职，年羹尧革职留任，唯独对孟光祖是否为胤祉所派出一事，不予追究。

不追究不代表康熙对胤祉没有怀疑。可是在经过这么多儿子“不孝不义”的事后，老皇帝已经经不起折腾了，尤其在他重病期间，胤祉曾和胤禛一起尽心服侍，让他大受安慰，他不希望胤祉再受到牵连。为此，他还特意对供职于蒙养斋馆的侍读魏廷珍说：“你每日和三阿哥一起修书，若有此事，即当以身命保之。”意思是如果外界有人议论胤祉是否与孟光祖事件有涉，魏廷珍就要主动站起来，帮胤祉顶一顶，使他逃过这场风波。

在孟光祖事件中，年羹尧是孟光祖出面拉拢的一个重要目标。胤禟为了争储，派心腹给年羹尧送荷包，胤祉争储，居然也毫不例外地盯上了年羹尧，敢情他们都认为四阿哥的资源就是放着也是浪费，不抢白不抢，不挖白不挖，可见胤禛超然脱尘的假象确实是完美地蒙蔽了他的皇父和兄弟们。

年羹尧与胤禛原先既有主奴从属关系，以后又成了郎舅，自然早就结为一体，互为依托，他曾写了一封信给胤禛，说今日之不负皇上（指康熙），即异日之不负胤禛。问题在于，年羹尧也不能确定自己的主子以后会不会做皇帝，在胤禛的夺储形势看起来颇为不妙的情况下，出于对自己前途的考虑，他便选择了不分门户，周旋于众皇子之间的骑墙方式——之前年羹尧对胤禟那边虽未做出明确回应，但对于似乎更有希望做嗣君的胤祉，却明显有了攀附之意。

年羹尧少年得志，有时对主子不够尊重，不但不经常向胤禛致书请安，还在信中称臣而不称奴才，加上与胤祉的瓜葛，令胤禛又急又气，大骂年羹尧是“儇佻恶少”，说他居然“六七个月无一请安启字，视本门之主已同陌路”，如此做后果将十分严重，因为“你现在就如此藐视本门之主，没准以后就会做出谋反叛逆之举”！

“你居然说今日之不负皇上，即异日之不负我，这叫什么话？是一个封疆大臣该说的吗？”为了彻底镇住这个本门“十三太保”中的老大，防止他真的另投别门，胤禛把年羹尧的话也拿出来作为把柄，对他加以威胁，“你这是在以无法无天的言论，引诱我谋位！仅仅凭‘异日’二字，就足可以诛你年羹尧全家”！

胤禛的厉害之处，在于他虽与年羹尧在夺储活动中达成了心照不宣的默契，但为免受人以柄，平时从不会直接把意思表达出来，也就是说，如果他真的把信交上去，确实可以做到在将年羹尧置之死地的同时，保证自己全身而退。

除了写信严厉斥责和恐吓，胤禛又责令年羹尧将从前准许他带赴任所的弟侄送回京师，十岁以上的儿子不许留在任所，以示惩罚。

我辈岂有把屁当香闻之理

在胤禛内部，让他闹心的还有戴铎。戴铎一直不安于想离开福建，在告病不准，军前效力的请求也被驳回后，便对着主子发牢骚，给胤禛送礼品也以自己“甚是穷苦”为由，能少则少，能减则减。胤禛或许并不在乎戴铎所送礼品的多寡与否，但戴铎的态度让他很是恼火，因此在信中毫不留情地批道：“天下无情无理，除令兄戴锦，只怕就算你了。一年差一两次人来诉穷告苦，弄两坛荔枝酒来草率搪塞，可谓不敬之至。”

先前戴铎的“退台策”已因轻举妄动遭到胤禛的斥责，但他仍没有从中吸取教训。大学士、理学名臣李光地因病告假回闽，康熙传旨意召他进京，传闻是要在建储问题上征求他的意见。戴铎听说后，在没有事先请示胤禛的情况下，就偷偷地去拜访李光地，试探他对于设立储君的态度。李光地直言不讳："目下诸王，八王（胤禩）最贤。"戴铎对他说："八王柔懦无为，不及我四王爷聪明天纵，才德兼全，且恩威并济，大有作为。大人如肯相为，将来富贵共之。"

据戴铎说，李光地听后对他的话表示首肯。戴铎如获至宝，忙不迭地写信向主子表功。孰料胤禛在回信中又将他一通大骂，而且骂得比上次得知"退台策"时还要狠："你在外如此小任，怎敢如此大胆？你之生死轻如鸿毛，我之名节关乎千古，我做你的主子，正正是前世了！"

胤禛的愤怒发自内心，并非故作姿态，当然这跟什么"名节关乎千古"毫无关联，而是戴铎的愚蠢举动很可能坏他大事。且不说李光地老谋深算，未必听了别人的几句话就会改变主意，最重要的是谁都知道戴铎乃雍邸旧人，如果这件事让外界发觉，人们一定会以为戴铎所言是秉承了主子的意旨，他胤禛精心加以掩盖和伪装的夺储之心也就被戳穿了，这是很要命的。

戴铎在信中还报告了社会上刚刚流传的一种说法"十四王爷虚贤下士"。十四王爷也就是十四皇子胤禵，据戴铎打听来的消息，胤禵接见了李光地的门人、翰林院编修程万策，且"待以高座，呼以先生"，他认为胤禵"颇有所图"，即也是奔着谋取皇储去的。

对戴铎收集到的这些信息，胤禛还是很欢迎的，实际上这也是他要戴铎埋下头去做的工作之一。他一面警告戴铎不要太过蠢动和心急，一面也宽慰对方，让戴铎无须把程万策这类人放在眼里，"程万策之傍，我辈岂有把屁当香闻之理"？

对于胤禵能够拉拢到程万策，以后还可能凭借这一渠道与李光地走得更近，胤禛其实内心也感到紧张不安，只是不肯表露出来而已。胤禵和胤禛是同母兄弟，但他们自出生以后就不在一起生活，两人关系很一般。与胤禛的相似之处是，胤禵小时候也在康熙身边长大，而且同样深受康熙的喜爱，这种喜爱甚至一直延续到胤禵成婚后——在康熙的允许下，他和福晋破例依旧住在紫禁城内。

胤禵后来被皇父有所忽视或冷落可能有两个原因：一是几个兄长逐渐显山露水时，他年龄还小，尚无法独立参与政事活动或承担责任；二是他为人不够滑头，有时激动起来甚至当面跟皇父产生冲突，最严重的就是那次张明德案事发，他为胤禩辩护，惹怒了康熙，结果受到了严厉训斥和责打。

等到胤禔、胤礽、胤禩相继出局，胤祉、胤禛、胤禵等人基本替代了他们原先在皇父心目中的位置，胤禵尤其受到康熙的偏爱。胤禔被囚时，康熙将胤禔在上三旗所分佐领全部给了胤禵，又将其包衣佐领和浑托和人口（二者皆为王室世仆）均分一半给胤禵，使他无形中成了胤禔垮台的最大受益者之一。及至皇子们第二次被授世爵，胤禵得授贝子，在当时拥有爵位的皇子中，以他的年龄为最小。

胤禵属于胤禩党人，但在胤禩早早被抛出局外，胤禟又难以得到康熙重视和认可的情况下，众人自然只会转而支持胤禵。胤禵日益变得活跃，并广泛联络士人，诚如戴铎所言，他正是奔着储位去的，而一个重大的历史机遇以及其本身所具备的才能，也使这一目标变得离他越来越近。

大将军王

1717 年 11 月，策妄阿拉布坦乘西藏内部空虚之机，派属下策零敦多布攻入拉萨，杀死了藏王拉藏汗，并将宗教领袖达赖和班禅予以拘禁。这不仅意味着西藏被策妄阿拉布坦控制，更严重的是西藏佛教也可能从此被准噶尔人所掌握。

大漠南北及西北地区的蒙古人都尊奉藏传佛教，作为与蒙古人进行联络的一个渠道，清朝开国以来也都加以积极利用。康熙称蒙古为清帝国的长城，则藏传佛教不啻于这一长城的精神基石，一旦被准噶尔人夺去，北部边疆必然陷入长期的动荡不安之中。

为了解除西藏和西北危机，康熙派侍卫色楞会同驻守于青海的西安将军额伦特入藏作战，“驱准保藏”。1718 年 10 月，入藏清军大败，额伦特、色楞等高级将领阵亡，所部几乎全军覆灭，消息传来，对清廷造成极大震动。

康熙此前就有派皇子挂帅出征的设想，经过反复斟酌和考察，他已认定十四皇子胤禵最具带兵才能，并初步圈定了他，现在眼看形势发展到了前所未有的严峻程度，便当机立断，决定正式任命胤禵为抚远大将军，统兵西征。

胤禵受命之时，爵位仍为贝子，位于亲王、郡王、贝勒之下，仅高于公，属第四等爵。军事统帅需要有崇秩以便号令全军，康熙遂临时赐以王的名爵，军中称“大将军王”，按照康熙的命令，胤禵的大旗遵亲王例，用正黄旗（皇帝亲御的上三旗之一）。不过胤禵的“大将军王”其实是一个没有名号的“假王”，据推测，这可能是因为康熙担心，胤禵在皇子中年纪不算大，刚刚出师也未建功，若由贝子一跃而升为王，怕其他尚未有王爵的哥哥不服。

在胤禵出发前，康熙于亲往堂子行祭告礼，胤禵启程的当天，他又登上太和殿向胤禵授大将军敕印。胤禵上殿跪受接印后，骑马出天安门，诸王及二品以上官员皆到德胜门军营送行。此次随胤禵西征的诸王、贝勒、公等人员就达十六员之多，全部身着戎装，整个队伍浩浩荡荡，“其庄严隆重若此，清初以来所未有”。

胤禵出京前，正热心争储，虽然担任大将军为他争储创造了极为有利的条件，但他对于自己离京后的京城政局变化并不放心，因此特地对胤禟说：“皇父年高，好好歹歹，你须时常给我信儿。这个差使想来是我的！”他还嘱咐胤禟，发现康熙“但有欠好”，就早早带信给他。

在经历前期刀刀见血的夺嫡大战后，皇子们与皇父的关系早已不同于昔日，胤禵此言也未必全是关心乃父健康，更多的还是确信一旦出征之事大功告成，自己必将继承大业，所以要胤禟给他通风报信，以便好相机行事。

胤禵出任大将军，使得其步入东宫的可能性大增，胤禩党内部对他自然也更加支持和拥护。胤禟尤其“喜欢之极”，他称赞胤禵“才德双全，我兄弟内皆不如，将来必大贵”，并激励他：“早立大功，得立为皇太子。”

1719 年 4 月，胤禵进驻西宁，对驻防于青海、甘肃、新疆的八旗和绿营进行统一指挥，总兵力号称三十万，实际也有十几万人，这还不包括当地的蒙古人军队。康熙对胤禵此次出征寄予厚望，在写给他的朱谕中说：“有事之际，身为儿臣之人，理应舍身报效。如今得此效力之机，只应喜庆欢欣而已，其他话没有用处。”

考虑到西宁与京城相隔遥远，来回报告请示多有不便，康熙颁布特旨，准许胤禵“军事当相机调遣”，也就是用兵作战时可自行决策，而不必另行请旨。他还给青海的蒙古亲王罗卜藏丹津降旨，称：“大将王是我皇子，确系良将，带领大军，深知有带兵才能，故令掌生杀重任。”罗卜藏丹津等人得到指示，在相关军务和大小事务上，“均应谨遵大将军王指示，如能诚意奋勉，即与我（指康熙本人）当面训示无异”。

布袋和尚呵呵笑

大权在握的胤禵不辱使命，他一面整顿内部，将办事不力或贪赃枉法的官吏、将领予以参劾，一面研究攻守之策。

达赖是西藏、蒙古共同的宗教领袖，也是蒙藏各派势力竞相争夺的目标，大家都不愿他与清廷建立直接关系。五世达赖圆寂后，藏王拉藏汗的前任第巴立六世达赖，但第巴旋以反叛罪被清廷处死，于是拉藏汗重新立了一个达赖，并指第巴所立达赖为伪，青海的罗卜藏丹津不服，又自行在西宁迎立了一个达赖，这样就先后有了三个六世达赖。

第巴被处死后，其余党逃至新疆，求助于策妄阿拉布坦，策妄阿拉布坦便以此作为口实，派兵侵入西藏。显然，要解决西藏问题，就必须首先解决达赖问题。鉴于拉藏汗所立的第二位六世达赖不被西藏僧俗所承认，而第巴所立的第一位六世达赖已成了准噶尔部的傀儡，康熙决定尊重蒙藏两族对达赖的信仰，承认第三位六世达赖噶桑嘉措的合法地位。

胤禵按照康熙的意图行事，并且成功地说服噶桑嘉措，通过噶桑嘉措传谕西藏、四川、云南的藏民，宣称皇帝派皇子领兵，“扫除准噶尔人，收复藏地，以兴黄教”。在西征大军尚未正式出击的情况下，此举收到了不战而屈人之兵的效果，使得策零敦多布无法再利用藏传佛教来煽动和对抗清军。

康熙虽不直接插手西征，但一直予以高度关注，凡是胤禵派回京城的人，他都要亲自会见，详细询问。对于胤禵在前线取得的成效，他十分高兴，在寄给胤禵的朱谕上，这种喜悦欣慰之情难以掩饰：“许多年来，朕从来没有像现今这样颜面丰满，寝食安适过”，“你被交付重要事宜……你只应把心放宽松，在交付的事上勤谨效力。”

1720 年 2 月，随着胤禵一声令下，平逆将军延信由青海、定西将军噶尔弼由川滇两路，分别向西藏进兵。经过数月作战，准噶尔的在藏势力遭到彻底清除，被军队护送入藏的噶桑嘉措也在拉萨布达拉宫举行了坐床仪式。随着战乱结束，西藏又重新恢复了和平安宁的局面，更重要的是这一地区从此被正式纳入了中央政府管辖范围。

在致力于平定西藏战乱的同时，胤禵从没有忘记“天命所在”。他让甘肃临洮人张恺给自己算命，张恺有意奉承，说胤禵“贵不可言，将来定有九五之尊，运气到三十九岁就大贵了”。胤禵算命时是三十二岁，虽然次年才正式向西藏进兵，但那时他手中已握有胜算，这似乎也验证了张恺的说法，即从平定藏乱起步，只须再过数年，就可以达成龙飞九五的目标了。胤禵当时听后不由得喜上眉梢，称张恺算得准，“说的很是”。

京城传来的消息也没有让胤禵失望。得知西征取得胜利，康熙立即命宗人府建立碑亭并树碑纪念，碑文撰写者是辅国公阿布兰，在阿布兰的碑文中，重点称颂和反映了胤禵的战功，“并不颂扬皇考，惟称大将军胤禵功德”。

康熙晚年特别重视“唯我独尊”的皇权，多次强调“国家唯有一主”，连胤禩受到百官拥戴都让他忌恨不已，因此大家都对歌功颂德的东西慎之又慎，唯恐触犯康熙的禁忌。阿布兰虽与胤禩党有所牵扯，但以他在“矾书案”中检举胤礽一事来看，绝不是一个敢自作主张的人，也不可能不了解其中的轻重，若说他背着康熙私自撰写碑文，恐怕就是借他一百个胆也未必做得到。该碑文即便康熙没有详细过目，也一定了解内容，甚至可能直接来自于他的授意。这说明康熙对胤禵西征以来的表现是相当满意的，一面表彰他的功绩，一面也借此机会树立他在军政两界的威信。

胤禵所任的大将军位尊权重，远远超过清初统一中原乃至康熙为了平定三藩以来所任用的所有将军，平定藏乱更使他的声誉达到了顶点。

“昔年用兵，有诸王掌大将军印者，有大臣掌大将军印者，惟胤禵妄自尊大，种种不法，我朝大将军如此行事者，从未之闻”，这种指责适见胤禵当时所处的与众不同的奇特地位，鉴于康熙生前从未对胤禵在西北的做法提出过任何异议，表明康熙本身就赋予了他这种权力。

京中争夺储君的形势因此发生急剧变化，很多朝臣都预测康熙“将定储位”，有意将皇位传授给胤禵，“圣祖（康熙）末年，诸王大臣所默喻上意，知为将来神器之所归者，乃十四阿哥胤禵”。

在京的胤禛已经处于两个有力竞争者的夹击当中。论文，在胤祉的主持下，蒙养斋馆编辑出了《律历渊源》《图书汇编》,《图书汇编》即著名的《古今图书集成》,为中国现存最大、搜集最博的大型类书。论武，胤禵获得了皇子们梦寐以求而不得的大将军职位，在西陲建功立业，向嗣皇之位迈出了极其重要的一步，他对于胤禛的威胁之大更是不言而喻。

胤禛固然老练沉着、心机深重，但处于不利境遇或者说在不顺心的情况下，也难免会有牢骚要发，只是这种牢骚不能光明正大地发出来，非得借助于某些不被人注意的形式和渠道。

在胤禛所辑录的《悦心集》中有一首《布袋和尚呵呵笑》，歌词借布袋和尚之口，说连做佛老、孔子、玉皇、天子都没意思："苦也么苦，痴也么痴，著什么来由，乾碌碌大家喧喧嚷嚷的无休息。"胤禛本身信佛，从小接受的也是圣人教育，他能够对这种呵斥圣人佛祖的文章有所欣赏，未尝不是在进行发泄和自我安慰。

究竟选中了谁

事情到此为止，如果给皇子们争储开个赌盘，胤禛的赔率一定很高，因为大多数人都不相信他会成为最后的唯一获胜者，但问题是能够决定获胜者为谁的人也只有唯一一个，而他的思维方式和观察角度可能与大多数人都不一样。

如同确定西征人选一样，康熙虽不再正式立储，但他一刻都没有忘记此事，而是一直在思考人选和考查候选人。仅从他发布"遗诏"至胤禵平定西藏战乱，就已过去了两年多，经过这么长的时间，他的心目中肯定对人选已经有所裁定，只是在经历以往惨痛的废立教训后，不到他认为可以公布的时候，就不会把名单说出来。

老皇帝究竟选中了谁？说神秘，其实也不神秘，从他对待诸皇子不同的态度中就可以推测出来。

康熙曾经对大臣们说："朕万年后，必择一坚固可托之人与尔等做主，必令尔等倾心悦服，断不致贻累尔诸臣也。"也就是说他亲自挑选的嗣君一定要具备治国之能，按照这条硬标准，所有默默无闻、能力一般的皇子都不会在他的挑选范围之内，实际上，在康熙晚年交代皇子们操办的政务活动中，这些皇子已经退到了末尾，居于次要地位和角色。

剩下的皇子，大皇子胤禔、二皇子胤礽、八皇子胤禩均被康熙划入他最为痛恨的结党谋位之列，胤禔早就成了一具政治僵尸，胤礽遭两度废黜，连海外都知道他没复位的希望了，胤禩已被康熙忌恨，两人关系恶化到了无以复加的程度，自然也不可能了。

在第一次废太子事件中，除胤祉、胤禛，十三皇子胤祥也因涉嫌太子党遭到圈禁。胤祥小时候就“至性过人”，特别聪明，懂事后又很会看皇父脸色，做事非常妥帖，所以深得康熙宠爱，出事前对他“恩宠优渥”，每逢出巡，必定要带上他。胤祉开蒙养斋馆那年，朝鲜君臣讨论清朝政事，有人说“十三王（胤祥）、第三王（胤祉）又称以抚军监国”。胤祥从未能够以抚军监国，外界的这种讹传，说明他原先确曾受到皇父的信赖。

胤祥其实和胤祉、胤禛一样，都不是什么太子党，只是想跟未来的君主搞好关系，平时走得较近一些而已。最倒霉的是，胤祉靠揭发胤禔翻了身，胤禛洗脱了嫌疑，唯独胤祥仍然不清不白，虽然也被放了出来，但终康熙之世，再未被重用，亦没有受封。

排除了这些皇子，康熙能够选择的继嗣范围，就不出胤祉、胤禛、胤禵三人了。胤祉自从那次和胤禛一起服侍病中的康熙后，他似乎也尝到了甜头，在对皇父察颜观色和竭力讨好方面跟胤禛颇有得一拼，两人都经常请康熙到他们的花园中去游玩，而作为一种特殊恩荣，康熙也会应邀前去游园。据清宫档案记录，康熙晚年临幸胤禛花园的次数多达十一次，是一般皇子没有的，可是康熙临幸胤祉花园却达到了十八次，多出胤禛七次，比之于主持编辑出《古今图书集成》，这恐怕是胤祉更让胤禛感到不爽和害怕的地方了。

胤祉年龄比胤禛大，又有学识，外人看来不说压过胤禛，起码也能并驾齐驱，但实际上在进入三人环节后，他已经难以与另外两人抗衡了。原因很简单，在这个环节，三个竞争者各有各的优势和特长，康熙也都对他们保持着一定程度的好感和信任，大家唯有比拼治国能力，而这恰恰是胤祉最为薄弱之处。

以清代对于国君的要求而言，文化学识、赋诗作文、书法绘画都是必备素养，但也仅仅是素养，不能光靠这个治国。历朝历代，文化素养高的国君误国亡国者比比皆是：南唐后主李煜精书法、工绘画、通音律，一手词写得更是令人叹为观止，然而国破人亡，落得个“雕栏玉砌应犹在，只是朱颜改”的悲惨结局；宋徽宗堪称一代书画家，他的书法和花鸟画都自成一派，可是却使北宋滑向了灭亡的深渊……

在康熙为其擦屁股的孟光祖事件中，胤祉政治远谋和行政才干的不足可谓暴露无遗。孟光祖在外招摇不是一天两天，而是数年，胤祉很难说不知道，如果这件事属他指使，说明部署无方，行事不密，乃至轻易就能被人抓住把柄和漏洞，即算孟光祖是自作主张，一个属人都拿捏不住，那他以后如何控制朝廷政局？

胤祉的弱项正是胤禛的强项。胤禛的办事能力极强，一次康熙派人询问音乐教习朱四美有关琵琶曲调、名色等事项，朱四美年逾八十，跟他进行复杂对话不是件容易的事，康熙要求询问人做成笔记，"不要问紧了，细细地多问两日"，后又加上一句："你们若问不上来，叫四阿哥问了写来。"可见他很了解胤禛能干的特点，胤禛的兄弟们对此也不否认，胤禟就称赞："他（指胤禛）从来原伶俐。"

胤禛不仅精明能干，而且主张对属下恩威并施，以戚相制，他对属人戴铎动辄申斥，但戴铎依旧感恩戴德，诚惶诚恐，根本不敢离开他的指挥范围，即使偶有出格，遭到斥骂后也马上会反省回到原位。

对照康熙"坚固可托"的要求，胤禛显然更合格，所以尽管胤祉受宠于乃父，温文尔雅的学者形象也不错，然而在最后环节仍必然要遭到淘汰。

威严政治

储位之争，其实也是不同政治纲领及其派别之争。胤禛自成一派，他与其他皇子特别是胤禩一党在政纲上是完全不同的。

野史中提到，胤禛长大后因为"嗜杀小白鼠"，所以一度不讨康熙喜欢。据说是有一次暹罗国（古代泰国）进贡了三百只小白鼠入宫，康熙把它们赏给了胤禛。胤禛将所有小白鼠分成三队，每天教它们战阵行伍，"有不听号令者，杀无赦"，结果几天之内，小白鼠就死了三分之二。剩下的三分之一唯唯听命，竟然都能像人一样操演武课了。故事本身不是事实，但它多少也形象地展现出了胤禛政纲中"威"的特点，概言之，胤禩以仁义为号召，主张维持现状，少生事，胤禛则主张威严政治，即对违法者、渎职者不徇情面，一旦发现问题，该揭发的揭发，该惩治的绝不宽容。

太监曹之璜索诈官员银两，赶打抬夫，致使常在（低阶后妃）的棺木落地。胤禛奉康熙的指令进行处理，审判时他以大不敬律将曹之璜议斩，监候待刑。对比胤禩在凌普案中的处理方式，二者的差别显而易见，当初戴铎与大学士李光地对话，说胤禩“柔懦无为”，而胤禛“恩威并济，大有作为”，虽然其中必然含有刻意贬低胤禩，抬高胤禛的用意，但还是很中肯地指出了两人所施政纲的不同之处。

施政宽，不容易得罪官员，施政严，对有作为的官员当然会是一种鼓舞，但一定会为多数人所反对，胤禩在朝野广受赞誉，胤禛却不为舆论所关注，政纲不同很可能是一个重要原因。不过对于争储这件事来说，公众评议至多只能拿来作为参考，有时甚至还会起反作用，所以并没有那么重要，真正重要的是康熙究竟持什么样的看法。

康熙一生施行崇尚宽简的仁政，特别是到晚年，更加注重维护自己的仁君形象，有一年，全国仅仅处决了十五名死囚。胤禩有延续皇父政纲之势，按理康熙似乎应该更赞成胤禩，然而实际情况并非如此，康熙对胤禩的那一套做法不但不欣赏，甚至还很厌恶。

归根结底，仁君形象是属于康熙一个人的，你可以在他驾崩后做第二个仁君，但要在他生前就抢他的风头，乃至于让朝野上下都称赞你，百官都拥戴你，那就是博取虚名，居心不良，康熙先前对胤禩的指责和不满正是出于这种心理。与此同时，以康熙所拥有的政治智慧，他不会完全认识不到过犹不及所造成的弊端，比如死囚处决得少，并不是社会治安真的那么好了，某种程度上其实是在以牺牲法纪作为代价。胤禛后来回顾曹之璜案，就说到因那时太监纳贿索诈的事委实太多，不用重法，不足以刹住这股歪风，所以才迫使他动用极刑，以警示各方。

1709年春天，胤禛随从康熙巡视京畿，在归途中，康熙责备与他同行的表兄弟、领侍卫内大臣鄂伦岱与胤禩结党，不料鄂伦岱听后却以皇亲国戚自居，不把康熙的话当回事，把个康熙气得够呛。这时胤禛立即对康熙说：“皇父圣体刚好，不值得为这种人烦恼。自有国法处置此类乱臣贼子，若把他交给儿臣，立刻将他诛杀！”

以胤禛处理曹之璜案的方式，可知他不是随口说说的，反过来，倘若康熙对胤禛的处置不满，他也不会不加以批评或阻止，而胤禛在他面前亦不敢如此说话行事。

根据朝鲜使臣的观察，康熙晚年因废立皇太子和诸子争储，“皇帝心甚不快，颇有乖常之举，大小臣僚如在针毡”，导致政局也趋向混乱。康熙看在眼里，但已是心有余而力不足，他只能寄望于继承者，胤禩一类皇子看似继承了他的政纲，可是讲仁义、宣仁政者表现在政治上，往往都不求改革，维持现状，靠他们来整治朝纲，是指望不上的，只有像胤禛这样的，才有可能整饬积习，振作有为。

在很多人的观念里，康熙既许胤禵为良将，把被清廷奉为“百年之计”，意义堪比他三次亲征噶尔丹的西征大任交往胤禵，而且胤禵在对藏用兵上也取得了成功，那么康熙心目中的“坚固可托之人”舍胤禵还会是谁呢？

其实胤禵身上尚有不少让康熙感到疑虑的地方，比如康熙最讨厌皇子结党抱团，但胤禵却是胤禩党人，与胤禩私交非常好，要命的是，康熙对此还非常清楚，而不像胤禛，经过精心伪装隐蔽，康熙始终没有发现他结党谋位的事实。胤禩党人不啻于康熙的一块心病，如他先前在当众宣布与胤禩断绝父子关系时所说，他很怕出现“猪狗一样的阿哥”，兴兵发动叛乱，“逼朕逊位而立胤禩”，胤禵手握兵权，可以说已经具备了和胤禩内外呼应的条件。

当然如果直接把胤禵扶上储君之位，或许可以避免他再与胤禩结党，但胤禵是否具备做未来国君的水准，恐怕还需要再打个问号。国君往往需要具备很高的政治技巧，康熙本人就是如此，所以他才会以善于驾驭大臣著称，胤禵脾气过直，为胤禩辩护时竟然可以当庭顶撞皇父，说明他连喜怒不形于色都做不到，又何谈帝王心术？

近在咫尺

康熙对待胤禵的方式是有所保留的，这从胤禵在西藏立功之后，虽被勒石刻碑表彰，但并未能够得到册封可以很明显地看出来。要知道胤禵此时仍只是没有赐号的“假王”，实际还是贝子，就等级制度而言，一个贝子要骤然升为太子于理不合，而依靠胤禵刚刚在西北取得的赫赫战功及其声望，康熙若升他为郡王乃至亲王本来是不会惹起太大争议的。

康熙一共有二十个可作为候选的皇子，经过层层筛选，真正能够入他法眼，也有能力竞争皇储的，应该只有这对同母兄弟：四皇子胤禛和十四皇子胤禵。

胤禛年长，理政办事的能力强，善解人意，不结党（康熙的观察和理解），但可惜不能在外统兵为帅。胤禵带兵才能突出，征战沙场颇有乃父之风，且取得了其他皇子无法企及的战功，然而有结党劣迹，是否适合全面执政也很难说。康熙还需要做进一步的观察、对比和权衡，而且鉴于先前的教训，他仍然不会轻易对外宣示自己的意向，甚至即便心中已有成算，也决不会马上公布于众。

胤禛不是如外界想象的那样离储位很远，而是已近在咫尺，但如果他出现严重失误，也同样可能与机遇失之交臂。

对胤禛而言，最大的失误莫过于伪装遭到揭穿，隐蔽活动被暴露于光天化日之下，在这方面，他不是没有心惊肉跳的体验。那还是在康熙独出心裁地“发扬民主”，令大臣们举荐太子期间，当时几乎所有人都异口同声地推举胤禩，只有一位大臣突然怒冲冲地站出来，高声说：“只有立雍亲王，天下苍生才有指望！”

此人名叫塞勒，属于王公贵族，平时喜欢喝酒，经常喝得酩酊大醉，终日不醒，有时即使上朝，旁人也能从他身上闻到一股酒味，故得了个“醉公”的绰号。醉公和雍亲王胤禛其实并没有什么特殊的交情，更未达成过任何默契，他极力支持和拥护胤禛，纯粹因为他就是这种耿直的性格，觉得谁好就投谁的票。

醉公不为胤禛出头还好，一出头可把胤禛给吓坏了，就怕一个不好，被康熙紧紧盯上，怀疑他是暗中结党或有夺储野心，所幸彼时满朝文武都提名胤禩，这才把康熙的注意力给成功地转移了过去。

余悸未消的胤禛后来对醉公说：“当初你说的那些话，差点害了我！不过看在你忠诚耿直的分儿上，我就不计较了，你以后要记得少说话才是。”

醉公一介粗人，从未想到自己的举动可能给胤禛带来天大的麻烦，至此才明白过来，赶快脱帽致歉：“我性子直，当时没能控制住自己的情绪，请恕罪。”

胤禛回顾藩邸岁月，说他与人同行，从不拿脚踏别人的头影，也从不践踏虫蚁。后者或许是因为他信佛，前者则正好反映了他当时谨小慎微、如履薄冰的心境。

在外弛内张，着力向康熙、政敌和大臣们施放烟幕弹的同时，胤禛并没有放弃经营自己的小集团。就在康熙任命胤禵为大将军王，准备派他出征西北的时候，四川巡抚年羹尧给康熙上奏折，说四川各镇营伍存在弊病，巡抚又无权节制各镇，所以请求康熙给他加“总督虚衔”，令其节制各镇，并保证“一年之后营伍必当改观”。

年羹尧虽然口口声声他要的只是个“虚衔”，而且声明事成后即“攻成身退”，把总督一职奉还，但其实都是话说得漂亮巧妙而已——要是他真把营伍整顿好了，也就等于坐稳了总督位置，因为皇帝根本不会再自找麻烦地去重新换人。

康熙何等精明，年羹尧的这点小心思自然蒙不了他，不过康熙也有康熙的考虑，四川是西北用兵的大后方，四川这里梳理好了，对胤禵将是一个极大的支持，为此他决定任命年羹尧为四川总督兼巡抚，让其协助胤禵。

众所周知，年羹尧是胤禛的属人，为了不致引起猜忌，胤禛肯定不会直接当着康熙的面替其仕途说项，但通过其他方式让康熙了解并欣赏年羹尧却是完全可以做到的，而年羹尧在仕途上的更上一层楼，亦可以视为雍邸在扩展势力方面所取得的一个重要进展。

藩属之外，尽管康熙有不得结交百官的规定，但对于自己看中的人才，胤禛也冒险在极小的范围内进行招揽，而且通常不达目的不罢休。他认为礼部侍郎蔡珽“学问素优，人品端方”，对本党有利用价值，遂命门客马尔齐哈前去联系见面，但被蔡珽以身居学士不便往来王府为由辞谢。

等到年羹尧入觐时，他又向胤禛推荐蔡珽，胤禛即令他代表自己往请，可是蔡珽仍不就招。次年，蔡珽被任命为四川巡抚，到热河行宫向康熙辞行，这时胤禛也住行宫，蔡珽在年羹尧儿子的引领下晋谒胤禛，至此以后他才真正成为胤禛的心腹。

以海寇攻海寇

进入夺储的冲刺阶段，胤禛愈加注重扬长避短，以期甩开对手，凡康熙交办的事务，不管大小，他必定恪尽职守，办理完善。

1713 年，孝惠章皇太后的妹妹淑惠妃去世，康熙发现办理丧事的官员草率从事，祭器、祭品粗劣，便命胤禛查办。承办丧事的是工部、光禄寺，兼理的是内务府，这些替皇室操办婚丧嫁娶的部门平时积弊很多，内部人际关系盘根错节，极为复杂，作为一个无实职的皇子，不仅查处不易，而且很容易得罪人。先前胤禩负责对前任内务府总管凌普进行审查时，之所以敷衍手软，未尝没有这样瞻前顾后的考虑，可是胤禛却一丝不苟地进行了调查，然后毫不含糊地上报。根据他的调查报告，相关涉案官员全部受到革职、降级罚俸等处分。

康熙看在眼里，他对胤禛的欣赏和倚重虽不便宣于明旨，但完全可以从所派差使中表露出来。1721 年为康熙登基六十年大庆，康熙认为典礼中最重要的是到盛京祭祖陵，因为年迈多病不能亲行，便派胤禛前往致祭。胤禛正月出发去盛京，回来时正逢万寿节（即康熙的生日），又奉命致祭太庙后殿。

12 月 22 日，当天是冬至，按例要举行祭天仪式。康熙历来重视祭天，“天坛大祭，朕亲行礼”，“方展诚心”，以往每次都是亲自参加仪式，轻易不要他人代替，但这次同样令胤禛代其前往。

胤禵当然也不会闲着，他的主要优势是军功，既然不能马上凯旋回京师，继续在西北用兵，以扩大自身优势便是最佳选择。事实上，西藏战役一结束，胤禵就从西宁移镇甘州（今甘肃张掖县），着手对准噶尔本部用兵，以解除漠北蒙古后顾之忧。其间，为了继续树立自己招贤纳士的形象以及用兵策划所需，他决定礼聘直隶蠡县人、著名学者李塨入幕。

李塨自负有王佐之才，是个才识并不拘于书斋之中的通才型学者。康熙初年，台湾为郑成功家族所据，朝廷因缺乏强大水师而对郑军莫可奈何，称之为“海寇”。有人向李塨问平海寇之策，李塨说：“以中国攻海寇则难，以海寇攻海寇则易。”他建议，要用重金买通那些常年在海上交易的商人，并使之打入郑军内部，里应外合，然后再用大部队进攻，“势如拉朽耳”。后来人们发现，在收复台湾战役中，指挥者姚启圣所用战法竟与李塨如出一辙，而李塨在提出此策时年仅二十三岁。

至胤禵派人延请李塨之际，李塨虽已六十二岁，但如果是在幕中运筹帷幄，这个年纪还不算太大，且“大将军王”正值声势鼎盛，他要想大展身手，这就是命运赐予的最后一次机会，可谓过了这个村就没了这个店。不料当“十四王使人访先生（李塨）”时，李塨却显得很害怕，并且选择了远远躲开。

1720 年 7 月，访客再至李宅，言称“十四王聘先生”，且带来重金厚礼，但又被李塨以老病不能行为由推托掉了。次年，胤禵派人“三顾茅庐”，没想到李塨不惜将其北方田宅与人交换，用这种办法远避江南。见人去屋空，来使只得悻悻而归。

李塨和给胤禵算命的张恺不一样，是一个真正腹有韬略，也看得清局势的人，他之所以对胤禵的相邀不但不感到荣幸，反而觉得害怕，只有两种解释，即要么觉得胤禵无辅助价值，要么预知胤禵在西北战事乃至夺储中已无胜算，二者必居其一。

此后西北战事也确实很不顺利，在与准噶尔部作战的区域内，清军一直没有进展，军士因病死亡的事不断发生。出现这种情况，有人说是年羹尧从中作梗，实际上，年羹尧虽为胤禛的属人和胤禛党人，但康熙末年，他们主仆的关系若即若离，并不十分亲密。原因是年羹尧热衷名利，向来喜欢骑墙和投机，其时胤禵被立为皇储的呼声最高，胤禛还远在其下，按照年羹尧的性格，他会死钉住本门之主，而不靠拢未来的新皇帝吗？

更何况，胤禵是年羹尧的顶头上司，在前线有生死予夺之权，别说年羹尧，就是青海王公也当斩则斩，而无须事先请示康熙。以他在西北坐镇数年，对当地和军中情形的熟悉了解程度来说，如果年羹尧敢在这个时候玩猫儿腻，他能无动于衷，不报之以刀斧？

必须明确一点的是，入藏作战和与准噶尔部作战不同。准噶尔部侵入西藏，系以达赖问题为口实，换言之，达赖问题解决了，西藏问题也就解决了大半。准噶尔部连待在西藏的理由都不成立，自然不难驱逐，按照李塨"以海寇攻海寇之道"，这其实也是一种从内部攻破的办法。

若是直接攻打准噶尔，在未找到新的里应外合之策前，其困难程度和所需耗费的时间必然要成倍增加。当然不是说最终一定不能成功，问题是背后的夺储之战已不容许有这么多的时间了。

从西宁移镇甘州的那一刻起，胤禵已为他的失败奠基。或许，李塨正是看到这一点，才被迫打消施展平生抱负的念头，选择远远避开的吧！

西北用兵的师久无功，无形中削弱了胤禵的势头，但其声势仍在。1721年11月，康熙将胤禵召回京师，并命胤祉、胤禛领内大臣郊迎，足见世爵仍为贝子的胤禵之今非昔比。

争储形势变得更加复杂微妙。康熙在废黜太子时早有规定，皇子们不得私自往来，更不能亲密交往，相互间有事必须请示允准后方得实行，当然其实大家都没有真正执行这一规定。胤禵回京后的第二年春天，众兄弟在胤禛的花园共同宴请康熙，接着又经康熙的准许相互请客，虽然这些请客活动看似只是一般性走动，丝毫不涉及政事，实质仍是在为夺储做打算。

其他兄弟不提，单就胤禛一方，先后有过几次举动：第一次，请胤禵和十六皇子胤禄来园中观花；第二次，请诚亲王胤祉吃饭（胤祉因病未到）；第三次，请恒亲王胤祺、十三皇子胤祥、十七皇子胤礼吃饭……

请胤禵、胤祉、胤祺尤其胤禵，是为了向主要竞争对手散布迷魂汤，请胤祥、胤禄、胤礼，是为了进行感情联络，做他日之用，其中胤禄、胤礼同胤禛关系较为亲密，胤祥更是早已成为胤禛党的核心成员。

最重要一票

胤祥比胤禛小八岁，两人虽非同母所生，但从小生活在一起，朝夕相处，非常亲近。及至年龄稍大一些，胤禛奉命教胤祥算学，“日事讨论”，在众兄弟集会赋诗时，胤祥常会把自己的诗作拿出来请教胤禛，就连塞外扈从，兄弟俩也“形影相依”。后来胤祥因受太子党事件而失宠于皇父，有时不能随胤禛一起扈从，他便寄诗词、书札给兄长以抒怀，胤禛将他的诗词共计三十二首收录在自己的诗集里，“以传永久”。

胤禛结党结盟，别人也结党结盟，而且胤禛党最终形成的时间较晚，加上康熙有不许结党的规定，使之不得不处于高度隐秘状态，所以人数不多，居于高位的要员也很有限，占优的地方只是这个集团不为康熙所察而已，所以胤禛并不能指望靠这个取胜。在与胤禩势均力敌、旗鼓相当的情况下，他能占得先机的利器仍然是戴铎“夺储策”的灵魂所在：投其所好。

作为一个君主，康熙一生堪称完美，若说还有缺憾，就是晚年所遭逢的两废太子和诸子争储事件，这成了他精神上难以愈合的一道伤口，而且就和肉体上的老伤口一样，一到阴雨天就疼得难受。要想讨得老人欢心，最好的办法就是搭起“温室大棚”，用家庭温情去感染和打动他。

清朝皇室来自于凉爽的东北，普遍不耐酷暑，又因为经常要开展巡幸游猎活动，由此形成了离开大内过园居生活的传统习惯。康熙晚年经常住在京城西郊的畅春园，为了年长皇子和心腹大臣陪驾方便，他就把京西的许多花园赏赐给他们居住。

畅春园紧北有一座圆明园，原为明代的一座私人花园，清代才成为官园，康熙将它赐给了胤禛。胤禛接手后做了一些兴建，使之初具规模，他曾写诗描绘园中美景：“叠云层石秀，曲水绕室斜，天下无双品，人间第一花。”

圆明园那时的美景集中于牡丹台，此处栽种了大量各种品种的牡丹花。在长期与皇父的接触当中，胤禛了解到他特别喜欢牡丹，经过一番深思熟虑，便决定单独邀请康熙到圆明园牡丹台观赏牡丹。

按照农历节气，在每年谷雨到小满的一个月里，牡丹开得最盛。不过那段时间干旱少雨，康熙怕影响到农民的庄稼收成，为之心焦不已，特地下旨禁止屠宰，诚敬求雨三天，这种情况下，胤禛自然不便提观赏的事。

1722 年 5 月 8 日，即康熙下旨七天后，突然下了一场春雨。正是“好雨知时节，当春乃发生”，眼见旱情解除，丰收有望，康熙转忧为喜，龙颜大悦。胤禛抓住时机，向皇父发出邀请，康熙一口答应下来，欣然前往。

在胤禛的陪同下，康熙来到牡丹台，兴致勃勃地进行观赏，只见雨后的牡丹竞相开放，姹紫嫣红，尽展“人间第一花”的美艳，使得康熙更加高兴。

随后胤禛在牡丹台殿内盛排宴筵，款待皇父。趁着康熙心情大好，席间他把自己的儿子弘历唤出，给康熙叩头行礼。

弘历是胤禛的第五个儿子，叙齿的第四子，因为他的头三个哥哥早逝，所以实际排行老二。胤禛本身比较中意于弘历，又觉他的经书已学得不错，才特意允许和安排他与皇祖父见面。

康熙有一百五十多个皇孙，不是每个皇孙都认识，弘历也是他第一次见到。弘历虽然时年仅十二岁，但言谈举止颇似乃父，行礼答话均不慌不忙，沉着稳重。康熙“见即惊爱”，一下子就喜欢上了这个皇孙，当即降旨，命将弘历收养于宫中。

弘历也就是后来的乾隆帝。有人认为胤禛把弘历推荐给皇父，是为了通过自己的儿子来影响康熙对继统问题的选择，使之对自己投出最重要的一票。更直接些的说法，是康熙原来并不垂青胤禛，就因为钟爱孙子弘历，才产生了先立其父的念头，“康熙帝始无立雍正（胤禛）之意，彼由其爱宝亲王（乾隆），其父雍亲王乃得以继位”。朝鲜史书中也记载，康熙临终前曾留下遗言：“第四子雍亲王胤禛最贤，吾死后必立为嗣皇，胤禛第二子有英雄气象，必封为太子。”

其实这只是一种主观臆测。爱孙及子的情况确有先例，主要集中在明朝，但那主要还不是因为皇孙的关系，而是皇子本身是嫡长子，换句话说，皇帝本来也应该立这个皇子为太子，皇孙得到他的喜爱仅仅只是促使其下定决心的一个附加因素，而不是根本所在。

康熙晚年重视家庭关系，对自己见过的皇孙大多十分宠爱，比如废太子胤礽的二儿子弘晳就是其中一个，不独乾隆。退一步说，就算他看中乾隆，想让乾隆做第三代继承人，他怎么能保证乾隆一定能继胤禛之位？须知，胤禛不是就弘历一个儿子，他继位后在嗣皇上也可能有新的考虑。康熙自己就是教训，他早年立胤礽为太子时，何曾想到过胤礽会那么不争气，谁又能担保乾隆在数十年的皇子生涯中不重蹈覆辙？再者，按照过渡桥梁模式，在乾隆成为君主前，势必要先由胤禛秉政，倘若胤禛长寿，君临天下的时间就不会短，而作为一个具备极强历史责任感和担当的皇帝，要是康熙真的对胤禛不满意，他又如何会允许这样可能影响社稷兴亡的事发生呢？

虽然康熙因爱乾隆而立胤禛之说绝不可信，但胤禛精心策划牡丹台之会的初衷还是达到了。当天祖孙三代会聚一堂，其乐融融的景象显然给康熙留下了极为深刻的印象，也促使他做出了一个新的决定，即下旨令胤禵复返甘州任所。

这个决定确实极大地影响了争储形势和格局，从某种意义上说，倒真的是康熙在继统问题上所投出的最重要一票。

有福之相

胤禵在京时，康熙授之以“来年进兵”大计，临别时又谆谆嘱托，让他重新集结兵力，等待时机成熟再对准噶尔部实施进剿。不知奥妙者可能很难发现其中的特别之处，或许还以为胤禵占到了先机，但胤禛却有一种如释重负和大喜过望的感觉，因为这意味着若无新的意外情况发生，他在争储形势上已完全超越胤禵。

胤禛对于皇父心理的揣摩可谓细致入微，他判断自己得以甩开胤禵的主要依据是康熙年老多病，已如风中残烛，倘若真有意立胤禵，在胤禵已经出征三载且有战功在身的情况下，就不可能也没必要再让他远离自己，重返数千里之外的西北边隅。

春秋时，晋献公的两个儿子太子申生、重耳均有贤名。献公宠姬骊姬为了能够立自己的儿子，便设计陷害申生、重耳，结果申生被迫自杀，重耳因出逃在外获免，后回国即位，这就是位列春秋五霸的晋文公。东汉末年，刘表之子刘琦遭后母所忌，时有性命之忧，于是向诸葛亮问计，诸葛亮便引用“申生在内而危，重耳在外而安”的典故，劝其出奔。刘琦听其言，向父亲请求出外担任江夏太守，果然借此逃脱了陷害。

有人论证康熙让胤禵出京远走，与诸葛亮替刘琦所谋相仿，是鉴于京城内皇子间的党争尚未彻底消弭，不让他卷入其中，“揆圣祖（康熙）之意，胤禵兵权在握，何事不可有为？”这种假设难以成立的原因在于，它没有考虑到彼此历史背景的不同。

清代自顺治起，便已将武将调任权统一收回兵部，康熙吸取“三藩之乱”的教训，惩前毖后，又厉行三年俸满加衔更调的制度，以使武将不得久任一地。事实上，在康熙末期，兵部已能够毫不费力地代替皇帝掌握着全部兵权，胤禵作为大征伐期间领兵征战的重臣，受命于皇帝，指挥的是国家军队，只要新皇愿意，一纸朝令就可以没收他的兵权。康熙明知这一点，他不可能用出京远走的方式来保护胤禵，后来的事实也证明，胤禵在外并不安全，所谓的兵权起不到什么作用。其实，当时就连胤禩党都不认为胤禵重返前线对他有利，胤禟曾口出怨言说：“皇父明是不要十四阿哥成功，恐怕成功后难于安顿他。”

胤禛有其取胜之道，胤禵则有其致败之因。胤禵的性格热情有余，冷静不足，当初康熙要处罚胤禩，他出面保奏时激怒康熙，气得康熙几乎要拔刀杀了他，众皇子跪劝，才被以鞭笞二十板逐出，其行动往好了说是讲义气，往坏了说不免失之于鲁莽。

胤禵的性格缺陷与胤禛曾有的性格急躁、喜怒不定相仿，都是为领袖者的大忌，区别在于，经过漫长岁月的磨砺，胤禛有所改正或至少已让康熙挑不出他的毛病，而胤禵依然故我，这让康熙如何放心呢？

胤禵与胤禩、胤禟结党，而且结党形迹过露，早就为康熙所忌。他如果与胤禛一样有心计，在准备独立夺储时，就应该认识到胤禩党已成其政治负担，必须想方设法在表面上切除与它的关系，以解除皇父的疑虑，可是胤禵却并没有这么做，反而仍以该集团新核心自居。

胤禵从西北返京后，想整顿花园，胤禟的属人、湖广总督满丕向胤禟报效了两万两银子，胤禟便将这笔钱提供给胤禵作为整顿花园的开支。当然，胤禩党人支持胤禵“黄袍加身”也不是无代价的，他们都会要求“尝鼎一脔”，从中分一杯羹，胤禟就说过：“十四爷若得立为皇太子，必然听我几分话。”康熙在京城耳目众多，这些活动岂能瞒过他的耳目。虽然越到后面，康熙越重视家庭关系，不肯再轻易处罚自己的儿子，但并不说明他心里没有芥蒂，而且也必然会影响到他对胤禵的评价。

在作为皇储必备的才能方面，胤禵亦非无懈可击。他固然是个难得的将才，但治国之能尚未得到皇父的认可，要知道他平生除出任大将军，从未处理过重大政务。若以胤禵为君，能够把未来国家治理成什么样子，康熙心中无数，反之，若以胤禛为君，内政首先没问题，至于军事，则可以通过胤禵这个同母兄弟的辅佐来加以弥补，换句话说，胤禛可以代替胤禵，但胤禵无法代替胤禛。

在超越胤禵的同时，胤禛也进一步拉开了他与胤祉的差距。1722 年 8 月 31 日，胤禛邀请皇父到他的狮子园（亦为康熙所赐）赴宴，康熙带着乾隆欣然前往。酒席宴上，康熙突然指着侍立一旁的弘历，对胤禛的嫡福晋说：“带其生母来见。”见到乾隆的生母，康熙连声说：“有福之人！”

乾隆即位后视圆明园牡丹台、狮子园为其发迹之地，并在《游狮子园》一诗中记述道“圣谕两言万世留”。他说他回想当年在狮子园的情景，忖度皇祖父在看到自己的母亲为有福之相后，似乎就已一心寄托于他。实际上，跳过站不住脚的“过渡桥梁说”，乾隆生母这个“有福之人”首先能够庇荫到的应该是他的丈夫——康熙因喜爱儿子而更加喜爱孙子，因喜爱孙子和看到孙子生母有福相，又坚定了选择儿子为继嗣的决心。

事实也是这样，1722 年，包括与胤禛父子聚会在内，康熙驾临胤禛府上达三次之多，其中北京两次，热河一次，而他做客胤祉府上仅有一次。

胤禛在夺储道路上的前景已然是光明一片，但他还要再接受一次检验，这一次，康熙将连他自己都感到挠头的一项政务交到了他手中。

清代实行粮食漕运制度，在京师设京仓，在直隶通州设通仓，用以储存从南方运来的漕粮。京、通两处仓场的各个仓都有仓监督，他们或因管理无方，或因谋私舞弊，导致仓米亏空的现象时有发生。康熙对此早有深刻认识，也不断派员进行查处，但他考虑到若逼迫过紧过急，官员们为了弥补亏空，必然要加紧在民间进行搜刮，从而给老百姓造成新的拖累和负担，所以态度上比较松动。康熙的这种出发点虽不错，可却在无形中为吏治宽纵提供了市场，派员查处自然也只能是雷声大雨点小，不了了之，至康熙末年，仓储亏空的情况已十分严重，伴随而来的就是吏治腐败，贪风日盛。

11 月，正当两处仓场监督任满交替之际，胤禛奉命对京、通二仓展开清查。他介入后，认真盘查漕粮存储出纳情况，发现粮食霉烂、亏损严重，于是向皇父建议严格出纳制度，增建仓廒，厉行仓监督奖惩制度。

针对康熙担心累及百姓，但又必须整顿亏空的顾虑，胤禛拿出了新的有力措施，即只要有亏空之处，就勒令仓监督以自己的家产赔补，而不得苛派民间，此次清查，对亏空负有责任的满汉共十一名原仓监督都遭到了这一责罚。

在一首《冬日潞河视仓》的诗中，胤禛透露了自己在清查京、通二仓时的心路：“百雉重城壮，三河万舶通，仓储关国计，欣验岁时丰。”康熙对他在清查过程的表现显然也很是满意，否则胤禛的相关建议和措施不会得到支持。

第三章

旋涡和激流

清代野史中有很多胤禛夺储的故事，尽管它们大多虚实掺杂，而且还带着浓郁的奇幻或武侠色彩，但也不难看出当年的夺储有多么激烈和残酷。比如描写太子派刺客潜入雍邸，欲伺机刺杀胤禛："天亮后，大家出屋一看，但见院子里的树枝清洁溜溜，好似被刀削过一样，府中所养猎犬不仅被全部杀死，而且脑袋全都不翼而飞。"

又说到胤禛展开反击，通过在宫中作法，设计让太子变疯。"这时随着法坛上锡杖不断振动的声音，太子突然跌倒在地，随后便恍恍惚惚地自述了他要杀害胤禛的计划，细节听来甚为可怖。正说着，阴风猝起，周围的火炬和蜡烛全都变成了惨绿色，宫中传来了鬼魂出没之声。"

即便在野史中，面对皇子们不择手段的骨肉相残，康熙也显得既愤懑痛心而又束手无策，他愤愤地说："朕万年后（即死后）听任你们自己去抉择吧！我的阿哥们一个个都不是好东西，谁可以真正托付呢？若天位终究不能空缺，自然会有人坐到那个位置上去，用不着朕生前再提这件事。"

野史道出的往往是另一种真相。谁可以真正托付呢？假设康熙在现实生活中，了解了胤禛对储位的觊觎及其所用的伪装及各种招数，他应该也会发出类似的浩叹吧！

没有谁能真正托付，也没有谁能真正被信赖，事实上，只要进入这个圈子，就无分好坏与道义，区别只在于狩猎场上，谁才能成为那个笑到最后的唯一赢家。

末命

康熙的身体从第一次废黜太子时就开始出问题，1718 年春，他自述稍微早起，就"手颤头摇，观瞻不雅"，遇到心跳过速时，"容颜顿改"。春天过后，健康状况才有所好转，也能照常哨鹿打猎了。至1721年春，意大利传教士兼内科医生佛奥塔奉命为康熙检查身体，结论是“陛下的健康状况非常好”。

1722年11月29日，康熙至南苑狩猎，12月14日因身体不适，自南苑返回畅春园，第二天就生了病，“偶患风寒，本日即透汗”。当月冬至将近，本来康熙要到南郊祭天，这下自然无法成行了，16日，他召见胤禛，让胤禛代他祭天。

能够连续两年代父祭天，足以表明胤禛在康熙心目中的地位非同一般，但他仍非常乖觉地恳求继续侍奉于皇父左右，直到康熙坚持，才奉命于17日前往南郊。

此后康熙宣布，自17日至22日也就是冬至那一天，他在宫中静养斋戒，“一应奏章，不必启奏”。

晚年的康熙在感情上异常脆弱，曾强调立皇储一定要以诚孝为先：“今欲立皇太子，必能‘以朕心为心者’，方可立之。”也因此，越到这种时候，胤禛越不敢忘记表现自己的“诚孝”，17日当天，他三次派遣护卫、太监等至畅春园请安，18、19日，也每天都要派人请安。在这三天里，康熙均传谕“朕体稍愈”，但到20日，其病情却突然恶化。

意大利传教士马国贤当时正住在畅春园附近的私宅里，他对比了意大利冬季的常见疾病，判断康熙可能患的是重感冒，感冒本身虽不致命，但它却会引发其他可怕的并发症。据历史学家推断，康熙其实早就有较为严重的心脏病和高血压症状，一年前，佛奥塔诊断康熙已经彻底恢复了健康，那是在他表面气色不错的情况下，而且按马国贤所见，中国皇帝已惯于被臣下阿谀奉承，称颂其健康即为其中常见的一种奉承方式，为了适应环境，不给自己制造麻烦，他们这些西方传教士很多时候也不得不“入乡随俗”，这就是说，佛奥塔出于取悦讨好康熙的目的，很可能没有完全说实话。

20日凌晨1点至3点，自感无救的康熙急召尚在南郊的胤禛前往天坛斋所。3点至5点，胤祉、胤祐、胤禩、胤禟、胤䄉、胤祹、胤祥等七位皇子及大臣隆科多被召至御榻前，康熙向他们当众宣布：“皇四子（胤禛）人品贵重，深肖朕躬，必能克承大统。着继朕登基，即皇帝位。”这是康熙的临终遗言，即所谓“末命”。

能够进入寝宫当面听到“末命”的皇子都是十三皇子胤祥以上的年长皇子（五皇子胤祺在东陵祭祖），十五皇子以下的年轻皇子（十四皇子胤禵在西北）胤禄、胤礼等四人只能在寝宫外等候。

宗室贵族和重臣方面，由于此时并非上朝时间，加上情况紧急，康熙要将所有人都召来显然是不可能做到的。隆科多时任理藩院尚书兼步军统领，警卫畅春园乃其职责所在，既便于被宣召，同时他的另一层重要身份也使传诏任务很自然地落到了他的身上——隆科多是外戚，而且不是一般的外戚，乃是外戚中的尊贵者：他的姑母是康熙的母亲，因此他与康熙是表兄弟；他的姐姐是康熙的孝懿仁皇后，因此他与皇子们又是甥舅关系。

外戚与立储本身就有一种特殊关系，更何况自己还是皇子们的舅舅，当然选择扶持谁不扶持谁，隆科多也有自己的看法。他原先看中和依附于胤禔，结果遭到康熙的指责："与大阿哥相善，人皆知之。"胤禔倒台后，他学乖了，不再在立储问题上轻易表明立场，即便他父亲即康熙的岳父公开支持胤禩，他本人亦不为之所动，这才使他得以重新取得康熙的信任。康熙能将步军统领这一敏感职位交给他，足见他"深邀皇考知遇"（胤禛的说法）。

至康熙临终时，满朝文武之中，兼外戚、近臣身份于一身的，仅有隆科多一人，中国民间尚有分家找舅舅主持的习惯，隆科多也就此被康熙选中，成为了唯一的顾命大臣。

康熙因隆科多不结党而信任他，但他不知道的是，隆科多其实已经悄悄地选定了自己所仪的皇子。就在那次胤禛负责清查京、通二仓的过程中，隆科多受命随胤禛一道清仓。或者是受胤禛大刀阔斧、雷厉风行的风格影响，认为这个外甥前景远大，或者是与康熙朝夕相处，发现康熙有选胤禛为皇储的意向，隆科多成了胤禛线上的人。

在野史记载的胤禛"十三太保"里，老二功夫不是最好的，功夫最好也最为诡异的是老大，老大是个武僧，他能练剑为丸，藏于"脑海"中，到临敌之际，将其从口中吐出，则又矫若长虹。凭着这柄来无踪去无影的宝剑，老大可杀人于百里之外，号称"万人敌"。

康熙亲自授命的顾命大臣居然是胤禛党成员，这是包括康熙本人在内，谁都想不到的，真可谓"来无踪去无影"，若是把隆科多比喻成"十三太保"里的老大，却也很是形象贴切。

康熙皇帝死了

1722 年 12 月 20 日，上午 9 点至 11 点，被从南郊紧急召回天坛斋所的胤禛进入寝宫，与康熙见面后，康熙把自己病情严重的情况跟胤禛说了说，听了康熙的话，胤禛自然只能“含泪劝慰”。当天他虽住在斋所内，但三次（也有记载为五次）进见问安，关于“诚孝”需要做到的细节一丝一毫都不敢马虎。

康熙并没有当面将“末命”告知胤禛。这倒也不奇怪，因为“末命”既是临终遗言，必须在他死后才能由隆科多公布，所知者仅限于七位皇子和隆科多，即便胤禛本人亦不能事先获悉。

当然没有当面讲，不等于胤禛就不知道。有笔记记载，康熙病危时“以所戴念珠授雍亲王”，这就是说，康熙以赠念珠的方式间接做了暗示。此类传闻在朝鲜很流行，据传清朝告讣使译员曾对朝鲜官员讲，康熙临终召见胤禛，把自己戴的念珠解下来交给他，说：“此乃顺治皇帝临终时赠朕之物，今我赠你，其中含有深意，你知道就可以了。”

考虑到胤禛本人从未公开讲过或大肆宣扬康熙赠珠的事，传闻未必属实，但就算胤禛从康熙这里得不到相关信息，他也能通过隆科多或胤祥了解到“末命”。只是他必须继续假装不知道，而且还得表现得更加谨慎小心，因为谁也说不准康熙这次的病会不会好，如果万一又好了，自己得意忘形的样子被皇父察觉，那他胤禛面临的就不是顺利继位，而是大祸临头了。

当天傍晚，意大利传教士马国贤在畅春园附近的住所里吃过晚饭，正与一位神父聊天。突然他们听到了一阵低沉的嘈杂声，而且好像还有一些其他声音从园中渐渐响起，马国贤在中国居住多年，已经多少算是个“中国通”了，他马上把门锁上，对同位说，以他的经验判断，这种骚动很不寻常，要么是皇帝死了，要么就是北京爆发了叛乱。

为了弄清楚到底发生了什么事，马国贤爬到墙头进行瞭望，他吃惊地看到外面出现了数不清的骑兵，这些骑兵相互间谁也不说话，只是骑着马拼命地向四面八方奔去，显然都是为了传递某个极为重要的消息。马国贤先后瞭望和打听了几次，终于听到有步行走过的人在说：“康熙皇帝死了！”

时间是晚上7点至9点，御医们宣告皇帝不治身亡。胤禛等人闻讯赶到寝宫，胤禛一路哭泣哀恸，表现出痛不欲生的样子，等到隆科多正式宣布“末命”，称康熙生前已指定其为继承人后，他的情绪更加激动，直接哭倒在了地上，直到胤祉等人向他叩首，劝其节哀，才从地上爬起来。

有人说胤禛是在演戏。演戏的成分肯定有，实际上，置身于那种环境之下，特别是决定向储位发起冲击后，胤禛大部分时间都必须也只能演戏，然而到了康熙去世，想到皇父终于在临终时把大命交到了他手中，自己多年来挖空心思的努力没有白费，像他这样感性的人未尝就没有真情流露的一面。于是当胤禛接下来走到御榻前时，忍不住抱着亡父的脚再次放声大哭，接着又亲自为康熙穿上了长寿袍。

胤禛入承大统，被后世学者列为清初三大疑案之一（其他分别为“太后下嫁”和“顺治出家”），民间和野史中对此有很多传说，其中流传最广的便是胤禛弑父篡位。

故事的背景也是在畅春园，说当康熙觉得身体不适，预料大渐之日不远时，正准备召唤臣工嘱咐后事，却发现所有儿子都不在身旁，一下子便急得昏了过去。原来这是胤禛的一手安排，他把畅春园四面的门户全给封锁了，并由其“十三太保”负责站班，所有其他皇子及皇亲国戚、大臣均不得其门而入。

康熙清醒过来后，发现身边只有胤禛一人随侍在侧，忙宣诏大臣，可是久久不见人影，经询问，方知自己被困，不由得又惊又怒，抓起枕头便朝胤禛扔了过去。结果没能扔准，胤禛“跪而谢罪”，康熙又扯下胸前的一串玉念珠当头砸下，但被胤禛接了个正着。不久，宫中就传出了康熙驾崩，胤禛继位的消息。

封锁畅春园相当于发动政变。在现实中，这种可能性微乎其微，康熙从做小皇帝起就与实力权臣角斗，几乎可以说是战斗的一生，他的安全意识和警惕性都非常高，晚年在废黜太子后，更是极力注意保护自己。

在被康熙称为“遗嘱”的那次面谕中，曾提到两个著名的历史事件，一是南朝梁武帝被叛军包围，饿死于台城；一是隋文帝被其子杨广所害。康熙说，《尚书·洪范》论述了人生的“五福”，其中第五福为“考终命”，即尽享天年，长寿而亡，从梁武帝、隋文帝的遭遇来看，要想“考终命”真是很不容易啊！

他说这番话时显然意有所指，是在警告心怀叵测的大臣和皇子们，不要对他动歪念头。你想他怎么可能不做有效的防范呢？

养心殿风波

排除那些子虚乌有的江湖兄弟，胤禛所能依赖的不过是年羹尧、隆科多。年羹尧尚在外地，而且在胤禛即位前，他与胤禛也是若即若离，不敢也不可能助其篡位。隆科多的情况跟年羹尧差不多，胤禛即位之初便告知年羹尧："舅舅隆科多，此人朕与尔先前不但不深知他，（而且）真正大错了。"由此可知，隆科多虽早已站在胤禛这一边，但两人并未达到默契相知的程度，当然更不可能联合发动政变。

退一步说，隆科多要想协助胤禛政变，他可能死得比任何人都快。因为隆科多尽管掌握着步兵统领的实权，可以调动畅春园的警卫，但是京城部队并不归其掌握——康熙从南苑一回畅春园，即任命十二皇子胤祹为镶黄旗满洲都统（镶黄旗为上三旗之一，专属皇帝管理），令其控制京城部队。隆科多只要敢轻举妄动，胤祹等人立即可以就近调兵镇压。

清代经过顺治、康熙的轮番经营，君主集权已达到前所未有的程度，是前朝包括南北朝、隋朝在内都无法相比的，在这种体制下，再加上康熙本人的威望和能力，任何人企图搞武装政变或对抗，都将落得飞蛾扑火、自取灭亡的下场。胤禛是一个头脑清醒的政治家，不管处于何种境遇下，都懂得应该做什么，不应该做什么，他更加不会干出这样的蠢事。

是不是还有其他谋害的可能和手段呢？民间盛传，"圣祖皇帝（康熙）在畅春园病重，皇上（指新皇帝胤禛）进一碗人参汤，不知如何，圣祖皇帝就崩了驾，皇上就登了位"。

先抛开康熙的警惕性有多高，对食品安全的检查有多严，单是康熙喝参汤这件事就不太靠谱。虽然清代确有让病人喝参汤的习惯，但康熙本人却敬而远之。他曾在一份奏折中批道："汉人喜欢人参，其害人而人不知。"江宁织造曹寅（曹雪芹的爷爷）病重，康熙认为是吃人参害了他："曹寅原肯吃人参，今得此病，亦是人参中来的。"后来康熙自已身体病弱，有人建议他吃些补血气的药，康熙直接排除了人参，说："南人最好服药、服参，北人于参不合。"

康熙既如此拒绝人参，要通过在参汤中下毒来暗算他，显然是件想都不用想的事。

关于胤禛篡位的另一类传闻，则集中在改诏上。传闻康熙弥留时，胤禛和其他皇子一样，都没有随侍在康熙身旁，只能站在宫门外请安，唯隆科多作为顾命大臣侍立于御榻前。康熙死前在隆科多的掌心亲笔写了“皇十四子”四个字，隆科多一出门，胤禛迎上前来，隆科多便顺手抹去了墨迹未干的“皇十”二字，于是“四子”胤禛就顺理成章地取代十四皇子胤禵做了皇帝。此事发生时，据说千里之外的无锡惠山寄畅园（康熙生前曾游历此处）还出现异象，一株千年老樟树当时就枯死了。

把遗命写在大臣手上，再让大臣顺手抹去字迹，这种犹如儿戏一样的故事，实在不值一驳。大部分关于改诏的版本还是比它要靠谱一些，都是说康熙在遗诏上亲书“传位十四子”，但被胤禛找到并改成了“传位于四子”。此类版本的传播范围和市场相当之大，连末代皇帝溥仪都受其影响，这就是所谓的“养心殿风波”。

在康熙去世近两百年后，尚年幼的溥仪和他的弟弟溥杰有一天玩追逐游戏，无意中闯入了养心殿西暖阁。西暖阁是昔日皇帝批阅奏折和处理重要文件的地方，里面有不少套间，还陈列着许多佛像、佛塔。两人追着逃着，偶然碰到墙上的一块匾额，后面露出一卷纸，他们好奇地打开一看，原来竟是康熙遗诏，上面是康熙亲笔写的“授位十四子”。

两兄弟过去早就听说过改“十”为“于”的传闻，如今发现传闻为真，可把他们给吓呆了。好在溥仪聪明机智，连忙把纸卷重新放回原处，并警告溥杰千万不可外传，溥杰也当场发誓绝不泄露，兄弟俩紧张不安的心情这才平定下来。

“养心殿风波”于中华人民共和国成立后被披露，曾令清史学界为之震动。有学者特地访问溥杰进行证实，溥杰经过回忆，更正称康熙亲笔遗诏乃误传，实际是雍正（胤禛）密诏。

除了改“十”为“于”，还有改“十”为“第”，即遗诏内容为“朕十四皇子即缵承大统”，后被胤禛改成了“朕第四皇子即缵承大统”。甚至有人考证出胤禵原名胤祯，康熙在遗诏上写的是“胤祯即位”，胤禛改诏，将“祯“改成“禛”，又把十四皇子的名字改作胤禵，不许他再叫“胤祯”。

仅从技术角度和正常逻辑来看，这些假设就很难成立。康熙时代正式场合用的都是繁体字，不可能将“十”改为“于”，就是改为“第”，改动痕迹也很明显。至于胤禩的名字，根据史料记载，他原名胤禩，中间奉皇父之命改称胤祯，胤禛即位后只是让他恢复旧名，与所谓的康熙遗诏并无任何联系。

就胤禛本人而言，他是个自尊心和意志都极强的人，在争储过程中说昧心话、瞎话，宣称不结党、不谋位，那是出于一个政治家参与权斗的实际需要，但若说他要靠玩这些偷天换日的小把戏或者通过盗用别人的名字来登基，一方面是把复杂的宫廷斗争简单化了，另一方面，胤禛的自尊心恐怕也不会允许他这么做。

棘手现实

康熙到底有没有临终遗诏？有！不过它既不是康熙亲笔所书，也非他临终前所起草，而是在康熙死后，以他多年前的那次“遗嘱”面谕内容为基础，由胤禛及其臣僚共同拟定颁布的诏书。

明清两代的遗诏，十之八九都由后人所拟，清代更是如此，凡是讲到遗诏，都不是生前的，这种做法已成惯例，当时人并不以之为怪。在所有清代遗诏中，康熙遗诏由于纳入了“遗嘱”面谕的内容，不但文章最长，达到了一千多字，而且比较真实地反映了先帝生前意愿，与其他敷衍了事的遗诏迥然不同，但究其实，仍是一种形式化的官样文章。这样的遗诏与传位诏显然不是一回事，胤禛合法继位的最重要依据也不是康熙遗诏，而是康熙临终前口头发布的“末命”以及七位皇子、隆科多等见证人。

康熙去世当晚，意大利传教士马国贤得知，新皇帝即刻继位，“人人都服从他”。和大多数局外人一样，马国贤所能了解到的必然只是表面现象，他们无法知道平静的政局下也正暗藏着汹涌的旋涡和激流。

胤禛在夺储过程中以清静淡泊的形象示人，装出对皇位毫无兴趣的样子，其逼真的演技不仅欺骗了康熙，也麻痹了政敌，以致多数皇子和官员都料不到他会最后坐上皇帝宝座。有资格进入寝宫听宣的七位皇子中，胤祉、胤禩、胤禟等都参与过夺储，即便到了冲刺阶段，胤禩、胤禟已自知无望，但他们仍认为同党的胤禵是夺储的最大热门，万不承想身边会突然杀出一匹黑马，那感觉就像到了嘴边的蛋糕被人抢去一样，心理落差之大可想而知。

对于“幸运儿”胤禛，这些落败者既愤懑又不服气，尤以胤禩、胤禟为最。一则清代笔记中说胤禩在听到“末命”后不胜愤怒，当场就佯装悲痛，径直走出了寝宫。当胤禛奉命赶回畅春园探望康熙时，见胤禩在院中沉思，对派办事务不予理睬，而胤禟则突然走到他面前，一副傲慢无礼的样子，显然他们在知道胤禛即将继位的情况下，一方面，难以控制自己失望和愤怒的情绪，另一方面，仍保持着既往对胤禛“软柿子”的印象，也不想对这种情绪加以掩饰。后者在胤禟身上表现得特别明显，即便后来隆科多当众宣布“末命”，他依然当着胤禛的面“箕踞对坐”，看上去压根儿就没把新君放在眼里。

当七位皇子进寝宫听康熙宣布“末命”时，十七皇子胤礼等人都在寝宫外等候，胤礼一方面与胤禛私人关系较好，另一方面在立储问题上又倾向于胤禩，所以他虽无从得知“末命”的内容，但仍一厢情愿地认为康熙将会指定胤禩为继承人。那天晚上，胤礼在大内值班，听到皇父去世的消息后便急急赶往畅春园，当他走到西直门大街时，碰到了护送康熙灵车还宫的隆科多。隆科多把胤禛继位的事告诉了他，胤礼当场被惊得目瞪口呆，不知道怎么办才好，举止失措下竟然不跟着护灵，而是一个人慌慌张张地跑回自己的府邸去了。

“帝登基时，兄弟之中，除允祥外，其余无不心怀反对者。”多年的储位之争使参与其中的皇子结成了不同的朋党，各党中不但有皇亲、贵族、朝臣，甚至还有某些西洋传教士、散落在民间的士人豪客，力量遍布朝野。它们相互之间钩心斗角，互不相让，康熙生前依靠其权力和声望足以弹压，等到他一死，大家对继承人难以心服，就极可能发生新的政争或战争。

朝鲜人对此颇为敏感，也一直在进行观察，早在康熙第一次废太子时，便有朝鲜大臣预言：“康熙死后，兵乱可翘足而待。”康熙驾崩，讣闻未至，大臣们已纷纷向其国王进言：“彼国（指清国）不预先立太子，五公子争立之患，势所必至。”

所谓“五公子争立”，就是齐桓公一死，五个儿子为争夺王位，连老子的尸体都弃之不顾的史事。首废太子后，康熙在训诫中曾公开讲过这一典故，朝鲜大臣们自然印象深刻，他们预测清朝也可能发生诸皇子停尸相争，进而导致国中大乱的情况，“康熙既殁之后，祸乱之作，十之八九”。

朝鲜人的观点和想法不是没有道理。胤禛非预设皇储，是康熙临终前才仓促设立的新君，从这个意义上说乃非正常继位，因此他作为胜利者一方固然拥有极大优势，但相比于正常继位的君主，仍有很多可以被对手利用和加以攻击的弱点，同时作为新君，其帝位的巩固、权威的增强也绝非一朝一夕之功。设若康熙的丧事不能办好，或者胤禛在哪一个环节上处理不当，失利的对手们尤其是胤禩党就会在他继位是否合法的问题上大做文章，进而将他轰下台。

这是胤禛接班之初就必须面对的棘手现实，他该怎么办？

权斗场

康熙去世的那天夜里，马国贤打听到，新皇帝关心的第一件事，就是装殓好他父亲的遗体，然后，“由他自己骑着马，还有他的兄弟、孩子和皇亲国戚们随从着，更还有无数手持利剑的士兵与他们一起，护送灵柩回到北京的宫里”。在皇家制度中，这叫“奉大行皇帝还宫”，大行皇帝是对已死但谥号尚未确立的皇帝的称呼，还宫是指将其灵柩送往大内。

实际上，胤禛其间还采取了一些非常措施。在他的命令下，已穿上长寿衣的康熙遗体并没有直接入殓，而是被用銮舆载运，像皇帝日常出行一样，由畅春园移至紫禁城乾清宫。他自己则在隆科多的保护下先行回到皇宫，以迎接康熙遗体，同时传令“诸王非传旨不得进（大内）”。

次日，隆科多以步兵统领的身份指挥在京兵马，并奉命将京城九门关闭六天，对京城内外进行严密监控。当天凌晨，马国贤和其他教士一起收拾行李，本想来京城向康熙逝世表示哀悼，但他们却没能够获准随队前往，可见京城安保措施之严。

晚上7点至9点，乾清门举行大殓，在胤禛及众皇子、大臣的注视下，康熙遗体被装入棺椁，随后众人到殿外丹陛上行礼，这样继大行皇帝还宫后又完成了一个重要程序。

这一天，大行皇帝命胤禛嗣位的遗言终于从宫中传出，胤禛也开始实际行使作为新君的权力，但他并未正式登基。康熙生前曾担心自己死后，皇子们会像齐桓公的那五个不孝之子那样，为了皇位“束甲相争”，而将他的灵柩扔在乾清宫内不管不问。对于胤禛而言，“束甲相争”也是他最害怕的，所以继大殓之后，他首先要做的不是登基，而是阻止这一幕的发生。

按照清朝礼制，老皇帝去世后，新皇帝必须戴孝辍朝二十七日，其间不能处理公务，须由总理事务大臣代办。于是胤禛当天便将允禩、允祥（胤禛即位后，康熙诸皇子为避其御讳，均将姓名的“胤”改书为“允”，本书下同）和大学士马齐、尚书隆科多任命为总理事务大臣，并特地说明，自己居丧期间心绪不宁，为了把各项事务都有条不紊地办好，臣下“有所启奏诸事”，除藩邸事务，“俱交送四大臣，凡有谕旨，必经由四大臣传出”。

在四大臣中，允祥、隆科多皆为原胤禛党骨干分子，他们作为胤禛的亲信成为新朝核心团队的一分子，完全顺理成章。允禩是胤禛的主要政敌，马齐又是允禩的追随者，当年举荐允禩为太子事件，他是主谋之一，为此还曾被康熙革职，胤禛重用这两人，殊出外界意料。

胤禛同时封允禩、允祥为亲王。二人都是先朝的失意者，允禩原为贝勒，允祥原为贝子，都曾被康熙夺爵圈禁，后来虽被解除禁锢，允禩还被恢复了爵位，但境遇却无太大改善，终康熙之世，一个始终都只是不被信任的贝勒，另一个再未得到封爵。与成为总理事务大臣一样，允祥被封亲王并不令人惊讶，允禩也享此待遇则显得很不寻常。

胤禛对允禩及其追随者的破格重用和优宠，其实暗藏玄机。当初是康熙将儿子们带入了塞外狩猎场，又不自觉地引领他们进入了更复杂、更残酷的权斗场。在这群皇子当中，胤禛狩猎的本事或许不是最高最突出的，但其权术在得乃父真传的基础上，却早已经能够做到青出于蓝而胜于蓝，在夺储中完美地骗过康熙、政敌和满朝文武，便是明证。

先说狩猎，马国贤曾多次随康熙围猎，据他观察，狩猎时士兵系以康熙为中心，组成一个半圆形猎阵，然后缓缓向前推进，逐步对猎物进行包围。在所有待狩的野兽中，最凶猛也最难猎杀的是老虎，老虎通常都住在最险峻的深山老林里，但为了寻找鹿和其他猎物，有时也会闯入以草原、丘陵为主的狩猎场。因为发生过一组士兵被多只老虎攻击，有人遭殃的经验教训，所以只要狩猎场上发现一只以上的老虎出现，狩猎活动就必须马上停止，随之解散包围圈，士兵们也会护送着康熙小心地退回营地，之后队伍将转向另一个地区，甚至本年度都不能再在原区域狩猎。

不同时对抗多只老虎，是皇室狩猎的一个重要特点和技巧。站在一个权谋者的角度，权斗和狩猎在技巧方面有颇多相通相似之处。允禩是允禩党的灵魂人物，即便在康熙后期受到严惩，但依旧在幕后出谋划策，以致没有他居中指挥，则允禩党不能有所作为，康熙死后他自然而然重又成为允禩党的首领。允禵原为允禩党成员，由于领兵西征而被视为皇储热门，到后期也实际形成了以他为核心的集团。

康熙临终前，允禩、允禵在朝野的声望均超过胤禛，康熙去世后，两集团也仍然是一股不小的政治力量，胤禛当然能感觉得到。在他眼中，允禩、允禵无异于两只虎，允禩又是其中最大的“虎”，要一起对付的话困难太大，而且还很危险，所以他只能先以宠信来笼络控制住允禩及其党羽，以免发生变乱。

你们祝贺我什么

胤禛继位之初，权威尚未完全建立起来，允禩集团对他既不服气，也不甘于失败。允禩、允禟等人都后悔在争储期间没有重视胤禛，以致让他以黑马姿态超越众人，允禟甚至对左右说：“不料事情竟至如此（指胤禛入承大统），我辈生不如死。”他还寄信给同党的允䄉称：“机会已失，悔之无及。”

允禩也是如此，他奉命担任总理事务大臣，众人前往祝贺，他却说：“皇上今日加恩，怎么知道不是明日要加以诛戮之意？我脑袋都快要保不住了，你们祝贺我什么呢？”又说：“目下施恩，皆不可信。”当允禩福晋乌雅氏的亲戚前来祝贺其丈夫晋升亲王时，乌雅氏也说：“有什么可喜的？不知道哪一天掉脑袋哩！”

允禩夫妇对胤禛始终保持戒备和敌意，这一点不难理解，但他们完全可以在室内或是集团内部商量，当着朝臣、亲友的面说胤禛要动刀子，公开散布对新君的不信任言论，毫无疑问是表示对立而不是合作。

胤禛都看在眼里，却假装视而不见，因为他知道允禩虽然“其心断不可用”，但“其人有不得不用之委曲”——作为本集团的首领，允禩影响最大，智谋和心机也最深，给他加官晋爵，本来也没指望他会心服或效力，只不过是为了稳定允禩党，使其不至于立刻起来造反而已。

1722年12月21日，在封允禩为亲王并任命其为总理事务大臣的当天，胤禛为防止允禵“挟兵为变”，特召其回京。他在上谕中说：“西路军务，大将军职任重大，十四阿哥允禵势难暂高，但遇到皇考这样的大事，若他不能亲临，恐怕内心一定不安，所以为他着想，希望他急速来京。”作为配套措施，他命辅国公延信驰赴甘州军营，管理大将军印务，川陕总督年羹尧协理军务。

自康熙平定“三藩之乱”后，全国兵权为兵部也即皇帝所亲掌，就算前线仍在用兵当中，只要皇帝有事相召，经略参赞都是一朝闻命，即束身受代，无敢据兵以抗朝命者。允禵也是如此，这是体制所决定的，非个人力量所能左右，更何况，允禵所有亲信部下的家属均安居于京师，边疆一有风吹草动，他们就无异于人质，这些亲信部下又岂肯跟着允禵违抗朝命？

胤禛不怕允禵不交印或不归京，他需要担心的是允禵离开前线后，军务上会不会发生问题。延信是康熙的侄子，受命随允禵西征，是军中除允禵外最得力、最关键的人物，但他不是胤禛的心腹，胤禛对他到底还是不太放心，派年羹尧协理，实际是对延信进行监督和牵制，以及等待时机成熟，让年羹尧从延信手中接过西北前线的指挥权。

年羹尧军政全能，在四川任职多年，熟悉西北情形信息，在谕旨中，胤禛授权他与延信共同管理“西路军务粮饷及地方诸事”。应该说，仅此一项就能够让年羹尧掌握住前线军队，不致使发生异变，也因此，胤禛才能够将允禵从前方顺利抽调出来。

12月23日，康熙遗诏也就是胤禛命人拟制的诏书得以颁布。次日，允禵到京。允禵多年被人拥戴，自己也认为江山即将到手，现在不但屈为臣子，而且眼瞅着军权也已旁落，地位骤降，所以情绪比允禩、允禟等人还要恶劣。未到之前，他就行文奏事处，请示是先拜谒大行皇帝的梓宫（即康熙的灵柩），还是先庆贺新君的登基，同时又行文礼部，询问见皇帝的礼仪。其实这些都是有定制的，根本用不着多此一举，允禵如此做法，摆明就是要让新君难堪。

胤禛忍着性子没有计较，命他先谒梓宫。允禵于是径赴灵堂乃父灵柩前哭拜，没想到就在那里掉进了一坑，更要命的是，这座坑还不是别人挖的，是他自己给自己挖的！

康熙大丧期间，马国贤等传教士终于也获准由乾清门进宫祭拜。马国贤在通过乾清门时就见到门口聚集着大量官员，接着在宽阔的灵堂里，又看到很多官员跪着，全都身着丧服，哭泣着。在典礼官的示意下，这些官员时不时地提高嗓门号啕大哭，然后再施行三跪九叩之礼。

胤禛虽为君主，但所有这些程序他都要一样不少地照做，甚至为了显示自己与先皇的情感，还要哭得更为动情，声音更为嘶哑一些才好。允禵一贯性格耿直、不善掩饰，不像皇兄这样善于表演，同时他内心或许还有对父亲未将大位交于自己的不满，所以去了之后只是干号，而且哭得也没有别人那么激烈，这在后来也成了他的一项罪状——“叩谒梓宫并不哀痛”。

胤禛就在灵堂里，允禵明明看到了他，却只是远远地叩头，毫无向皇兄表示祝贺和亲近的意思。胤禛为显示自己的大度，只得一边哭着，一边主动走近他，谁知允禵仍然视若不见，一步也不动弹。

眼见场面极其尴尬，皇帝已经下不来台，乾清门一等侍卫拉锡连忙拉允禵向前，这才得以打破僵局。可是等到离开胤禛，允禵便开始责骂拉锡，还到胤禛面前咆哮，说：“我本恭敬尽礼，拉锡将我拉拽。我是皇上亲弟，拉锡乃掳获下贱（拉锡为蒙古人），若我有不是处，求皇上将我处分，若我无不是处，求皇上即将拉锡正法，以正国体。”

胤禛虽然内心极为气恼，但仍强自忍耐，“降旨开谕”，劝他息事宁人，好自为之。不料允禵仍不肯罢休，退出灵堂后又将拉锡一顿痛骂，言辞中甚至还“辱及父母”，“问候”了拉锡的家人……

相煎何太急

“如果只发现一只老虎的话，士兵们就下马”，按照马国贤对皇家狩猎的描述，士兵在猎虎时每五人一组，手握长枪，占据有利地形，然后放出一群猎犬，用它们的声音来恫吓老虎，把老虎从虎窝里赶出来。

正常情况下，老虎会很快现身，在紧盯住一组士兵中的一个后，迅速冲向攻击目标。当到达一定距离时，老虎开始跳跃、飞扑，此时五人便握紧长枪，待老虎靠近，一齐持枪相迎，并将枪尖猛力地刺进老虎的胸膛，直至将老虎摔倒、杀死。西方狩猎的方式与之不同，马国贤在欧洲从来没有见到过这样的场面，他被告知，只要是单独的一只老虎，从来没能逃脱过猎杀，狩猎的士兵也从没有人受过伤。

在允禩被胤禛套在自己驾驭的马车之上，一时难以脱缰的前提下，允禵本已处于极为不利的位置，他自保的最有效方式就是像老虎一样缩在窝里，表现在实际行动中，是如他的皇兄那样，正正经经地演一场戏，比如：先抱着康熙的灵柩哭他个死去活来，胤禛本身是戏精，一看这场面势必要配合，主动走上来也掉几滴眼泪之类，这时允禵应该赶快向前，顺势对胤禛“抱膝痛哭”。

看，父子情深，兄弟也情深，胤禛想要的面子里子全都有了，在这种情况下，允禵或许还能由政敌瞬间变成胤禛信任和加以重用的手下，毕竟他们是同母兄弟，不看僧面看佛面，况且允禵擅长军事，对刚刚上台的胤禛而言，也具有很大的利用价值。然而允禵就是允禵，他不仅没有这么做，反而还坐实了自己仍将是皇兄死敌的现实，胤禛日后提及此事，仍按捺不住一股怒气：“（允禵）及到京见朕，其举动乖张，词气傲慢，狂悖之状不可殚述。”

权斗场常常比狩猎场更激烈更残酷，从来容不得心慈手软一说，允禵自己暴露出了一个这么大的破绽和把柄，胤禛岂有放过之理？他立即下令削去允禵的王爵（即康熙加封的非正式王爵），仅保留了最初的贝子爵位。

本是同根生，相煎何太急，对于胤禛、允禵兄弟俩相争，最感伤心和无奈的莫过于他们的生母德妃。德妃共有三个儿子，但皇六子胤祚六岁就死了，只有胤禛、允禵得以成人。胤禛对外宣扬德妃只喜爱他，而不喜爱允禵，并且用德妃自己的言行来加以证明，指出德妃公开说过：“我只知皇帝是我的亲子，允禵不过与众阿哥一般耳，未有与我分外更亲近也。”

甚至允禵回京，想单独拜见母亲，德妃也不答应，直到请求其召见兄弟们，德妃才同意，允禵也才与众兄弟一起拜见母亲。其间德妃没有单独同允禵说一句话，似乎真的如她所言，完全把允禵当成了其他妃嫔所生的儿子一样看待。

其实，世上有几个母亲会不爱自己的亲生儿子？儿子远行万里，母子分离了那么长时间，又有谁不盼着能够早日团聚，不想多亲热一会儿？德妃做出如此违背常理的举动，恰恰说明她的处境有多么艰难，内心又有多么痛苦和纠结。

天下父母总有偏爱小儿子之心，同时相对胤禛而言，允禵为弱者，站在母亲的角度，德妃只会更加照顾和偏袒允禵。问题是若她明着这么做，胤禛岂能答应？不但不会答应，还可能对允禵更加不利。德妃权衡再三，只能在表面上装出对允禵冷漠的态度，为的只是让大儿子觉得舒服，以便可以暗中对小儿子起到保护作用，虽然她明知自己的这些言行会被别人评论为不公正和屈服权势，有失为母之道。

以胤禛的心机之深和观察力之强，他也不会不知道母亲真实的内心。允禵未到京“即露种种狂悖”，到京后“轻躁妄行，状类棍徒”，按照胤禛那种眼睛里容不下沙子的性格，能够一忍再忍，乃至在灵堂上还曾想予以将就，固然有其策略考虑，但也不能不说在一定程度上是碍于德妃的面子。

总之，只要条件许可，胤禛未尝不想留下与母亲和谐相处的余地，可惜在剑拔弩张的权斗场上，给对方留余地也成了一件无比奢侈的事。灵堂事件发生后，据胤禛称，针对允禵对新君的种种无礼之举，德妃曾特命他对允禵加以责斥。揣摩其用意，一方面是暗示允禵赶快向皇兄服软认错，另一方面指望胤禛对弟弟手下留情，当然最后的结果证明，兄弟俩谁都不买对方的账，允禵脾气倔强，绝不妥协，而胤禛也以削爵为信号，杀气腾腾地对允禵展开了整治。

夹在两个视同仇敌的亲子之间，德妃左右为难，生不如死。据记载，在康熙大丧期间，她哀痛万分，一度要以绝食方式殉死先皇，“决意从殉，不饮不食”，只因胤禛再三谏阻，苦苦哀求，并以母死儿亦从死的话来解劝才作罢。

德妃本是康熙的一名侍女，自幼随侍康熙，在近五十年的皇宫生涯中，为康熙生下了三个皇子、三个公主，是康熙两个生育子女最多的妃子之一。这说明她受到过康熙的专宠，与丈夫是有感情的。不过宫中比德妃更受宠的妃子还有的是，康熙去世，她的悲痛心情可以理解，但似乎也还不至于到以死殉夫的地步，这其中很难说不掺杂着其他复杂情绪。

揖让

1722 年 12 月 26 日，京城九门开禁，胤禛准备登基，遣官告祭天地、太庙、社稷坛。第二天，胤禛登上太和殿，受百官朝贺，同时颁布即位诏书，改年号为雍正，胤禛至此便成了雍正皇帝。

据记载，雍正即位的前几天，天气阴霾惨淡，到他正式举行登基典礼时，“天忽晴明，赤日中天，臣民欢呼，占为圣主之瑞”。待到雍正登基后的第三天，空中又出现了卿云，后者实际是由阳光折射所形成的一种彩色云，古人认为它代表着太平气象。

如此祥瑞，看在雍正的母亲德妃眼里却是另一番滋味。照理，儿子正式做了皇帝，生母自然晋为皇太后，她应该比别人更为欢喜才对，但她显然并不那么高兴，对雍正能够当上皇帝，她只说了一句：“不但不敢想，梦中亦思不到。”

其实，单从德妃愿意为康熙殉死这一点上，她性格中倔强和不慕荣华、不贪恋福寿的一面已经显露无遗。面对富贵和亲情，如果只能选择一样，且可以任其选择的话，她多半会毫不犹豫地选择亲情，她宁愿膝下的儿子一个都做不成皇帝，只要彼此能够和睦相处，互不伤害。

雍正举行登基大典，按定例应先诣德妃处行礼，然而德妃再三托辞不受，说皇帝登基，理应受贺，不过行不行礼就没必要了。在允禵被削爵，继往保护手段已经逐渐失效的情况下，这位年过六旬的老太太终于用行动说出了“不合作”三个字，同时也是在拿自己的残生向大儿子进行抗议。

雍正当然明白其中的含义，他可以眉头不皱地将他的任何一个兄弟和政敌逼至绝境，也可以敲打震慑宜妃等其他母妃，但生母是他下不了手，也不能下手的。没别的办法，雍正只能把满朝文武都动员起来，和自己一起进行苦劝，经过屡次坚请，最后总算让德妃勉强接受行礼，过了这一关。

从康熙去世到雍正登基，其间达到七天，为时不可谓不长。正在北京的朝鲜使节当时从官方所听到的一种解释，是新皇帝屡次让位，以致拖延了时日。八年后，福建汀州府上杭县童生范世杰给学政上呈文，说三皇子允祉遵照父命让弟弟雍正当皇帝，而雍正三揖三让，最后实在推托不了才坐上龙椅。学政收到呈文后大吃一惊，连忙会同地方长吏对范世杰进行审问，得知这种说法并非其原创，而是汀州府城里的人都如此传言。

普通中国老百姓可能不知宫中实情，朝鲜人对康熙后期诸子夺储的情形看得真真切切，他们根本不相信揖让一说——当初这群皇子为争皇位个个都斗得犹如乌眼鸡一样，哪有让位的可能？别说没有真让的，就是虚情假意地推让一下，还怕弄假成真呢，又有谁敢轻易尝试？

在给朝鲜国王的报告中，使节们如实汇报说雍正迟迟才颁布登基诏书，以引得人们议论纷纷，“或称秘不发丧，或称矫诏袭位，内间事秘，莫测端倪”。使节们自己也猜测，“至于矫诏，则似是实状”，雍正真的有可能是通过篡改老皇帝的遗命才得以继位的。

不管外界如何评说，雍正仍按照他的既定步骤行事。1723 年 1 月 4 日，诸王文武大臣拟上大行皇帝的谥号、庙号，庙号为“圣祖”。雍正表示满意，说诸臣如此举动，使他的哀思得到了很大安慰，然后便刺破自己的中指，用血在奏折上圈出了“圣祖”二字。

雍正一方面要展示对先皇的孝顺，以彰显继承的合法性，另一方面要继续正告皇亲国戚：我不再是那个你好我好大家好的“老好人”雍亲王，而是具有与父亲一样无上威权的一国之君。

在为康熙办理丧事期间，允禟的生母宜妃正在病中，闻讯急忙坐着软榻奔向灵堂。宜妃是康熙生前的宠妃，大约先前被康熙娇宠惯了，平时做事不过脑子，竟然在德妃前面跑进了灵堂，此举既是对宫廷礼仪的破坏，同时也是对雍正的一种轻视。雍正见了很恼火，但灵堂之上不便加以指责，而宜妃还没意识到，又像允禩先前一样，蹬鼻子上脸，竟然在雍正面前摆起了母妃的架子。

在雍正的兄弟当中，宜妃之子允禟的军政才能较为一般，照雍正的说法，“文才武略，一无可取”，为先父的“无足数计之子”，但允禟会经商，乃允禩、允禵集团的财神爷，两集团在争储中的活动经费主要都由允禟负责筹措。雍正过去也搞过经费，当然远不如允禟，所以他很清楚允禟对两集团的重要性。

宜妃借康熙生前之宠，在后宫拥有较为尊贵的地位，也有一定势力，加上这个在朋党活动中甚为活跃而且还很有钱的儿子，母子联手，策动政乱并非难事，他们也因此成为雍正继允禩之后的重点打击对象。

1 月 9 日，康熙灵柩被移送景山寿皇殿停放。宫中举行了奠献仪式，具体程序是礼部尚书给雍正送上一杯酒，由雍正把酒倒进一只大金碗里。接着，礼部尚书给出信号，在场的文武百官便施行三跪九叩之礼。马国贤等传教士也参加了这一仪式，仪式进行过程中，在紧靠宫门的一个地方烧了大量纸钱，弄得周围空气里“好像是腾起了一层烟云”，而马国贤听说，在灵柩被移走前宫中一直都没有烧过纸钱。

打蛇打七寸

宫中烟云缭绕，犹如在策划和实施一场新的阴谋。当天，雍正下旨，以违禁做买卖为由，将宜妃的太监张起用发往边疆种地，将允禟的太监李尽忠发往云南当苦差，太监何玉柱发往黑龙江给披甲人为奴。这三名太监的家产被全部籍没，如果他们本人实在不愿意去边地也可以，但必须自尽，而且死后骨头仍要被送往发遣处！

打蛇打七寸，允禟经商，必须通过手下人去办，处理何玉柱等人，也就等于断掉了允禟母子的左膀右臂及其财源。

德妃出身低微，性格谦和仁厚，御下宽大，康熙生前将她封为德妃，就是盛赞其为人之意。宜妃失礼固然不对，可是雍正醉翁之意不在酒，不但株连至允禟，惩罚措施还如此严厉苛刻，却未必是她所赞成的。毕竟允禟虽不是她亲生，名义上却也是她的儿子，再联系到允禵的遭遇和未来命运，德妃内心的不快和不满可以想见。

1 月 10 日，礼部会同王大臣及大学士、翰林院、詹事府各有关官员，给德妃拟了“仁寿皇太后”的徽号，除了徽号，他们还准备了表文、册文、金册、金宝，要为德妃晋皇太后举行隆重的典礼仪式。德妃却推说正值康熙的丧事期间，她哀恸莫名，没有心情接受徽号，同时也拒绝从妃嫔所居的宁和宫移居皇太后应住的宁寿宫。自雍正登基，坚不受礼后，这是德妃第二次对他表示不合作态度，母子关系开始变得越来越紧张。而后在雍正君臣的再三坚请下，德妃才对徽号答以“知道了”，但仍不肯搬入新居，而且以康熙灵柩尚未移送景陵，典礼须移灵事毕方可举行为由，把典礼给推掉了。

1 月 15 日，康熙辞世已过二十七天，雍正除去孝服，从乾清宫移居养心殿。原由总理事务大臣代理的事务可由雍正亲自负责了，他于是对四大臣的职责进行调整，隆科多由理藩院尚书改任吏部尚书，仍兼管步兵统领事务，原有负责的理藩院尚书事务交由允禩管理，允祥则总理户部三库事务。雍正还同时赐允禩爵号和硕廉亲王，允祥为和硕怡亲王。

在新的人事任命中，允禩依然受宠如故。除了允禩，他的亲属和一些支持者也相继得到任用和提拔。允禩的儿子弘旺被赐贝勒，当时能够得到这一爵号的皇侄屈指可数。与允禩关系密切的苏努由贝子晋爵贝勒，佛格被任命为刑部尚书，佟吉图被擢为山东按察使，旋升布政使，他们在康熙时或被指斥，或不被重用，或退职闲居，如今到了新朝，竟好像比先朝还要吃香些。

如果单单只看表面，似乎雍正处理允禟府中太监仅仅只是个案，但这其实是一个有意制造的假象。拉打结合，是雍正对付允禩党的基本策略，他对允禩及其部分追随者继续封官晋爵，就是为了使允禩党中的多数成员失去警惕性和攻击新君的欲望，从而腾出手来，集中力量打击允禟。

就在允禩党中的一部分人弹冠相庆的时候，雍正下令逮捕了礼部给事中秦道然，罪名是仗势作恶、勒索钱财。其实秦道然倒霉的真正原因是代替允禟料理家务，他被勒令追赔十万两白银，以送往甘肃充作军饷，经过清查，秦道然的全部家产也不值一万两银子，但依旧被继续监禁追究，就像剥笋一样，当笋壳被逐一剥离，就要轮到笋尖了。1 月 30 日，雍正命允禟前往西宁，理由是允禵从前线回京后，返回日期尚不能定，西宁军中不可无人驻扎。

对允禟而言，前往西宁无异于发配，他对此很是不满，说："我究竟犯了什么罪，要把我排斥到万里之外？而且居丧未过百日，等我送了陵寝回来再去也不迟。"雍正不管他高不高兴，一再迫令速行，允禟无奈之下，只得奉命前往青海。

在青海，年羹尧早就奉命将允禟所居地的居民全部迁出，并加派兵丁对允禟进行监视，就这样雍正还指示他留意士兵动态，防止被允禟收买。允禟抵达青海后发现自己形同被软禁，连忙奏请回京，雍正在奏折上批"知道了"三字，对其进行搪塞，暗中却指示年羹尧找出种种借口不放他回京。

剥笋原理

允禟之后是允䄉。允䄉和允禟相似，也是雍正眼中的庸懦无能之辈，雍正说他"文学武艺，蒙皇考（康熙）训谕数十年，终于一无所成"，但允䄉受康熙之命管理着上三旗之一的正黄旗，在允禩党中有着特殊的地位和重要性，尤其允禵自成集团后，允禩党的三驾马车便变成了允禩、允禟、允䄉，雍正称为"三憾"或者说是三个仇家。

雍正用来解决允禩党的基本策略，实际就是遵循“剥笋原理”，即在以崇爵捆绑住允禩及其追随者手脚的同时，一步步拆散允禩党，使该集团骨干成员“不令聚于一处”。1723 年 2 月，拜谒康熙灵堂的蒙古活佛胡土克图病死于北京，雍正命允禟印册赐奠，将活佛灵龛（即骨灰盒）送回漠北蒙古。

有允禵的前车之鉴，允禟知道自己极可能一去就回不来了，所以死活不愿离京，他先是说自己无力准备马匹行李，及至被迫出发，在行至张家口外时，即称病不肯再走，还说有圣旨叫他进口，并以此为由居停于张家口。

居停张家口期间，允禟私自进行了禳祷。所谓禳祷，通俗地说就是通过念疏文来实现消灾祈福目的的一种迷信活动，疏文则相当于和神仙沟通、祈求保佑的一种文函。允禟在疏文中连书“雍正新君”字样，明摆着是对雍正表示愤恨和蔑视。

允禟从出京起就受到严密监视，他的一言一行皆在雍正的掌控之中，雍正获悉后立即斥之为不敬。兵部闻风而动，上奏弹劾允禟，雍正转给允禩，让他进行议处。

允禩身为总理事务大臣，对于皇帝交下来的差事推托不了，他内心当然不愿允禟远离京城，更不想予以责罚，但雍正就在上面看着，若存心偏私，肯定过不了关，斟酌再三，便建议行文允禟，让其继续前进，至于责罚，则责长史额尔金未能及时谏阻之过。

允禟的爵位是敦郡王，按照清代皇室制度，郡王府设有长史，负责管理王府事务，如郡王有过失确实可以追究长史。问题在于雍正本意并不是要让允禩处理，他是要通过故意刁难允禩来震慑对方——对于允禩这样的朋党首脑，光拉不够，还得吓！

针对允禩丢卒保车式的处理意见，雍正说允禟既不肯行，何必非要他去？额尔金的话他哪里肯听，处分有什么必要？仍命允禩再议。允禩没办法，只得请求革去允禟的王爵，并将其监禁于宗人府。

允禩是除胤禛，众兄弟中“最有心计之人”，他的这一方案看似极其严厉，实质有更深一层的考虑。自雍正即位后，在对兄弟的处罚上，虽有对允禵的削爵，但还没有严厉到圈禁的地步，现在既然丢卒保车行不通，倒不如破罐子破摔，用以退为进之法来倒逼雍正让步，这样雍正碍于情面，重者只会革去允禟的世爵，轻者甚至会在训斥两句后，网开一面，饶过允禟。

在康熙去世后，皇子党成员一方面是对雍正不服，另一方面对其出手轻重亦无充分估计，大约以为再重都不会超出康熙，可是他们都想错了。事实上，对自己即位后皇族内部的形势，雍正做过一番分析估计，他认为乃父康熙乃“圣神”，一个超厉害的人，然而“犹防允禩等之奸恶，不能一日宁处”，被搞得日夜不宁。他还说，诸兄弟与皇父是父子关系，同我只是兄弟关系，兄弟视父子相去甚远，“以昔年父子至情，兄弟们还恣意妄行，今处兄弟关系，他们活动不止，更当引起深虑”。

一狠到底

雍正的做法是所有兄弟只要仍与己为敌和进行活动，就毫不手软，视情形盯住一个即彻底打倒一个。允禵虽为“三憾”，但在允禩党中并不是最核心人物，也因此，若在此时就予以严厉处置，不仅不至于引起事端，还能起到杀鸡儆猴的作用，使其他非核心成员有所畏惧而不敢再死心踏地地追随允禩。

当然，以允禩的头脑，他既能想到情面二字，就绝不是可有可无。事实上，雍正先后发配允禟、允䄉之举，早已在皇室内部引起了反对之声。

宫中传言：“皇上命塞思黑去见活佛，太后说何苦如此用心，皇上不理，跑出来，太后怒甚，就撞死了。”塞思黑是指允禟，这里显然把允禟、允䄉的发配归到了一处，太后（德妃）撞死也不是事实，不过它却透露出一个消息，即太后很可能曾向雍正提过反对意见。

雍正对其他兄弟逼迫过甚，这些兄弟的母妃都不敢说话，作为后宫之母，只能由太后代她们提意见。太后不光是为允禟、允䄉叫屈，她也一定能够想到，雍正的“良苦用心”同样可以复制在允禵身上，这是她最不愿意看到的，所以即便冒着触怒雍正的危险，也不能视而不见。

从传言中的描述来看，母子俩因此产生了激烈冲突，雍正并不肯听太后的话，双方关系已由紧张达到了恶化的程度。

对于来自皇室内部的反对和压力，雍正用的是借力打力的办法，他就允禩第二次的处理办法降谕，说数十年，诸兄弟的行迹都昭然若揭，“不仅朕的兄弟们知道，举国上下也没有不知道的”，所以允禩这次所举允䄉的罪状看来似乎不假，但是最后还是要交给诸王大臣秉公处置。

怎么处置允禩，雍正说既不要迎合他，也不要只按允禩的意见办，因为“廉亲王（允禩）所奏，或出至诚，或蓄他念，朕犹自迟疑未信”。诸王大臣并不傻，岂能听不出降谕中的弦外之音，于是赶快上奏指责允禩“捏造圣旨，私自进口，不法已极”，表示对允禩的严厉处分完全合理合法。

有了王公大臣们的所谓“公议”，雍正变得理直气壮。他说，允禩这些人就等着我治他们的罪，好让我蒙受不善待弟兄的恶名声，可是他们哪里知道，将他们这种“无礼无义乖戾犯法”的弟弟治罪，正好可以体现出我大公无私的治国方针，试问，我有什么好怕的？王子犯法，与民同罪，“虽系兄弟，亦难姑息”！

1723 年 5 月，允禩被革去世爵，调回京师，永远拘禁。当月，雍正亲自将康熙灵柩送至遵化景陵，并按礼仪举行了奉安大典，按照他在朱谕中所言，此行“一路平安，内外无事”，事情出乎意料地顺利。在雍正看来，这大可以被视为对允禩党一役初战告捷的成果，即通过拉打结合，胡萝卜加大棒轮着上，已经让允禩党噤若寒蝉，在一段时间内失去了策动事变或进行捣乱的能力。

到现在为止，还有一个人他不能放过，这就是允禵。允禵作为允禵党的首领，在康熙末年的嗣位呼声就远高于允禩，即便到了雍正即位，他在社会上的影响力、号召力仍比允禩还大，加上又是雍正的同母之弟，有太后护持，政治潜力惊人，连朝臣们都对他非常恭敬。如果雍正对允禵也用拉的政策，像允禩那样予以优遇，就会使周围的人们错判形势，争相向其靠拢，一旦他乘机发展出难以控制的势力，整个局面将很难收拾。

换句话说，即便没有灵堂事件，只要允禵坚持以皇兄为敌，雍正也一样会对他予以毫不留情的打击，允禵主动为自己挖坑，不过是使这一打击过程来得更快更猛一些而已。

借着送灵柩的机会，雍正派拉锡等人拿着他的旨意对允禵进行训诫。允禵依旧和其生母一样倔强，既不装作恭恭敬敬的样子听旨，也不下跪，倒是允禩在经过允禟、允禩两案后，尝到了雍正的厉害，怕事情闹大，无法收场，从而招致雍正的追究，因此劝告允禵不要使着性子“抗奏”，允禵这才勉强跪下来接受谕旨。

奉安大典完毕，雍正返京，传谕留下允禵看守景陵，同时谕令护卫景陵的马兰峪副将李如柏对允禵进行监视，限制其行动自由，把他软禁了起来。

雍正对允禩及其集团是拉，对允禵及其集团是打，首脑是什么待遇，属下也是什么待遇。他传旨查问允禵家人："昔日允禵在军中，听说专好吃酒行凶？"家人说没有这样的事，护卫们也矢口否认。雍正就是找碴儿来了，一看允禵的属下还敢帮着主人说话，立刻变了脸，下令将这些家人和护卫永远枷示，他们十六岁以上的儿子也行枷号。

不单家人护卫，连受雇者都跟着倒霉。天津监生徐兰在允禵府中教书，结果被指斥行为不端，逐回原籍，交地方官收管。雍正这么做，和他先前处置允禟、允䄉其实是一个目的，就是要让允禵党的支持者望而生畏，集团因惧怕而离散。

流言四起

据雍正自己说，他命允禵守陵一事预先奏闻了母后，母后"欣喜嘉许"，他才做了安排。实际情况当然不会是这样，眼睁睁地看着幼子被囚禁于景陵，家人也纷纷受到株连，已接近家破人亡的地步，做母亲的恐怕心都碎了，如何可能欣喜得起来？

随着雍正对允禵打击程度的不断加深，他和母后即便表面上尚能维持关系，双方的感情也极可能已彻底破裂。按照先前太后的表示，康熙灵柩被送至景陵后，就可以举行晋皇太后的典礼，但无论是太后自己还是雍正，都再未提起何时举行典礼，仿佛从未有过这件事一样。

1723年6月24日下午，太后突然患病，次日凌晨即在永和宫去世，自发病到去世，前后不过十个小时。她一死，社会上即流言四起，说皇太后不是病死的，而是不满雍正所为自杀身亡，"太后要见允禵，皇上大怒，太后于铁柱上撞死"。

有研究者认为康熙去世不久，为了不给康熙丢脸，太后应该不会做撞柱自杀这样的事，最大的可能是她原来就患有气管炎、哮喘病，因心情抑郁又无法排遣，导致病情加重而死亡。

太后临终之际，应该是有与允禵见面的愿望，雍正不能违逆，遂派御前特使召允禵速回京师。派去的御前特使未带圣旨，也没有印使为凭，如果允禵真的是守陵，当然不需要这些，但他实际是被软禁，负责看守的李如柏遂将特使扣下请旨，在圣旨到达前拒放允禵回京。待到允禵再奉旨随特使回京时，太后已去世两天了。

太后刚去世时，雍正显得哀痛欲绝，丧礼也搞得极其隆重。当天正值酷暑，雍正患有严重的畏暑症，他曾告诉年羹尧，自己“受过暑，一点热也受不得”，但又不能歇下来，因此“只得以身荷之重，着实惜养”，又说“实力不能撑，也顾不得丢丑了”。饶是如此，他仍不顾臣僚的极力劝谏，坚持为母后守灵，据他公开讲，其间曾几度中暑晕倒。除此之外，他还为母素服斋居三十三个月，表现得孝道绝伦。

雍正也知道母后猝死与自己处罚允禵紧密相关，作为对其亡灵的补偿和告慰，他不仅允许允禵在京奔丧，而且在母后灵柩前诏封允禵为恂郡王，只是不赐封号，注名黄册时仍称贝子。他在相关上谕中继续加以训斥道：“贝子允禵，原属无知狂悖，气傲心高。朕屡次加以训谕，望其改悔，以便加恩，但恐怕他还是改不过来，所以朕一定要他自悔才行，否则的话终身不得加恩。”

雍正的顾虑不是没有依据。就在为太后办丧事期间，外面传言雍正欲任用允禵为总理事务大臣，但允禵提出必须先罢免隆科多、年羹尧，还要再从国库里拨数百万金钱赏给士兵，因为雍正吝啬，舍不得花钱，又不肯罢黜隆、年，所以允禵才拒绝上任。虽然这一谣言被雍正斥为“荒诞无稽，骇人听闻”，可它也同时表明允禵本人仍有威望，存在着东山再起的可能和条件。

太后的丧事一料理完毕，雍正依旧将允禵囚系于景陵附近的马兰峪。允禵也果然还是不买皇兄的账，他的福晋患病去世，雍正为其指定墓地，允禵嫌风水不好，不高兴使用，经允禩劝说，才勉强予以接受。

允禵、允禩集团曾是皇子党中对雍正威胁最大的政治势力，至此，一个在首脑被囚后基本瓦解，另一个也因骨干或被发配或被囚禁而力量大为削弱。在此过程中，雍正所采取的分化瓦解、有打有拉、各个击破的策略可谓是无往不胜，其政治手腕之高、权术运用之妙令人叹为观止：有时举重若轻，有时举轻若重，有时曲径通幽，有时殊途同归，有时欲擒故纵，有时欲罢不能……

除允禵、允禩集团，对于允祉等其他参与争储的兄弟，雍正也毫不留情地予以打击。允祉曾是雍正在争储中的主要竞争对手，在社会上也有一定声望。如同对付允禟先断其财源一样，由于允祉的影响力主要集中于文人圈子，所以雍正也是先从依附或协助他的文人入手进行打击。

允祉主持蒙养斋馆期间，由陈梦雷编辑的《古今图书集成》最负盛名。陈梦雷早年曾被迫加入耿精忠幕府，雍正便将这一“污点”翻出来，指责陈梦雷是三藩余孽，康熙从宽处理，命他在蒙养斋修书处行走，但陈梦雷“不思改过，招摇无忌，不法甚多”。雍正下令将陈梦雷及其儿子充军塞外，门生中有生事者也要严行惩治。刑部堂官在执行其谕旨时不坚决，把陈梦雷的两个儿子放了，经隆科多参劾，雍正对他们均予以了降职处分。

相比允禩、允禟，允祉的政治能量有限，就是在争储大战时，他的活动相对而言也不剧烈。这决定了雍正对他的基本态度是打，但不是大打是小打，重点在通过适当惩处将其集团拆散，尚未波及允祉本人。

七伤拳

在雍正身上，经常出现一些自相矛盾的言行，母后刚去世时，他的表现活脱脱就是一个古今罕有的大孝子，可是此后却又开始大相径庭。

按照礼制，国丧期间皇帝有辍朝十五天和二十七天两个选项。大家都以为雍正这次会像康熙大丧一样，辍朝二十七天，以示自己对母后的一片孝心。不料当大臣们奏请雍正裁决时，他的决定却是十五天内不理庶务，而实际上，就是在这十五天内，他也并没有按礼法停办国务。

更令人困惑的是，在母后去世三周年纪念日将近的时候，雍正忽然表示要到母后陵前祭扫，然而真正到了那一天，却又以天热为由取消了原定计划，这与他曾几次中暑昏倒，也要坚持为母后守灵形成了鲜明对比。

有人说雍正守灵时是饰孝做伪，不过是特意做给活人看的，但以雍正这样意志坚定，为了夺储可以数年如一日地扮“天下第一闲人”的毅力，又何必为了偷懒几天而损害前面已经精心塑造的形象？

或许可以这样理解，一直以来，都有另外一个雍正，这个雍正是传统道德观中父慈子孝、兄友弟恭的代表，他非常孝顺父母，父母也独宠他一人。虽然他淡泊名利，根本无意于继位，但父亲还是把皇位传给了他，而母亲也在父亲去世后与他相依为命，共度时艰。

这是雍正理想中的自已，在他继位之后，如果说还要做伪，很大程度上不过是在向这个自己靠拢而已，然而与兄弟们的一轮又一轮拼斗，却都在一次次提醒他，他是如何靠欺骗别人乃至皇父才登上大宝，而母后与他因此所发生的争执乃至决裂，更是足以把这面理想中的镜子打到四分五裂。

每当雍正想到这些的时候，他会重新恢复自己在现实中应有的状态，继续公务或为防止中暑而取消祭陵计划，可是他的内心一定很难过很痛苦。

现代小说家金庸在《倚天屠龙记》中虚构了一种拳法，名为七伤拳，七伤拳非常厉害，但练功者的功力每深一层，内脏便会多受一层损害。毫无疑问，这是一个关于人性的绝佳譬喻，雍正就犹如用七伤拳御敌的拳师，他在打倒对手的同时，自身在心灵或精神层面上也在不断地遭受反噬。

“若畏浮言之讥讪而不能果断者，此庸主之所为也。”作为一个极思有所作为的君王，雍正若不动用果断的霹雳手段，便难以解决问题，但与父亲晚年时一样，在亲情方面，他也备受创痛，也同样需要用各种办法来为自己疗伤。

允禔、允礽曾是争储大战的主角，在废太子事件中，康熙就二人的未来处置立下过遗言：“朕若不讳，二人断不可留。”即让新君在他身后处决他们，以免扰乱新君执政和新朝秩序。在确认允禔、允礽已是“死老虎”的情况下，雍正并没有这么做，相反因为在当皇子时与允礽关系不错，还给予了他一定待遇：康熙大丧期间，放允礽前去哭灵；将康熙年间建筑的京郊郑家庄营房加盖房屋，驻扎士兵，供允礽移住；封允礽次子弘皙为郡王，将原东宫中所有的服御金银及奴仆、官属赏赐给弘皙，以示对旧日东宫的施恩。

当然人情归人情，等允礽哭灵已毕，雍正马上又将其禁锢如初，和他没什么交情的允禔更是被严行禁锢。这是因为雍正深知，允礽、允禔虽然早已失去了政治资源，但两人说到底都不是省油的灯，一旦获释，极可能聚合成新的势力。出于相似的理由，那些曾经拥护允礽、允禔，看起来对新朝的利用价值也不大的官员便很难得到雍正的提拔和重用。

在有资格听康熙当面宣布“末命”的七个年长皇子中，除去允祉、允禩、允禟、允䄉这四个势不两立的政敌，依次还有允祐、允裪、允祥。允祥就不用说了，他与雍正的关系最为亲密，也最得雍正重用，两人在皇子时是一对难兄难弟，到了新朝又自然而然地成了密迩无间的君臣。

允祐、允裪均未参加争储，尤其允祐“安分守己，敬顺小心”，连康熙都说他心好，举止蔼然可亲，是兄弟中公认的老实头，雍正继位后，即晋封其为和硕淳亲王，并让他承担一些临时性差遣任务。

康熙晚年，将直属皇帝的上三旗事务交给皇子办理，其中允䄉负责正黄旗，允裪不但负责正白旗，至康熙临终前还兼任镶黄旗满洲都统。康熙与允䄉、允裪是父子关系，让儿子帮自己打理旗务自然没事，雍正就不同了，他们之间是兄弟辈分，如果长期把上三旗交给弟弟管理，势必对皇权形成威胁，所以雍正执政不久，便解除了允䄉、允裪管理旗务之责。不过由于政治态度不同，两人的境遇完全不同，允䄉先被变相发遣，继而遭到监禁，允裪则从贝子晋封郡王，赐号多罗履郡王。

究竟立储好不好

对于七皇子外的其余皇子，雍正都尽可能拉拢，即便与政敌有过瓜葛的，只要被证明已经改过，亦加以宽宥，并按能力予以收纳任用。

皇子时期，允禄、允礼都与雍正保持着较好的私人关系，但允礼明显地把赌注押在了允禵一方，在得知是雍正而不是允禵继位后，举止失措，方寸大乱，连护灵都顾不上了。隆科多事后向雍正报告了这一情况，雍正遂将允礼划入允禵党，罚他到景陵办理陵工事务，弄得不好，很有可能落到与允禵一样守陵兼被囚的下场。

幸好允礼船头掉得快，更得允祥在雍正面前保荐，奏称其“居心端方，乃忠君亲上深明大义之人”。见允礼尚识得时务，雍正也就改变了态度，奉安大典后，即给礼部下谕，说景陵修得不错，允礼等人尽心尽力，下令将允礼封为郡王，数日后又赐爵号多罗果郡王。雍正后来说：“朕之任用果亲王者，实赖（怡亲）王之陈奏也。”

比之于允礼，允禄与雍正的关系更为密切，他甚至还曾指导年幼的乾隆学习算学。有此渊源，雍正在皇父去世的第三天，便任命允禄署理内务府总管。按照康熙朝沿续下来的惯例，凡宫中出了大事，皇帝才会指定亲信管理内务府事务，由此可见雍正对允禄的信任和器重。

雍正执政不久，庄亲王博果铎病逝，膝下无子，雍正命允禄承袭爵位。继袭亲王爵位，意味着可以继承一大笔遗产，对此，嫉妒眼红的人不少，都传言雍正偏心。雍正解释说他并不是非要拿一笔遗产来便宜允禄不可，其实就是觉得允禄可以被封亲王，他还亲自写诗给允禄，激励其彻底清除天潢贵胄的纨绔习气，成为他身边的“股肱兼耳目”。

当不再面对政敌的时候，雍正才有条件向他心目中那个理想的自己接近。他认为允禧“感恩向上之念果诚，将来可望成立”，封允禧为贝勒，认为最小的弟弟允祕“秉心忠厚，赋性和平”，学识也有增长，遂封允祕为诚亲王。

虽然做了皇帝，雍正却并不希望自己是被所有兄弟都憎恨的孤家寡人，甚至于他还很可能想到，如果不是当年父亲公开预立皇储，就不会有后来的夺储大战以及随之带来的亲情异化，他和允祉、允禩、允禵、允禟、允䄉等人即便不能和睦相处，也不至于闹到你死我活的地步。

雍正自己有一天也会老死，也要有人继位，所以曾困扰他父亲多年的那个疑惑他仍然回避不了：究竟立储好不好？

康熙以前的三代都没有固定的立储法，第一代清太祖努尔哈赤生前未指定继嗣，他死后清太宗皇太极自立。至于皇太极是怎么上去的，谁也说不清楚，因为根据满洲习俗，嫡子七人都有权嗣位，而在这七人中，皇太极论排行第八，论贝勒位次第四，论战功也未必超过他的兄弟代善、阿敏。直至后来多尔衮终于泄露了天机：“太宗文皇帝之即位，原系夺立。”原来龙椅也是从兄弟们手中夺过来的！

皇太极即位后，几个有竞争皇位潜力的兄弟都遭到了整肃，其中阿敏被幽禁致死，莽古尔泰被革去大贝勒，不久暴死。代善差点遭遇同样的下场，幸亏他和如今的允礼一样，转舵转得快，对皇太极表现得谦抑恭顺，处处小心，这才得以善终。

第二代的皇太极又没有预先立储，在他“无疾端坐”而死后，皇弟多尔衮、皇长子豪格等人争位，大有剑拔弩张，内部火并之势。看到苗头不对，孝庄文皇后与贵族、朝臣们决定扶立皇太极第九子顺治。顺治当时年仅六岁，不能亲政，须由多尔衮临时摄政，这样做既确保了皇位能继续由皇太极的儿子继承，也消弭了各方的矛盾和一触即发的内战。代价则是实权落到了多尔衮手上，若不是多尔衮死得早，顺治几乎就要当一辈子的傀儡皇帝了。

顺治也不长寿，二十四岁就病故了，临终前他在母后孝庄文皇后的参与下，才匆匆忙忙地确定以第三子康熙为嗣君，理由居然是康熙出过天花，不致再得天花以致短命。

由于“储制不立”，三代继位嗣统可以说全都混乱不堪，其间的偶然性极大，一不小心就有天下大乱、皇权旁落的危险。康熙聪明绝顶，深谋远虑，他之所以在自己二十多岁的时候就将襁褓中的胤礽立为皇太子，正是因为明白了祖先们所没有搞懂的道理，即要想稳定王朝，就不能不建立储君。

问题到底出在哪里？不是应不应该立皇储，而是皇储该怎么立。

密建皇储

康熙两废太子，已经用事实证明嫡长子继承制不能拿来就用。实际上，若抛开服从礼制、稳定压倒一切等因素，这种制度本身就有着设计上的逻辑缺陷，比如作为嗣位皇帝，理论上总须德才兼备，但如果嫡长子无才无德，或者荒淫放荡、残酷嗜杀，或者弱者白痴，该怎么办？胤礽就是个例子，按照康熙的理解，要是他放任不管，一旦百年之后，由胤礽依法定地位继承皇位，给国家和社会带来的损失将难以估量，与其这样，倒还不如当初不立皇储了。

退一步假设，即便胤礽没有那么多的把柄被人抓住，能不能顺利继位也很难讲。这就牵涉到另一个只可意会不能言传的皇室禁忌，那就是老皇帝在世时，储权不能挑战皇权，换句话说，储君不能表现得比现任皇帝更能干更得人心。矛盾之处在于，为了让太子拥有今后坐稳皇位、控制局势的能力，你又不能不先主动分出一部分权力给他，以便让他监国和进行从政训练。康熙先前正是这么做的，他三次亲征噶尔丹，六次南巡，都曾令胤礽监国或代己理政，结果除了让康熙感受到“国有二君”式的威胁，已经当了近四十年太子却始终等不来皇位的胤礽也快被急疯了。

就是因为嫡长子继承制不是一个完美的制度，所以两千多年来，中原王朝同样被皇位继承所困扰，从周朝开始，围绕持皇冠归属，不知道发生过多少可怕的人为危机和动荡。显然，照搬照套嫡长子继承制，让皇子按顺序继位，是件很不靠谱的事，未来的皇帝还是得由现代皇帝亲自进行挑选。只是继位者的名单绝不能过早宣布，康熙对此有切身体会，在他两废太子后，皇子们为觊觎皇位而各自结党谋私，他其实都看在眼里（除雍正外），他很清楚，若过早宣布新的皇太子，将使其成为众矢之的和被外界全力倾陷的对象，虽曰爱之，实则害之。

既不能像祖先那样没有完善的建储制度，也不能简单地沿用中原王朝的制度，既要不限嫡长，按传子传贤之意，挑选中意的皇子作为储君，又要避免储君与皇帝、与诸兄弟的矛盾。康熙在接受教训的基础上，通过一番深思熟虑，开始身体力行地对建储制进行改造，其中极其重要的一点就是，临终前才宣布雍正为皇太子。

顺治当然也是在临死前定的皇储，但顺治是被动的，康熙却是主动的，在此之前，他对继位人选已经挑选和考虑了很长时间，且早已认定雍正是唯一合适的继位者，他只是把秘密坚守到生命最后一刻，然后“仓猝之间一言而定大计”。

凭借临御六十多年所积累的威望和政治经验，康熙不仅成功地使选定之人安全即位，而且也为清室传位这一课题开辟了全新思路，只不过他的做法仍然像是悬在半空中走钢丝——万一他还没来得及宣布皇太子就突然猝死，怎么办？即便不猝死，临终时头脑已经糊涂，或者失去表达能力，也同样只能把心中的秘密带到棺材里去。

1723 年 9 月 16 日，雍正在乾清宫西暖阁召集总理事务王大臣、满汉文武大臣、九卿谈话，讲到仓促确定嗣君是件极具风险的事，可能成功，也很容易失败，皇父康熙能够成功，是因为他“神圣睿哲，自能主持”，别人就不一定做得到。雍正还说，为了宗社久安，他决定早定储贰，但考虑到自己的孩子年纪尚幼，不便公开立储，所以要实施“密建皇储”法。

据《旧唐书》记载，早在唐朝的时候，波斯国国王刚刚即位，就会秘密挑选出最符合条件的继任者，并写下他的名字，用信函封藏起来。等国王死后，大臣与皇子们便共同打开信函查看，里面写着谁的名字谁就将成为新的国王。不知道是不是由此受到了启发，雍正独出心裁的方法几乎与古波斯国如出一辙，概括起来就是遵循“三密”，即密封、密藏、密旨。

密封是他将皇储的名字亲笔写成一道密诏，用锦匣固封。密藏是将这只锦匣藏在乾清宫“正大光明”匾额后头，至他宾天之日方允许取下拆看。乾清宫是皇帝临朝办公的地方，“正大光明”又是乾清宫最高处，自然可免于遭到意外。密旨是说他将就皇储为谁，再写下密旨一道，藏于内府，同样是在他去世或弥留之际，由大臣们找出，以便与密诏相互验证，“两相对照勘验，才能算数”。

按照新的立储法，继位者完全由雍正一人决定，即便他所选定的储君本人也将被蒙在鼓里，当然大臣们就更加无从知晓了。雍正在宣布“密建皇储”法后，问诸臣有何意见，隆科多带头奏称：“圣见周详，岂有异议，惟当谨遵圣旨。”其他诸王大臣九卿也都免冠叩首，表示没有反对意见。于是雍正便令众臣退下，只留下总理事务王大臣，让他们负责将锦匣藏于“正大光明”匾额之后。

“密建皇储”是雍正的首创，但更确切地说，是对康熙思路的巩固和延伸。这一制度设计的高明之处在于，它既保证了现任皇帝能在不分嫡、庶、长、幼的情况下，挑选出他所认为的最符合条件的继任者，又在最大限度上规避了兄弟残杀和父子反目，起码皇帝在世时，类似情况不会发生，因为这样做毫无意义。

在此后的一百多年里，每一个皇帝的诞生都来自于那个神秘的匣子，“密建皇储”成为清代传位的不易家法，正如《清宫词本事》中所云：“书名正大光明殿，谁是他年兆璧人？”

第四章
出了大问题

1723年10月，雍正再赴景陵，主持将康熙灵柩送至地宫的仪式。至此，康熙的葬礼才宣告全部完成，其间雍正尽了嗣子的义务，不但康熙生前最害怕最恐惧的“五公子争立”，弃其尸首不顾的情况被完全杜绝，而且葬礼办得风风光光，让人挑不出瑕疵，与此同时，他也成功地行使了嗣皇帝的权力，天下正在进入由他来一手掌控和治理的轨道。

第一次送康熙灵柩去景陵时，雍正曾给一位大臣写去朱谕，说：“一路平安，内外无事”，“内外……一切如意。”

知道的是皇帝给大臣写谕旨，不知道的还以为家人之间彼此道平安呢，这位令人羡慕的大臣不是别人，就是时任川陕总督的年羹尧。

唯一捷径

对于年羹尧为何能得雍正如此垂青，外界有很多猜测。有的说年羹尧乃雍邸旧人，雍正上台，旧人们便也都跟着鸡犬升天了；有的说年羹尧是雍正的大舅子，一家人自然没有胳膊肘往外拐的道理；还有的说年羹尧在康熙末年统领数十万大军，地位举足轻重，且钳制允禵，使其无所作为。

事实是，雍正登上大宝后，所重用的人多非藩邸老人，他在分藩开府时期的那套人马，能够见诸新朝史籍的不过一二十人，任督抚者唯年羹尧一人。究其原因，不是雍正不想用，而是其中优秀理想者实在少得可怜，按照雍正的标准，不是百无一用的酒囊饭袋，就是上不了台面的贪赃枉法之徒。

雍正选人，向来主张不徇私情，他与年羹尧有姻亲关系不假，但这绝不会成为他任用年羹尧的必备要素。反过来，年羹尧一生贪图功利虚荣，从夺储时期开始，他从来没有因为雍正是其妹夫兼门主，而把自己的前程和仕途绑死在这一棵树上。

与其他雍邸旧人不同，年羹尧进士出身，文武全才，在康熙年间就凭借自己的能力崭露头角，成了一方大员，可以说，即便他脱离雍正，也完全可以凭一己之能耐立功晋爵。这种想法和情绪发展到一定阶段，就变成了对雍正疏于问候，乃至与胤祉等其他皇子有所牵扯。雍正不能容忍，对之大加斥责和威胁，同时因为涉及孟光祖案，年羹尧还被康熙惩罚，受到了革职留任的处分。

遭遇一系列打击后，年羹尧收敛了许多，和雍正的关系也得到了改善，但江山易改，本性难移，他依旧习惯于根据政治风向来决定自己的取舍。

康熙末年，任四川总督的年羹尧所部不过数千人，允禵倒能指挥“数十万大军”，他如何制约允禵？而且他能够当上四川总督，尽管不能排除雍正在暗中施加的影响，但主要还是他自己厚着脸皮从康熙手中要过来的。康熙肯赐予这顶乌纱帽，为的是让年羹尧在后方协助允禵，若年羹尧对允禵进行掣肘，影响到西陲军事，康熙和允禵岂能饶过他？况且，雍正能否顺利继位尚存在着很大变数，万一允禵或其他人继位，等待年羹尧的就极可能是灭顶之灾！

以年羹尧的秉性来说，他不但不会考虑怎样跟允禵捣乱，而且还得想方设法实现自己对康熙的承诺，使允禵无后顾之忧，因为只有这样做，才能确保自己的人身安全和荣华富贵。事实也是如此，在年羹尧担任四川总督后，就是说他对允禵这位顶头上司附丽顺从乃至曲意逢迎，也不算过分。两人的合作是和睦和富有成效的，允禵能够平定西藏战乱，就必须在运粮和守隘等方面给年羹尧记上一功。

专家考证，在此期间，雍正和年羹尧的主仆关系“若即若离，并不十分亲密”。这是完全可以想见的，譬如在对待允禵的问题上，即便雍正示意他监视或钳制允禵，年羹尧从自身利益着想，也未必肯听从门主指使，更不说雍正本身对此亦难以启齿。

年羹尧真正决定死心踏地地跟着雍正干，应该说是从康熙驾崩，政局突变开始的，这时候他的面前已没有多重选择，效忠新君成了确保其仕途通达的唯一捷径，更何况他和雍正之间还有主仆、郎舅等多重关系。

雍正的选择其实也很少。在从贝勒到亲王的二十余年时间里，雍正的实力都远不如允禩、允禵等人，满朝勋贵、文武大臣从前基本都是拥护允禩，后来揣测允禵当立，又有许多人投向允禵。雍正的原则是凡在夺储大战中参与党争的官员，都不能放手信任和使用（雍正党人和个别取得谅解者除外），其他人“多未识面”，连熟悉都谈不上，识拔起用自然更需要一个过程。这样一来，在剩下的可用能用官员中，能够顶替允禵，替雍正维持住边疆军事的人，实已寥寥无几。

两江地区虽然繁盛，但所理事务不过是“钱粮积欠，风俗嚣漓”，具备中等才能的官员即能胜任，直隶地区靠近京城，官更好当，中等才能以下的就可应付裕如。只有在云贵、川陕等边地，那里的大吏必须兼理情况极为复杂的少数民族事务，所以非得是具抚讨之能的上等人才方可。这既是雍正一直秉持的个人看法，也是当时的现实。年羹尧多年在四川出任督抚，本身就证明他非同一般，是一个既会用兵，又懂治理，集军事、政治才能于一身的干吏，在撤换允禵的关键时刻，雍正不用他还能用谁?

两人可谓是一拍即合，雍正热切希望年羹尧竭尽所能，为国家为自己卖力，而年羹尧也不负所托，诚心实意地为雍正出力。在允禵被召回京后，年羹尧受命与管理抚远大将军印务的延信共同执掌军务，确保了西北的稳定，也相应巩固了雍正的帝位，使得雍正能够在继位之初就腾出手来剪除异己，对允禵等人进行打击。雍正自己承认，他能够坐稳江山，年羹尧“一人更功居其大半”。

获宠

1723 年 2 月，雍正命年羹尧以叩谒康熙梓宫的名义来京，与之商酌地方情形，这是年羹尧获宠的最早征兆。从此以后，年某的仕途就像插上了翅膀，飞一般的向前突进。当年一共得到七次恩赏，先被授二等阿达哈哈番（满文，即轻车都尉）世职，继而加太子太保，未几再封三等公。除了将标志相应身份地位的双眼孔雀翎等物赏赐给年羹尧，雍正还为他题写了“青天白日”“社稷之臣”等御笔匾额，并有对联题词“太平真富贵，春色大文章”。年羹尧的家人也沾他的光，其妻被封为县君，又加恩多给了她娘家一个公爵，其父年遐龄加尚书衔，其兄年希尧授广东巡抚。

以赐赠来联络和加强君臣之间的情感，康熙朝已经常有，年羹尧在康熙末年就屡获赏赉，比如鼻烟、火镰盒、鹿尾、鹿肉、野鸡等，不一而足。雍正比他父亲更喜欢采用这种方式，从年羹尧的谢恩折来看，雍正御赐物品之多已达到了令人目不暇接的程度，往往每月都有数起，物品的范围也大为扩展，除了宫中较为珍稀的自鸣钟、西洋规矩、珐琅杯，还有当时北方极难获得的鲜荔枝。

有一次，为了确保送给年羹尧的荔枝足够鲜美，雍正下令从京师到西安的驿站接力传送，用六天驿程，在最短时间内将荔枝送到了年羹尧处——“一骑红尘妃子笑，无人知是荔枝来”，只不过这次皇帝的讨好对象变成了他的宠臣，而不再是爱妃。

总之，只要雍正能够想到和得到的，都会尽可能地拿出来送给年羹尧，包括这年春天，苏州织造李煦因亏空一案遭到查抄，雍正也将其在京房屋全部赏给年羹尧，家奴则任其挑选。

雍正不单是赐予官爵、物品，他在生活上对年羹尧及其亲属同样关怀备至。年羹尧的手腕、臂膀有恙，妻子得病，雍正均加以垂询。对年遐龄在京情形、年贵妃（年羹尧的妹妹年氏，雍正元年即1723年受封为贵妃）和她所生皇子福惠的身体状况，也在朱谕中时时告知。

年羹尧的无比幸运与其他雍邸旧人的境遇形成了鲜明对比，特别是戴铎，他自认是雍正夺储的功臣，却并未得到想象中的“犒赏”或“分封”，而是被“解往四川任布政使”，后又“发放于年羹尧军前效力”。

戴铎的失意，有很大一部分原因得归咎于他自己。在整个夺储时期，他的才华似乎永远停留在了贡献“夺储策”的那一刻，此后既不能如雍正所嘱的那样耐着心多加历练，又缺乏观察周围形势应有的冷静和睿智，所献的“退台策”之类全都大失水准，令雍正大失所望。

雍正把戴铎弄到四川去，倒并不一定是什么卸磨杀驴，按照他向来重视边地历练的想法，很可能也是要对戴铎做进一步的考察和打磨，以便在适当时候能派上用处。

问题是戴铎不这么想，他牢骚满腹，甚至将雍正在藩邸时为他所批的折子拿出来给年羹尧看，以一种类似于怨妇的心态，向外界显示和夸耀着自己在夺储时期的“功劳”，以证明自己受到了不公平对待。年羹尧当即以防止戴铎在外招摇生事为由，将折子全部没收，然后向雍正进行报告。

雍正在藩邸时期十分谨慎，无论是给戴铎还是年羹尧批折子，都注意不让人抓住把柄，有时戴铎向他献计夺储，他还经常一脸正气地予以驳斥，所以即便这些折子的内容流传出去，也无损其形象。倒是戴铎彻底失去了雍正的信任和期待，再无东山再起的可能了。

年羹尧继续一骑绝尘般的得到雍正的宠遇。西北军务原由年羹尧和延信共同主持，1723 年 6 月，雍正命将西北军事完全交给年羹尧掌管，并说如果发生事变，从川陕到云南，凡是需要调遣部队和动用粮饷的地方，必须全部按照年羹尧的部署办理。

年羹尧时任川陕总督，当时的川陕总督辖区包括陕西、甘肃、宁夏和青海，雍正的上谕意味着他除了负责自己的这些辖区，还可以在军务上节制云贵总督所管辖的云南。云贵总督与川陕总督同级，雍正为此专门告知云贵总督高其倬，说年羹尧在边地军旅事务上“甚为熟谙”，而且其才情“实属出人头地”，高其倬从皇帝那里得到的嘱咐是，凡兵马粮饷的一应筹备事宜，都要降尊与年羹尧会商而行，哪怕是听命于年羹尧。

此时雍正已授延信为西安将军，仍摄抚远大将军，但随着西北军事的实际指挥权落入年羹尧之手，他已成为摆设，其作用不过是为了避免别人说闲话而已。

别无选择

允禵西征时，经常要和青海的蒙古亲王罗卜藏丹津打交道。罗卜藏丹津属漠西蒙古中的和硕特部，他的爷爷叫固始汗，在固始汗的时代，西藏和青海“皆和硕特部属”，也就是两地都在和硕特部的统辖范围之内。到康熙后期，两地才被一分为二，其中，固始汗的曾孙拉藏继承汗位，此即藏王拉藏汗，由他掌管藏区行政，罗卜藏丹津则承袭了父亲的亲王爵位，在青海当地拥有一定的影响力。

后来准噶尔部侵藏，攻入拉萨并杀死了拉藏汗，康熙闻讯，派允禵率大军驱逐准噶尔人出藏。在此期间，罗卜藏丹津除协助允禵，还曾在清军进藏时，与其他青海蒙古贵族一道随军入藏。

罗卜藏丹津既是和硕特部唯一的亲王，又是固始汗的嫡孙，因此自许极高，向来都以恢复“先人霸业”，总掌对青海和硕特部和西藏的统辖为己任。在他看来，西藏战乱平定之后，理所当然应由他来接替拉藏汗，像祖先一样兼管西藏，可是事实却让他颇为失落：朝廷除了以入藏效力有功为名，给予“俸银二百两，缎两匹”的赏赐外，其余什么也没有！

康熙有康熙的考虑，无论原先的藏王拉藏汗，还是入侵西藏的准噶尔部，抑或青海的和硕特部，都是蒙古人，西藏战乱说到底就是他们为控制西藏而引发的结果。他通过“驱准保藏”，已经赶跑了准噶尔蒙古，但如果又把西藏的控制权交给和硕特蒙古，谁能担保不发生新的矛盾？

为了稳定藏区，康熙下决心不再恢复历史上和硕特部对藏区的主宰，而代之以藏人治藏。对于罗卜藏丹津志在称雄，有可能形成尾大不掉之势的情形，康熙也看得一清二楚，他专门借论功行赏的名义，对罗卜藏丹津以外的青海蒙古贵族进行了破格晋封，原为郡王的察罕丹津（亦为固始汗曾孙）被封为亲王，原为贝勒的额尔德尼被封为郡王，其余人等也都被封为贝勒、公等不同爵位。

这样一来，罗卜藏丹津不仅没有在西藏捞到任何权势，而且即便在青海地区，其势力也因察罕丹津等人的晋升受到抑制和削弱，他对此十分不满，加上准噶尔部的挑动，便生出了反叛之心。

1723 年 9 月，罗卜藏丹津乘雍正新立，胁迫青海各台吉（即有爵位的蒙古贵族）在察罕托罗海会盟。从这次会盟开始，他便命令众人放弃清廷所封的王、贝勒、公等封号，恢复旧日称号，以便由他统御各部，称霸青藏和反叛中央政府的企图昭然若揭。

当初康熙之所以要给亲王察罕丹津、郡王额尔德尼等人赐予相应爵位，为的就是牵制罗卜藏丹津，二人也果然都拒绝附从和参加叛乱。罗卜藏丹津图穷匕现，先后对他们发动袭击，后者不敌，只得双双逃离并向清廷求援。

罗卜藏丹津事发时，雍正刚刚即位不久，朝中需要处理的事务很多，而且自“驱准保藏”后，朝廷已把用兵重心转向准噶尔部，大军也随之移驻河西走廊，所以雍正并不希望这个时候在边疆用兵。权衡再三，他做了两手部署，即一面准备打仗，一面派正在西宁的兵部侍郎常寿去罗卜藏丹津驻地沙拉图，传达朝廷旨意，令罗卜藏丹津罢兵停战。

罗卜藏丹津正得意着呢，根本置若罔闻，他不但拘禁了常寿，还与西宁附近的塔尔寺喇嘛联合进行反叛。

情况越来越严重，10 月，叛军首先在西宁府周围发动进攻，他们到处攻城放火，抢劫财物，西宁城的四周遍地烽火，仅靠近城池的十余里范围内尚未受到蹂躏。与此同时，在罗卜藏丹津煽动蛊惑下，西宁附近喇嘛寺院的僧人也纷纷披甲执械，站到叛乱势力一边，仅以塔尔寺为中心，就有二十余万人参加骚乱反叛。

雍正别无选择，只能全力平叛。当月，他即授川陕总督年羹尧为抚远大将军，专掌平叛军务。

年羹尧奉命从甘州军营移驻西宁后，立即进行部署：分兵防守，防止叛军进入甘肃内地；驻兵川西，截断叛军入藏通路；请求雍正下达敕令，派重兵驻屯于新疆吐鲁番等地，用来隔绝叛军与准噶尔部的联系。

那不是风

高手一出手，便知有没有，年羹尧几个棋子轻轻一摆，就把罗卜藏丹津纳入了他的战略包围之中。罗卜藏丹津自然也不甘示弱，见清廷平叛主力尚未到达，便先下手为强，指挥叛军对西宁展开了围攻。

西宁被围期间，雍正与年羹尧的书信来往从未中断。雍正在朱谕中写道："入秋以来，朕躬甚安，都中内外一切平静。"实际上，京城形势并没有他描述得这么好，有一次他出宫祭祀，负责警卫的隆科多报称有刺客，搜查祭案后虽没有发现什么，但足以令人心惊肉跳。

雍正意识到这可能是允禩党所为。多年储位之争早就让人们斗红了眼，为了达到目的，彼此都不惜争取一切手段，他既然已先后对允禟、允䄉、允禵等人动了手，狠狠打击了各皇子党，允禩及其党人岂肯束手待毙？他们必然会伺机进行反击，而趁着雍正威望还不太高，地位尚不稳固，又处于塞外动荡的多事之秋进行暗杀，则不失为夺取政权的一个捷径。

自古以来，皇帝被刺杀并非没有先例，雍正固然拥有生杀予夺的无上权力，但他在明处，想要暗杀他的大臣在暗处，有时候也会防不胜防，尤其是在这种特殊时期更易出事。为了确保万无一失，他只能固守京城，能不外出就尽量足不出户。

康熙生前爱好出行，除了每年举行的木兰秋狝，东巡、西巡、南巡也从未断过，有时隆冬之际犹出塞打猎。雍正下诏罢鹰犬之贡，宫中所蓄养的珍禽异兽全部下令放出，一个不留，以此表示他不事游猎，不但东巡、西巡、南巡不搞，连秋狝也不进行。

待到局势真正稳定之后，他才解释说，自己之所以不能像父亲那样秋狝，绝不是认为这只是简单的游猎而不应该做，实在是因为允禩、允禟“密结匪党，潜蓄邪谋，遇事生波，中怀叵测”所致，“朕实有防范之心，不便远临边塞”。

年羹尧被雍正视为股肱之臣，虽远在边陲，但一直奉命参与朝中事务，所有雍正担心的这些事也都在君臣可讲可谈之列，尽管他并不能指望年羹尧立刻给他想出什么妙策，可是起码能用来分担心理压力。他之所以在朱谕中对周围真实的安全状况及自身的焦虑只字不提，无外乎是不想让年羹尧分心，毕竟青海用兵太重要了，直接关系到他的皇位稳定与否，此役只能成功，不能失败。

雍正在朱谕中说京城形势一片大好，年羹尧也在奏折中说成功指日可待。事实当然不是这样，京城内不管如何隐伏杀机，皇帝总还是据于主动地位，西宁方面年羹尧的处境则要困难百倍不止，由于守军力量薄弱，城池随时有被攻破的可能，而一旦城破，便是尸山血海，年羹尧本人亦难逃一死。

在最危急的时候，年羹尧依旧镇定自若，不向皇帝叫一声苦，他一面用“空城计”和“疑兵计”来拖延时间，以等待主力部队的到来，一边抽调精兵，准备化被动为主动，对敌营实施夜袭。

年羹尧长于用兵，据说有一年他率部与敌人作战，部队驻扎于野外，到了晚上三更时分，众人忽然听到有疾风从西边吹来，但是不一会儿就沉寂无声了。一般人对此并不会特别关注，但是年羹尧不同，他据此判定敌人就埋伏在西南密林中，于是迅速叫来一位参将，命他带领三百骑兵前去搜杀敌人。

骑兵们不虚此行，在密林中发现敌人并将其全部歼灭。事后有人好奇地问年羹尧怎么能够根据一阵风，就知道林中藏着敌人，年羹尧一语惊人：“那不是风！”

疾风不会在一瞬间就消失掉，所以迅速消失的疾风绝不会是自然界的风，而只能是群鸟扇动翅膀的声音。半夜三更，群鸟腾空飞起，必定是出现了惊动它们的人。年羹尧已经提前侦察到，与军营相距十里的西南边有一处密林，林里栖息的鸟肯定很多，他推测必然是敌人来此潜伏，所以鸟群才会受到惊扰突然飞起。

此次征讨青海，年羹尧一如既往地表现出了军事上的高水准。发起奇袭的前一天，他传下命令，要求参加行动的官兵每人携带一片木板和一束草，大家都不知其故，但军令如山，仍照做不误。第二天部队行军时被沼泽地所阻，年羹尧即令官兵们将草扔进沼泽地，然后再在上面铺上木板，以保证部队顺利通过，众人这才恍然大悟。

叛军倚仗沼泽之险，在防守上较为松懈，根本没有料到会神兵天降。奇袭大获成功，官军击破了叛军的营垒，使之再无围攻西宁的实力和条件，也由此为青海一役奠定了胜利之基。

收到军情报告，雍正欣喜不已，乃至几乎与怡亲王允祥相拥而泣，他对年羹尧说："真正累了你了，不但朕，怡亲王都心疼你落眼泪。阿弥陀佛，好一大险！"

到了这个时候，雍正才弄清年羹尧曾处于怎样艰危的境地，也才知道年羹尧所上奏折背后的种种隐情——原来，就在西宁危急之时，年羹尧每写一折一字都用心良苦，就怕"朕心烦惊骇"！

每个皇帝都有他所认为的君臣之道，雍正的特别之处在于他一方面拥有令人莫测高深的帝王心术，并且也用这种心术驾驭大臣，但另一方面又有着非常深情的一面。

当雍正认识到年羹尧如此为他着想时，简直感动到有些语无伦次。他把年羹尧真心待他的这些事告诉给最信任也最亲近的允祥、隆科多，说一次就流一次眼泪。在他写给年羹尧的朱谕中，也到处都是"你此番心行，朕实不知如何疼你"，或者"你待朕之意，朕全晓得就是矣"，或者"尔此等用心爱我处，朕皆体到"（写到忘情处，雍正甚至连皇帝习惯自称的"朕"都忘了，在最后一句里直接用了"我"）。

对雍正反感的人可能看着肉麻，但对于彼时的雍正而言，却并没有半点矫揉造作或故意要使用羁縻手段的成分，因为那确实都是他的真情流露。

絮絮叨叨

1723 年 12 月，四川提督岳钟琪率主力部队赶到西北前线。平叛大军的实力陡然增强，对西宁附近地区的叛军展开了猛烈攻击，叛军节节败退，罗卜藏丹津见势不妙，连忙送还了常寿，并附疏上奏，为自己开脱。

雍正是政治角斗中杀出来的人，眼睛毒得很：你现在要做的是认罪，而不是找理由为自己开脱，以为我还会给你留下施缓兵之计的机会？做梦！

他对罗卜藏丹津的辩解置之不理，同时催促年羹尧、岳钟琪等人继续加强攻击。

岳钟琪参加过西藏平叛战争，是康熙年间就已崭露头角的名将，其勇略不下于年羹尧。接到旨意后，他率兵连续收复失地，直至进逼郭隆寺。郭隆寺有万余反叛的喇嘛僧众守卫，而岳钟琪手下只有三千人，战斗异常激烈，这也是青海平叛中最为惊心动魄的一场战役，参战的川陕官兵腰刀砍缺者就有三四百口，连年羹尧也感叹："自三藩平定以来未有如此大战者。"

郭隆寺一战，叛军大败，至此，经过整整一个冬天的征战，叛军已有十万余人投降，罗卜藏丹津被迫率残部逃往柴达木。

冬去春来，雍正在朱谕中继续给年羹尧报平安。按照清代皇室制度，每年春天皇帝为表示重视农业，都要到农坛行"耕耤礼"，同时为表示重视儒学，还要到太学行"临雍仪"。雍正说在他行"耕耤礼"和"临雍仪"的那两天，"天气和畅，人情顺悦，诸凡如意，都中内外平静"。他在另一件朱谕中又说："都中内外，尔合家老幼无不平安如意。"

政局处于相对稳定之中虽然没错，但雍正如此絮絮叨叨，不难看出还是心中有事，也仍有惧怕政敌发动事变的担心。

当年光武帝刘秀急于攻占巴蜀，但又不能离开京城亲征，便给大将岑彭写去诏书，让他再接再厉。在那份诏书中，刘秀说人总是苦于不知满足，我也一样，已经平定了陇地，还希望得到蜀地，同时因为急于获胜，我每次派你们出去打仗，头发胡子都要变白一些。

岑彭看完诏书后，非常理解皇帝的苦衷，他果然拼尽全力，一鼓作气地攻下了巴蜀，直至最后以身殉职，这就是成语"得陇望蜀"的由来。年羹尧犹如刘秀手下的岑彭，他完全能从朱谕中读出皇帝的关切和期盼，也知道如果自己不能在最短的时间内彻底解决青海蒙古人的问题，雍正便依旧无法从"絮絮叨叨"中走出。

在形势大好的情况下，年羹尧一丝一毫不敢松懈，他与岳钟琪等诸将商讨，意欲调兵两万，分四路继续进军柴达木。讨论中，岳钟琪认为，叛军在老巢的部队尚有十万，也就是说近五倍于征讨官军，且青海地区辽阔，便于叛军分散隐蔽，一旦各路官军被诱深入，就会陷入顾此失彼、四面受敌的困境。他建议与其均匀分兵，不如集重兵于一路，直捣叛军老巢。

年羹尧向雍正请示后，对岳钟琪说：“皇上知道你勇敢过人，将命你率一万七千兵马，直捣叛军的青海老巢，想约在四月启行，你以为如何？”

四月说的是阴历，正是塞外草青，便于喂马之时，但岳钟琪的回答却令年羹尧都感到意外：“愿请精兵五千，马倍之，二月即发！”

既然要以寡敌众，必然不能循常规套路，在岳钟琪看来，二月春草未生，但也正是叛军准备不足的时候，这时候发起远程奇袭最容易见效，至于所需使用的兵力，并不是越多越好，五千精兵已经足矣。

由于官军在塞外没有固定的畜牧场所和久屯之地，二月出战的现实困难不能回避，岳钟琪的解决之道是效法游牧民族。北方游牧民族但凡出来作战，通常每个人都要带上两匹马，骑一匹休息一匹，骑的一匹被打伤或跑乏了，可以立即换上备用马，甚至如果遇到类似于断粮之类的危急情况，还可以杀掉几匹马，以马肉充饥，这就是为什么要“马倍之”，准备一万匹马的原因。

年羹尧将岳钟琪“乘春草未生，捣其不备”的方案呈报雍正，雍正看后拍案叫好，下诏授岳钟琪为奋威将军，让其依计而行。

恩人

1724 年 3 月 2 日，年羹尧分兵中、北、南三路向柴达木进剿，其中南路即岳钟琪部。进军途中，岳钟琪部官兵突然看到一群野兽在塞外奔跑，在野外作战方面，岳钟琪具有与年羹尧一样灵敏的嗅觉和经验，他意识到附近可能有叛军的侦察骑兵，群兽狂奔正是被其所惊动，于是立即麾兵疾进。不出所料，前方果然有数百敌骑兵，岳钟琪率部全歼了这批敌骑兵以及留守部队，然后神不知鬼不觉地进入了叛军老巢柴达木河上游地区。

3 月 14 日，岳钟琪侦察到了罗卜藏丹津大营所在地，遂连夜出发，直捣其大营，当他们抵达叛军营帐之外时，罗卜藏丹津及其部属还没起床，尚处于衣不及带、马未衔勒的状态。此时中、北两路官军也应约杀到，对叛军发起突袭，叛军猝不及防，仓皇逃散，溃不成军。

罗卜藏丹津发现大势已去，连忙男扮女装，携妻妾随从仓皇逃离，以后又干脆逃到新疆，投奔了准噶尔部。柴达木战役自出师到结束，历时仅仅十五天，成功之速，为草原战史上所少见。雍正得报后兴奋不已，他也把此次战役的胜利视为十年以来从未有过的奇功一件。

青海至此得以大定。应该说，在青海平叛的后半程，尤其是柴达木一役，岳钟琪的表现亮眼，甚至超过了作为总指挥的年羹尧，但打仗就跟下棋一样，往往一开始的谋势最为关键，年羹尧布了一个事半功倍的局，岳钟琪所做的，只是推动和加快胜利进程而已。

战争结束后，年羹尧又拟制了青海善后事宜十三条，它的获准施行标志着中央政府在青海取得了完全胜利。

青海大捷的奏报传到京城前，雍正曾因清明节亲往遵化康熙景陵祭奠，就在他祭陵时，隆科多奏称诸王变心，要他多加提防。这使雍正更加认定要想一劳永逸，就必须与允禩展开面对面的决斗，但此时距他继位一年半还不到，威信还没有能够完全树立起来，特别是青海平叛尚未取得完全胜利，在这种情况下，任何贸然举动都可能激起事端并引发政局动荡，为此，他只能牢记当年皇父训诫他的话，继续“戒急用忍”。与此同时，除了祭陵，雍正不敢轻离京城一步，就怕允禩党突然发动政变，到时自己不在京城，无法迅速予以弹压。也就从这一年起，他开始派皇子出口行围，代替他训练讲武，以示他本人虽然不能参加秋狝，但并不是这件事不重要或他不重视。

祭陵之后的第三天，青海大捷的奏报终于送至御前。犹如拿到定海神针一般，雍正的所有困惑和焦虑瞬间烟消云散，随后他便遣官祭告天地、社稷、父亲康熙的景陵，乃至爷爷顺治和祖奶奶孝庄文皇后的陵园。

文武百官都异口同声地称颂皇上，但雍正始终强调功在先帝，当他在朝中受百官朝贺，追念康熙所遗留的业绩时，忍不住“悲哀不止”。

康熙生前就重用年羹尧、岳钟琪，又千方百计地分化青海地方势力，这些都为青海平叛打下了基础，但最重要的还是力排众议地选择雍正作为继承人。因为在此之前，只有允禵曾在西北建立功业，并为世人所称颂，直至朝野上下都纷纷传说康熙要将帝位传授给允禵，康熙选择雍正，也就等于相信他不仅可以治理好内政，也同样有能力稳固边疆。

康熙的选择对不对，要用事实来证明。青海平叛的结果让雍正如释重负，此次平叛成功，不仅解决了青海蒙古人的问题，间接稳定了西藏，而且对新疆的准噶尔部也形成了可攻可守的有利势态。它足以证明，康熙选对了继承人，他雍正恪尽子职，完成遗志，没有辜负先皇当初的期望和托付。

归功先皇，主要是为了彰显自己继承大统的合法性和正当性，雍正并没有忘记参加青海战役的有功将士，他封年羹尧为一等公，岳钟琪为三等公。在年羹尧的奏折上，他的朱批更是令人吃惊，竟然说青海功成，年羹尧就是他的恩人！

所谓朱批，就是用毛笔蘸朱砂写字，这是皇帝的一项特权，其他人一概都只能用墨笔。朱批中的雍正往往表现得特别真性情，实际上，青海战役胜利后，不但年羹尧，就是其他在此役中出生入死的兵将，也均在朱批中被雍正奉为恩人："自你（年羹尧）以下以至兵将，凡实心用力效命者，皆朕之恩人也！"

凭什么啊

权斗场上，时机把握非常关键，轻举妄动和犹豫不决都是致命伤。之前雍正对他的最大政敌允禩一直隐忍不发，就算数落允禩的不是，或借故敲打，也只是就事论事。比如有一次他讲到丧葬不可过奢时，便曾批评允禩在母丧期间"伪孝矫情"，不过那也不是说允禩一个人，只是拿他举例罢了。

青海捷报到来之后则情形大变。此次胜利不仅稳定了新政权，而且提高了雍正的威望，他自己也认为，经此一役，"谁不诵朕之福，畏朕之威"。在这种情况下，他决定改变既往对允禩党拉打结合的策略，大刀阔斧地展开正面攻势。

1724 年 4 月 29 日，雍正召见诸王及满汉文武大臣，对允禩进行严厉指责，说他在康熙生前对皇父不忠不孝，新帝即位后，仍不自量，因为有允禵、允禟、允禵等人为他尽力，便不以"事君事兄"之道来对待新皇，"由此观之，至今还存有大志"。

雍正一上来就直指允禩有图谋大位之志，给对方加上了叛逆的罪名，并按照这一定性，令诸王大臣对允禩据实揭发，不许隐讳。

其间雍正一边说，一边在进行暗中观察，让他感到意外和失望的是，不管他怎样声色俱厉、气势汹汹，大多数人仍然表现出了不以为然的神色，只有隆科多、年羹尧等少数几个心腹大臣在御前陈奏，向允禩发难。

对允禩的大揭发形不成声势，便难以继续进行下去。通过这一回合的较量，允禩在朝野的人缘、声望之好，实力之强，再次超越了雍正的想象，同时他也悲哀地看到，即便好不容易取得了青海平叛这样的功绩，自己的权威竟然还是不够高。

凭什么啊？雍正又羞又愤，气得要死，有一次他突然对诸王满汉大臣们说："尔诸大臣内，只要有一个人，或明奏，或密奏，说允禩贤于朕躬，为人足重，能有益于社稷国家，朕即让以此位，不少迟疑。"

当然谁都不会犯傻到真的这么做，事情明摆着，以雍正的脾性，只要你敢上奏，他一定会毫不犹豫地把你打成允禩党人，让你万劫不复。

发过一顿火之后，雍正也很快回到现实之中。为什么自己作为新君，迟迟无法建立应有的权威呢？其实不难理解，一句话，还是康熙末年的争储大战太过激烈复杂了，以至于在他登基之后，大臣们仍然按照老眼光看问题，还是把他看成那个与世无争的雍亲王，而不是英明神武的雍正皇帝。换个角度，倘若现在坐在皇位上的人不是雍正，换成允禩或其他皇子，其权威一样会面临挑战，也一样会遇到昔日政敌们的抵制。

长城不是一天建成的，在青海成功之后，仍须兢兢业业，勤理政事，通过取得更多的业绩来建立和巩固自己的权威。不过在此之前，雍正还有一个法宝，那就是在政权已趋于稳定的前提下，充分使用君主的法定权力来打击政敌，同时继续以君臣大义的一套来要求和制驭臣下。

5 月 4 日，雍正当着诸王议政大臣的面发表谈话，主动披露了允䄉逗留张家口一案的处置真相。他告诉众人，他其实早就知道允䄉是允禩的人，其不法行为就是受允禩指示，该案也不难处理，他之所以让允禩插手，为的不过是测试允禩的心理，给对方出一出难题。

讲到这里的时候，雍正正言厉色地表示，他本人关乎社稷，不利于他本人就是不利于社稷，所以为了维护社稷，他要对所有不利于他本人的人事予以坚决打击，"虽系兄弟，亦难顾惜"。

"剥笋"曾对拆散允禩党起到过重要作用，这次雍正重施故技，再次从外围对允禩实施逼围，他的此次谈话实际就是在为严惩允禩党人吹响号角。

大花面

首当其冲者便是允禟。允禟被发遣至青海，交年羹尧监管。年羹尧曾向雍正报告，说允禟“颇知收敛”，手下的人也知道畏惧了，然而雍正却认为年羹尧太天真了，在他看来，允禟和允禩都不可能改变其政治态度，对允禟这样“奸诡叵测之人”，应继续提防。

揣摩到雍正的意图，宗人府奏参允禟“抗违军法，肆行边地”，议请革去贝子，撤出其属下佐领。实际上允禟只是派人到河州买草，踏看牧地，宗人府小题大做，完全是欲加之罪，何患无辞。雍正心里虽觉得很爽，但他也知道仅凭此一点就将允禟治罪，难以服众，所以便假惺惺地表示开恩，予以宽免。

虚晃一招之后，雍正便动起了真格的。康熙生前，辅国公阿布兰曾受允禩推荐，后来允禵西征成功，又奉旨拟写了定藏纪功碑。雍正指责他献媚允禵，抹杀康熙的功劳，命将其交宗人府议处。明眼人都能看出，雍正惩治阿布兰的重点不在被惩治者身上，而是集中指向了其后台允禩、允禵。

阿布兰只是与允禩党有涉，与苏努、勒什亨父子相比，根本算不了什么。后者系允禩党重要成员，雍正将二人比喻成戏剧舞台上用铅粉涂白整张脸的“大花面”，不折不扣的奸臣，他告诉年羹尧：“苏努实国家宗室中之逆贼，真大花面也，其父子之罪，断不赦他也。”

1724 年 7 月 4 日，雍正以苏努、勒什亨父子党袒允禟、允禩，“扰乱国家之心毫无悛改”，下令革去苏努的贝勒爵位，撤回部分佐领，并罚他与儿子们一起迁往边塞居住。

按照雍正对苏努的看法，如果可以，他一定会判其死刑，为什么不这么做，是因为他有所顾忌，怕杀了之后影响自己的名声和动摇执政基础。7 月 10 日，雍正在上谕中将允禩的罪状由叛逆向结党延伸，说允禩至今仍与自已结怨，就是倚仗着朋党支持，而且似乎也不怕遭到处罚，甚至于悍不畏死，“廉亲王（允禩）之意，不过欲触朕之怒，多行杀戮，使众心离散，希图扰乱国家耳”。

多阴险啊，可我偏偏就不上你的当，我能不杀就不杀，能宽待就宽待，看看我们俩到底谁更能争得民心民意！

伴随着一句“断不使伊志得遂”落地，雍正宣布七十、马尔齐哈、常明等人均为允禩党成员，说他们党同伐异，阻挠人君惩办恶人。作为惩罚措施，雍正也将他所谓的“宽大政策”进行到底，只将其中的七十先行革职和迁往边塞居住。

9月3日，雍正发布他亲书的《御制朋党论》，站在理论高度上进一步向允禩党开战。在这篇论文中，他以康熙时宗室、大臣结党的严重情况为例，说那时人们分为两三个党（此处主要指允禩党和废太子党），使人不入此党，即入彼党，朋党之间任用私人，互相攻击，严重破坏了朝政统一，损害了君主权威，所以朋党之恶，罪不容诛。

雍正说话往往好走极端，因为对朋党痛恨已极，恨屋及乌，他连大文豪欧阳修也没放过，对之大加批判。原因是欧阳修曾经说过“君子有党、小人无朋”，雍正认为，清代朋党之风的盛行就与此老首倡有关，如果欧阳修是本朝人，还活着的话，“朕必诛之以正其惑世之罪”，看那架势，就差把欧阳修开棺戮尸了。

雍正仗着他是皇帝，在上面信口胡说，下面的臣子听了都觉得脸红，替他害臊，可是又不敢正面反驳。后来史官在把雍正的讲话汇编成册时，实在觉得不妥，就把欧阳修造成流毒的话全部删掉，“诛之”也拿掉了，改为“朕必饬之以正其惑”。

通过《御制朋党论》，雍正发出警告：已经卷进朋党的，要“洗心涤虑”，痛改前非；还没有卷进朋党的，要看清大局，切勿说三道四，诽谤朝廷。

《御制朋党论》是雍正射向允禩党的一枚重磅炮弹。其后他便召见诸王宗室，把即将进一步予以整治的允禩、允禟，与前朝被拘禁的允禔、本朝被拘禁的允禵放到一块，谴责他们“俱不知本量，结为朋党，欲成大事”。

引人注目的是，几乎可称为朋党首犯的废太子允礽却不在其中。此时的允礽被监禁于煤山，已经病危，雍正不但不追究其朋党之罪，还命御医前往探视。御医诊断后回来报告已难望痊愈，雍正听了很伤心，他想亲自探望允礽，可是又考虑一去的话，允礽就要对他行君臣之礼。让兄长以垂危之身跪在自己面前，显然是件不合适的事，于是他便打消了这个念头，只是派人向允礽专程致意。不久，允礽在禁锢地病逝，雍正亲往祭奠，赐以理密亲王之爵，令按亲王礼埋葬。

对于雍正而言，某些方面的网开一面与对政敌的穷追猛打完全可以并行不悖，但自 1724 年下半年起，打击允禩党人的速度和力度都突然减弱。后来人们才知道，这时有一个突发事件横插了进来，他必须腾出时间和精力进行处理。

不知如何疼你

突发事件的主人公之一就是年羹尧。在雍正当政的最初两年内，雍正给予了年羹尧特殊甚至是一般人臣所绝无的荣宠。有一次，年羹尧无意中在某处看到珐琅，为其精美的制作和秀丽的颜色所惊叹，“不胜爱羡”，遂在奏文中向雍正索要：“如有新制珐琅物件，赏赐一二，以满臣之贪念。”

珐琅又称景泰蓝，是为皇家宫室所垄断的官窑瓷器，专供皇帝、妃嫔玩赏或祭祀之用。当时正好新造的珐琅尚未送来宫中，雍正就把现有的几件赏赐给了年羹尧，同时还没有忘记以年羹尧的“贪念”跟他开玩笑，在批文中说：“你若不用此一‘贪’字，一件也不给，你得此数物，皆此一字之力也。”

那两年，他们之间的关系完全可以用亲密无间来形容。用雍正自己的话来说，自古以来君臣有深厚私交者不是没有，但绝对做不到像他和年羹尧这般投契，“总之，我二人做个千古君臣知遇榜样，令天下后世钦慕流涎就是矣”。

直至青海功成，雍正更是激动异常，将年羹尧视同“恩人”。“朕实不知如何疼你，方有颜对天地神明也”，一时之间，他竟找不到能准确表达自己心意的适当方式了，想来想去，只有严格要求自己，争取做一个出色的皇帝，才能对得起如此出色的臣子。

雍正还唯恐自己对年羹尧的评价不能为更多的人所接受，特谕诸王大臣，说对年羹尧这样为国出力的人，“不但朕心依眷嘉奖，朕世世子孙及天下臣民当共倾心感悦，若稍有负心，便非朕之子孙也，稍有异心，便非我朝臣民也”。

雍正心目中理想的臣子形象，是以君心为心，套用现代语言来形容，就是要将自己的一颗真心捧出交给君主。在雍正看来，年羹尧便是如此，“天下督抚，待朕之真，依朕之切者”，年羹尧排第二，就没有人敢居第一。这也是他通过青海一役得到的最大发现：“西海一事，岂人力之所能者？皆因年羹尧能此二字，天下大臣，皆当法其心。”他的意思是，即使有人在才智天分方面能达到年羹尧的水平，但要像他那样“以君心为心”仍殊为不易，而年羹尧正是靠后者才在青海取得了成功。

雍正对年羹尧的欣赏和喜欢几乎到了无以复加的程度，他常常叹息像年羹尧这样的人才太少，“朕福薄不能得尔之十来人也”，认为如果封疆大吏中能够有十几个年羹尧，国家完全不愁治理不好。他不仅将川陕境内的用人权完全交给年羹尧，还让其越境兼管云南方面的事务。此外，对于各类朝政民生的得失、朝内外大小官员的好坏，雍正也都要与年羹尧频频相商，不少官员的使用与否都直接以年羹尧的意见为尺度。

年羹尧毕竟还没有正式的朝中职务，雍正在让他参与朝政的同时，并不想让外人知道此事。明清时进士中的优异者会被选入翰林官当庶吉士，称为考庶常，有一次在考庶常时，翰林院已按惯例分三等作了衡量，定了名次，可是雍正不放心，便又将试卷秘密送给年羹尧阅视，要他“尽力速速看来”，并按照自己的意见，确定谁的试卷应该列入哪一等，只是千万不能被其他人知道。

1724 年 11 月，年羹尧继首次进京陛见后，再赴京城朝见雍正。自青海功成以来，他们君臣还没见过一面，雍正非常高兴，在年羹尧的起程折上批道：“一路平安到来，君臣庆会，快何如之！”

对于如何接待年羹尧，雍正也极为上心。他本来打算让各省督抚同时进京述职，因遭到四川巡抚蔡珽的质疑而未果，但他还是特命礼部拟定迎接年羹尧的仪式。礼部侍郎三泰负责草拟的条例可能是规格不够高，不足以体现皇帝对年羹尧的宠异，雍正居然还发了火，给予三泰以降一级处分。

这下子，从中央到地方，谁还敢不把年羹尧当成一座佛一样供着？在年羹尧进京途中，地方官全都跪道迎送，连向被奉为“疆吏之首”的直隶督抚都得这样行礼。路经河南时，怀庆府同知曾穿着官服向年羹尧的巡捕官跪着回话，及至到达京城，诸王大臣郊迎，王公以下官员均跪接于广宁门外，其排场竟然比当年的“大将军王”胤禵还大。

年羹尧入宫觐见雍正后，即与总理事务大臣马齐、隆科多等人共同参议朝政，宣达谕旨。此时年羹尧的身份仍只是一个疆吏，又是临时进京，为什么能拥有与总理事务大臣同等的资格呢？雍正给出的解释是：“年羹尧为藩邸旧人，记性甚好，能宣朕言，下笔通畅，能达朕意，且秉性鲠直，不徇情面。”

回京的第一个月，雍正认为年羹尧“公忠体国，不矜不伐”，是内外臣工的榜样，皇帝“嘉重之至”的典型，要求九卿议叙加恩，于是年羹尧被赐予双眼孔雀翎及金币等物，加一等男世职，并以其次子承袭。

很少有人设想过皇帝的态度会发生变化，直到12月28日，雍正突然提及岳周案。

岂有此理

岳周系工部郎中，他拿出两万两现银，求年羹尧推荐其为西安布政使，年羹尧予以拒绝，并向雍正进行了揭发。雍正谈到岳周案，表面听起来是表彰年羹尧，谴责岳周，细细咀嚼却是话中有话，分明暗含着对年羹尧的某种不满：岳周一出手就是两万两现银，这可不是一个小数目，你年羹尧随时随地就能接受如此巨贿，权力好大啊！

雍正这番表态已足以令知情者感到吃惊，但官场上还有不少人没有看出政治风向和雍正态度的变化，12月30日，湖广总督杨宗仁按照往日雍正的口味，上奏说年羹尧是纯臣，雍正在奏折上批道：“年羹尧到底是什么人？就你所知道的，再从实奏来。‘纯’字真的能用在他身上吗？朕以为不可！”末尾雍正强调保密，已明白无误地表达出了对年羹尧的不良看法。

当天，雍正在乾清宫西暖阁召见诸王大臣，以“为君难”为主题，做了一次长篇谈话。所谓“为君难”，说的是皇帝用人行事的难处。雍正举例说我明知道允禩的为人，知道他和我不是一条心，为什么还要封他做廉亲王、总理事务大臣兼管工部事务呢？你们是不是觉得我前后矛盾，甚至乖张？其实我是万得不已，不得不那样做啊！

这是雍正第一次将皇家内部权斗的隐秘公之于众。之后，他话锋一转，由“为君难”引申到了“为臣难”：“年羹尧建立大功，其建功之艰难辛苦之处，人谁知之？”作为例证，雍正讲到，年羹尧推荐一个叫刘廷琛的人为广西布政使，结果刘廷琛遭到了罢斥，雍正说年羹尧虽然是出于公心荐举人才，但也难免有识人不明的过失。

一些官场老混混儿已经听出来了，皇帝哪里是在说“为臣难”，分明是像谈论岳周案一样，用含沙射影兼旁敲侧击的方式点年羹尧的名。

如果这还不明显，雍正所讲的下面两件事就比较露骨了。一件事是关于赏军，也就是犒赏部队。当天前线官兵都领到了赏银，这是皇帝和朝廷的恩典，可是外面的传言却是：“此大将军年羹尧所请也！”针对这件事，雍正气呼呼地分辩说我又不是年幼皇帝，亲王都做了好多年，还等年羹尧给我指点吗？他不竭力争取，我就不赏大家了？岂有此理！

另一件事是雍正亲发谕旨，对允禩党人阿灵阿等人进行追究，然而也有人说整件事从头到尾都是由年羹尧所策划，皇帝不过是听了他的话而已。雍正对此更是气不打一处来，说我比年羹尧岁数都大，数十年藩邸生涯，更使我“胸中光明洞达”，所以现在不管多难多复杂的政务，我都能洞烛幽微，而年羹尧之才，做大将军总督则有余，要跟天子比聪明才智和真知灼见，差远了！

事后来看，这两件事中的流言都对雍正产生了强烈刺激，因为倘若人们信其所言，就会把当今皇帝当成一个傀儡，一个被年羹尧玩弄于股掌之间的庸主，这是雍正无论如何不能接受的。

虽然雍正再三强调，应该受到惩罚的是散布流言者，这些人在设计隐害年羹尧，“深可痛恨”，但大部分人都听出了弦外之音，那就是年羹尧本人亦难辞其咎。

事实上，年羹尧此次入觐，颇受王公大臣非议。百官郊迎时，他视若无物，安坐于马上，连看都不看对方一眼就傲然前行，及至王公下马致敬，他也只是点点头。更严重的是，年羹尧在觐见雍正时，居然两腿张开坐着，“天子御前箕坐，无人臣礼”——上一次这样做的人是允禟，在刚刚宣布由雍正即位时，他与雍正“箕踞对坐”，不把皇帝当皇帝。

当时的雍正显然对此尚未引起足够的警觉。在年羹尧进京前，就有相当一部分朝臣反对重用年羹尧，埋怨雍正纵容“年羹尧擅权”，但雍正不为所动。年羹尧进京后，一开始他也理所当然地认为是有人出于忌妒年羹尧，在描述上进行了添油加醋。即便年羹尧当着他的面举止放肆，雍正似乎也没有怎么太放在心上，因为它可以被理解为是君臣关系亲密，皇帝爱才重才，而臣子不受拘束。

只是雍正对年羹尧的绝对信任也必须有一个前提，那就是年羹尧能够以“以君心为心”。从岳周案起所发生的一系列事件，正是打破了这一前提，才让雍正破天荒地对年羹尧产生了怀疑，并使年羹尧的一些言行获得了重新解释：对王公大臣乃至对皇帝无礼，以及种种社会流言，说明年羹尧平时骄横跋扈、妄自尊大惯了，可谓毫无臣道；如果年羹尧一向修身慎行、清廉自守，岳周应该不会想到斥巨资向其行贿，说明年羹尧本身有接受贿赂，开奔竞之门的可能；刘廷琛不是一个好官，年羹尧却一力推荐，他有没有结党营私，一味任用私人和党羽的嫌疑？

情报网

1725 年 1 月 3 日前后，年羹尧离京返回其位于西安的督署。在他滞京的三十余日间，曾有人向雍正建议不让年羹尧离京，不过暗中建议者是谁，雍正一直没有言明，有学者估计是禅师文觉。文觉从雍邸时期起就是雍正的“比丘军师”，雍正登基后，他仍侍奉雍正于宫中，虽未公开参政，但却暗中参与讨论国家最机密要务。

文觉主张拘留年羹尧，是怕放虎归山，留在京城更便于控制。对于这种留年羹尧于京师以防其生变的劝谏，雍正没有采纳，他认为时机尚不成熟，过早行动反而会打草惊蛇，同时他丝毫不担心年羹尧会跳出自己的手掌心——正如他在“为臣难”的长篇谈话中所说，年羹尧要跟他比试政治博弈的能力，根本就不是对手，他都用不着予以特别提防，“朕之不防年羹尧，非不为也，实有所不必也”。

在讨论是否要放年羹尧出京的那一刻，雍正或许不会忘记一年多前年羹尧进京觐见时的情景，那时的年羹尧为了表示对新君的效忠，别提有多诚惶诚恐、毕恭毕敬了，一年多后，如果不是亲眼所见，他无论如何不会想到年羹尧会变成现在这种样子。很显然，年羹尧不可能一夜之间发生蜕变，中间应该发生了很多事情，可是他作为皇帝却全不知晓，始终被蒙在鼓里。

雍正即位后，一方面，必须及时准确地掌握政敌方面的动态，以便在权斗中争取主动，另一方面，由于害怕遭到暗杀，他几乎很少走出京城，也有通过其他渠道来了解内外情形的必要，为此，他在情报收集方面可谓煞费苦心。

雍正想到的办法之一，是派遣特务。说起皇宫中的特务，人们最容易想到的就是明代的东厂和锦衣卫，雍正比明朝皇帝更精明也更有远见之处，在于他认识到，不管是使特务组织制度化，还是让特务分子在形式上取得特殊地位，都会造成尾大不掉的危险。基于这一考虑，雍正没有建立专门的特务机构，他所派的特务都是宫中侍卫，但其主要任务却是潜伏于民间，随时随地对官民行动进行侦察。

稗官野史中有关雍正朝侍卫的逸闻很多，有的虽不免过于猎奇，但并非全属子虚乌有。周人骥是一个有真名实姓的人物，笔记中记载，他在雍正时考中进士，随后被授六品礼部主事，奉命视学四川。视学俗称学台，任务是督考乡试，因它关系到地方上书生的前程，使之无形中成了一个油水颇丰的差使，学台清浊之间，收入相差极大，而周人骥担任学台三年，始终清廉自守，毫无苟且。

三年后任满，周人骥准备回京复命，一个当初由礼部本堂荐用的仆人突然前来向他辞职，说:“我也得回京复命去了。”

“这话怎么说？”周人骥大吃一惊，不明所以。

“周学台，不瞒您说，我是皇上的侍卫，看您主持考试甚好，您就等着听封吧。”

除了派遣侍卫，密折具奏法即密折制度也是雍正的一大法宝。古代地方官上呈皇帝的奏折一般均交由通政司进呈，在皇帝之前，有关官员已先过目，因而是公开的。密折是非公开的，由臣下直达于皇帝的秘密奏折，这种奏折系用折叠的白纸书写，外加特制皮匣封存，内容除书写者本人和皇帝，其他人不得而知。

据推测，密折可能肇始于顺治朝，只是没有实物佐证。现今最早的密折见之于康熙朝，然而康熙对密奏并不是很重视，更未形成严格的制度。直到康熙晚年，鉴于中央和地方官吏结成朋党的情况严重，江南各地有民众反抗，而地方官很少肯据实奏闻的现状，康熙才扩大了密奏人员，但数量仍然十分有限。

把密折制度推向鼎盛的是雍正，终康熙之世，密奏者仅百余人而已，雍正朝比康熙朝短得多，密奏者却多达一千一百余人，其身份从中央到地方，从京官到外官，从文吏到武官，不遗漏任何一个阶层。雍正指示密奏者秘密从事侦伺调查，并随时将所见所闻通过密折进行报告，内容上自军国要务，下至身边琐事，无所不包。

通过密折制度，雍正得以建立起一个庞大严密的情报网，这使他本人即便足不出户，对宫外发生的事件也照样可以做到了如指掌。有个叫王云锦的官员，康熙朝中过状元，大年初一这天，他和亲戚朋友打纸牌游戏，打着打着少了一张，只好停下来喝酒。第二天上朝时，雍正问他昨天干什么了，王云锦就将“打牌喝酒”的情形讲了一遍，雍正听了很高兴，说："不欺暗室，真状元也！"说完，从袖口里掏出一张纸牌给王云锦，王云锦定睛一看，竟然就是昨晚丢失的纸牌，顿时被惊得目瞪口呆。

年羹尧身居如此要职，理所当然不能脱离皇帝的视线。雍正曾遣亲信侍卫至年羹尧处，名为效力军前，实则就有监视之意，加上密折与之相辅相成，让雍正有充分的理由认为已经万无一失，然而在年羹尧出事前，关于年羹尧的行动，侍卫们却未有只言片语报告，同时也没有人在密折中对年羹尧进行告发。

雍正痛苦而又气愤地意识到，他一手创建的情报网出了大问题，对于年羹尧的部分甚至已经失去作用，整个瘫痪掉了。

打招呼

问题到底出在哪里？首先出在被监视者的身份特殊。年羹尧身兼川陕总督、抚远大将军，是没有封王的西北王，侍卫派去后摄服于其权威，只听年羹尧指挥，居然成了他的仪仗队，为之摆对、坠镫，形同厮役，加上年羹尧又施以赏赐等小恩小惠，这些人便都不记得离京前皇帝的嘱托和要求了。至于那些本应进行密奏的官员，在年羹尧的威逼利诱下，则个个明哲保身，做起了闷嘴葫芦。

面对瘫痪了的情报组织，雍正立即重新进行布局，他一边调动各方面的资源，对年羹尧展开秘密调查，一边利用朱批奏折给部分臣工打招呼。

还在年羹尧离京前，已经陆续有各种小报告上达，其中有人举报直隶总督李维钧"馈送年羹尧礼物过厚，又觅二女子相赠"。李维钧先前曾通过巴结年羹尧，由年羹尧向雍正特别举荐而得以擢升直隶巡抚，不过此人也确实很有能力，而后从巡抚升总督，完全是因为个人能力得到了雍正的认可。

李维钧成为雍正打招呼的第一个对象，他在李维钧的奏折上批道："近日年羹尧陈奏数事，朕很怀疑他居心不良，大有舞智弄巧、潜蓄揽权之意。"在明确自己的意向和看法后，他先安慰李维钧，说你和年羹尧的密切关系是奉旨形成的，是历史原因，不必恐惧，但要和年羹尧逐步疏远。

接下来是四川巡抚王景灏。雍正在朱批上说，年羹尧来京陛见，举止乖张，让他很不满意，他也不知道年羹尧究竟是精神颓废，还是功高志满所致。雍正向王巡抚发出警告，说你虽是年羹尧荐举的，但不要再依附于他，须知“朕非年羹尧能如何如何之主也”，今后对川省属员的选拔考核也要自理，而不能全部听从年羹尧的指挥。

李维钧、王景灏等人都是年羹尧的亲信，在年羹尧滞京后期，雍正就要求他们与年羹尧划清界限，并对年羹尧进行揭发，以争取自身的保全。不过总的来说，那时的雍正对年羹尧还是留有余地的，公开场合仍尽量用政治暗示的方式，告诫年羹尧不可盈满骄恣，要懂得收敛和防微杜渐。

年羹尧对此不可能毫无觉察，但或许是平时骄横惯了，面子上下不来，又或者故意要装作若无其事的样子，结果离京回任时仍和来京时一样，耀武扬威，不可一世。雍正见年羹尧不为所动，也就不客气了，年羹尧返抵督署后，他直接用朱批写了一段关于功臣要保存名节的话，警告年羹尧慎重自为，不可恃功招祸：“凡人臣图功易，成功难；成功易，守功难；守功易，终功难。……若倚功造过，必致返恩为仇！”

自雍正登基后，年羹尧所接到的皇帝朱批，几乎都是清一色的嘉奖、恩赏、亲昵、戏谑的言辞，这是第一次把话说到如此之重，标志着君臣关系已悄然发生质变。

无奈年羹尧早已是积重难返，即便如此，也没能引起他的足够重视和自警，于是雍正只能继续展开围剿行动。有些官员平时不为年羹尧所喜，双方素有矛盾，他们成为雍正打招呼的第二类臣工。比如，年羹尧曾在前年数次上奏，认为河道总督齐苏勒不学无术，必不能料理河务，雍正便在齐苏勒的奏折上把年羹尧的这些话照写了上去，然后在密谕中言明年羹尧已暴露出作威作福，把揽权势的嘴脸，让齐苏勒疏远年羹尧。

从狭义上说，雍正这是在以挑动私仇的办法，用一部分人去整治另一部分人，而从广义上来说，则是他针对以往情报网漏洞所做出的修正。在之后的密折朱批中，雍正都会明白地告诉某甲，说某乙如何说你，同时又对某乙说，你说某甲的话我也告诉他了，如此一来，大臣之间就不敢有私，更不敢像年羹尧案那样知情不报了。

雍正过去曾让云贵总督高其倬服从于年羹尧，高其倬与年羹尧同级，嘴上不说，内心不服。雍正也向高其倬承认自己看错了年羹尧，先前给高其倬的指示是不对的：

“朕命尔事事问年羹尧之前谕，大错矣！”

除了向齐苏勒、高其倬等年羹尧的反对派传递消息，让他们更坚定地拥护自己，雍正第三类打招呼的对象是与年羹尧有一般关系的官员，主要是提醒他们及早引起警觉，在皇帝已与年羹尧对立的情况下不要站错队。

雍正的权术和驾驭术之精湛，当世少有人能够匹敌，在很短的时间内，他不仅最大限度地瓦解和孤立了年羹尧，而且通过情报网的重构，也将年羹尧真正置于自己的全方位监控之下。

皇帝说了算

周围风雨欲来，年羹尧却依然在摆他的西北王架子，回到西安后，即命甘肃巡抚胡期恒弹劾陕西驿道金南瑛。

这个胡期恒不是别人，他原任西安布政使，乃年羹尧的心腹，岳周案中的岳周贿赂年羹尧，就是想获得他留下的空缺。要放在以前，雍正肯定会支持年羹尧、胡期恒，但现在不一样了，他二话不说，立刻将这一弹劾案归结为是搞朋党的做法。

胡期恒任布政使、巡抚均出自年羹尧的推荐，在已对年羹尧产生怀疑的前提下，雍正对于他所推荐的胡期恒也不放心了，为此他特地召见胡期恒，当面考查，结果一见就大发雷霆，并对年羹尧予以严厉抨击：“你实在昏聩了！胡期恒这样东西，岂是年羹尧在朕前保举巡抚的人，岂有此理！”

年羹尧、胡期恒不受待见，直接受益人是岳周。经过进一步调查，岳周原来还是允禩的亲信，他自己根本没钱，工部郎中任内曾亏空了数千两公款，系由允禩帮补找完，他准备向年羹尧行贿的两万两赃银也全由允禩解囊相助。在岳周案的初审中，岳周已被判斩监候，按照雍正对允禩党一贯严处的态度，有了这些新罪行，砍头就应该被立即执行了，孰料雍正颁下圣谕：“岳周之罪，本应即行正法，因系年羹尧所参，故改为监候。”

他这样做的逻辑是，“朝廷威福之柄”，非“臣下得而操之”，也就是说砍不砍谁的头，得皇帝说了算，而不能由任何一个臣子决定，你年羹尧参岳周之罪，要置他于死地，我偏偏不让他死！

同月，蔡珽案又出现了戏剧性转折，而其转折原因也与岳周案异曲同工。早在争储时期，雍正就为本集团招揽官员，但人数很少，时任四川巡抚的蔡珽是其中之一，引荐人就是他的上司年羹尧。可是在雍正登基后，年羹尧与蔡珽的关系却并不好，蔡珽有时不买上司的账，年羹尧进京前，雍正本准备让督抚进京，就是因为他的劝谏而流产了。此外，两人还多有纷争，年羹尧奏请在四川铸钱，但蔡珽以四川不产白铅，开采不便为由，将年羹尧的提议否决掉了。

年羹尧岂肯吃亏，未几，重庆知府蒋兴仁贪赃，遭到蔡珽的侮辱而自杀，蔡珽为了掩饰，谎称他是病死的，年羹尧即对蔡珽予以揭发和弹劾。那时雍正与年羹尧尚未公开翻脸，刑部便将蔡珽革职拿问并议处斩刑。

蔡珽被押解至京城后，雍正将对他的定罪与年羹尧的参劾联系起来，说蔡珽的罪应当依法惩办，但他是年羹尧参奏的，如果论死，人们就会说我是因为年羹尧的缘故才将他处分，是年羹尧在操纵着官员们的祸福，那怎么能行呢？

雍正不但将蔡珽免罪，还特加召见。蔡珽抓住时机，将年羹尧贪暴不仁以及对自己打击报复的行径诉说了一遍，说得雍正连连点头，当场任命他为都察院左都御史。

胡期恒案、岳周案、蔡珽案的处理结果，都是在公开责难年羹尧，给他脸色看，年羹尧就算是块木头也不可能始终无动于衷，他赶紧认㞞，在奏折中频频向雍正作检讨。雍正的态度也开始表现得温和起来，在年羹尧的一份“检讨书”上，他批道：“看了你的这份奏折，朕的心情好了很多。过而能改，则无过矣，但朕怕就怕你不能真正心悦诚服，所以你还要多努力！”

确实，要是年羹尧真的能够洗心革面，雍正未必不想给他留一条后路，毕竟年羹尧有功劳在身，君臣关系还曾那么融洽，这些都被世人看在眼里，现在如果将年羹尧处罚得过重，说得难听点，就等于在打他皇帝的脸。雍正的这种心理状态，在他给云贵总督高其倬的朱批上显露无遗：“朕爱其（指年羹尧）才，尚用其力，自有保全他之道，他近日亦深知愧悔矣。”在雍正写下这道朱批的当天，理藩院侍郎鄂赖便奉命向年羹尧口传谕旨，用雍正所谓的“改过自全之道”来训诫年羹尧。

雍正虽有心保下年羹尧，但随着秘密调查的不断深入，有关年羹尧的劣迹报告越来越多，多到了出乎意料的程度，而且其中的不少内容都触目惊心，远远超出了雍正最初以为的只是擅权作威。

苍蝇不叮无缝的蛋

有一年下大雪，年羹尧坐轿出门，随行两旁护卫的军校按照平时的规矩，都用手扶着轿辕，时间长了，手背上都积了寸许厚的雪。年羹尧可怜他们，就在轿中下令道："去手。"

他的意思是告诉军校们不用再扶着轿辕，谁知众军校误会了，还以为是要让他们自断其腕，于是便集体抽出腰刀，不假思索地砍掉了自己的手！年羹尧发现不对时已经来不及制止，眼见得雪地都被鲜血浸染，场面惨不忍睹。

倘若是其他人的部下，就算真的听到荒诞的命令，恐怕也一定会质疑、抗命，或至少是犹豫，但这些军校竟然已形成了一种无条件服从的本能，可想而知年羹尧平时对待部下有多么严酷，其积威之势又有多么可怕。那些被雍正派去年羹尧身边进行监视的侍卫，之所以发展到最后只唯年羹尧一人是从，甚至充当他的下人厮役，也就不难理解了。

就年羹尧应有的地位和权势而言，无法与清初统兵的诸王相比，更不能望允禵之项背，只能和康熙前期同样任大将军的图海对照。图海与督抚的往来文书在格式上都用咨文，以示平等相待，可是年羹尧用的却是令谕。

年羹尧把同僚当下属，又把皇帝当成了他的同僚。圣旨到来，一般情况下，大臣必须设香案跪听宣读，但年羹尧有时并不遵守。有人在内阁库房中看到年羹尧给内阁的公文，封筒上书"右仰内阁"，字有三寸大小，且加朱，不知道的还以为是皇帝给内阁发来的指示。根据这些相关线索，雍正自己也回忆起，年羹尧曾选编一本唐人文稿，进呈后，雍正原想写一篇序言，尚未拟就，年羹尧竟然抢在他前面把序言草拟出来，不但硬要皇帝认可，还径自进呈了一百部。那时君臣尚处于蜜月期，雍正没有介意，如今想来，年羹尧的这种做法也完全越出了君臣关系的正常限度。

实际上，在年羹尧自己的西北辖区内，他真的是时时在寻找做皇帝的感觉，而根本不顾什么忌讳。他给人东西唤作"赐"，吃饭称为"用膳"，请客名曰"排宴"，平日里要么不出行，出行必要黄土填道，官员见之须一律跪拜，可以说，他进京时的那些跋扈的举止完全都是平时做派的自然表露。

比之于不守臣道，年羹尧对密折制度及用人制度的破坏，显然更令雍正感到愤怒和不安。密折制度是雍正登基后颇为得意的一个大手笔，他借之建立了情报网，不料却被年羹尧弄得几近瘫痪，不得不进行重建。朝廷用人，雍正的确很注意倾听年羹尧的意见，但这并不等于他允许对方从其手中抢夺用人权。

从各方面的举报来看，年羹尧一贯以军功保举为幌子，滥用私人，并向吏部、兵部施压，迫使两部给予其特殊待遇，凡年羹尧的报功请封名单一律准行，他的亲信李维钧、王景灏、胡期恒等人都因此得以飞黄腾达。清制限定奴仆不能做官，可是年羹尧置若罔闻，照旧以军功保举家奴和仆人，结果一个先后升任西安知府、直隶道员，一个出任了署理副将。

雍正当初对岳周案的预感证明是对的。所谓苍蝇不叮无缝的蛋，年羹尧手中既握有了部分用人权，便拿这个做起了无本生意，“鲜廉寡耻行贿钻营之徒相奔走于其门”，岳周只是闻着味道跑来钻营的小丑之一，而年羹尧揭发岳周，只不过是欲盖弥彰，用来掩盖其受贿实质的伎俩而已。

年羹尧受贿还有个小窍门，就是先找理由参奏某官员，逼得人家向他打点，甚而成为他的人马。江苏按察使葛继孔被年羹尧参奏，眼看官位难保，便两次向年羹尧送去铜器、瓷器、玉器、字画等物，年羹尧笑纳后答应“留心照看”。直隶巡抚赵之垣在康熙朝时与年羹尧有隙，雍正即位后，年羹尧多次密奏雍正：“赵之垣断不可令为巡抚。”雍正就罢了赵之垣的官。无奈之下，赵之垣只好向年羹尧赠送了价值十万两银子的珠宝，年羹尧于是在他第二次进京时，又将赵之垣带到北京予以力保，只是此时雍正已经对年羹尧起了疑心，才以“年羹尧前后语言颠倒，殊不可解”，未答应他的要求。

年羹尧受贿金额不小，有人估计其“赃私巨万”，仅此一项就让雍正无法对之姑息。另一边，年羹尧虽然不断递交“检讨书”，但实际并无悔过之念，在受贿等案情逐渐暴露后，他先用言辞搪塞，继而则尽量隐藏财物，除驻扎地西安，为了寄匿于各省，数月间他调用了骡驮两千余载，骡轿两百余乘，大车数百辆。殊不知，这些举动全都在雍正的监控范围之内，没有一丝一毫能逃脱其视线和掌握。

借题发挥

在年羹尧权倾一时、炙手可热的那几年里，除了皇帝，任何一个权臣都不在他的话下，即便是怡亲王允祥亦不例外。

允祥何许人也？他是雍正的至厚弟兄，与雍正关系最为密切，同时还是总理事务王大臣中的核心骨干。他拥有几个其他任何诸王大臣都无法得到的特权：王公大臣之中，唯他能够经常“口含天宪”，代皇帝传旨和发令；可以代表皇帝联络封疆大吏，一些没有资格直接上奏折的地方官，可经雍正允许，通过允祥转奏；雍正不许官僚结党和投靠诸王，却特许众臣靠拢允祥，大臣们与别人联络，或许有结党之嫌，唯与允祥交往，完全不用以此担心，因为这是雍正特许的。

允祥为人谦恭谨慎，他曾主动向年羹尧示好，未料年羹尧却不屑一顾。雍正知道后，特意在上谕中提醒他：“怡亲王甚怪你自春不寄一音……有便当时常问候，亦当看闲寄手札才是。”

实际上，年羹尧是忌妒允祥，他对亲信李维钧说：“怡亲王宅第外观宏广，内里却草率不堪，矫情伪意，其志可见！”

允祥可不像他说的那样“矫情伪意”，人家踏踏实实、勤勤恳恳，任何时候都是雍正一方的中流砥柱，在这次对年羹尧的围剿战中，他也同样成了皇兄最重要的依靠力量。

为进一步拆散李维钧与年羹尧的关系，雍正让李维钧与允祥联系，并交代说，如果有什么不方便直接和他本人讲的话，可以跟允祥讲，“怡亲王必能照顾你，而且方方面面都会为你考虑周全”。

河道总督齐苏勒也得到了近乎相同的指令。雍正在朱批中对他说：“知道你同怡亲王没有往来，现在朕命令你同他结交，因这是朕的主意，不用害怕，朕保证对你有益无损。”

在向官员一个个打招呼、要求他们同允祥接近的过程中，雍正做好了向年羹尧公开进攻的思想舆论准备，现在他只等一个契机，或者说一个最合适的理由和借口了。

1725 年 3 月 15 日，农历是二月初二，民谚有云“二月二，龙抬头，大仓满，小仓流”，预示着春季到来，万物复苏。此前钦天监已经测算出，当天将发生日月合璧和五星联珠的自然现象。

日月合璧是说早晨太阳升起的时候，会与正在落下的明月重叠会合，五星联珠则是金木水火土五颗星同时出现于夜空中的某一方，这两种现象数百年才会出现一次，历来被古人视为祥瑞。雍正素重祥瑞，尤其爱把自然现象与朝中政治联系起来，用以说明他的政治清明，闻报自然惊喜不已，当即命令史官加以记录，并宣告臣民知晓，届时举朝庆贺。

3 月 15 日当天，日月合璧、五星联珠果然齐齐出现。有关官员急报呈报，并把它归之于雍正敬天法祖的结果。雍正毫不推让地接受下来，他发表谈话说日月五星运行于天，原本就有规则，是可以测算出来的，但是在什么时候遇到，却是幸运的，这个时候必定是“海宇升平，民安称阜”。

前有奇罕祥瑞，后有皇帝表态，内外臣工谁也不敢怠慢，都争着上表致贺，年羹尧也上了贺表，颂扬雍正“朝乾夕惕”。“朝乾夕惕”一词典出于《易经》，字面意思是白天勤奋努力，晚上埋头苦干，雍正从政后日日勤慎，励精图治，平时也常以此词自勉或者说自诩，年羹尧拍这个马屁没错，但他错就错在把“朝乾夕惕”颠倒语序，错写成了“夕惕朝乾”。

按说颠倒语序在当时也是常有的事，有人为了平仄押韵的需要，还会有意将词序做些调整，问题是这时候雍正对年羹尧的看法已经完全变了，年羹尧的任何异常言行都可能引起他的疑惑，他一看到年羹尧的贺表就光了火。

“‘朝乾夕惕’，《易经传》注，皆以为人君之事”，只有君主才配得上“朝乾夕惕”，而我更是当之无愧，你年羹尧居然在这里写错，是典型的不诚敬表现！

正好雍正也要找年羹尧的碴儿，于是便借题发挥，大做文章，发上谕说年羹尧平时“非粗心办事之人”，现在显见得是把“朝乾夕惕”四字藏起来，不想许给我，既然如此，那么“年羹尧青海之功，朕亦在许与不许之间而未定也”。

知道年羹尧一定会竭力解释此乃无心之过，雍正提前定论，说由这种误写可知“年羹尧自恃己功，显露其不敬之意，其谬误之处断非无心”，责令其回奏。回奏，怎么回奏？到了这个时候，年羹尧怎么为自己申辩都没用了，连认错也已无济于事。

讨伐年羹尧的战幕由此被正式拉开。川陕官员遭到大幅调整，甘肃巡抚胡期恒被撤职，遗缺由岳钟琪兼任，其他由年羹尧一手提拔起来的一些亲信，除打招呼者，也都调职的调职，撤换的撤换。雍正这样做，为的就是剪掉年羹尧的羽翼，免其在任内作乱，他对此态度坚决，说："稂莠不除，嘉禾不长，年羹尧之逆党私人，即一员亦不可姑容。"

接下来是让各地被怀疑与年羹尧有瓜葛的官员表态，说说年羹尧到底是一个什么样的人。河南省河北镇总兵纪成斌奏称年羹尧"背国负恩"，雍正尚不满意，朱批责备他对年羹尧留有余地。纪成斌慌了，赶紧又把过去受年羹尧压制的情形汇报了一遍，这才获得雍正的谅解，但转而又命令他报告另一名总兵与年羹尧的关系。

见围堵之势已成，雍正遂做出组织处理，命令年羹尧交出抚远大将军印信，调任杭州将军。

第五章

中国的奈龙

年羹尧在川陕经营十余载，威重不可一世。此前雍正近臣中就有人因皇帝屡次降旨严责年羹尧，害怕年羹尧狗急跳墙，称兵抗拒，劝雍正不可过严，雍正未予采纳，他说他在深入观察和分析远近形势之后，已“深悉年羹尧之伎俩，而知其无能为也”。

年羹尧会叛吗？就像当年的“三藩之首”吴三桂一样，值此绝境，能叛他一定会叛的。雍正让年羹尧把大将军印信移交给岳钟琪，年羹尧拖了三天才把印信交出，足见其内心之不甘和犹豫彷徨的精神状态。据说其有幕客劝他起而反叛，年羹尧听后默然良久，仍然拿不定主意，直到晚上夜观天象，才浩然长叹道：“事不谐矣！”这就是说他已根据天象预测出，若是反叛的话绝不可能成功，还不如皇帝让做什么，就乖乖地去照做什么。

其实就算不参照所谓天象，年羹尧也知道反叛只会加速自己的覆亡，一方面是时势所致，体制局限，当年允禵以皇子兼“大将军王”的身份都无可能割据西北，叫板中央，允禵做不到的事，他年羹尧也一样做不到；另一方面雍正步步为营，布置得当，已令他无丝毫还手之力，只能成为别人的案上肉、釜中鱼，任其烹调了。雍正对此看得特别清楚透彻：“年羹尧之不叛，非不为也，实有所不能也。”

帝出三江口

以年羹尧此时被披露出的罪行，至少达到了被直接削职的地步，但雍正只将他调去杭州，既不是怕他造反，也不是要保留其官职，而是有着更为审慎的考虑。

在雍正看来，年羹尧平日张狂，就算他真的效仿吴三桂起兵造反，也没有多少人会随从，他本人也一定看得到这一点，所以绝不敢轻举妄动。不过年羹尧毕竟在西北树大根深，若是继续把他放在原势力范围内，就怕生出其他枝节，暂时调离，以便继续观察和采取下一步行动，是最好不过的一个选择。

当年清军入关时，江南官民予以强烈抵抗，这一带也因而遭到了清军的血腥屠杀，“扬州十日”“嘉定三屠”令人发指，之后便传出民谚云“帝出三江口，嘉湖作战场”。三江口指浙江的曹娥江、钱清江、钱塘江的汇合口，嘉湖指的是杭嘉湖平原，它的意思是说若是有人要反清复明，就会在三江口这个地方称帝，杭嘉湖平原将会首先成为战场。

到了雍正年间，谚语已流传三十余年，给清宫皇室制造了极大的心理阴影。康熙在世时，屡下江南，为的就是安抚和笼络江南士大夫，雍正继位后虽将其斥为“诞幻荒唐”，实际也非常注意江南方面的动静，其间年羹尧还曾跟着皇帝的思路，就浙江天象观察的情况发表过议论。

把年羹尧调到杭州，雍正告诉他是为了检验一下这句谚语：“你年羹尧若真的想当皇帝造反，这就是天数，朕也挽回不了。若你自己不想造反，是别人要造反，你手上有朕的数千兵，想来不会容许，同时也有这个能力予以镇压。”

既然雍正早就认定年羹尧无法造反，此举似乎更多的倒是想起类似于“避邪镇宅”的作用，即以年羹尧来破掉“帝出三江口”的说法，同时也表明这时的雍正还不想置其于死地。

年羹尧虽然交出了大将军之权，但尚滞留于西安。年羹尧越是这样，雍正越不满意，“实实心寒之极”，并且气愤地对年羹尧说：“看此光景，你并不知感悔。上苍在上，朕若负你，天诛地灭，你若负朕，不知上苍如何发落你也。”

事到如今，已不是年羹尧想不走就能不走了。在他调任杭州的诏书发布后，内外官员都进一步看清了形势，纷纷上奏揭发其劣迹，而且第一批揭发者恰恰是雍正打过招呼的那些他曾经的亲信及属下，如直隶总督李维钧等人，接下来才是内外臣工的交章弹劾。

随着揭发奏折越来越多，年羹尧的罪迹已是“逾溪壑之深”，数都数不过来了。雍正痛心不已，毕竟年羹尧沦落至此，他也难免有过于放纵之责，譬如令其随意花费钱粮，命代拟上谕，朱批又过于亲昵，等等。此后雍正在多个场合都承认识人不准，用人不当，甚至流着眼泪说：“朕实愧而下泣。”

鉴于年羹尧迟迟不行，雍正除将他的罪行公布于众，鼓励众人更广泛地进行揭发，还将相关揭发奏折都一一发示年羹尧，告诉他：你已经众叛亲离，不要再心存幻想，必须“速作交代，速赴杭州任所”。

1725年8月初，雍正再出重拳。年羹尧之子年富、年兴、年逾被削籍夺官，交其祖父年遐龄严加管束；一批年羹尧的亲信及道府官员被以年党、夤缘年羹尧的罪名，或革职，或削籍，或籍没家产，或罚修河；胡期恒等部分官员及年羹尧的家人等遭到逮捕。

年羹尧实在无法拖延，只得从西安出发，然而当途中行至江苏仪征时，仍逗留不前，冀望雍正能够改变主意，直到希望落空才快快重新启程赴浙。

年羹尧一方面沮丧万分，惶惶若丧家之犬，可是另一方面依旧颟顸缺乏头脑。如果他略知韬晦之道，奉降职上谕后，就该一刻都不耽搁，轻车简从赴杭州将军之任，且从此谨慎自持，这样或能保全残生。偏偏他只是对失去皇帝的宠幸和大权感到失落，进出还是和过去一样大模大样，据负责监视的署浙江巡抚、按察使甘国奎报告，年羹尧到任后“仍似大将军气象”，其所坐之船先到者已有三十余艘，听说求到者还有四十余艘，年之家人到杭者已不下千人，衙门里住满了，后来者尚未知其数，要另建房屋百余间才能容纳。清代笔记中也记载，年羹尧在杭期间，常坐在杭州城的涌金门旁发呆，挑柴卖菜的进城农民慑于其威势，都不敢从涌金门经过，说：“年大将军在也。”连笔记作者都惊叹道：“（年羹尧）其余威尚如此，实近日勋臣所未有。”

这些报告和传闻或许有些夸大其辞，但基本事实应该不会有太大出入，至此，雍正再不可能包容年羹尧，他在给臣下的朱批中说：“大凡才不可恃，年羹尧乃一榜样，终罹杀身之祸。”

虎入年宅

在年羹尧被贬杭州后，官员们弹劾和揭发的折子有增无减，原任直隶巡抚控告年羹尧侵吞四十万两银子，雍正命年羹尧明白回奏。事实俱在，年羹尧想赖都赖不掉，只能在回奏中求饶：“臣今日一万分知道自己的罪了……求主子饶了臣，臣年纪不老，留下这一个犬马，慢慢地给主子效力。”

年羹尧自己也很清楚，“若是主子必欲执法，臣的罪过不论哪一件皆可问死罪而有余”。随后在内阁等部门联合对他发起的弹劾中，果然是要求明正典刑，以正国法，但这时雍正仍觉得时机不成熟，因为年羹尧是他一手树立起来的功臣，他担心处决会引来外界“鸟尽弓藏”的议论和批评。

既然廷议所造成的舆论尚嫌分量不足，雍正便降旨给各省将军、督抚、提镇，就如何处置年羹尧咨询意见和寻求支持。在此期间，他以俯从群臣所请为名，对年羹尧采取了一连串行动，先是将其爵位由一等公连降两等为三等公，继而再降闲散章京，直至革去所有职衔，下令逮捕后押解至京。

在清及以前的朝代，经常有老虎在北京周围出没的记载。1725 年 11 月 7 日，下午 3 点至 5 点，有一只老虎突然从北京城朝阳门外的土城墙处跳入了城内，官民鼓噪捉拿，老虎一路狂奔，当行至宣武门下西米巷时，便一头钻进了一户人家。大家一看，竟是年羹尧的父亲年遐龄家，于是尾随进去，在年家后花园里捉住了这只发了疯一样的老虎。

京城出现老虎是大事，很快就有人上报给雍正。雍正听后，对身边大臣说，年羹尧出生的时候，民间就传言有一只白虎到过他家，京城人烟稠密，环卫森严，大白天竟有老虎闯入，而且没人知道它是从哪里来的，后又钻入年家，绝非偶然，看来是上天也要我诛杀年羹尧了。随之降谕：“朕将年羹尧解京，本将仍加宽宥，今伊家忽然出虎，真乃天意当诛。”

瞧雍正的样子，似乎依其本意，不但不想杀年羹尧，还要放了他，只是天意如此，不能逆天而为，但这其实不过是掩天下耳目的欺人之谈，为的还是怕承担诛杀功臣的恶名，想让所谓“天意”给他背锅。

1726 年 1 月 13 日，地方各军政大员的回奏陆续到齐，都称年羹尧“欺罔贪残，大逆不道”，请求立正典刑。据此，议政王大臣、刑部等部门经会审题签，列出了年羹尧的九十二款大罪，其中的第一大罪就是“与静一道人、邹鲁等谋为不轨”。

邹鲁是个星相家，他的供词前后矛盾，一会儿说年羹尧要封王，一会儿说他能做皇帝。刑部在审讯时对此进行质问，邹鲁解释称，他给年羹尧占过卜，结果是年羹尧将位至王爵，至于做皇帝，是年羹尧自己说的，“（年羹尧）把谶语与静一道人的说话讲过，即问小的：‘我数如何？’小的对他说：‘果然要做皇帝。’”……

据邹鲁供称，年羹尧不相信他只能做到王爵，自信其五六年后又是一番光景，例证之一是住宅上的白气就是王气。

可是雍正对这些供词却看得很一般，说："邹鲁乃无知小人，他与年羹尧相与谋逆虽是事实，但事迹尚不明显。"显然，雍正依旧不认为年羹尧有能力或胆量谋叛，不轨之罪对他而言，和虎入年宅一样，只是用于处决年羹尧的一个借口。

除了"不轨"以及其他勉强充数的罪名，九十二款中也有贪赃不法等相当一部分查有实据的罪状，雍正说其中够得上判处极刑及立斩的就有三十几款，如果在这种情况下他还枉法宽宥，势必无法彰显国家宪典的地位，亦无法令天下人心服。

总之，死刑是不可避免了，但死刑还分种种，雍正给年羹尧选了他看起来最好的一种，即自裁。自裁令下，年羹尧迟迟不肯执行，仍在幻想雍正再颁一道谕旨赦免他，监刑官是年羹尧的冤家对头、现任兵部尚书兼都察院左都御史蔡珽，于公于私，蔡珽自然都不肯让他好过，在旁边一个劲儿地严加催促。

年羹尧迟迟等不到赦免谕旨，终于在绝望中自杀了。其实在他死前，雍正倒是颁布了一道给他的谕旨，只不过不是赦免，而是教他要死而无怨："尔自尽后，稍有含冤之意，则佛书所谓永堕地狱者，虽万劫亦不能消汝罪孽也。"

败家之尤

当初年羹尧被授抚远大将军，雍正赐第于宣武门内右隅，宅第上挂匾额"邦家之光"，及至年羹尧因功而骄，气焰熏天之际，有识之士在经过年宅时，曾嘲笑道："可改书'败家之尤'。"

一个"邦家之光"，一个"败家之尤"，字形相似，而意思差之千里，如今年羹尧获罪，真的连累整个家族，应了"败家之尤"的讥刺。在对年案的处理中，年羹尧的妻子因系宗室之女，被发还母家，其子年富被判斩立决，其余十五岁以上之子发遣广西、云南、贵州等边远烟瘴之地充军，嫡亲子孙将来长至十五岁者，也必须按次第照例发遣，永不赦回，亦不许为官。

年羹尧的父兄、族中现任或候补文武官员，全部革职。年羹尧的父亲年遐龄、兄长年希尧亦在其中，年遐龄时年已经八十多岁，本来按律还要受牵连受到更重处罚，九卿都已画诺，唯独文华殿大学士兼吏部尚书朱轼没有在判决书署名。雍正责问他为什么不签字通过，朱轼回奏说："以子刑父，与法律精神不符。臣查抄年氏家书，遐龄训羹尧还是比较严厉的，羹尧正是因为不肯听从他父亲的话才犯了罪，所以此案罪在子而不在父。"

雍正听后觉得朱轼说得很对，便赦免了年遐龄。年遐龄实际也是雍正的岳丈，他的女儿即年羹尧的妹妹年氏早在雍邸时就被封侧妃，一直很受雍正喜爱，且连生三子，有专房之宠。就在年羹尧被赐死的前一个月，年氏病亡，病危时雍正加封她为皇贵妃，对其大加褒奖，说明年氏基本未受年案波及，甚至年遐龄被赦免也可能是沾了她的光，当然由于年案过于重大和瞩目，她对自己娘家所能起到的这点保护作用也是极为有限的。

年羹尧案是雍正年间的超级大案，除了主案，它还有两个附案，这就是汪景祺案和钱名世案。

清代武官一般粗鄙少文，地位稍高的将帅通常都要礼聘一些文人作为幕客，年羹尧出身进士，文武全才，但也有延请文人入幕，或为其出谋划策，或代写文案，或装点门面的需要，至其坐镇西安的极盛时期，更是广求天下才士，厚养于幕中。

幕客蒋衡颇有才能，很受年羹尧喜爱，曾对他说："下科状元当属君也。"年羹尧说这话倒也不完全是吹牛，在他得意时，皇帝对他言听计从，考官们也都不敢予以得罪，如果蒋衡应试的话，真的有可能在考场上占到一些便宜。可是蒋衡听了心里却很不是滋味，他预感到年羹尧的狂妄自大和骄奢已极会引来重大危险，便对一个同僚说："年公（指年羹尧）的福报不足以让其尽享荣华，大祸将至，我们不可久居于此。"

同僚不以为然，认为蒋衡是在危言耸听：别人挤都挤不进年公门槛，我们为什么要自动离开，不是傻了吗？

蒋衡无奈，只好独自称病向年羹尧辞行。年羹尧见挽留不住，便以千两白银相赠，蒋衡坚辞不受，待年羹尧将赠银减至一半，才接受下来。蒋衡回家不久，年羹尧果然落马，他则得以平安无事。

本来蒋衡还可能因接受年羹尧赠银而被追究甚至株连，但因为年羹尧生活奢侈，送人钱财不超过五百两银子以上的，一律都不予登记，所以官府查抄时未找到相应书面记录，自然不会涉及蒋衡。事实上，蒋衡当初就想到了这一点，他之所以肯接受年羹尧的五百两银子，正是知道将来不会因此受到牵连。

除了蒋衡，年府在任幕客无一不遭殃，都受到了或轻或重的处罚，其中最惨的便是汪景祺案的主角汪景祺。汪景祺入幕前的身份和蒋衡相似，都是举人，他自云“少年豪迈不羁”，不过后来仕途蹭蹬，一直都不怎么发达，这才开始知道“降心从人，折节下士”。

汪景祺在五十多岁的时候由京城往陕西投奔胡期恒，因而得以与年羹尧接近。为了求得年羹尧的赏识，他主动写信给年羹尧，信中极尽吹捧之能事，称年羹尧是“宇宙之第一伟人”，说历代名将即便郭子仪之辈，在年羹尧面前也不过是萤火虫之于日月，一瓢水之于江海。年羹尧看后觉得很受用，于是便延请汪景祺做了幕客。

汪景祺随年羹尧西征青海，之后写了本书，名为“西征随笔”，里面除收录西征期间真真假假的见闻，主要发表了他自己的一些见解。作为一个失意文人，汪景祺对世事和皇帝很不满，他写文讥讽康熙“皇帝挥毫不值钱”，又非议了康熙的谥号。相应地，他对幕主年羹尧自然是感恩戴德，书里有一篇文章，名为“功臣不可为”，乃在年羹尧青海功成之际写成，主要内容是谴责杀功臣的君主，为功臣鸣不平。

年羹尧获罪后，办案人员在他的西安任所内抄出了《西征随笔》，就是这本书引起了雍正的注意。雍正处置年羹尧，别的不怕，就怕有人说他杀戮功臣，看了汪景祺的文章自然很是恼火。更为严重的是，汪景祺还写了一篇《历代年号论》，说前代帝王年号，凡带“正”字的，不是亡国之君，就是暴虐无道的君主，所以用“正”字做年号，“皆非吉兆”，“‘正’字有一止之象”。

雍正的年号中就带“正”字，雍正认为汪景祺这是在暗中攻击他，是说他也逃不脱“一止之象”的噩运，因而是“大逆不道之语”，遂将汪景祺投入监狱，在年羹尧死后即以诽谤康熙为由，依大不敬律予以处斩并悬首示众。

在朝廷给年羹尧罗织的九十二款大罪中，大逆罪第三条便是对汪景祺的书知情不报。其实汪景祺作文时正值年羹尧当红之际，周围尚无任何危险迹象，汪景祺显然是有意提醒年羹尧要居安思危，只可惜后者浑然不觉，换言之，他对汪景祺的文章并不重视，又怎么可能向雍正报告呢？

以言定罪

汪景祺案只是揭开了雍正朝文字狱的一角。官府在对年羹尧抄没时，除了发现《西征随笔》，还找到两首别人送给年羹尧的赠诗，一首诗有“分陕旌旗周召伯，从天鼓角汉将军”之句，里面提到的周召伯乃西周的召公，汉将军是指汉代的卫青、霍去病，意思是把年羹尧比作这些过往的人杰，赞扬年羹尧在西北的重要地位及军事上的神勇。另一首诗则写道“钟鼎名勒山河誓，番藏宣刊第二碑”，当年允禵调兵进藏，立下大功，康熙为其立下石碑纪念，诗句认为年羹尧平定青海，其功不下于允禵，也应该给他立一碑石。

这两首赠诗的作者都是钱名世。钱名世系康熙朝的探花，其时任侍讲学士，他和年羹尧是乡试同年，年羹尧二次进京陛见雍正时，他以同年关系赋诗相赠，当时一共写了八首诗，犯忌的两首诗即出自其中。

除了同年，也就是同一年考中举人这一点，钱名世与年羹尧没有其他任何特殊关系，所以这些诗句都不过是迎来送往中常见的应酬文字而已，就是吹得有点过，也是情理之中的事，再说谁又能预料到年羹尧要倒霉呢？雍正虽然读后极为震怒，但他也知道光凭几句应酬诗就判人重刑，实在说不过去，于是便想了个新招，叫作“以文词为国法”。

所谓“以文词为国法”，说得直白一点，也就是拿文词作为刑法，以言定罪。雍正指责钱名世给年羹尧赠诗是无耻文人的钻营行径，违背圣贤遗教，不配做儒门中人，下令将钱名世革去衔职，逐回江苏武进原籍，并交地方官严加管束。他亲笔书写“名教罪人”四字，让地方官制作成匾额，悬挂于钱名世家的门前。每月农历的初一和十五，钱名世家乡的父母官常州知府、武进知县，都要亲往察看，如果发现匾额被取下来，便要向督抚报告，到时将会对钱名世予以治罪。

这还不算，雍正又令科甲出身的京官每人都作一首诗讽刺钱名世。皇帝有旨，谁敢不遵，总共有三百八十五位文臣写诗文参与这次思想批判，雍正将这些诗文收上来，自己看了再发给钱名世看，然后再刊刻出来分发至直省各个学校。据见过刊刻本的人说，本子雕刻得十分精致，用宣纸封面，上题“御制钱名世”，翻开来，里面所谓“第一名诗”，实际也就是最被雍正叫好的一首，是詹事府詹事陈万策写的，诗云："名世已同名世罪，亮工不异亮工奸。"

"名世"系指戴名世，乃康熙朝最大文字狱"南山案"的受害者，"亮工"指周亮工，顺治朝时被福建总督所参，曾被关进刑部大狱。钱名世字亮工，名与戴名世同，字与周亮工同，诗的意思是这个钱名世与戴名世一样都犯了叛逆罪，与周亮工一样都是奸伪之人。

凡是文臣，都以文字为生，岂能不知钱名世的赠诗纯系应酬之作，你硬让他们说钱名世有什么罪，他们也说不出个子丑寅卯，陈万策同样如此，于是只好在文字游戏里打转转，拿钱名世的名字来做文章，以求能够过关。

有过得了关的，就有过不了关的，侍读吴孝登写的诗令雍正很不满意，说他"用意措词俱属悖谬，情甚可恶"，一发火，竟然下令将其发遣宁古塔给披甲人为奴，比给予钱名世本人的处罚还重。此外还有被革职发回原籍，交地方官约束的，有下令重作，以观后效的，不一而足。

在钱名世案中，雍正行为之乖张几令人瞠目结舌，"真喜怒以为儿戏也"，但其实他让百官写诗文批判并加以赏罚，倒并不一定是由着性子、喜怒无常的表现，也不完全是在宣泄情绪。说到底，文字狱是政治斗争剧烈的一种反映和附属品，他是要通过诗文中的意向来划定政治标准，其中积极配合者显见得跟皇帝站一个阵营，反之，讥讽不力者，敷衍应付者，便是与皇帝的意见有所差异，甚至有可能还同情钱名世乃至年羹尧，那他自然要杀鸡给猴看，让世人知道一点厉害。

佟选

雍正登基之初，隆科多的地位和所起的作用仅次于年羹尧，尤其如果没有隆科多作为"顾命大臣"加以辅弼，雍正入主大统就不可能那么顺利。

对隆科多，雍正曾倍加宠遇，在谕令中口口声声称隆科多为"舅舅"。隆科多的姐姐是康熙的孝懿仁皇后，就亲属关系而言，他与雍正固然份属甥舅，但皇家与普通百姓不同，承不承认这种关系，还得皇上自己说了算，况且隆科多也只是雍正的嫡母舅，并非亲舅舅，两人之间没有直接的血缘关系。雍正认可了隆科多舅舅的名分，也就等于把这一头衔封给了隆科多，使他在爵衔、职衔之外，额外多了一个他人所不能有的荣誉名衔：官方文书中提到隆科多，必在他的名字前面冠上“公、舅舅”字样；雍正本人讲到隆科多，常说的是“舅舅隆科多”，以致在他给年羹尧的朱谕中也常用“舅”来指代隆科多。

除正式的职衔，隆科多还拥有两项特许权力。一是传谕，也就是宣布雍正的口谕，具有这种资格的大臣寥寥无几，包括隆科多在内，仅允祥、张廷玉等数人，年羹尧也只有在朝见时才充当此任。二是转传奏折，有些中下级官员虽无直接上奏的权力，但雍正特许他们可以上奏，鉴于他们的折子不能直接送交内廷，便由皇帝指定的亲重大臣转呈。此类亲重大臣连张廷玉、年羹尧都不包括在内，其实一共就两人，一个是允祥，另一个就是隆科多。

隆科多与年羹尧当年虽同为雍正党人，但雍正党与其他皇子党不一样，雍正以下，几乎所有成员都互不相知，套用现代情报机构的术语，他们与雍正之间是“单线联系”，雍正对他们也都是“单线领导”。换句话说，在雍正还未登基之前，年、隆二人都不知道对方是“自己人”，有意思的是，那时的他们尽管也存在着一些摩擦，但还不算严重，反而在雍正即位后，出于争权、争宠、互不服气等复杂因素，两人的矛盾却变得越来越深。

雍正要年羹尧谈谈对隆科多的看法，年羹尧直接就把隆科多推到沟底，说对方是“极平常人”。雍正当然知道隆科多的能力，他马上就明白了年、隆之间存在怎样的矛盾和隔阂。

有了矛盾就需要设法化解。就在年羹尧第一次进京陛见前，年羹尧上折请示，雍正在上面批道：“有些事，舅舅隆科多说必得你来商量。”接着又对隆科多做出了极高评价：“此人真圣祖皇帝忠臣，朕之功臣，国家良臣，真正当代第一超群拔类之稀有大臣也！”

你说隆科多庸碌平常，错，在我心目中，他是忠臣、功臣、良臣、第一超群拔类大臣，而且更重要的是，人家对你也非常尊重，所以你应该和他好好共事才是。

没有谁的话比皇帝的话更管用，年羹尧这边消停了，可隆科多那边仍存有心结。就在年羹尧赴青海平叛时，隆科多存心不想让年羹尧成功，就暗中使绊子，劝雍正干涉年羹尧的军事部署，幸亏允祥及时干预，向雍正提出建议：“军旅之事，既已委任年羹尧，应确保其在外可以专权处置，这样才能迅速奏功。”雍正正是听从了允祥的进谏，才决定不对年羹尧的指挥进行任何掣肘，让他放手在前线用兵布阵，否则的话，青海即便能够平叛，也势必多出不少波折。

发现隆科多方面也需要疏通，雍正便自作主张，牵线搭桥，将年羹尧生了重病的长子年熙过继给隆科多做儿子，以撮合两人的关系。隆科多感恩不尽，向雍正表态今后一定和年羹尧团结共事："我二人若少做两个人看，就是负皇上矣。"

隆科多和年羹尧的关系倒是处好了，但他们也差不多走到一个轨道上去了。清初平西王吴三桂将所辖的云贵两省当成独立王国，文武官员的选用皆由他一手定夺，时称"西选"。年羹尧在西北擅用私人，川陕两省官员的任免只是报吏部备个案，而根本不向皇帝奏请，称为"年选"。隆科多身兼吏部尚书，在吏部专断揽权，吏部司官对他都不敢仰视，官员任免意见皆由其一手裁决，因为隆科多姓佟，所以凡经他铨选的官员，皆自称为"佟选"。佟选与年选、西选并称清代"三选"，佟选、年选更成为雍正朝一时奇观。

吏部为六部之首，专司官员的考评和升黜任免，但其权限只是提出建议，最终还是要由皇帝定夺，在通常情况下，吏部所任用的官员与吏部尚书之间也不可能构成"某选"的态势。佟选的出现表明隆科多已越出边界，与年羹尧一样开始从皇帝手中抢夺用人权了，这岂是雍正能够容忍和接受的。

白帝城

雍正怀疑隆科多尚早于年羹尧，在发表"为君难"谈话时，他便不时地对隆科多点名，将其与年羹尧相提并论，但与最初对付允禩、允禟相似，他选择了分而治之，逐一打击的策略，即先全力整治年羹尧，事后再收拾隆科多。

隆科多比年羹尧的政治敏锐性要强得多，发现雍正态度开始发生变化，便以退为进，主动提出要辞去步军统领的兼职，此举立即得到雍正的允准，雍正把步军统领一职移交给了与隆科多关系一般的其他官员。

步军统领虽然级别不是特别高，但对于隆科多而言却非常重要，失去此职，意味着他在雍正班底中的地位和分量急剧下降。隆科多对此既害怕又有所不甘，于是便在私下发牢骚说："白帝城受命之日，即是死期已到之时。"

三国时刘备进入东吴遭遇惨败，在白帝城病危，临终前将儿子刘禅托付给诸葛亮。这里隆科多以诸葛亮自比，说我是康熙“末命”的传诏人，是相父级的托孤重臣，为了实践先皇遗愿竭尽所能，终于把新君扶上了位，可谁能想到受托之日，就是鸟尽弓藏、兔死狗烹的开始呢！

雍正的情报网遍布各处，尤其在这样的敏感时刻，隆科多的一言一行更不可能逃过他的耳目，隆科多对此心知肚明，他之所以有意触犯龙须，不过意在挟制，以逼迫雍正让步。

雍正会让步吗？绝对不会。作为一个极为自负、自尊心极强的君主，在被隆科多有意无意地比喻为“阿斗”刘禅的情况下，反而只会进一步加剧他攻击的欲望。不久，因为隆科多有替被坐罪的年羹尧说好话的嫌疑，雍正抓住不放，给他扣了一顶“徇私”的帽子，削去太保及一等轻车都尉之职，将其从自己的核心班子中正式踢了出去。

年羹尧案尚未了结，在这种情况下，雍正既定的策略和步骤不变，但出于防止隆科多影响政事和干扰对年案审查的考虑，他暂时将隆科多发遣至边地，同时指示发遣地的地方官员，说隆科多和年羹尧一样，都是贪诈负恩、植党揽权的奸臣，所以你们不要再把隆科多当作尊贵的公爵或上司，“相见时不须丝毫致敬尽礼”。

从 1726 年起，隆科多奉命率代表团与俄国使臣进行疆界谈判。应该说，他在谈判中维护国家利益的态度非常坚决，足以表明对朝廷和皇帝的一片忠心，然而这些并没有能够使他重新获得雍正的谅解和信任，也未能最终挽救自己的命运。

年羹尧案已经审结，该轮到他了。在调查隆科多的过程中，对他最为不利的一件事，是“私藏玉牒案”。玉牒也就是皇家宗谱，按照规定，除宗人府衙门，外人不得私自阅览，即便有公事需要借阅，也必须具奏前往，“敬捧阅看”。可是隆科多不知出于什么目的，私自从做过宗人府宗正的辅国公阿布兰手里索取了玉牒底本，而且一直收藏在家。

此事一出，雍正认为可以定案了，诸大臣则以边界谈判尚在进行中，纷纷奏请等谈判结束再对隆科多进行审判处理，但雍正迫不及待，说边界谈判的事务简单，不必非要隆科多参加，仍下令将隆科多逮捕回京。

外交谈判和打仗一样，关键时刻易将乃是大忌，隆科多被抓回京城后，代表团内人心浮动，其他代表都不能像隆科多在时那样在国家利益上据理力争，以至于在谈判中对俄国做了许多让步。谈判结束后，俄方也认为自己占了很大便宜，原因之一就是“隆科多的被召回”。

从皇子时代起，军事和外交就不是雍正的强项，有此失误也不难理解，它同时说明雍正早年容易急躁和喜怒不定的性格特征尽管得到了很大克服，但在皇权独揽、缺乏约束的大环境下，这些毛病仍然会时时暴露出来，乃至影响到正确的判断和决策。

隆科多被押回京城后，诸王大臣议他四十一款大罪，其中大不敬罪的第一条就是私藏玉牒，其余罪状中自然也少不了以当代诸葛亮的语气发过的那些牢骚。后者是隆科多在处于绝境情况下最后的反击和挟制，虽然它并未能使雍正在整治中真正回心转意，不过多少还是起到了一点作用——诸王大臣建议将隆科多斩立决，包括妻子在内的家人还要受到株连，但雍正没有将隆科多处死，而是处以永远禁锢，也基本未株连其家人。

雍正对隆科多留有余地，给出的理由是隆科多乃康熙“末命”的传布人，顾及康熙的声名，不忍对之施刑。实际上，这和他处理年羹尧案时的顾忌一样，绕那么大一个圈子，费那么多手脚，不过还是要避免别人说他用人时朝前，不用人时朝后，一坐稳皇帝宝座就诛杀功臣。

恐怖故事

因为年隆两案突然插入，雍正一度放慢了打击允禩党人的步伐，虽然也做过一些处分，比如允禟就被他以“不知收敛，犹以九王爷自居”为由革去了贝子，但总的说来，还是动嘴皮子的时候多，动手的时候少。

受到指责和恫吓最多的是允禩。按照雍正的说法，允禩自受命任总理事务大臣以来，“所办之事，皆要结人心，欲以恶名加之朕躬”。例证之一是雍正让他兼管工部，凡钱粮出现亏空，本应严行追究，允禩却来个宽免，在雍正看来，这分明是在收买人心。还有，雍正降谕让工部为前线打造军械，验收时却发现，刀刃无钢，盔有裂缝，甲的原料是从市场上买来的粗铁。见武器不合格，雍正质问允禩，允禩承认是他的责任，也情愿赔补，但雍正认为这不是光认错和赔补的事，已经关乎到了态度问题，“廉亲王允禩若肯实心任事，部务皆所优为，论其才具操守，诸大臣无出其右者”。

你允禩如果真心要把事情办好，别说工部，六部没有哪个部的部务能难得倒你，朝中这么多大臣，论才能规范也没人及得上你。可现在为什么一个工部都被你管得乱七八糟？无他，就是居心不良，根本没想把事情做好！

雍正说允禩不但在才能方面盖过诸大臣，其心术之险诈，也在诸大臣之上，关于这一点，父亲康熙和他早就了解，但他念在大家兄弟一场，仍希望允禩能够悔改，无奈允禩全不知感恩悔过，专事沽名钓誉和企图败坏政事，“实为国法所不宥”。为此他发出上谕：“自亲王以下闲散人以上，若有归附允禩结为朋党者，即为叛国之人，必加以重罪，决不姑贷，亦断不姑容也！”

雍正的指责当然并非没有来由，然而允禩的抵制或者说消极抵抗也有着非常正当的理由：你天天痛骂我，打击我，给我穿小鞋，还要我俯首帖耳，让做什么就什么，可能吗？

双方情势，早已如水火，如敌国，根本无法调和，非得决出胜负生死不可了。进入1726年，年羹尧已死，隆科多也被调出了京城，年隆两大势力基本遭到清除，雍正得以腾出手来，开始大力整饬和清算允禩党人，并重点对允禩、允禟进行清算。

野史中记载，有人深夜造访允禟，口称“老爷子问爷晚安”（“老爷子”是皇宫里的人私下对皇帝的称呼），逼着允禟服下一包药粉，第二天，侍奉允禟的太监发现大门朝里锁着，推窗一看，室中空无一人，只有地上遗留着一摊殷红色的血水。

类似的恐怖故事发生在一个老书生身上。据说这位老书生被人带进宫游玩，竟在偶然中偷看到了雍正亲自处决允禩的经过。当时允禩已面无人色，但仍痛斥雍正说：“你也不顾念我们兄弟一场的情分？想当年曹丕害曹植也没有置之死地啊！你是怕对你谋夺大位的事，咱们兄弟不服气，你要全杀了灭口吗？哼，也不想想众人之口，史官之笔却也诬枉不了天理的。”

雍正闻言大怒，立即掏出一个色白如雪的小瓶子，逼允禩当场吞服瓶子里的东西。接着允禩被扔进一只大瓮，直至变成一摊紫黑色的水……

在野史记载中，允禩、允禟就这样无声无息地永远消失了，虽然这些故事大部分并非事实，但其中无疑又都有着现实的影子。比如雍正在两则故事中都用了药粉，有人猜测可能是一种叫“血滴子”的毒药。据正史所录，雍正即位后曾下密谕给时任广西巡抚的李绂，让他在广西秘密寻找一种毒树汁，从谕旨中的描述来看，雍正对此种毒药的性能和用途已有相当认识，这至少说明他平时对此就非常留意。

雍正真的是用“血滴子”除掉允禩、允禟的吗？或者说，他是不是有“杀弟”的命令和计划？专家遍查皇宫档案，找不到任何一点蛛丝马迹。与此相关联，末代皇帝溥仪的弟弟溥杰讲述过一件往事，他和哥哥溥仪少年时于养心殿玩耍，无意中在东厢房佛龛里发现了一个纸包，纸包上有乾隆御笔“如后世有开看者，便不是我的子孙”，打开一看，竟是雍正杀害其弟的密诏。

为什么乾隆要把这份密诏保留下来还要加以密封？溥杰的理解是他“大概是出于想为其父‘赎罪’和忏悔之意罢”。可是这一说法却遭到了专家的质疑，因为乾隆上台后就立即恢复了允禩、允禟的宗籍和原名，已足够为父赎愆补过，况且如果雍正真有密诏的话，出于维护父亲形象起见，做儿子的就算不销毁，也没必要放在随时都可能被人发现的养心殿，还供在佛龛里，难道生怕外人不知道？

通过对溥杰本人的访问了解，再比对皇宫档案，专家判断，“杀弟”密诏不可能存在，溥杰的逸闻只是他将童年追忆和一些民间传说进行混合的结果，等到年纪大了，可能他自己也认为是亲身经历的往事了。

权斗场上无亲情，允禩、允禟自争储时期起，一直是雍正的死敌，雍正对他们也都是必欲置之死地而后快，但他却不能为求一时痛快，直接降旨处决或下令暗杀。那么雍正怕什么？悠悠众口！

“杀弟”和年隆案中雍正竭力想避开的诛杀功臣一样，都是不受人待见的，“杀弟”因为违反人伦尤其见不得光。专家与溥杰面谈，在把话题转到雍正身上时，想听听这些后世皇族的意见。溥杰双手捧拳，举到额头，说：“对于列祖列宗，做子孙的只能说好话。”虽不便明言，其实意味已在其中。溥杰所处的年代，与雍正相隔两个多世纪，且社会型态与人的价值观都已发生翻天覆地的变化，后代内心的想法仍然如此，足见雍正“杀弟”有多么不得人心。

你怎么看

如果说在雍正即位初期，他对允禩等人不便动刑，还有皇位不稳等因素外，年隆案之后，其地位已经日渐巩固，他主要顾虑的就是舆论，也就是野史中允禩所说“众人之口，史官之笔却也诬枉不了天理”。

实际情况是，自雍正登基以来，他已经在皇宫内外招致了很多议论，说他“凌逼弟辈”，对允禩等人的惩治是“报复私怨”。一些臣下也因此劝他手下留情，有一次，雍正在说到允禩等人跟他对着干时，表现得非常生气，前朝老臣、署理大学士徐元梦就劝谏道：“诸王所犯的罪固然不少，但愿皇上能念手足之情，饶其不死。”雍正听后默然不语，不久就找其他事由批了徐元梦一通，以作为对大臣们的警告，然而也仅此而已，未再追加处罚。

徐元梦只是口头进言，翰林院检讨孙嘉淦则选择了公开上书，他在给皇帝的奏疏中请求雍正能做好三件事，即“亲骨肉”“停捐纳”“罢西兵”，“亲骨肉”排在第一。雍正大怒，责问翰林院掌院学士为何容此狂生，随后又问文华殿大学士朱轼：“对这件事，你怎么看？”

在宫廷斗争正趋激烈的情况下，孙嘉淦竟然还敢做出请雍正“亲骨肉”这样的逆鳞违讳之举，雍正自然会勃然大怒，但他要是真想处罚徐元梦，下个旨或者口谕就可以，完全用不着装模作样地去责问别人和质询意见。说到底，他也知道人们心中的想法不是光用皇权就能压制得住的，况且徐元梦、孙嘉淦与允禩党并无任何瓜葛，反而是站在皇帝立场替他担忧的，如若他不分青红皂白就予以处罚，那么以后谁还敢议及朝政？雍正一心将治理好国家作为已任，对政敌固然要穷追猛打，但自断臂膀的事他是不会干的。

朱轼亦为前朝重臣，同时还是皇子弘历等人的师傅，长侍皇帝身边的经历，使他非常熟悉了解皇帝的心理。见雍正动问，他立即答道：“（孙嘉淦）此人诚然狂妄，但所言戆直，老臣佩服他的胆量。”

雍正需要的就是朱轼给他搭梯子，以便有台阶可下，于是在沉思一会儿后就转怒为喜，大笑道：“是啊，连朕也不能不佩服他的胆量了。”随即传旨让孙嘉淦晋谒，除当场提拔他为国子监司业，还传谕九卿，说：“朕即位以来，孙嘉淦每次都直言极谏，朕不惟不发怒，还很高兴，很赞许，你们要以他为榜样。”

孙嘉淦冒死直谏，不但未获处分，还被提拔表彰，但这只不过是雍正的帝王心术，为了收买人心，不得不如此罢了，实际上他并没有真正接受孙嘉淦“亲骨肉”的意见，对允禩、允禟等人的整治丝毫不受影响。当然在大臣直谏后，他也知道社会舆论的压力有多大，在这种情况下，降旨杀人肯定是不行的，赐令对方自杀，亦只能被排除在选项之外。

1726 年 2 月 6 日，雍正召见诸王大臣，发布上谕，历数允禩、允禟等人的所谓罪状，下令收缴允禩、允禟的黄带子（亲王以下宗室显示身份的金黄带），削除宗籍，逐出宗室。

不知是否出于雍正的授意，正蓝旗都统音德后来上奏，表示允禩、允禟既被削去宗籍，编入本旗，则须更改旧名，雍正遂命允禩、允禟自行改名。允禩改作“阿其那”，据考证，阿其那在满语中意为“夹冰鱼”，即夹在冰层中冻死的鱼。这是允禩对自己处境的真实写照，他早已成为权斗场中的俎上之鱼，再无任何反败为胜的机会了。

允禟自取的名字没有得到雍正的认可，被认为“所拟字样，存心奸巧，殊属不法”，雍正授权诚亲王允祉、恒亲王允祺等人另议，改为“塞思黑”。允祉、允祺等人在给允禟取名时当然都得揣摩皇帝的意图，按照雍正对允禟素来不满，厌烦透顶的态度，再结合满语，“塞思黑”可译为“讨厌的人”。

一些允禩党人，如贝勒苏努等人也同样受到了收缴黄带子、撤出宗籍的处分，甚至允禩的福晋乌雅氏也在劫难逃，因为她参与政事，在丈夫晋升亲王时，曾说过“不知道哪一天掉脑袋”之类的话，被雍正认定是在唆使允禩作恶，令革去福晋，休回母家，严行看守，不得与允禩往来。

被强迫休妻之后，允禩的贴身婢女恳求主人去雍正那里“谢罪奏退”。允禩待人处事温和，但他和乌雅氏一样，其实性格中都有非常倔强刚强的一面。听了婢女的话后，他气愤地说：“我是个大丈夫，怎么能因为妻室之故而求人呢？”婢女知道主人家的噩运已难扭转，当晚就上吊自杀了，允禩亦悲痛欲绝，忍不住流泪叹息不止。

允禩自有他的反击和抗议方式，当雍正派人向其宣布他和允禟等人的罪名时，允禩突然口含小刀，指天发誓说："我若与塞思黑（指允禟）再来往，一家俱死。"

一般人乍听此话，似乎没有什么毛病，但实际上机锋尽藏其中，因为所谓"一家"完全可以指整个爱新觉罗家族，当然也包括雍正在内，死全家，就是在变着法地诅咒雍正。

雍正精通禅学，这种话里有话的玄机一听就懂，当下又气又恨。他传旨将允禩再降为民王，交所属的正蓝旗进行内部稽查，身边所属佐领人员予以全部解除，随即又革除了他的王爵，交宗人府圈禁，圈禁处筑起高墙，使其不能与外间接触。作为连带的惩罚措施，乌雅氏被赐令自杀，雍正犹不解恨，复令焚尸扬灰，连她的尸体都不肯留给允禩及其家人。

让很多人感到惊异和不解的是，在遭遇家破人亡，自己也失去人身自由的境况下，允禩反而变得更加释然。他对负责看守的太监说："我向来每顿饭只吃一碗，从现在起，给我加到两碗。"

不知内情的人可能难以理解，但雍正明白，因为允禩后面还有一句话："我绝不留全尸，一定要等被杀了才停止呼吸。"这分明是在告诉他雍正：尽管我这一生已经没有任何希望，也终将不免于被害，但我决不自杀，我要让你来杀我，我头可断，但你这个做哥哥的也必将背上屠戮昆弟的恶名！

便宜行事

凭借权术和皇权这两大尖端武器，一路走来无往而不胜的雍正也有些无计可施了，因为他面临着一道看来似乎无解的难题，即他要么就此放过允禩等人，要么就得"负屠杀兄弟之名，蒙天下后世之不韪"。

对于雍正这样的职业政治家而言，如果政治上需要，放允禩一马也不是不可能，但此时的政治形势却让他感到自己并无后退的空间和余地。

在允禩被圈禁前后，社会上时有同情允禩，反对雍正的声音出现。有人广布传单，上书"八佛被囚，军民怨新主"，八佛指的是允禩，允禩既能够被"目之为佛者"，可见其当时在民间的影响力之大，而"八佛被囚"更是对雍正圈禁允禩的直接责难。传单中还说，雍正即位以来，旱涝灾荒不断，眼看着灾祸就要降临，不信者将被瘟疫感染，吐血毙命。

就连雍正身边的人都有帮着允禩反对他的，而且此人不是别人，就是雍正的三皇子弘时！

雍正首创“密建皇储”法时，长子、次子已死，三子弘时二十岁，在活着的诸子中，他是长子，若按嫡长子继承，妥妥地要被列为皇太子，但“密建皇储”法一出，顿使这一希望完全落空。

皇储的名字虽被雍正藏入了密匣，可是“老爷子”究竟中意于谁，仍可以从他的日常言行中进行猜度。到了康熙周年忌辰的那一天，雍正派弘时的弟弟弘历前往景陵代其拜祭，第二年同样的日子，这份差使又交给了弘历，这让弘时一下子明白了父亲心中的秘密。

弘时原先就与允禩较为接近，也很同情八叔的遭遇，对父亲的做法有所不满。在一种极度沮丧失落的情绪中，他终于做出了一个令人震惊的选择：站到允禩一边，跟父亲对着干！

身为一个已娶妻生子的成年皇子，弘时有着独立的判断和分析能力，他的八叔自身已处于怎样的境地，他不是不知道，他这么做，与其说是寻找出路，不如说就是意气之争，即在精神上备受父亲打击的情况下，也要让父亲在情感上付出同等代价。

雍正万万想不到，自己的亲生儿子会在这种时候背叛自己，同时相比于允禩党人等政敌的攻击，这种来自亲情和政治的双重背叛，也更让他感到震惊、难堪和被动。他大受刺激，立马便以“年少放纵，行事不谨”为名，下旨将弘时逐出紫禁城，并勒令弘时去做允禩的儿子，父子之情自此宣告恩断义绝。

两年后，年仅二十四岁的弘时郁郁而终，其实在此之前，他在雍正心目中早已经死了。此事本与允禩无关，然而雍正要算账的话，又只会一道算在允禩账上。

他还能放过允禩等人吗？于公于私，都不可能。1726 年 7 月 2 日，诸王大臣秉承雍正旨意，共同议奏允禩、允禟、允禵等人的罪状，其中列允禩罪状四十款，允禟二十八款，允禵十四款，请求对他们即正典刑。雍正阅后装模作样地表示，允禩等人奸恶如此，实在罪不容诛，但由于有手足之情，所以还需再仔细考虑后才能做出决定。

雍正既公布罪状，又不敢骤行处死，自然仍不是顾念什么手足之情，说穿了，还是害怕背负“杀弟”恶名。他的这点小心思，都被奴才们看在眼里，为了拍主子的马屁，替主子“分忧解难”，奴才们开始自觉自愿地尽“代劳”之责。

雍正下令由都统楚宗押解，将允禟由西安移送至直隶总督署所在地保定，同时派侍卫纳苏图向直隶总督李绂口传将其“圈住”的上谕。李绂让纳苏图放心，他会“便宜行事”，雍正事后得知，马上意识到“便宜行事”一语若传到外界，必然会让别人理解为是他假手于大臣，要秘密处死允禟，遂急忙在密折中批道：“万万使不得！岂有如此大事，让你仅通过猜想去做的呢？”李绂先是矢口否认，见雍正追问得很急，才承认自己一时冲动，确实说过“便宜行事”的话。

有没有便宜行事这句话，李绂都已经心领神会地照此办理，他在自己的总督署衙门前腾出了三个小房间，四周加砌墙垣。允禟一到保定，就立即将他关进去，前门加封，并派官兵在外面严加看守，只在吃饭时用转桶将食物送入，完全把他当重犯对待。

看了李绂的密折，雍正觉得把允禟当成牢狱囚犯这一点也容易被人抓住把柄，他认为李绂可能是听了楚宗的话才这么做的，当即写出朱批：“此必是楚宗的疯主意！李绂你乃大儒、封疆重臣，你怎么可以听他乱说，不自立自主？此事大错了！”

雍正与臣下的所有密折当初都属绝对机密，并无公开意图，所以他在朱批中说的未必都是假话。可是他与允禩、允禟水火不容，唯愿其速死，却也是真的，一旦臣下揣摩出这一意图，即便表面上一再受到警告，也仍然会法外用刑，因为这些人知道代皇帝做他内心想做的事，最后总是没有亏吃的。

背锅侠

允禟被关押的时候正值盛夏酷暑，屋窄墙高，同时身上还戴着铁锁、手梏，直弄得他手足痉挛，曾经几次中暑晕死过去，家人靠泼冷水才将其救醒。李绂以一种邀功的口气向雍正报告，说允禟死而复苏多次，看这种情况“大约难以久存”，已经活不长了。

雍正虽然交代对允禟不要太过分，只要给予粗茶淡饭，不厚待就行，没必要整得过狠，但又说李绂被允禟的家人愚弄了，因为他从来没听闻过世上还有能够死而复苏的人。

允禟是康熙生前所有皇子中最会做生意的一个，以前生活条件好，也算养尊处优，骤遭如此虐待，如何经受得住，不久就出现了腹泻虚脱的情况，吃得越来越少，整个人也日渐消瘦。有一天早上，一只猫头鹰在屋檐上咕咕咕地哀叫，叫了半天才飞走，自此以后，允禟就不进内室了，整天坐卧在小房门外，看守送饭，转桶也不见来取。看守再与允禟搭话，发现他精神恍惚，说话都不知道自己在说什么了。

两天后，允禟的声音和气息听起来愈加微弱，叫他亦不答应。李绂闻报亲自前来察看，打开门锁，见允禟躺在小房门外，已经昏迷不醒，把手放到他鼻子前试了试，尚有气息，然而人已经无法动弹，唯喉间有痰响而已。李绂据此估计，允禟这回确实已经病危，雍正得知后按捺不住内心的兴奋，说："朕不料他这么快就不行了，应该是他罪恶多端，难逃冥诛的缘故。"

所谓"冥诛"，就是得到报应，被阴间判官拿去正法了。未几，雍正得到奏报，允禟病死于保定，他如释重负地在密折上写道："好好殡殓，移于体统些的房舍。"

冥诛这么一个背锅侠的出现，似乎让雍正找到了既能不背"杀弟"恶名，又可以让其政敌尽早消失的不二法门。允禟死后仅一个月，允禩也死于禁所，雍正同样称他是服了冥诛。

随着允禩、允禟的死，允禩党这个经营达二十多年，影响遍布朝野内外的政治集团就此彻底覆灭，它曾是令雍正为之寝食难安的一块最大心病，但是现在，说垮也就垮了。

允禵、允䄉被拘禁如故。在雍正眼中，允䄉与允禩不同，非集团核心，同时也不像允禟那样让他讨厌，所以被留了一命。允禵对雍正皇位的威胁，一度甚至超过允禩，然而出于同母亲弟等种种因素的考虑，雍正仍决定对其只限于囚禁，并在公开讲话中表示要将允禵与允禩等人区别对待："允禵与阿其那、塞思黑虽均属罪人，但允禵为人仅止于秉性糊涂、行事狂妄，至于奸诈阴险之处，则与阿其那、塞思黑相去甚远，因阿其那、塞思黑多方笼络，允禵堕其术中，受其指使。"

随着雍正的严厉整治，自康熙末年起出现的皇子党先后被雍正扫地以尽。人心是最经不起摧残打压的，随着大气候的改变，即便能够侥幸存活下来的人，在心境上也都有了不同程度的变化，就算是允禵，一个向来都给人以不甘失败、耿直倔强印象的人，亦在“日月合璧五星贯珠”的贺诗中称颂雍正的“圣德”，流露出了企望获得皇兄谅解，从而将其释放乃至加以重用的意思。

让允禵这样的硬汉低头是件很不容易的事，只可惜时过境迁，即便他肯自愿低头也已经太晚了。在漫长的囚徒生活中打熬岁月，成了允禵唯一的结局，这让他备感绝望，奏称：“我今已到尽头之处，一身是病，在世不久。”

雍正对皇子党附庸势力的打击同样不遗余力。皇子党中的重要成员多数与外国传教士友善，允禟视葡萄牙籍传教士穆景远为心腹，苏努家庭成员中甚至有已受洗礼入了教的，雍正下令处死穆景远，同时颁布禁教令，除在钦天监或宫廷供职的传教士可以继续留京，其余教士一律予以驱逐。

禁教令下，教士们纷纷避往澳门、广州，全国已有的三百余所教堂被拆毁尽净，教堂原有的房屋院落或改为仓库，或改为书院，圣像、圣龛则全部遭到焚毁。

罗马教廷哀叹：“从中国开教以来，第一次大难也。”他们称雍正为“中国的奈龙”，奈龙是历史上第一个迫害基督教徒的罗马皇帝，将奈龙拿来比拟雍正，足见其对基督教在华传播活动的打击之大。

抄家皇帝

政治斗争只是雍正朝社会生活的一部分，雍正还必须把更多的精力放在内政治理上，后者是他的强项，也是他最为自信的领域。

雍正曾将自己和康熙做了一个比较，他说他事事不及乃父，“惟有洞悉下情之处”，比乃父高明。为什么呢？康熙八岁即位，深居宫中，很难了解民间的真实情况，而他却拥有四十余年的藩邸阅历，尚未即位就知道外面的世界究竟是什么样子了。

中国历史上以藩王入承大统，而且成为明君的当然不止一个。比如汉文帝刘恒，他八岁被封为代王，二十三岁继承皇位，其间十五年的藩王生涯，毫无疑问为他开创“文景之治”打下了基础。即便与刘恒比，雍正也认为自己是佼佼者，“朕之见闻，更远过之”。他不便说破的一点是，刘恒在登基之前没有像他那样经历过激烈复杂的储位之争，而他自觉优于刘恒的知识，就是从中所得。

“历年户部库银亏空数百万两”，正是雍正在藩邸时就注意到的一个情况。持续的亏空现象直接造成国库空虚，据文献记载，在康熙朝的全盛期，户部库存白银曾达三千万两，但在康熙去世时，库银只剩下八百万两，减少了近四分之三。在雍正看来，这种情况是很严重的，试问，一旦地方有事，急需开支，拿什么去应付？

户部之所以变成大漏勺，是因为过去各部院若需动用钱粮，都是自行向户部奏销，而户部在这方面已俨然形成“潜规则”，只要上交所谓的“部费”，就是糜费百万，也准予奏销，可如果不交“部费”，就是正当的开支，账面计算得很清楚，户部也不准奏销。康熙不是不知道里面的猫儿腻，只是没有深究而已，雍正深知其弊，1723 年 2 月 18 日，他发出上谕，决定在中央设立会考府，由怡亲王允祥领衔主持，他当着允祥的面郑重声明：“尔若不能清查，朕必另遣大臣，若大臣再不能亲查，朕必亲自查出。”

允祥领命后不敢松懈，共查出亏空二百五十万两，雍正立即责令户部历任官员，从尚书开始直至主事，再加上部吏，平均分摊赔偿其中的一百五十万两，剩下的一百万两由户部逐年弥补。

一百五十万两白银不是个小数字，就算是均摊到每个人头上，也绝对让人哭爹叫娘，很多人甚至不得不典卖家产。负责追索亏空的允祥因此遭到外界指责，认为他过于苛刻搜求，雍正听到后说这不关允祥的事，严查是我的旨意，是为了清除弊窦。

眼见皇帝主动揽下责任，众人再心怀不满、牢骚满腹，都只能选择忍气吞声。当然也有例外，履郡王允祹在康熙朝时曾署理内务府总管，同样被要求均摊赔偿，允祹咽不下这口气，就干脆把家用器皿摆到大街上进行贩卖，说是要凑钱补空，实际是借此丑化皇帝政策，发泄心中的不满情绪。雍正闻讯大怒，斥以“不感激效力”，革去了允祹的王爵，将其由郡王降至固山贝子。

允祹没想到闹闹情绪居然就会把自己的王爵给“闹”掉，一时转不过弯儿来，仍然硬着头皮继续抗拒。雍正在这种事上根本就不讲任何情面，他下令将允祹的贝子爵也一并革掉，降为镇国公：你不是想不通吗？不要紧，等到你的爵位降无可降时，你的思想自然而然就通了！

对于雍正而言，削你的爵位都还是小意思，最狠的是抄家。敦郡王允䄉因为参加允禩党而被拘禁，他同时也有应赔银两，家里已经给他赔了数万两，但仍不够数，雍正便下令抄家，总计抄得金银六十多万两，这才罢休。

皇亲国戚尚且如此，一般官僚自然更不用说，内务府官员李英贵伙同他人冒支钱粮一百余万两，雍正二话不说，立马将李英贵家给抄了。久而久之，雍正“好抄人之家产”的说法便在社会上流传开了，“抄家皇帝”的名号亦不胫而走，甚至人们打牌时也把成牌称作“抄家和”。

与康熙极为在乎“仁君”的声誉不同，雍正就算被别人说成是冷面和不近人情也无所谓，他认为，这些要么是允禩党人为诋毁自己而在民间制造的舆论，要么是部分官民还不理解抄家的必要性：“若听任（贪官们）留下贪婪横取之赀财，肥身家以长子孙，则国法何在，而人心又何以示儆？”

一追到底

会考府的职责不光是清查过往的亏空，还要杜绝今后的亏空。雍正在设立会考府时就规定，今后无论哪一部门的钱粮奏销事务，都必须由会考府来进行把关审核。

主持会考府的允祥为官清廉，即便应得应分的合法收入也常常固辞不受，比如在他被封为亲王后，雍正本来要按自己被封亲王时得银二十三万两的例子赐给，但允祥谦谢力辞，最后只接受了十三万两，雍正说他“清洁之操，一尘不染”，完全够得上一个“廉”字的评价。有允祥在会考府坐镇，各部院的官员们都很难再方便地从奏销上做手脚了。会考府设立不到三年，办理部院钱粮奏销事件五百五十起，其中驳回改正的达到九十六起，占到所办事件的六分之一以上，足见会考府的审核有多么严格。

康熙末年，相对于中央糟糕的财政状况，地方上其实更加不容乐观，雍正初登大宝就得知，“近日道府州县亏空钱粮者正复不少”，“藩库钱粮亏空，近来或多至数十万”。康熙在世时，因为要施行所谓“仁政”，所以对于这些地方上的亏空，一直是睁一只眼闭一只眼，就算是采取了一些勒令追补亏空的措施，也只是虚应故事。

现在雍正当家，结合藩邸时的观察和分析，他认为各地之所以纷纷出现钱粮亏空的现象，皆因吏治腐败，地方官员不是受到了上司的勒索，就是自身贪污侵夺。

在他看来，不管是上司勒索，还是自身贪污，犯下的都是“负国营私”的大恶，都必须彻底革除，总而言之，今后再不能行妇人之仁，搞什么“以宽仁为怀”了。

在雍正举行正式登基仪式前，内阁官员替他草拟登基恩诏，拟稿中按照以往惯例，开列了一条豁免官员亏空的赦令，以显示新皇帝的恩典。雍正审阅时很不满意，说你们这样做是在助长贪官们的侥幸心理，若新君靠这个收揽人心，以后官吏侵吞钱粮的事还怎么杜绝?

他当即下令撤销了赦令，即位后仅一个月，又向户部下达上谕，要求各省对钱粮亏空进行全面清查，如出现亏空现象，必须在三年内补足，且不得苛派民间，以后如再发现有亏空者，“决不宽贷”。

康熙朝时地方上若出现亏空，一般允许留任以弥补清空，但精明的雍正发现一个问题，那就是留任清补者必然要以新的贪污来补充旧项，挖新坑填旧坑。

“不取于民，将从何出？”这个道理大家都能想得明白。雍正给吏部专门发出上谕，规定亏空者不可复留原任，只有那些没有贪污嫌疑，经考查尚可为官者，在清还完毕后，才能由大吏奏请继续官复原职，至于贪官，不管有没有清还完毕，对不起，都不会再有重戴乌纱帽的机会了。

两湖地区是亏空的重灾区，湖北布政使张圣弼任期尚不满两年，就被参革职，前湖广总督满丕涉嫌包庇，因已死才免去追究。雍正在参劾奏折上批道:“该！该！该！该！只是便宜了满丕等，都走开了。不要饶他们，都连引在内方畅快。”

“畅快”的意思就是一追到底，在清查中被揭发的贪官，首先是要被免职，其次就是抄家籍没。抄家是官衙和原籍两地同时抄捡，为的是防止贪官隐藏财产。抄完家之后，一切家产都将被予以估价变卖，从而尽可能地完纳应偿亏空数额。

小说《红楼梦》的作者曹雪芹家族三代主持江宁织造，他的祖父曹寅做过康熙的伴读和御前侍卫，康熙六下江南，曹寅接驾四次。如此天下望族，正是毁于雍正朝的亏空案中，在曹雪芹十三岁时，他任江宁织造员外郎的叔父曹頫（也有考证是其父亲）因织造亏空等罪被革职入狱，次年曹家即被抄，从此一蹶不振，直至彻底没落。

抄家显然是童年曹雪芹的一个挥之不去的噩梦，《红楼梦》里在讲述到相关场景时，相信一般读者即使隔着纸页和年代，亦能感受到那种天崩地裂般的震惊和痛苦——“只听见邢夫人那边的人一直声的嚷进来说：‘老太太，太太，不……不好了！多多少少的穿靴戴帽的强……强盗来了，翻箱倒笼的来拿东西。’……（贾琏）一进屋门，只见箱开柜破，物件抢得半空，此时急得两眼直竖，淌泪发呆”。

反套路

雍正经常告诫臣下，他是在藩邸四十余年的雍亲王，意思是你们没有什么事能欺瞒我，你们曾经玩过的那些把戏，我也都一清二楚。

在追赔过程中，地方官员们“上有政策，下有对策”，一如既往地会把他们在前朝证明成功的那些套路拿出来，比如说将侵欺报作挪移。侵欺是指贪污肥私，挪移主要指因公挪用，虽然都是亏空，但二者性质有所不同。按照常规，朝廷在进行处分时，总是对挪移的谅解多一些，要惩治一般也是先惩治侵欺，而后再惩治挪移。

雍正独具只眼，看出了以往的漏洞所在，他指出贪官们往往借机取巧，故意用挪移之名来掩盖侵欺之实，等到实在无法掩饰时，便将亏空多的部分当作挪移，亏空少的部分当作侵欺，以达到避重就轻，得以免罪或不被判以重罪的目的。

想钻我的空子？没门！雍正来了个反套路，他指示当遇到侵欺、挪移案时，不管哪个案子先发生，一律先处理挪移案，再处理侵欺案。此举虽然违反常理（等到情况正常，这一处理顺序又被重新恢复过来），但就当时的实际情况来说，却切中了命脉，对惩治贪官极为有效。

雍正是个不拘虚名和俗套的人，只要想得出就一定做得出。过去追赃，有的地方会让官民代为清偿，雍正坚决不允许，说纵使那个地方的官民生活富裕，但“只可为地方兴利，不可令为他人补漏”。

一般官民不能帮助贪官“补漏”，不过贪官的亲戚可以，而且还要勒令帮助，就是你想帮得帮，不想帮也得帮。雍正对此有他的一套逻辑，他认为自古“一人得道，鸡犬升天”，贪官们贪得盆满钵满，亲戚们多少总能分得一点油水，另外还有一种平时以清官形象示人的伪清官，在沽名钓誉、假装清廉的同时，却放纵宗族亲友接收贿赂。在雍正看来，勒令贪官的亲戚帮助赔偿，并没有任何道义上的问题，反正你们以前从贪官那里得到的好处都不干净，现在不过是如数吐出来而已。

雍正甚至一度还下令对贪官亲属也进行抄家，当然这又显得太过分了，由于株连的人过多，几年后终于被迫停了下来。不过他这种大张天罗地网，横竖就是不给贪官一点活路的做法，也已经给世人留下了极其深刻的印象。

面对严厉的追查和巨大的压力，一些贪官在被参奏或被撤职后就选择了自杀。中国古代讲究“死者为大”，还有一句俗话叫“杀人不过头点地”，人一死，不但查案的线索可能因此中断，死者生前的亏空和过失似乎也应该得到原谅，难道还要继续揪着不放不成？

如果是别的皇帝，不管之前制造的声势有多大，到了这个时候，也就不得不偃旗息鼓，放对方一马了，有的没准还要假惺惺地安慰一下死者家属，以示宽宏大量，既往不咎。可是雍正偏不如此，他最讨厌、最反对的就是虚情假意邀买人心，按照他的分析，这些贪官之所以自杀，是“料定在东窗事发后，家财官职都不能保，与其这样，不如以一死抵赖，把赃物留给子孙”。

如意算盘打得真好啊，可我会让你们得逞吗？做梦！雍正下令对自杀者的嫡亲子弟连同家人严加审讯，父债子还，天经地义，“所有赃款着落追补”，总之，决不容许任何一个贪官的子孙安享赃私。

在整个清查过程中，有的督抚相对积极，基本能达到雍正的要求，然而还有些督抚并没有能够很好地执行严追政策。这些大员在纠举属员时可能会很严厉，但审结时为了让属员对自己感恩戴德，常常从宽开脱，为此雍正又亲自选派得力大员前往地方就职，以推动该处的清查及其吏治，田文镜因此脱颖而出。

田文镜是汉军正蓝旗人，捐纳监生出身。古代做官有两种途径，一种是通过科举考试做官，一种是通过捐银、捐米得到官职，后者即为捐纳。捐纳作为制度，始于明朝，到清代盛行起来。捐纳本身也是要有资格和条件的，不是谁出了钱都行，监生是国子监的学生，例在条件之内，不过与科举入仕者相比，其官运往往相差很远。田文镜二十二岁出任县丞，九年后升任知县，又熬了十三年，才得以升任知州，次年由外官调京城任职，十六年间，历任吏部员外郎、刑部郎中、监察御史，直至五十五岁当上内阁侍读学士。

田文镜生性刚直，严于执法，退一步说，即便他不是监生而是科举出身，在“宽仁”为政的康熙朝也不可能得到重用。

至康熙驾崩时，田文镜已经六十一岁，却依旧还是个没有什么实权的侍读学士，是雍正即位，为他带来了改变命运的契机。1723年春天，雍正得知山西受灾，准备及早赈恤，但山西巡抚德音却奏称本省并无灾荒，收成很好，无须赈济。正好此前田文镜奉命去华山告祭，曾路过山西，雍正就向他打听详情，田文镜如实汇报："以臣亲眼所见，山西确实正处于严重的灾荒之中，百姓饥馑流亡，其状甚惨。"

康熙临政时，一味要求臣下"临下以简，御众以宽"，长此以往，官场反而形成了一种瞒上不瞒下，互相进行包庇的风气，即便少数以清廉著称者也不理政事，不问民间疾苦，总之是事不关己，高高挂起。田文镜能够勇敢地打破这种官场恶俗，让雍正很是高兴，称赞他"直言无隐，深属可嘉，若不是一个忠国爱民的人，是不可能做到这一点的"。

雍正随即罢免了德音的职务，并派田文镜前往山西赈济灾民。田文镜抵晋后，经过统筹策划，多方核查，很快就顺利地完成了赈灾事务，灾民因此获救者达七八十万之多。

发现田文镜不仅忠君不欺，而且果断干练，雍正遂任命他为山西布政使，使其跨入了地方大员的行列，第二年又调任其为河南布政使，将他派到河南去清查亏空。

罢考事件

本以为仕途已经触及了天花板，就数着日子等退休了，不料还能得到超越常规的提拔和重用，辉煌前景也才刚刚开始，就连田文镜本人对此都有些难以置信。这里需要澄清一点的是，有记载说田文镜是雍正的藩邸旧人，但资料显示，雍正是满洲正黄旗人，被封雍亲王时管的是镶白旗，而田文镜属正蓝旗，两人此前并无任何隶属或交接关系，雍正自己也表示即位前甚至不知道田文镜为何方神圣："朕在藩邸，不但不识其面，并不知其姓名。"

皇帝的赏识令田文镜感激涕零，说雍正对他的知遇之恩"天高地厚""至深至渥"，而他只是"一介庸才，至微极陋"，那么，如何才能报皇帝的大恩呢？——鞠躬尽瘁都不够了，只有怀着一片赤诚之心，任何时刻都不怠惰，任何事情都不苟且才行！

田文镜是这么说，也是这么做的。他老成练达，在入京前就积累了二十多年的基层实干经验，精于刑名、钱谷、治河、防盗，而且雍正“威严政治”的政纲又正好与其办事作风相合，只要放手让他到地方上去进行施展，即有如鱼得水之感。这个已经六十多岁的老头子一到河南，便像个上足发条的小伙子一样，天天生龙活虎地处理着政务，但让他没有想到的是，还没等他将亏空清查深入下去，当地就发生了“罢考”事件。

华北各省气候对其农业收成影响极大，一般情况下，若是雨量歉微的话，很难指望农作物获得丰收，可是一旦出现滂沱大雨，导致黄河决堤则更不得了，那就不是丰收不丰收的问题，而是要颗粒无收了。河南尤其如此，该省地处黄河中下游，泥沙淤积，河床被不断抬高，黄河极容易泛滥成灾。在田文镜赴任之前，河南之所以连年灾歉，百姓流离失所，究其原因，就与黄河堤防失修有关。

河南的黄河堤坝都是由附近平民自行修建，自康熙朝起才开始由政府出资招募民工修筑。这本来应该是一项利国利民的仁政，但在实施紧急工程时，要想招募到足够数量的民工却并不容易，而平民认为责在公家，也不予理会，从而造成了堤防失修，水灾频繁。

还在田文镜到任河南前，因黄河堤防工程急需民工，开封府所属封丘县知县唐绥祖率先打破陈例，决定按照田地数量来出工，即每一百亩田出一个民工，绅衿也不例外。

1724 年 7 月 7 日，田文镜抵任河南，上任伊时便对唐绥祖的做法予以肯定，认为首开了“士民一体当差”的先例。他要求在全省予以推广，提出以后民工的工银一律由政府支给，但民工必须由各州县普遍分派，具体办法是每五十亩或每两百亩田出一名民工，且“绅衿里民，一律当差”。

所谓绅衿，系指地方上有权有势者或在学的生员，绅衿以外的平民即为里民。清代律法明文规定，紧急时期平民均有应差义务，所以田文镜的规定其实有着合法依据，并不是头脑发热的结果，问题是当地绅衿已习惯了康熙时的政策，他们自认为属于体面的特权阶层，平时肩不能挑，手不能提，怎么能跟普通民夫一样去修筑黄河堤坝呢？里民之中，若家中已有五十亩或两百亩土地资产的，那就是地主了，这些人也觉得自己享有特权，谁侵犯其特权，就对你一百个不满，认为你是在行

“苛政”。

别的地方未始没有类似河南的情况，但地方官考虑所遇阻力之大，往往在酝酿期就选择了放弃，只有田文镜没有丝毫犹豫，说干就干。条令颁布后，他立即给雍正写去密折，说明了这一情况。

田文镜是尚严之臣，雍正是尚严之主，君臣可谓一拍即合，不过对于田文镜不顾厉害，一上任就推出如此急进的新政，连雍正都感到有些过度，赶紧用朱批提醒他一定要做好宣传解释，讲清利害关系，避免怨声四起。

朱批尚未送到田文镜手中，新政就已在河南遭到强烈抵制，尤以封丘县为最，当地绅衿、地主声称“征收钱粮应分别儒户、宦户”，强烈要求知县唐绥祖维护他们的所谓特权。此后，封丘生员王逊、武生范瑚等人拦截唐绥祖，强迫他取消新政，唐绥祖断然予以拒绝，使得众人群情激愤，于是决定以罢考的方式进行抗议。

第六章 直来直去的皇帝

1724年7月12日，河南省举行县试，河南学政张廷璐奉旨到开封监考。封丘生员进行罢考，文武生童一共只有二十三人应试，不仅如此，他们还在考场闹事，范瑚将少数应试生童的试卷抢去并当众撕毁，这就是轰动朝野的“罢考事件”。

罢考事件表面上属于教育问题，其实是河南特权阶层对田文镜进行改革的一种抵制，事件发生后，田文镜立刻被推至舆论的风口浪尖，处境非常被动。与此同时，多数同僚都冷眼旁观，不肯施以援手。

张廷璐自案发起，始终未对肇事者严加整治，而只是敷衍式地将绅衿们递上来的匿名投诉状批复给开归道（开封府下属官阶），让开归道代他对生员们进行劝慰。按照田文镜的想法，开归道陈时夏既直接受命处理此案，就应“坐堂讯问，将诸生传至内衙书堂”，可是陈时夏居然真的像张廷璐所交代他的那样，与诸生员座谈，“称为年兄，央其赴考”，低声下气地哀求对方重返考场，结果人家还不买他的账。

田文镜再找负责刑律治安的按察使相助，然而按察使张保对罢考事件也同样置若罔闻，推诿说：“我只管人命盗案，其他事不在我的管辖范围之内。”

这些人似乎都巴不得田文镜早点倒霉，但他们却低估了田文镜的手腕和心理承受能力。在无人相助的情况下，这位新来的搅局者独自出击，向雍正密奏此事并力主严厉镇压。

以天心为心

雍正已经料到罢考事件可能受阻，但没想到还有人会借机闹事，并且闹得这么大，不由得大为震怒，他立即接受了田文镜的建议，特谕田文镜和河南巡抚石文焯，指示逮捕首犯并押往省城候审。鉴于罢考事件的影响太大，他另外委任吏部右侍郎沈近思为钦差大臣，与刑部尚书阿尔松阿一起奔赴河南，共同审理此案，一俟查明案情属实，则按律对首犯予以正法。

在雍正做出批示后，带头闹事的王逊、范瑚等人很快便被抓获，沈近思、阿尔松阿也紧急抵达河南审案。按照田文镜的说法，沈近思起初尚有“沽名袒护”之意，阿尔松阿倒是按刑律来办的，见王逊等人已经招供，知道不能直接袒护，但隐约间也对案犯有些宽纵。

田文镜是一个什么样的人？他马上如实向雍正做了报告，这下子沈、阿哪里还敢懈怠，案件在最短的时间内便得以审结，王逊、范瑚被判斩立决，其他参与之人也都受到了惩处。

由于措置得力，罢考事件犹如台风一样，来得快去得也快：绅衿、地主全都消停下来，没人再敢闹事了；各项考试照常进行，所有上次没参加考试的生员全部补考；各处黄河堤坝的修建工程开工顺利，“伏汛平稳，秋汛可保无虞”。

田文镜也没放过他所认为的那些渎职者。学政张廷璐平时遇到劣绅抗粮生事，每每沽名钓誉、徇私包庇，在此案中又不作为，令田文镜极为不满。尽管张廷璐的哥哥、内阁大学士张廷玉乃朝廷重臣，声势显赫，但田文镜仍毫不忌惮地向雍正进行了密奏，致使张廷璐被革职。除此之外，开归道陈时夏被革职留任，按察使张保虽未受到处分，却也被吓得不轻。

1724年9月，田文镜署河南巡抚，他在罢考事件的表现初步得到了皇帝的认可，但这还只是一个开始。

不久，江南因水灾荒歉，江宁巡抚何天培请求从山东、河南调运粮食救急。究竟调运哪种粮食呢？田文镜上奏说南方人不吃小米，以调运小麦为妥，孰料大学士张廷玉、朱轼却说，用小米煮粥其实挺好喝，南方人不会不爱吃。雍正觉得似乎也挺有道理，便没有听田文镜的，而是让山东调运小米至江南。

不出田文镜所料，小米南运后出现了无人问津的情况，赈济效果很不好，雍正为此懊恼不已。这时他突然想到，自己长在宫中，对于民间的饮食习惯和生活常识自然不够了解，张廷玉、朱轼怎么可能不知道呢？

事实是，田文镜弹劾了张廷璐，而张廷璐是张廷玉的弟弟，张廷玉鉴于皇帝在罢考事件中的立场以及对田文镜的重用，心里虽然不痛快但嘴上又不敢说，只好找机会“合法”地给田文镜找碴儿，田文镜建议输小麦至江南，他就说小米比小麦好——你还别以为事情小，有那么几件之后，就足以改变皇帝的看法，影响对田文镜的印象了。

至于朱轼持相同论调也并不奇怪，他与张廷玉同殿称臣，自然只会随波逐流，帮着同僚说话。

雍正对官场的各种陋习了如指掌，他立刻领悟过来，说："田文镜办理尽心，朱轼、张廷玉不过因张廷璐之事归怨田文镜，欲使所奏不行耳。"于是下令嘉奖田文镜。

田文镜急忙回奏谢恩，说我愚昧无知，其实并不知道这样做法可以避免失误，此事在我不过是"一得之愚"，没料到皇上明察秋毫，真是让我受宠若惊。

那时雍正虽然还没有正式问罪年羹尧、隆科多，但年、隆恃功骄纵，横行不法的种种劣迹都已浮出水面，这让一度视两人为心腹股肱的皇帝又气又愧，一再在朱批中痛责自己："朕惟愧乏识人之明而已。"

雍正熟读儒家经典，《尚书》中说，人君以天之主为心，君下则以君主之心为心。他曾经服膺于这种说法，认为最好的臣子是"以君心为心"，而年、隆就是"以君心为心"的绝佳范例，可临到头来他却发现，年、隆原来只是阳奉阴违而已，他们和自己其实根本就不是一条心。

"年羹尧可谓第一负恩人也！"惨痛的教训让雍正改变了他固有的一些思想认识，他觉得《尚书》里的相关论述有问题，应该纠正为"君臣都要以天心为心"。

臣子以君心为心，是说他只要以君主的意愿为意愿，仅仅照着君主的话去做就可以了，现在要以天心为心，对天负责，实际也就意味着对臣子的要求更高了，他不光是表面忠君，还要时时事事处处为君主的切身利益着想，从骨子里真正地忠君！

田文镜的回奏恰逢其时，让雍正生出无限感触，当下便写了一则著名的批语："朕就是这样汉子，就是这样秉性，就是这样皇帝。尔等大臣若不负朕，朕再不负尔等也。勉之！"

我不瞒你们说，我就是这样一个直来直去的汉子，直来直去的性情，直来直去的皇帝，你们这些大臣只要不辜负我，我就决不会辜负你们，好好干吧！

不谋而合

雍正派田文镜到河南，首要职责是清查亏空，田文镜自然不会忘记这一使命，一直不遗余力地进行严查，务求“彻底澄清，不容纤毫短少”。

1724 年 12 月，已经查出亏欠的官员被全部会集至省城，在对他们本人严加审讯的基础上，田文镜下令查抄这些官员的任所与原籍，将查抄出来的财产进行变卖，用以弥补亏空。

在河南境内，就算是已经离任人员，如有亏空，也照样要追查到底。除此之外，田文镜还敦促那些负亏空之责但尚未被查出的官员早补亏空，以免遭到惩罚。他这种严查审追的做法颇见成效，河南布政司库的亏空当年就被全部补清。

田文镜在整顿亏空中取得的成绩以及雷厉风行的作风，深得皇帝的赞赏，当年年底，他即得以真除也即实授河南巡抚。不过雍正对他也并非深信不疑，在朱批中经常对田文镜提出告诫或警示，有时说你的政绩虽然不错，但舆论对你的评价一般，这说明还有做得不好的地方，必须自省，有时说你不要只知道一味揣摩、迎合、迁就我，这样就会脱离你做官的本意和初衷，反而会造成恶果。

田文镜毫无疑问是按照雍正所嘱在“好好干”，而且所干的事又完全符合雍正的心意，那他为什么还这么不放心呢？说到底，无非还是怕田文镜重蹈年羹尧、隆科多覆辙，恃宠而骄，所以只能继续进行考察和敲打。这种情况一直持续到雍正四年也即 1726 年，从这一年起，雍正对田文镜怀疑和责备的话突然一下子全都消失了。

外界盛传，田文镜有一个行事颇为奇特的绍兴籍幕僚，姓邬。古语道“天下师爷出绍兴”，明清两代，浙江绍兴籍的师爷遍布全国各地，名声很大，而且还形成了专门的称谓，即“绍兴师爷”。这位邬先生就是非常典型的绍兴师爷，他不仅能够帮助田文镜处理刑名、钱谷、文牍等事务，而且通晓法家学说，可谓城府深沉，机心巧变，有一天，他问田文镜：“田公是想当名督抚，还是寻常督抚？”田文镜回答：“自然是名督抚啰。”

“那么好，田公就让我施展一回，不要掣肘。”

田文镜听了颇为好奇，问他想怎么办。邬先生说：“我为田公您起草了一封上疏，但是疏中一个字都不能让您看见，您也千万不要想看内容，直接上奏就成了。我担保此疏一上，田公大事必成。”

田文镜虽然还有些半信半疑，但他知道邬先生并非冒失鲁莽之人，这么说一定有他的道理，于是就点头答应了。邬先生随即将起草好的上疏送来，田文镜依约只字未看，仅在上面签了个自己的名字，就派人送走了。

后来当田文镜得知疏中内容时，差点没把他给吓得尿裤子，不过这件事的结果却如邬先生所说，让他笑出了眼泪。原来邬先生观察时局，发现隆科多的劣迹已经暴露，可是因为隆科多是皇帝的舅舅，又向来得到皇帝的宠幸，所以内外大臣没有一个敢上奏参劾隆科多。在这种情况下，邬先生便觑准时机，替田文镜写了一封密奏，弹劾隆科多“挟势贪赃”，此弹章与雍正不谋而合，使他有了整治隆科多的依据，田文镜也从此宠遇日隆，行情暴涨。

按照传闻，似乎是田文镜在把隆科多搞惨的同时，乘机上位，才得到了雍正的完全信任。其实这只是穿凿附会的说法，与史实不符，因为隆科多的罪迹主要发生在京师，外省即便有所耳闻，也不能越俎代庖地去进行参劾，况且田文镜所用密折极为机密，必须由密奏者亲笔书写，雍正对密折也从来是亲阅亲批，绝不可能由他人一手包办。

当然这则故事里也有接近事实的部分，比如田文镜与年羹尧、隆科多的不对付。田文镜得雍正识拔前后，雍正之所以发布“御制朋党论”，不但是为了打击允禩党，也是要告诫群臣不得结党营私。田文镜不折不扣地遵照了雍正所嘱，明知年羹尧、隆科多炙手可热，又是最得皇帝宠幸的重臣，依然与之保持距离，不肯阿附。年、隆自然对田文镜没有好感，两人都曾上奏雍正，说田文镜“居官平常”，所幸雍正当时并不相信，认为年、隆关于田文镜的看法只是“轻信浮言，未得其实”。

年、隆下台时，那些曾依附于他们并得以鸡犬升天的官吏大受株连，而昔日与之不合的人则多获平反，田文镜便是其中一个，在年羹尧失宠后，他还曾奉命调查和详细汇报年羹尧所寄匿财物的行踪，令雍正很是满意。

政治风格相似，全力贯彻雍正的施政方针，以及反对年、隆，毫无疑问都让田文镜越来越得到雍正的欢心和信任，但真正使这对君臣达到契合无间程度的，却还得数“田李互争案”，后者也正好发生在对二人关系具有转折性意义的1726年。

科甲人

从1723年至1725年，经过为时三年的清查，各省都清偿了一部分亏空，直隶、河南等省做得尤为出色，直隶省原亏空白银四十一万两，截至1724年7月，已追补偿完二十万两，剩下的二十一万两也有望在第二年全部偿清。

三年清查期满后，雍正宣布，所有未补完亏空的省份，可再宽限三年，三年期限一到，务须达到预期目标。当然，要是实在觉得有困难，认为皇帝是在强人所难，则现在就可以“奏闻请旨”，把理由说充分讲清楚，但如果既不能自圆其说，届时又不能完成目标，“定将该督抚从重治罪”！

河南省州县尚有部分亏空，同时省银库的亏空虽然已被全部补清，但并非能够从此一劳永逸，其间仍会出现反弹。按照雍正所定目标，田文镜一面继续严催急补，一面对涉嫌贪污或渎职者进行查办。从1725年年底至1726年2月，他连续参劾信阳州知州黄振国、汝宁府知府张玢、夏县知县邵言纶、固始县知县汪诚贪赃枉法，至此，在仅仅两年时间里，经其参劾被罢官的属员已达二十二人之多。河南官场为之震动，不少官员在心惊胆战的同时也对田文镜非常不满。

田文镜本人是捐纳监生出身，与科举出身的人（时称科甲人或科目人）天然有着一种心理隔阂，科甲人看不起田文镜，而田文镜对科甲人也不予礼遇，正好他所参劾罢免的官员又大部分都是科甲人，“黄、张、邵、汪”皆为进士出身，河南当地舆论因此纷传田文镜容不下士子，仅犯小错就会进行打击迫害。

广西巡抚李绂恰好奉调为直隶总督，入京面见雍正。李绂为理学名臣，以好士得名，途经开封时，田文镜前去见面，刚刚拱手行礼，他就声色俱厉地问道：“明公（指田文镜）身为封疆大吏，却为什么要成心蹂躏读书人？”田文镜当场被窘得张口结舌，无言以对。

李绂接着在进京召对也就是与皇帝对话时，再次数落田文镜，把他形容为一个性格阴暗、苛刻不仁的酷吏。

与田文镜在康熙朝籍籍无名不同，李绂那时就享有盛誉，藩邸时的雍正不知田文镜，但对李绂之名如雷贯耳：“才品操守，为满汉中所少。”雍正登基之初便有意重用李绂，比如下密旨让他在广西寻找毒树汁，这就不是哪个巡抚都能得到的秘密任务。

李绂与田文镜一样，先前都与年羹尧合不来，年羹尧倒霉后，他不遗余力地对年羹尧进行揭发，更获雍正信任，召其为直隶总督，就有进一步加以重用之意。对于李绂的意见，雍正非常重视，自始至终认真倾听，两人谈至午夜方结束。

随后，李绂正式上密折弹劾田文镜，指责他不辨忠奸，包庇上蔡令张球。按照李绂的说法，张球本是没有什么大功名的市井无赖，因幕客邬某推荐，得为田文镜之心腹，张球向邵言纶、汪诚勒索未成，于是便向田文镜诬告邵、汪，导致田文镜误参了他们，并为了杀人灭口，将黄振国害死狱中。

雍正的情报网非常严密，他已从别的途径了解到有关张球的一些劣迹，但他对田文镜也没有完全失去信任。由于担心田文镜上了张球的当，权衡再三，他决定将李绂的折子裁去头尾（也就是隐去密奏者的名字，对其进行保护）后发给田文镜，同时在朱批中提醒对方不要护短和偏听偏信。

雍正发来的密折让田文镜陷入极为不利的处境。在“黄、张、邵、汪”四人中，如果说黄、张的罪行都查有实据的话，他对邵、汪的指摘和参劾，确实是因为听了张球的一面之辞。

事到如今，田文镜只好先回折为自己申辩，说张球并非由幕客邬思道（即邬某）所推荐，其人不仅没有招摇生事，而且还是一个才具操守均有可取之处的贤能之员，据他了解，虽然张球曾有过向邵言纶借银的事，但早已还清。

田文镜本身是个非常老练的吏员，他知道仅仅如此分辩，未必能够取信于皇帝，也无法彻底驳倒密奏者。

怎么办？扣帽子！

心病

李绂在路过开封时刚刚给过田文镜难堪，说他故意蹂躏士人，虐待进士出身的州县官。对于李绂扣的这顶帽子，田文镜自然很不情愿接受，因为他平时对自己就很严苛，加上报效心切，只要属员稍有过失就会予以参劾，而并不是存心要打击所有科甲出身的官员。

虽然雍正在发密折时已特意隐去了李绂的名字，但田文镜可以猜到参劾密折十有八九是出自李绂之手。面对李绂之辈几乎足以致命的攻击，穷极之下他能够想到的对策就是以其人之道还治其人之身，反过来也给对方扣帽子，帽子的名称私人定制，就叫“科举党援”。

作为雍正的近臣，自雍正发布“御制朋党论”起，田文镜就知道皇帝最讨厌朋党之风，而他查到“黄、张、邵、汪”皆为康熙朝乙丑进士，偏巧李绂也是乙丑进士，这些人是同年，里面大有文章可做。

于是田文镜佯装仍不知密奏者为谁，在回折中化身为中国的福尔摩斯，转弯抹角地做了一番推理：密奏者既能够指斥一个政府官员为市井无赖，可想而知其自视甚高，必然为进士出身，邵、汪俱为乙丑进士，或与此人同年；邵、汪案很早就发生了，但密奏者却并未上折，一直等到黄振国即将解京受审时才具奏，黄振国亦系乙丑进士，可见此人表面为邵、汪辩冤，暗里则欲扰乱黄案，为的是证明我田文镜所参各员都不足凭。

如此巧辩，田文镜是希望雍正脑海中能够立刻浮现出这样一个画面，即虽然皇上屡颁特旨，要求解散朋党，但一些臣下仍然违背圣意，一味抱团儿，以李绂为首的乙丑进士就是典型，他们互相包庇，徇私袒护，反过来还对拒绝与之同流合污的官员倒打一耙，加以攻击陷害。

清代虽以捐纳制度作为科举取士的补充，但只有在国家有重大事宜需要巨额支出，如筹饷、赈灾或兴办工程时，才会开捐纳。田文镜危言耸听地说，眼下捐纳已停，科甲只会越来越多，倘若他们都照这个样子做，一旦有人被参就群起妄议，以后科甲之员有了贪污苟且的事，督抚诸臣还敢题参弹劾吗？

田文镜给李绂戴帽子，把话题引向师生同年和科甲朋党，毫无疑问是为了摆脱自己所面临的困局，其效果也立竿见影，一下子就触及了雍正的心病和隐忧。

在中国古代政治中，朋党之风可谓由来已久，到宋代，朋党已成为其政治生态中最为突出的现象和内容，明代的东林党更是世人皆知。清人入关后，对中原政治文化进行了深入研究，他们发现朋党总的来说弊大于利，党人们援引私人、排除异己，往往置国家利益于不顾，即便自称为“君子朋党”的东林党亦概莫能外。顺治甚至认为宋明之所以亡国，就是亡在朋党手里：“朕观宋、明亡国，悉由朋党。”他再三倡禁朋党，并命吏部揭榜，“不许投拜门生”，以“永绝朋党之根”。

尽管清初的皇室就对朋党的弊端有着充足认识，但并未能够刹住此风，到康熙朝时更呈难以遏制之势，大臣们不管荐人还是参劾大多党同伐异，康熙对此相当无奈，说："朕听政四十余年，观尔诸臣保奏，皆各为其党。"

不光是大臣结党，宗室、八旗也都会结党，当时出于争储的需要，雍正也偷偷地从事了朋党活动，并以朋党作为谋夺储位的工具。唯因如此，对于康熙朝朋党的异常猖獗，雍正才能看得清清楚楚、真真切切，登基后他告诉自己的亲信大臣："朝中党援亦皆由此分门立户而生恩怨也，看透此者亦惟当年雍亲王一人耳。"

雍正与他的父亲、爷爷认识一致，认为只要是朋党，就会损害君权，非君主所能容忍，同时储位之争又强化了他的这种认识，于是忍不住还将为朋党说过好话的欧阳修给痛骂了一顿。

粉碎朋党、整顿吏治是雍正执政以来从来没有放松过的一根弦，首先自然是铲除自康熙朝以来遗留的诸皇子党，其次是弱化八旗势力，至"田李互争案"发生时，二者皆已取得成效：允禩、允禟党先后土崩瓦解，八旗成了政府中的八个衙门，无复各自为政之权。

对宗室、八旗的抑制一结束，马上就轮到了官僚。雍正认为官僚结党的来源之一便是科甲同门，他将在官场上拉帮结派、因循和慕虚名的科甲出身者斥之为"科甲习气"，愤愤地说："此风不息，将来斯文扫地矣。"

在雍正看来，权倾一时的科甲大员周围最容易聚拢"科甲习气"，他们以此大员为中心，依靠同年故旧、老师门生的关系互相牵扯，争相偏袒姑息。李绂恰恰就是科甲大员，而田文镜提供的说法也让雍正意识到，以李绂为中心，以乙丑进士为纽带的一个朋党可能已经形成或正在形成，这还了得？

雍正并不是一个容易被臣下随意欺瞒的人。1726 年 7 月，他特派刑部侍郎海寿、工部侍郎史贻直为钦差大臣，赴河南进行审查。经过海寿等人的调查，一个令人惊诧的事实迅速浮出水面：黄振国竟然还活着！

开了头炮

原来黄振国案发后，本人被解至祥符县暂时羁押，其间出现了"血流不止，饮食不进”的情况，祥符县知县在呈报上司的公文中据实进行了汇报，外界由此哄传田文镜已将黄振国杀死灭口。李绂未做调查即信以为真并参劾田文镜，实际构成了诬告和做伪证的嫌疑。

调查对田文镜一方也有不利之处。经查，田文镜为之打包票的上蔡令张球果然有问题，他对邵言纶、汪诚勒索不遂，便在田文镜面前进行诬告，从而导致田文镜误参了邵、汪。不仅如此，张球还有故意隐瞒境内出现的抢劫杀人案，未对上司据实报告等劣迹。

从田文镜一贯的行事风格来看，他未必是故意袒护张球，极可能也是受其蒙敝，而且在雍正派出钦差大臣之前，他从李绂的密参中已经隐隐约约感到张球与自己原先的想象不太一样，为此在密折中主张先行对张球免职。雍正很欣赏他的这种态度，同时告诉他不用担心张球的事，真相很快就会水露石出。

等到钦差大臣来豫，张球的种种不法行为被查出，田文镜大惊失色，他知道仅包庇下属这一条罪状，就足以让他受到处分，于是忙“羞愧无地，悚惕难安”地向雍正谢罪，一面自认愚昧和无识人之明，一面请求对自己立予罢黜，严加治罪。

雍正开始就断定张球是个劣吏，调查结果证明了这一点，他为此沾沾自喜，对田文镜说：“朕早就知道他不是一个正直的官吏，如今种种劣迹都已败露，你应该服朕的眼力了吧？”

雍正认为田文镜一者在前面的密折中已表态要处理张球，二者系受下属欺诳，袒护张球并非出自本心，乃无心之过，所以不但没有怪罪，反而宽慰他：“何罪之有？……这样的人、这样的事，你都经历一番，对你而言未尝没有好处，可以增加见识，更好地看透人情世故。”

不追究也就算了，让人们感到莫名其妙的是，雍正居然特赐田文镜风羊、荔枝——莫非他还立了大功不成？

是的，别人都蒙在鼓里，只有雍正心里清楚，田文镜的确是立了大功，这个功就是帮助他向科甲朋党开了头炮！

田文镜激动得老泪纵横，除了表示今后当深自惩戒，痛加悛改，还掏心掏肺地对雍正表忠心，说：“臣眼中只知有皇上，臣心中也只知有皇上，君臣大义如父子天性，间不容发。”雍正用朱笔将这句话从密折中圈出，批道：“难为你此数句议论。”

在李绂与田文镜的此番较量中，两人可以说是打了个平手，互有得分失分。李绂这时尚受雍正的信任和重用，奉命以直隶总督的身份拘押允禟，而且雍正既替田文镜开脱了罪责，自然也不好对李绂太过深究，为此雍正便将田文镜的密折转发给李绂，令其复奏，给他找台阶下的意味已经很明显了。

如果李绂能够识相一点，就该像田文镜一样认错讨饶，偏偏他还在犟嘴，继续为自己辩护：“为什么说我袒护同年？乙丑同年三百多人呢，当时都不是每个人都认识，何况十八年不通音信？黄振国、邵言纶这些人我以前根本没见过！而且我以前参劾过的好几个官员也都是乙丑进士，我不照样参他们啦？”

就连黄振国案这个实锤，李绂都不承认自己有错，还拿来攻讦田文镜：“黄振国无病报病，背后必然有人想弄死他，就算不是田文镜亲自主持，也是祥符县知县在迎合田文镜！”

可想而知，雍正看了这样的回复会是怎样一种心情，他当即加以严厉申斥，说李绂唠唠叨叨个没完没了，完全是看不起我这个皇上。

尽管李绂在拘押允禟的过程中“便宜行事”，表现得非常卖力，也算为雍正立了功，但因为读书人特有的刚愎好辩的毛病，他还是被调离直隶总督，改任工部侍郎，不久又因受到其他案件的牵连，被降为奉天府尹。

事情只是开了个头。1726 年 12 月，浙江道御史谢济世突然上疏题参田文镜，说田文镜犯有“营私负国、贪虐不法”等十项大罪。雍正看后十分不悦，说：“田文镜秉公持正，实心办事，乃天下督抚中所罕见者，贪赃坏法之事，朕可以保其必无。”随手将谢济世的奏章掷还，不让他参劾。

让人想不到的是，皇帝都已经做了担保人，这个谢济世却仍然犟头犟脑，非参田文镜不可。雍正很是郁闷，接过谢济世的奏章再一细看，发现其措词居然与李绂的密折所述完全吻合！

密折是皇帝与大臣之间一对一的交流，外人无从得知，除非李绂事先已与谢济世通了气，否则无法得到合理解释。雍正以此及彼，迅速认定谢济世坚持参劾田文镜，乃是出于朋党倾轧，背后一定有人指使，于是立即命令九卿与刑部联合对谢济世进行审讯，逼他供出指使者。

审讯开始后，谢济世矢口否认有指使者，还说："文镜之恶，中外皆知，济世读孔孟书，粗识大义，不忍心坐视奸臣欺君罔上，所以才冒死参劾。你们一定要挖出指使者，那指使我的就是孔子、孟子。"

这样的口供当然没法让负责审讯的人交差，刑部尚书励杜讷吓唬谢济世说如果你再不如实招供的话，就只有大刑伺候了。就在此时，当天值班的御史陈学海突然出班走到大殿中央，高声说道："在这件事上与谢某交结的人，就是我！"

也爱玩这一套

陈学海是谢济世的好友，当钦差大臣海寿、史贻直赴河南审查时，他也以员外郎身份随同前往，从而得以了解到了整个案情。回京后，见雍正并未处罚田文镜，陈学海认为是钦差大臣没有向皇帝揭露全部事实真相，于是便把这件事告诉给了谢济世，这才造成谢济世热血上涌，出头参劾了田文镜。

陈学海的叙述让参与审讯的人都松了口气，他们随后将情况原原本本地向雍正做了汇报。雍正听后则有自己的看法，他觉得陈学海的本愿是为了让皇帝掌握全部实情，就此而言，没有过错，但谢济世却未必，因为很难排除他另外受人指使的嫌疑，或许他利用陈学海的直言为自己做掩护也说不定。

再问负责审讯的大臣，有没有审出别的指使者，这些大臣只好说谢济世"是狂生，妄想做个忠臣，口口声声称孔孟不止，始终不肯说出谁是指使者"。

在找不出皇帝所要的幕后"指使者"的情况下，刑部等衙门揣摩雍正的意图，草拟了一个处理结果呈报给雍正："谢济世参劾田文镜各款，虽然自认是得自于毫无根据的传闻，但显然还是受人指使……应处斩立决。"

谢济世是言官，中国古代有不轻斩言官的不成文规定，因为言官的职责就是提各种意见，如果皇帝杀了言官，基本等同于说他听不进不同意见，将直接影响其声誉。雍正当然不会这么蠢，他表示没必要判谢济世死刑："这个人不是说想做忠臣吗，好，朕成全他，让他从军去吧。"谢济世遂被革职，充军阿尔泰山。

雍正在发落谢济世后，一边宣布不再对谢济世案予以深究，一边却对大学士、九卿发表谈话说："此前李绂纠参文镜（田文镜），胡说黄振国已在狱中被文镜灭口，不知道受何人指使？现在济世（谢济世）参劾文镜，说到黄、邵、汪诸人时，与李绂所言一一吻合，显见得是有人在李绂的密奏上进行钻营，然后又指使济世陈奏。”

雍正和田文镜果然是一对天生相契的君臣，田文镜善于推理，雍正也爱玩这一套。他认为谢济世背后的“指使者”其实是蔡珽，也就是在年羹尧案中逼年羹尧赶快自杀的那位。蔡珽为什么会遭到怀疑呢？因为黄振国曾是他在四川巡抚任内的属员，其间获罪并被削去了官职，由于蔡珽的保举和推荐，才得以出任信阳州知州。

蔡珽与李绂的关系向来较为密切，黄振国、蔡珽、李绂、谢济世等人又都是科甲人，所以雍正的推导逻辑是，黄振国被田文镜所参，蔡珽以此与田文镜结怨，先让李绂诬告田文镜，见没有成功，继而再唆使谢济世弹劾田文镜……

“田李互争案”原本只能算是官僚之间互相瞧不起的意气之争，但在雍正君臣的操作下，完全蜕变成了一个科甲朋党大案。雍正宣布蔡珽、李绂等人“结为大党，扰乱国政，颠倒是非”，并分别作出判决：黄振国、汪诚论死；邵言纶戍边；蔡珽、李绂下狱；张球绞监候。

在这里面，如果说黄振国、张球是罪有应得，汪诚、邵言纶就很冤枉了，蔡珽、李绂即便有错，也处罚过重。李绂虽未被判死刑，但在牢中活罪却也受了不少，据说两次处决死刑犯，雍正都下令将李绂陪绑，刽子手的刀就架在他脖子上，问他：“这时你知道田文镜好了吗？”李绂很硬气，梗着脖子说：“我是愚笨之人，虽死也不知道田文镜的好处！”

至此，以李绂为首的科甲人在互争案中一败涂地，田文镜大获全胜之余，真正被雍正视为可以给予完全信任的心腹之臣。在当月给田文镜的朱批中，雍正写道：“如你我君臣皆上天逼成，学好做好，此恩此德生生世世当感佩的。”

对雍正而言，关于互争案的处理只是一个幌子，他需要的是以此来达到惩治科甲朋党的目的。互争案后，他又继续扩大范围，有意识地搜寻科甲官员的过失并进行惩治。吏部尚书、云贵总督杨名时是当时很有名气的儒臣，连朱轼、张廷玉等现任大学士都对他毕恭毕敬，就因为对雍正的这种做法不满，雍正便随便找了个莫须有的借口，将其撤职，罚修洱海河道。

雍正登基后，为肃正吏治和防止政出多门，所刮起的风暴一轮接着一轮，其决心之大，手段之烈，足以令人叹为观止。在他摧枯拉朽般的打击下，包括皇子党、年隆功臣集团在内的新旧朋党逐个灰飞烟灭，至于科甲人的朋党，在雍正出手时，甚至都还没有真正成形，一俟遭到如此重击，更是连发展的环境和土壤都没有了。

独特之处

雍邸时期世人眼中的那个默默无闻、与世无争的皇子不过是个假象，真正的雍亲王拥有着远大的政治理想和抱负。他立志进行革新，誓言“将唐宋元明沾染之习，尽行洗涤”，期待“振数百年之颓风”，也因此，他眼下不需要任何虚名，只需要看得见摸得着的实绩，不需要你好我好大家好的所谓儒学名臣，只需要能够和他同心同德，一起“以天心为心”的田文镜式能吏，如果你不是，他就会毫不犹豫地将你换掉！

江西各府州县亏空了许多仓谷，前任巡抚裴幰度明知问题严重，却不报不纠，现任巡抚又为人软弱，且好沽名钓誉，导致江西在第一个三年清查期内迟迟都未能改变夸空的局面。雍正对此极为不满，从 1726 年起，他在江西一手推动了大规模的钱粮清查行动，同时推出一系列举措：已调任的裴幰度被留于江西任所；对亏空负直接责任的历任江西布政使被发往江西审讯；从全国的其他州县挑选几十个能干的吏员，统一派往江西，准备随时顶替被撤换下来的贪官；特派吏部侍郎迈柱主持通查江西全省钱粮的亏空积弊。

迈柱在康熙末年当过监察御史，是个难得的好官，他在江西任上遭到了一些当地势力的反对和抵制。雍正闻讯立即站出来为迈柱撑腰打气，在皇帝的支持下，迈柱不避嫌怨，积极查访，认真处置，最终裴幰度及历任布政使都不得不吞下自酝的苦果，用自己的财产来补偿亏缺的仓谷。

亏空案的特点是瞒上不瞒下的办法，互相进行包庇，福建也出现了这样的情况，巡抚毛文铨报告说没有亏空，但有人却揭发本省的仓谷亏空问题非常严重。雍正初步判断是毛文铨在故意隐瞒，遂派广东巡抚杨文乾前往清查。

杨文乾的出身与田文镜最为接近，他是汉军正白旗人，由捐纳监生入仕。抚粤前，杨文乾任河南布政使，和另一个叫王士俊的人同为田文镜的下属。相传有一年王士俊调任河南祥符县知县，在礼谒其上司也就是田文镜的时候，田文镜问他出身，王士俊皱着眉头，说话吞吞吐吐，好久才装作不好意思的样子回答道："士俊不才，读书出身，某科散馆翰林也。"田文镜对自己捐纳监生的出身最为敏感，一听便知道王士俊是在有意讥讽他，不由得大怒，当场就将其予以斥退。

王士俊知道惹怒了田文镜，回到官署即请求免去祥符的赋税银两万余两，他知道田文镜不仅不会轻易答应这样的要求，而且还会因此罢他的官，在他想来，官虽然丢了，但总好过以后经常被上司责骂和穿小鞋。

果不其然，田文镜看到王士俊递上来的条陈后，马上准备写疏对其参劾。杨文乾闻讯前来拜见田文镜，对他说："王某请求免税，乃是沽名钓誉，田公罢他的官是成全了这小子，我劝您还是先不要这样做。"

田文镜一听觉得有理，就同意按杨文乾说的办。未几，杨文乾升任广东巡抚，临走前他特地奏准朝廷带王士俊随其赴粤，并让王士俊在广东地方担任了要职。

从传闻中可以看出，田文镜性格严苛，而杨文乾则更懂得说话和为人处世的艺术，但这只是一个方面，另一方面，同样作为雍正新政的排头兵，要改变历久相沿的积弊，就必然要与众多的官僚、绅衿进行交涉，有时甚至还要采取严厉措施，否则不足以破除阻力，所以不徇私情和不怕得罪人，其实是杨文乾、田文镜身上共有的特征。

杨文乾到广东后，积极执行雍正的各项政策，尽管他比田文镜更会处理周边关系，但也很快遭到了本省四名同僚的弹劾。

雍正的独特之处，在于他并不喜欢那些为上司、同僚所交口称赞的臣子，他认为一个人要做实事不可能不得罪人，能够获得周围人人称赞，恰恰说明这个人沽名钓誉，未必可靠。相反，如果你常常处于孤立之势，受众人围攻，反倒容易得到他的欣赏和保护，雍正曾经很直接地说："朕当年即是孤臣，既无靠山也无外援。"

在杨文乾遭到同僚的联合攻击和倾陷时，雍正极力为杨文乾承担责任，并痛斥攻击者，还把田文镜的例子拿出来为自己的爱臣们打气："杨文乾不过同省四人合力排陷，如田文镜内外合力排陷岂止四人……但田文镜实能争气，成全了朕的公明二字……"

与江西查案一样，雍正在派杨文乾赶赴闽省的同时，还挑拣了候补的多名府州县官员随行，"现任府州县内之钱粮稍有不清者，即令更换"。

雍正考虑问题非常周密，在杨文乾一行到达福建之前，他估计可能会有贪官预先做手脚，闻风向官民借粮谷暂充库存，用以蒙混过关，为此特向福建官民发出上谕，声明如若有人胆敢出借，一经发现，所借粮谷即没收充公。

杨文乾到达福建后，分路派人核查亏空。按照清理结果，除前巡抚毛文铨被撤职，其余钱粮不清的官员也遭到弹劾，福建府州县原有官员八十人，前后因弹劾而被罢职者竟达五十余人，这些免职官员全部都被责令补偿亏空。由于被撤职的人太多，杨文乾带去的候补官员都不够用，“守仓库有余，处理繁重事务不足”，经杨文乾请旨，雍正又敕令各省督抚迅速挑选适用吏员送往福建。

经过雍正君臣的上下联动，雍正的清查亏空措施最终在福建也取得了明显成效。

没有一点问题

钱粮亏空是个不容易填上的窟窿，除了查抄贪官财产及其让他们的亲属帮着赔偿，还有另外一条有效途径，那就是用火耗来弥补。

火耗亦称耗羡，本质上是一种正税以外的附加税。它最早起源于明朝，当时官府向农民征收钱粮，说民间缴纳上来的银子都是零碎银子，需铸成银锭方能保存，但在铸锭的过程必然会有损耗，粮食也一样，放在仓库里会被鼠雀吃掉不少。官府认为，所有这些损耗都须由税民予以补偿，办法是在应交的税额之外再加收若干银子，此即火耗的来源。

从明朝起，火耗就由州县官自定额度，自行征收，自行使用，通俗点说是地方官府的“小金库”，尤其到康熙末年，所征收的火耗除用作必要的办公经费，其余不是用于向上司送礼，就是落入个人腰包。在康熙朝，一个巡抚每年因火耗从下属那里得到的好处达十几万两银子，州县官作为直接经手人，自然拿得还要多，动辄就是几十万至上百万，其间吏治败坏的程度可想而知。

为了确保私人及送礼的用度，州县官平时征收火耗比为国家征粮纳税更起劲，也更严格，火耗占正税的比重最多的竟然达到八成左右，一般的也在三四成之间，令农民不堪重负。相比之下，州县官对正常要征收的钱粮却不当一回事，收来后也往往挪作他用，而不上交国库。在康熙去世的前一年，川陕方面奏报，陕西西安等四府一州已亏空库银九十余两。

火耗关乎吏治乃至国家机器的运作，这个道理康熙不是不懂，但当有官员奏议控制火耗占正税的比重时，他却说征收火耗原是地方官的私事，如果确定了比例，就等于承认了火耗的合法化，人无忌惮，必将更加多收，这将使他落个实行加派的坏名声。后来陕西巡抚噶什图建言火耗除留州县用度，多余的归省里，用作公共事务，康熙仍以同样的理由加以拒绝。

雍正即位后，杨文乾的父亲、湖广总督杨宗仁做了与噶什图类似的建议，并将归省里的火耗银比例具体到原数额的两成。雍正见到杨宗仁的奏折后，立即加以支持，并称赞他："所言完全正确，没有一点问题，就按照这个思路好好干！"

与皇父素重虚名和好面子不同，雍正是个非常务实的人，在治国理政上更是如此。既然火耗的现象已经通行，每个省、每个州县都有，为什么还要装作视而不见呢？至于舆论的指责，更不在考虑范围之内，他为了进行政治革新，"抄家皇帝"的名声尚且不惧，还怕你们说他加派吗？与此同时，雍正既强调要以火耗来清偿亏空，但又不允许增加火耗，甚至于他还要削减火耗，以减轻贫困农民的负担。

杨宗仁的建议只能算是火耗部分归公。在他之后，山西巡抚诺岷主张将山西各州县全年所得的火耗银统统上交省布政司库，其中的一部分用作办公费，一部分抵偿无着落的亏空，剩下部分给官员做"养廉银"。这是第一次有人提出火耗全面归公，雍正大笔一挥，批准在山西率先实行。

与诺岷持相同见解的是河南巡抚石文焯。石文焯乃田文镜的前任，雍正原先对他一直比较失望，曾在朱批说："朕对你们这些大臣推心置腹，要求你们不要有累民之举，可你们还是置若罔闻，政令失当得不成样子。看来朕拿你们真是没有办法了，唯有仰天落泪而已，你还指望朕在上谕中给你什么教导呢？"

不知道是不是被皇帝的激将法给刺激到了，石文焯在河南的做法也极为大胆，他将全省火耗银共四十万两全部提解出来，除去养廉银和各项杂用公费，还剩余十五六万两银子可解存布政司库，用以弥补亏空。石文焯给雍正的奏折上说，由于提解了火耗银，省里的各项公用开支全都有了着落，也不用再在老百姓身上打主意了。

雍正喜出望外，说作为封疆大吏就该这样学会精打细算，“说得通，行得去，人心既服，事亦不误”。自此，他对石文焯的印象大变，甚至在朱批用一种特别亲切的语气对他说：“喜也凭你，笑也任你，气也随你，愧也由你，感也在你，恼也从你，朕从来不会心口不一。”

羊毛出在羊身上

在山西、河南相继实行火耗改革的基础上，山西布政使高成龄上奏请求仿照山西，在各省普遍推行火耗归公（也称耗羡归公）。雍正正有此意，于是命九卿开会进行商议。

和雍正的愿望大相径庭，会上多数官员都提出了反对意见。会后内阁据此做出了火耗归公暂不适宜推广，应先在山西试行一段时间，看效果怎样后再推广至各地的条奏。雍正知道这实际上是对火耗归公的消极抵制，遂令将内阁奏议发出，以便于“归公派”迅速展开反击。

高成龄是在全国实行火耗归公的首倡者，自然一马当先。他表示不能同意内阁奏议，并通过所缮写的奏折一一进行了辩驳。

内阁奏议认为火耗是州县官的应得之物，用以补充他们俸禄上的不足，上司不应提解控制。高成龄反驳说州县官吃饱了，那上司怎么办，总不能空着肚皮办事吧，必然还是要接受下面州县官的送礼。礼从何来？还是来自于火耗！既然羊毛出在羊身上，都离不开火耗，孰不如由全省征收火耗，再给官员们发养廉银。

先收再发，看起来似乎在环节上麻烦了些，但把“州县存火耗以养上司”变成了“上司提火耗以养州县”，性质不同，结果大不相同：上司没必要继续勒索属员，也不会再对属员的横征暴敛睁一只眼闭一只眼；州县官无法以孝敬上司为借口苛征乡里，也不能再对火耗多扣多留。

康熙生前的担忧之一，是一旦提解火耗，定出每两税银加多少的限额，就会把不是正税的火耗当作正税征收，让本属于私征性质的火耗合法化，同时也容易让人产生增加赋税的感觉。内阁奏议延续了这一认识，高成龄则指出火耗归公不是要增加赋税，而是要少征，况且实行归公后，州县官员所得到的养廉银都有定额，他们知道即使加耗再多，养廉银也不会多留给他们，也就不会滥征了。

内阁奏议中提醒皇帝，火耗合法化将可能使属员变得贪婪，不是大臣教育属员的应有之道。高成龄说难道像现在这样，让大臣暗中收礼，甚至接受贿赂，就是教育属员的应有之道？你们这是沽名钓誉，嘴上说得好听，实际是听任州县官狂收滥派，置百姓的死活于不顾。真正的应有之道是说敞亮话，办明白事，既承认火耗的存在，也承认官员们得居家过日子，而且得过好日子，通过公开地给他们分配养廉银，让他们共受皇上的恩赐。

高成龄的观点句句敲在雍正的心坎上，他把高成龄的奏折交给朝中大臣讨论，讨论后再重新上报。与上次九卿开会不同，这次雍正明确了支持高成龄，实际也就是支持火耗归公的态度，他一面要求众人在讨论时务必平心静气，秉公执正，一面发出警告，说如果讨论过程中有人或挟有私心，或意气用事，或淆乱是非，那么他就要不客气地从中间抓出一两个人来教训教训了，“于此一事，必有一二获罪之人也”。

眼看着皇帝已把打人的大棒握在手上，“禁提派”的声势立即遭到削弱，但火耗归公这件事实在太大，不仅关系到每个官员的切身利益，也涉及他们平时所持的政治理念，所以反对的声音依然不少，吏部右侍郎沈近思甚至当众与雍正争吵起来。

沈近思并不是第一回和皇帝抬杠。明清以儒家学说为社会的主流价值观，雍正信佛和引用僧人进入帷幕很自然地与之相抵触，为了避嫌，雍正在基本剪除皇子党、年隆集团后，就发布上谕，宣布不用僧人赞襄政务，但他对佛学仍不能忘情。沈近思年轻时当过和尚，雍正有一次饶有兴味地问他：“你必定精通佛教宗旨，不妨陈说一些。”

沈近思属于那种主张独尊儒术，排斥佛教的正统汉族官僚，他当即没好气地回奏道：“臣少年潦倒时逃于佛门，待到进入学堂，专心于经世之学，以报效国家，哪有闲情顾及佛学。”

沈近思反过来劝雍正也少关注点佛学，多在意点政事：“臣知道皇上圣明天纵，早悟大乘之学，但是万机庶务，系于圣躬一身，是以臣愿皇上为尧舜，不愿皇上为释迦。”沈近思讲的都是正经儒家大道理，即便雍正贵为皇帝，当着众人的面也无法反驳，只得强作笑容，改口说你讲得对，太对了。

沈近思的思想既然这么正统，在火耗归公问题上当然不可能不与康熙的那一套接近，他认为实施归公后将使得火耗与正规税收没有区别，不是善法，此例一开，后果严重，“今日则正项之外又添正项，他日必会耗羡之外又添耗羡”。他还说，别人可能对此了解得不够清楚，他做过县令，所以知道火耗归公必不可行。

雍正听了很不高兴，立即问他：“你做过知县，是否也收过火耗？”

“收过，不过那是为了养活妻儿老小，没有办法。”沈近思无法回避，只得照实答道。

雍正哼了一声：“你夸夸其谈了半天，结果还不是为了一己之私。”

沈近思是个老实人，被雍正将了一军，急到脸红脖子粗：“臣不敢为妻儿老小徇私，但臣不能不养他们，否则就绝了人伦！”

看到沈近思几乎要嚷了起来，大家都为他捏把汗，不过雍正其实并不是一个没有肚量的人，他也知道沈近思反对火耗归公，不是纯然出于私心，而是担心火耗变成正税后又会出现新的附加税，说到底，还是为他的朝政着想，所以并不生气，反而笑着自己给自己找了个台阶下：“朕今天算是被沈近思给难住了。”

两害相权取其轻

朝议期间，山西太原知府金铁正好入京引见。作为首个试点省的进京代表，金铁的态度自然受到各方瞩目，雍正本以为他会为“归公派”助上一臂之手，孰料对方并不同意上司诺岷、高成龄的主张。雍正气急败坏地问金铁是不是出于地方官的私心，才反对火耗提解上交，金铁回奏说：“臣倒不是为地方官游说，但从来财在上不如在下，州县是亲民之官，多留点银子给他们，好让他们知道廉耻。”

除了金铁，山西籍御史刘灿也上疏对火耗归公表示反对。刘灿的意见甚至已经越出朝堂，干扰了山西正在进行的火耗改革，雍正为此感到十分恼火，本想予以重罚，考虑到刘灿和“田李互争案”中的谢济世一样，属于言官，才从宽将其改调为刑部郎中，同时又革去了他两个弟弟刘煜、刘燧的举人功名，交诺岷惩戒，以示警告。

见大臣们的讨论迟迟无法取得统一意见，还影响了试点省的改革，雍正决定中止讨论。1724 年 8 月 24 日，他发出上谕，说我让你们这次平心静气地进行讨论，结果平心静气这一点是做到了，但你们见识过于浅薄，结果还是不合我的心意。

雍正认为大臣们是明知火耗不可避免，却还掩耳盗铃，各种装看不见——难道我雍正不希望“天下州县丝毫不取于民”吗？我也想啊，但现实中根本做不到，要解决现实问题，就只能像高成龄所论证的那样，两害相权取其轻，“与其州县存火耗以养上司，何如上司提火耗以养州县”。

雍正的意图就是立即把火耗归公推向全国，而不是试行。在他看来，只要觉得火耗归公可行就应该马上行动，有什么好试的？在这件事上，任何拖泥带水，颠三倒四，犹豫不决，都是瞎耽误工夫！

尽管雍正批了大臣们一顿，然而讨论也让他充分感受到了实施火耗归公政策的复杂性，鉴于连他都不能保证这一政策将来一定没有弊端，所以他最后并没有对火耗归公的推广做硬性规定，而是说“各省能够推行的就推行，不能推行的不用勉强”。

至此，督抚们都看清了皇帝推行火耗归公的本意和决心，即便雍正的决定是各省听其自行，但除山西、河南以外的其他省份还是先后都行动起来。

讨论中解决不了的问题，通常都可以放到实践中继续进行检验，比如有人质疑，推行火耗归公后可能会加强农民负担，这就可以用实践来说话。雍正对此也不无担心，他从一开始就明确火耗只许减少，不许增加，并告诫说如果有地方官员明知故犯，在应取数额之外加重火耗，“朕必查访得知，重治其罪”！

事实是，自火耗银提解上交后，多数地区的火耗率（即火耗占正税的比率）都有所下降，尤以山西、山东、河南为最。山西的火耗率由原来的百分之三十至四十降至百分之十三，山东的火耗率曾高达百分之八十，最后降到了百分之十六。

河南原先的火耗率比肩山东，也是高到离谱的百分之八十，农民负担相当沉重。河南巡抚石文焯在任时一边推行火耗归公，一边竭力降低火耗率，不久田文镜到豫任布政使，对他予以积极协助，并在继任巡抚后继续推行这些做法。由于河南各州县的火耗率历来多寡不一，他们便没有在全省做统一规定，但都要求必须按比例把火耗率降下来。截至 1724 年，按平均测算，河南的火耗率已降至百分之十三。

数据显示，只有个别省份的火耗率略有上升，比如江苏，但江苏有其特殊情况，该省是富省，钱粮多，造成原先的火耗率就比较低。江苏官员可能是看到周围其他地区的火耗率都比本省高，才悄悄升了上去，这样也只有百分之十左右（当然由于基数高，火耗银的绝对数量并不少）。

从全国总的状况来看，火耗比州县私征时减少了很多，康熙后期地方官狂征滥派的混乱局面得到根本性扭转，按照大臣鄂尔泰的评价，火耗归公“迹近加赋，实则减征”。这对民间来说自然是大有好处的，乾隆朝内阁学士钱陈群就评价火耗归公实行后，“吏治肃清，民亦安业”。

火耗归公还弥补了钱粮亏空，并在不增加百姓负担的前提下，实现了国库的增盈。康熙末年，国库空虚，入不敷出，康熙去世时，国库存银仅剩八百万两，至雍正中期已激增至六千万两，增长了七倍有余。

人生哲学

雍正每天的大部分时间都要用于工作。他通常凌晨 4 点就会起床，除了阅读历史典籍，便是研究治国理政的学问。7 点吃早饭，吃完早饭御门听政，接见大小官员和披览奏章、处理朝政，一直忙到吃晚饭，晚饭后还要披阅来自各地的朱批密折，到深夜方能休息。

自雍正执政起，这样的生活和工作节奏从未有过改变，年年如是，寒暑无间。他最初足不出京城，主要是为了提防皇子党，怕离开了发生意外。允禩、允禟死后，大敌已除，不需要再提防了，他自己也曾表示适当时要举行木兰秋狝，可是却始终没有搞，说明他仍然忙得不可开交，以致无暇出行。

如果单看雍正的作息时间表及其大事记，他给人的印象似乎就是一个天生的政治动物，康熙大漠狩猎、射雕逐鹿的雄姿，以及乾隆七下江南、吟山咏水的浪漫，在他身上都全无踪影。其实业余生活中的雍正还是个很有情趣的人，在流传下来的《雍正行乐图册》里，他时而化身陶渊明，在东篱下悠然采菊；时而又扮成东方朔，玩着偷桃的小把戏；时而是深入虎穴、手持钢叉的猎户；时而又是仙风道骨、智斗恶龙的道士……

在所有这些“真人秀”中，雍正不断地变换着服装、道具和角色，反正文的武的，老的少的，飘逸的勇武的，中国的外国的，能演的都演了。最有意思的是他还扮起了西装革履的洋人，画中的他颈系领结，头戴假发，唇上贴着八字胡，脸庞扑粉，活脱脱是一个同时期的西方贵族绅士。据考证，这幅肖像画确实是画家以真人为模特儿画的，雍正当时戴的假发，是他通过在宫廷服务的法国传教士，从巴黎私人定制的超豪华假发。

清宫内有一处叫作造办处的机构，隶属于内务府，专门负责制造或修缮御用物品。造办处的工务记案档案名为“活计档”，通过“活计档”可以清楚地看出雍正的爱好和品位——他既喜欢中国传统工艺品，例如香袋、盆景等，同时对一些舶来的西洋器物，像眼镜、望远镜等也表现出浓厚的兴趣，因此曾命令造办处予以大量仿造。

中年以后的雍正视力不太好，为了提高办公效率，有时既戴近视眼镜也戴老花镜，但他所拥有的眼镜数量和品种之多，已远远超出实际需要，换言之，眼镜在雍正那里成了一种玩赏物，他也俨然就是个对眼镜特别入迷的收藏家。

雍正对眼镜的设计颇有心得，他常常给造办处下旨，对定制眼镜的材质、款式提出具体要求，比如“将水晶、茶晶、墨晶、玻璃眼镜，每样多做几副，俱要上好的”。他对眼镜框、眼镜套也有讲究，做眼镜框，有时会指定“其钢构上节做骨头的，下节做铜的”，或者在框梁上雕一“寿”字，做眼镜套，有时会传旨要求出品刻有寿桃的“寿字锦盒”，或者传做“绣喜相逢眼镜套”。

雍正很讲究眼镜的搭配使用。古时按十二时辰计算时间，每个时辰的光线都不同，他让造办处的工匠按照不同的时辰，磨出不同度数，颜色深浅也不一的镜片，以此制成两套共二十四副近视眼镜，方便自己随时更换。

雍正登基后极少离开过京城，连热河行宫都没去过，能够供他日常休闲的地方主要就是圆明园。在圆明园内，很多地方都安放着“千里眼”，也就是现代所称的望远镜，以供雍正观赏园内的湖山胜景。与眼镜一样，雍正收集“千里眼”也同时有着玩赏目的，一些“千里眼”仅从名目上，就能看出其式样和用料之考究，比如“象牙嘴”“铜嘴”“乌目瓶式”等。

除了眼镜、望远镜，雍正的个人收藏品还包括钟表、显微镜、鼻烟壶、风琴等，兴之所至，他甚至亲自参与设计，有一次传谕造办处负责人：“制作自鸣钟内轮子的时候，按照朕的指示，做几件转盘遮灯，先画样呈览，等朕批准了再开工。”

民间的雍正反对者说他日日酗酒，隆科多受宠时，更曾频频与隆科多饮至深夜，将隆科多灌得烂醉，最后令人抬出云云。实际上雍正既无法远行，也不可能整天躺在醉乡之中，繁重的政务及其责任心根本就不允许他那么做，他至多只能像这样忙中偷闲、见缝插针地关着门在家里面自娱自乐，摆弄一些小玩意儿而已。

雍正生活中的另一个特点是强调节俭。雍正每次退朝后与臣下们见面闲谈，都会提到粒粒皆辛苦，所以大家务必珍惜五谷，绝不能浪费粮食、暴殄天物这些道理。大学士张廷玉当年在内廷值班，常能得到陪伴皇帝吃饭的待遇，他亲眼见到雍正吃饭时确实连一颗米粒、饼屑都不舍得丢掉。

勤政刻苦但并非不解风情，追求精致但绝不铺张浪费，堪称雍正的一大人生哲学，而他对养廉银制度的包容也正是建立在这一心理基础之上。

养廉银

清代的俸禄制度延沿自明朝，朝廷在官员的俸薪上非常吝啬，即便位列封疆大吏的总督，一年的俸银也才一百八十两。品级较低的知县更加可怜，仅四十五两，按照当时的物价标准，如果他本身没有家族予以补贴，单靠这么一点俸薪维持的话，每年恐怕连一家老小都养活不起，更不用说过上稍微体面一点的生活了。

凡出仕的官员，要么来自科举，要么来自捐纳，甭管原来多么志存高远，但通过做官来获取好的前程和争取过上比原来更为优裕的生活，应该还是他们中大多数人的愿望，结果一做了官，却发现日子过得如此窘迫，谁能够坚持得下去？况且，官员不光是要居家过日子，为了把公事办好，还得花礼金聘请幕僚，打点上司、迎来送往有时也要从俸薪里开销，而俸薪又不够用，难道让人家贴钱做官？

在这种情况下，大家都只能向被作为“小金库”的火耗伸手。康熙曾经说过：“所谓廉吏，不是一文不取，如果他们平时一点都不拿的话，那么日常用度和家人胥吏的费用从何处而来？如州县官只取一分火耗，此外不取，便可以称得上是个好官。”可见连康熙都知道，即便是一些所谓的清官，也并非一尘不染，而只是少征火耗而已，这与沈近思在和雍正进行辩论时，亲口承认自己做知县时为贴补家用，也不得不收取火耗完全吻合。

清初的俸禄制度到康熙朝时已经比较固定，各项政府收入都有需要开支的地方，不是康熙说想掏腰包就掏腰包，想给官员加薪就加薪的，所以虽然他明知火耗已成为愈演愈烈的贪污现象和送礼风的根源之一，但却只能予以放任，睁一只眼闭一只眼。有人提出要严厉整肃，他颇为无奈地表示："倘若对属吏一概予以督察揭发，被参劾的人就要多得参不尽了！"

火耗归公后，收入不归州县官，而要全部提解上交至省政府，这样州县官就失去了一大笔收入，相当于"一夜回到解放前"，若不给他们另辟财源，他们势必还要再立名目用以搜刮敛财。早在山西巡抚诺岷提出火耗归公时，布政使高成龄就想到了这一点，他建议将收上来的一部分火耗银分派各州县，作为养廉银，这就是养廉银的最早起源，而高成龄也成了养廉银制度的首倡者。

雍正收到诺岷一并发来的密折后，当即表示赞成，他不仅同意将养廉银作为州县官的生活、办公补助费，而且决定将养廉银也同时发给州县官的上司，也就是包括总督巡抚在内的那些省道级长官。

在官员待遇问题上，雍正比乃父更实际，虽然他平时极力勉励官员特别是宠臣们像自己一样，加油干，拼命干，但不仅不需要他们假模假式地做苦行僧，而且还认为他们应当拥有合乎其身份和地位的经济力量。比如说一个清廉的总督巡抚，如果非得弄到经济拮据窘迫，连堂堂封疆大吏的体面都没有，那其实是雍正非常不愿意看到的。他告诉所有总督巡抚，说你们应该获取你们应该得到的报酬，而不伤及廉洁，花费你们可以花费的钱财，而不铺张浪费，除此之外，过于矫情反而有沽名钓誉和虚伪做作的嫌疑。

养廉银的数额主要依据官职高低来确定，但无论哪一级，都要比原有的薪俸优厚得多。以河南为例，田文镜依据本省属员官职大小，确定了不等量的养廉银，其中小县知县每年可得一千两，大县达一千四百两，是薪俸的数十倍，田文镜身为一省督抚，可得两万八千九百两，是其俸银的一百六十倍。

因为各省情况不同，所以田文镜的养廉银也仅处于中上水平，在另一个火耗归公的首发试点省山西，巡抚诺岷的养廉银高达三万一千七百两，是其原俸的两百多倍。

按照清代的俸禄制度，京官就算是一品京官，每年的俸银也只有一百八十两，汉人小京官更是清苦，每年支领的俸米甚至不够家属口粮。在养廉银制度实施一段时间后，雍正传旨提高京官待遇，汉京官在岁俸银外，还可领取双份禄米，这样他们就不用花大价钱去市场购买大米了，也能满足家属口粮的需要。此外，吏、户、兵、刑、工五部（乾隆即位后又补齐了礼部）尚书和侍郎，以及兼管部务的大学士可以领取双份俸银和俸米，多出来的部分即为“恩俸”。

虽然与外官的养廉银制度相比，无论双俸银还是双俸米，都只是小巫见大巫，但京官是皇帝身边的人，身份和地位都要超过外官，京官要相对清贫一些，一向被视为常态，如今皇帝能够想到这样做，对他们来说已经是一个很大的福音了。

不负人

陋规是明清两代的一个专有名词，泛指官员或办事人员在俸禄外的非正当额外收入，州县官向上司馈送礼金，以及地方大吏对中央各部进行打点，即属此类。随着养廉银和恩俸制度的推行，虽然官员的正常收入大增，已足以维持其日常开支，但有的官员过去习惯于收取陋规，欲壑难填，虽经三令五申，仍积习难改。巡察御史博济到江南办差，向驿站勒索规礼（即陋规），地方大员发现后即行上本参奏，雍正下令将博济予以革职，并交当地大员严加审问。

在禁止京官接受地方的馈赠，也要求督抚不得以此向州县进行摊派的同时，雍正通令全国，严禁接受陋规，说：“倘若谁再私下接受陋规，一定治以重典，而负责管理该员的督抚，也要从重治罪！”

取缔陋规是件非常得罪人的事，若要根绝，可以说比推行火耗归公还要难许多倍，即便雍正如此严令，各省也不能保证都执行到位，这其中，做得较好的省份是田文镜所在的河南。

田文镜的前任石文焯初期不受雍正重视，在实施火耗归公后，雍正看到他在做事时其实很有胆略和魄力，才予以认同。石文焯不负重望，考虑到如果规礼不除，上司仍向属员索要礼金的话，州县必然会在火耗之外再行加派，他在酝酿火耗归公时，便决定将巡抚衙门的一切节寿规礼予以革除。

田文镜继任河南巡抚后萧规曹随，继承了石文焯的一套制度，下令“(一切陋规）自本部院衙门起先行裁革”，在此基础上，又亲作表率，坚决不收规礼，家人仆役在他的严格约束下也都不敢越雷池一步，门包小费一概谢绝。

河南人杰地灵，有一些土特产很有名，以往上司都强令属员交纳，称为“土例”，这些上司的家人在经手时还会像收正税一样，从承交人手里索取门包。田文镜对此洞若观火，从出任巡抚起，就以身作则，将属员送来的土特产拒于门外，同时把禁止官员送礼与取消“土例”联系起来，发出文告，严禁其他官员索取和馈送土特产。

由于在取缔陋规方面异常严格，田文镜被许多人视为为人刻薄，不近人情的“酷吏”，屡屡遭到各种攻击和议论。对他不满的声音不只限于河南辖区，包括中央的、邻省的官民对他也有指摘，甚至有的钦差都在皇帝面前说他的坏话，原因是钦差到豫后田文镜不向他们送礼，让钦差感觉自己受到了轻视和怠慢。

田文镜深知其处境，在给雍正的奏折中自称在河南行政举步维艰，贪墨官吏、枉法士民因难以遂其心愿，让他始终陷于舆论的旋涡之中，“谤腾毁积，物议风生”。田文镜这种孤立无援的处境及其不避嫌怨、不徇瞻顾的精神，却恰恰正是雍正最欣赏之处，在朱批中，雍正让田文镜不要怕，他们君臣一体，共担荣辱，“卿之是即朕之是，卿之非即朕之非，其间有何区别”？

你田文镜做对了，就是我做对了，你田文镜做错了，就是我做错了，也等于说，那些人攻击你就是在攻击我，我根本就不会理会！

在处理君臣关系上，雍正并非一帆风顺，尤其年羹尧、隆科多两案让他留下了足以刻骨铭心的教训。“朕一生得力处，惟在‘不负人’三个字”，他曾经这样告诉他的大臣们，在他看来，年隆案是年、隆首先背义忘恩，辜负了他，否则的话，他依旧会加以宠幸和爱护。有了前车之鉴后，他始终小心翼翼，就算发现田文镜值得重用，也不忘时时提醒对方切勿重蹈覆辙：“朕生平从不负人，人或负朕，上天默助，必获报复。”

让雍正感到欣慰的是，田文镜不是年、隆，不管如何得到宠幸，他始终知道自己有几斤几量，清楚臣子之道和分寸所在。田文镜原籍汉军正蓝旗，正蓝旗在下五旗，他很想将自己的旗籍“抬入”上三旗，但即便雍正那样待他，还让怡亲王允祥对他进行保护，他也没有冒昧地向雍正提要求，而只是私下里对时任河南布政使的下属杨文乾透露了自己的这一心情（杨文乾所在的正白旗为上三旗）。

杨文乾以后调到广东做巡抚，有一年陛见雍正时说到此事，雍正听后即将田文镜拨入上三旗，“以示朕厚待贤良大臣的最诚挚心意”，并按其意愿，将田文镜转为正黄旗。在朱批中，他还责备田文镜为什么不早点把这一心思直接告诉君上，说：“君臣之间应有恩有义，什么心里话都要照直跟对方说，不要藏着掖着，在这件事上，朕就对你很有意见，为什么不跟朕说实话呢？……以后再碰到什么为难和不得已的地方，千万不能再这样含而不吐了！”

古代多有君主赏识和宠幸臣下的例子，但像雍正这样对待田文镜，平心而论是极为少见和难得的，他对田文镜说，他这样做，“不过叫你知道你主子（雍正本身出自正黄旗，所以才自称主子）为人居心，真正明镜铁汉，越发勉力小心就是了”。

1727 年，雍正让田文镜在河南之外兼管山东，为此特设河南总督（又称河东总督）一职。田文镜一方面感谢雍正对他的眷遇之恩，一方面也预料到了困难，向雍正坦承：“臣到山东仍照河南一样行政，山东也会怨声蜂起。”

雍正给他打气，让他兼管山东后只管坚定不移地革除陋习，澄清吏治，其余不用顾及：“你若信得过自己，放心又放心，就是金刚也不能撼动朕丝毫，妖怪也不能蛊惑朕一点。你自己若不是了，就是佛爷也救不下你来，一定要好好地干，要细细地想好，怎样才能不辜负朕，要紧！要紧！”

田文镜的办事作风与雍正基本一致，就算雍正不说，他也要那样做，更不用说还有雍正当他的坚强后盾了，他在奏折中表示：“臣一如既往，不恤人言，坚决把河南的政策移到山东，以不负皇帝之宠眷。”

与河南相比，山东的规礼名目更加繁多庞杂，州县官晋谒上司一次，大到巡抚衙门，小到驿道、巡道，都得塞钱送门包，提解地丁税银，也要交“部费”等各种费用，每提解一千两地丁锐银，就必须花去三十两杂银费。田文镜根据在河南的经验，知道欲禁州县的加耗加派，“必先禁上司，欲禁上司，必先革陋规”，于是一口气剔除官衙陋规达数十项之多，连户部等中央衙门接受山东粮驿道衙门的规礼，他也直言不讳地向雍正进行了奏报。

雍正对田文镜出任河南总督后的表现非常满意，褒奖他“实为巡抚中第一人”，并将田文镜树为“模范疆吏”，希望各省督抚都向他效法。

第七章
有一件算我输

清代笔记中记载了一则故事，河南学政俞鸿图督学闽中，主持科举考试，他个人的职业操守称得上严谨，对于抄袭作弊现象防范得很严，每次开考都告诫仆人在试院外值班，不得擅自出入于试院，以防止其为考生传递消息。不料仆人利欲熏心，暗地里收取了贿赂，依旧帮助考生作弊，他利用随同俞鸿图进出试院的机会，偷偷窃取与考试有关的材料，然后贴在俞鸿图官服外面的外褂上，借以带出试院。等到俞鸿图脱下外褂，穿着官服出门时，他又轻轻地把材料揭下来传给相关考生，而俞鸿图竟然一点都没察觉。

时间一长，通过作弊得以考取的人越来越多，秘密终于藏不住了，人们知道真相后哗然，俞鸿图立即遭到其他官员的弹劾。明清时期的主考官如果泄密，乃是大罪，何况还是这种大范围泄密，朝廷将俞鸿图处以腰斩，侍讲学士邹升恒受命前去接替俞鸿图的职务，同时担任监斩官。

刽子手也有陋规，他们的陋规是犯人要想死得快一些，就得送钱，否则就会让你在痛苦中慢慢地死去。邹升恒与俞鸿图是儿女亲家，但他怕自己受到牵连，就没有把要处以腰斩的事提前告诉俞鸿图。俞鸿图被抓到刑场才知道自己被判了死罪，而且还是腰斩，因为缺乏准备，这时他已来不及给刽子手送钱，刽子手就给了他一个慢死……

人命关天

笔记上说，俞鸿图被处死时惨不忍睹，他的身体虽然已被斩为了两段，可是没有立刻毙命，疼得他在地上乱滚，最后用手蘸着身上的血在地上连写了七个“惨”字，才逐渐停止呼吸。

邹升恒在现场目睹此状，精神上大受刺激，同时他的良心也不免受到责备，回去后就据实向雍正陈奏了事情经过。雍正听后生出恻隐之心，遂下令封刀，腰斩之刑自此废除。

在正史上，俞鸿图虽被判斩立决但并非腰斩，而且也未有雍正宣布废除腰斩的明确记录，不过毋庸置疑的是，雍正朝以后的刑罚里就没有了腰斩，可想而知，若是雍正本人不表态，它绝不会无缘无故地消失。

腰斩据说自周代就已出现，在两千多年的历史长河中，许多名人如李斯、晁错、方孝孺等都是受腰斩之刑而惨死，雍正以前那么多皇帝，号称仁君的不少，但似乎从没有人像雍正这样有过恻隐之心，想到过必须彻底废除这项野蛮残忍到极点的酷刑。

如果说雍正废除腰斩尚缺乏文字方面的证实，他对于割脚筋刑法的改动则是确凿无疑的。根据康熙朝的法律，凡是盗窃犯、逃亡的奴仆、隐匿逃亡奴仆的窝主，都要处以割脚筋的刑法。雍正即位后，认为这种刑法将使受刑者变成残疾，使用应当谨慎，次年他又说司法机构不能区分轻重，导致现在受此刑的人很多，也起不到应有的警诫作用，因此下令永远废除。

由于雍正实行威严政治，再加上权力斗争、情报网的设置，所以民间一直有他残暴好杀的流言，传播者深信雍正“极好杀人，京城凛凛”。雍正在知道这一流言后，感觉啼笑皆非，他拿出十多个死刑案的卷宗，让人静心细读：你一件案子一件案子地看过去，中间有哪一件可以说明我“极好杀人”？有一件算我输！

十多个案件合在一起，已足以呈现出雍正朝司法的概貌。清代有秋后审决人犯的制度，实际就是给死囚一次复审的机会，不过在雍正以前，只有京城的死囚才进行三次复审，地方上的一律立即执行，没有复审的可能。雍正即位后为表示对人命的慎重，下令地方处决死囚前也必须三复审，后来更决定亲自审核，亲自勾决。

每年秋审到来时，雍正都要先将犯人的供词看一遍，到勾决之日，再与大学士、刑部堂官等人反复进行讨论，再三再四，然后才降旨定夺。以他给人看的那十多个死刑案件为例，案件来自于六个不同的省份，西至云南，东至浙江，北至山西，南至广东，所涉及的犯人年龄、职业各不相同，所犯罪行也形形色色，别说皇帝，就是专业的司法官有时都会嫌麻烦，但雍正在审核时却极为认真负责，对每个案件的每个口供都看得非常仔细。

在这些案件的死囚犯中，年龄最大的是一名籍贯云南的寡妇，已经八十二岁了，她的罪状是伙同三个儿子将一名男子殴打致死，事后还企图趁夜焚尸灭迹。云南方面在初审时认定寡妇为主谋，当斩首，其子是从犯，判绞刑。雍正看完该案案宗后，提出两个疑问：一、一个八旬老妇有何精力和体力去打人，还能搬一大堆稻草焚尸？二、夫亡从子，家中已是长子当家，如果老母有杀人之心，长子应该阻止其犯罪，为什么却不阻拦反而相助？

雍正由此判定这应该是一起共同谋杀案，他说就整个案子而言，不是非要让一个做儿子的负全责不可，但既然是共同谋杀，就没有理由单单将老妇判得更重，因此下令重审。

在另一件来自江西的案子中，一个妇人与丈夫长期不和，有了情夫，情夫又谋杀了她的丈夫，情夫自然要以命抵命，而该妇人也被判绞刑。雍正结合对供词的分析，认为妇人事先对谋杀毫不知情，而且她虽与丈夫不和，但仍共同照顾一个八岁的儿子，如果丈夫被杀死，妇人并不会从中得到任何好处，换句话说，她缺乏犯罪动机。雍正认为此案判决有疑问，要求重审。

人命关天，被忽略的细节往往能够改变案件的性质。发生在安徽的案件就是这样，弟弟拿起酒坛砸向哥哥，把哥哥给砸死了，弟弟为此被判斩首。雍正从口供中找到并着意推敲了一系列的细节，首先，两兄弟并不是原来就有仇，关系还好得很，只是这次为了一点小钱才突起争执。其次，第一个拿酒坛砸向自己兄弟的，不是弟弟，而是哥哥，哥哥砸弟弟，没砸中，弟弟便随手捡回酒坛掷回，不巧竟砸中哥哥要害，令哥哥当即身亡，而这显然不是弟弟事先能够预料到的。

雍正所得到的结论是，弟弟偶然失手，并非故意或预谋在先，这与一般的谋杀案性质完全不同，当可复议。

当然，雍正勾决时也不是为避死刑而避死刑。比如有一个福建的案件，案犯偷割别人的稻禾，为了不被发现，竟又将已故胞兄的独子勒死，企图嫁祸于人。刑部拟罪时，打算对案犯减等论刑，理由是大清律例中有尊长辈，卑幼辈的规定，而案犯就是死者的长辈。雍正不赞成，他说案犯固然是死者的亲叔，但论其凶恶惨毒、丧心病狂的程度，已经超出人伦之外，既然如此，凶手与死者之间还讲什么尊卑长幼名分呢？

雍正指示立即对袒护尊长的相关法律条令进行修改，刑部也由此议定，以后只要碰到类似情形，凶手一律“拟判绞监候处决”。

仁政

在政敌眼中，雍正无疑是个无情、冷血以及毫无怜悯之心的大魔头。雍正最讨厌沽名钓誉、虚伪做作，他也从不说自己有多么“仁”，但他在执政期间办过的仁政其实为数不少，“除豁贱民”是当中很著名的一例，与之相比，废除腰斩或许还真的不值一提。

清代的所谓“贱民”，属于社会最低层，他们平时从事着卑贱和为人所不齿的职业，也没有任何政治权利，其社会地位不仅比不上普通农民、佃农、佣工，甚至还不如乞丐。

贱民沿袭自宋、元、明三代，比如山陕乐户就是明初官员的后代，他们拥护建文帝，反对明成祖朱棣篡位。要说中国历史上哪些皇帝真正称得上心狠手辣、毫无教养，包括朱棣在内的几个明朝皇帝绝对不遑多让，朱棣篡位成功后不仅将拥护建文的大臣全部予以残杀，还很下作地将他们的妻女罚入教坊司，充当官伎，以后又驱逐至山西、陕西，但仍勒令世代永操贱业，不得翻身。

1723 年 4 月，御史年熙上疏，请求削除山陕乐户的贱籍，准许他们改业从良，跳出火坑。清代按照儒家正统观念，对前朝历史重新做了解读，山陕乐户的祖先应为忠义之臣，他们的后代自然也就成了忠义之后，这是年熙在疏中提出的主要理论依据。可是贱民的沉沦毕竟已有数百年历史，就像腰斩等刑罚一样，你说它不合理，也已经存在了那么长时间，俨然成了一种社会习惯，况且中国文化向来都有尊古贱今的一面，类似这样挑战社会传统秩序和观念的建议，一般御史是不敢轻易涉及的，如果有人提出，就必然有其背景。

年熙的背景和底气就是雍正。年熙是年羹尧的长子，雍正对他相当看重，他生病时，雍正曾亲自让人给他算命，为了拉近年羹尧和隆科多的关系，甚至做主将年熙过继给隆科多做儿子。年熙提请削除山陕乐户，即便不是出自雍正的授意，也是事先同年羹尧商议过的——那个时候的年羹尧正炙手可热，与雍正关系极为密切，对雍正的态度和心思非常了解。

果然雍正认为年熙的奏议很好，令礼部进行研究。礼部岂会违拗皇帝的意思，立即做出决议：“压良为贱，是前朝的一个弊政。我朝用教育来感化和启发民众，首重礼义廉耻，像这样有伤风化的事情，契宜革除。”

雍正顺水推舟，批准革除山陕乐籍，他同时下令各省进行检查，若发现有类似贱民，一律准许出贱为良。

山陕乐户的悲惨生涯是从京城教坊司开始的。在山陕乐户除籍之时，雍正让教坊司的乐户也全部从良，另选精通音乐的平民充当乐工，以后宫中奏乐，一律改由这些乐工来演奏，甚至他将教坊司都改了名称，称为和声署，一段黑暗历史从此宣告终结。据记载，乐户除豁，“令下之日，人皆流涕”。

看到皇帝对贱民的事这么上心，大臣们当然知道应该怎么做。几个月后，两浙巡盐御史噶尔丹写来奏折，说浙江绍兴府有一种“惰民”，情形与乐籍没有什么两样，应该比照山陕乐户，也革除其贱籍。

惰民也称堕民，主要分布于江浙，浙江省内不光绍兴府有，宁波府也有，还有一批在江苏苏州、常熟一带。其来源各种典籍记载不一，一种与宋代有关，说他们是南宋大将焦光瓒的部属，金人入侵时，焦部投降了金人，以后宋金议和，金人为表诚意把焦部全数引渡过南宋，南宋政府除将焦光瓒处斩，将焦光瓒的后代及部下也全部贬为了贱民。另一种说法则起源于元末明初，认为惰民是兵败后降明的蒙古人后裔，但也有人说是陈友谅的后人和部属，陈友谅与朱元璋争天下失败被杀，他们便一律被贬为贱民。

不管惰民究竟源自哪里，总之，到明初时他们已被明确载入户籍，称为乞丐，但与乞丐不同，他们实际是有职业的，只不过只能从事一些服务性的低贱职业，比如男的当吹鼓手、演戏、抬轿子，女的保媒、卖珠、卖笑。

惰民不单单是职业让人看不起，按照政府规定，他们不能读书应举，不能做官，不能与平民通婚以及平等相处，最过分的是，连居住地区、房屋样式、穿着打扮、行路乘车都没有选择的自由，其处境确实不比乐籍好上多少，甚至还更差。

通向自由的道路

噶尔丹显然相信惰民源于宋代，如果是这样的话，在清代社会的道德评价体系中，惰民的先人就是贰臣。尽管噶尔丹也认为，惰民在宋代属于罪有应得，南宋政府的处置是恰当的，但他同时指出，现在已经过去了几百年，惰民的子孙繁衍生息，不应该老背着这么一个包袱，应给其改业从良，走自新之路的机会。

雍正接到噶尔丹的奏折后，仍先交礼部奏议。这次礼部配合得没有上次那么干脆，他们的意见是惰民以低贱职业糊口，若除丐籍，就是不允许其再从事原来的这些职业，恐怕以后无法维持生活。

雍正见礼部不同意，就直接发话说让惰民除籍本身是件好事，礼部就不要反对了，经他亲自批准，惰民终于还是得以脱离丐籍，转为了平民。

礼部并不是故意要跟皇帝唱反调，他们的担心后来也得到了部分事实验证。按照雍正时代的条件，惰民要舍弃旧业，重找新的职业，确实比较困难，而且当时的社会对吹鼓、演戏、抬轿、保媒等行业也有刚性需求，所以不少人“以生计攸关，乃服务如故”。

与此同时，在封闭的等级制和等级思想的禁锢下，惰民和周围的人要突破旧俗绝非易事。据鲁迅回忆，直到民国建立之初，在他的家乡绍兴还有惰民在给大户人家服役，而且不与平民通婚。鲁迅家也有前来走动帮忙的惰民，他母亲对其中一位惰民的女人说，民国建立了，以后我们都一样了，你们可以不要来了。谁知对方听了却勃然变色，愤愤地回答道：“你说的是什么话？……我们是千年万代，要走下去的！”

尽管如此，雍正发布的削籍令还是为惰民打开了通向自由的道路，最起码，政府对惰民的特殊控制政策已经被取消，只要惰民自己有这个意愿，他们就可以按照平民的方式生活，如果与平民发生纠纷，也可以以平民的身份与之对簿公堂，而不用再像过去一样遭到无端的歧视和打击。史载，削籍令颁布实施后，江浙一些惰民都按照政府的规定改业从良，换了其他职业，“无复往来市巷矣”。

贱民不光只有乐户、惰民。1727 年，雍正听说，安徽的徽州府有一类人群被称为“伴当”，宁国府另有一类名为“细民”，他们也都世代从事微贱职业，情况几乎与乐户、惰民完全相似。

雍正还听说了一件匪夷所思的事。有两个姓氏的人群，民户和所居村庄的规模都差不多，但甲姓却有为乙姓“伴当世俗”的习俗，遇到乙姓有婚丧嫁娶，甲姓就要前去“服役”，而且“服役”时还得像奴隶一样，让干什么就干什么，稍有不从，就人人鞭打，苦不堪言。你问他们这个习俗从何而来，有没有什么根据或记载，竟然谁都不知道，两姓之间的这种关系不过是相沿旧俗，习惯使然而已。

雍正又好气又好笑，他觉得如果这些事是真的，就不该不予理会，遂谕令内阁进行查核并提出处理意见。内阁转令安徽巡抚魏廷珍进行调查，魏廷珍调查后说在安徽的徽州、宁国确有伴当和细民，不过其中有些人至今仍是大户人家的奴仆，且有明确文契可考，除此之外，有的是奴仆赎身后所生的子孙，与原主之间早无主仆名分，有的如“伴当世俗”那样，彼此既无文契，也不受其豢养。

内阁根据调查结果，建议区别对待，除目前仍为奴仆者，或准许豁免为良，或一律不许以伴当、世仆对待。雍正认为内阁的意见妥当，立即批准执行，这也是雍正在御史之外，亲自提出和推行的一次贱民除籍行动。

雍正年间，还有本为平民，被地方积习人为压抑成贱民的例子。广东滨海地方有一类以捕鱼、水运为业的人群，叫作“獭家”，广东人视之为“卑贱之流”，不准他们到陆地生活和居住。雍正知道后极为同情，说这些人“终身不获安居之乐，深可悯恻”，他指示广东当地政府，只要有“獭家”愿意也有能力上岸，就要为其提供保护，“势豪土棍不得藉端欺凌驱逐”。

与“獭家”处境相似的是浙江的九姓渔户，后者相传是元末明初陈友谅部属的九姓后裔，朱元璋建国后便把他们列为贱籍，并不准他们登陆生活。经地方官奏疏，雍正传令豁其贱籍，允许他们在陆地上从事农业或其他职业。

雍正为什么热衷于革除贱籍？史家有很多解释，有的说他是为了捞取政治资本，有的说是为了维护封建伦理和秩序，还有的说是为了压抑绅权。这些说法当然都有些道理，但也都有意无意地忽略了雍正在政治斗争之外的另一副面孔和人格。

事实上，还是有人注意到了雍正对社会弱势群体那种发自内心的同情，乾隆年间的《清朝通志》就说雍正对贱民“甚悯之”，所以才会亲自主持，“俱令削除其籍”。

对于贱民问题，明万历年间的文学家沈德符曾表示不解，说他“不明白为什么自宋迄今六百年”，贱民仍“不蒙宽宥”。沈德符或许不会想到，自他提出这一疑问后，不仅他所在的朝代始终没有解决贱民问题，即便又过了一百年，到了清代，贱民也仍然是贱民，其间虽然有君主做过一些释免，但范围极小，影响和作用也不大。

直到雍正大颁削籍之令，贱民才终于获得解放，难怪清代学者俞正燮在研究乐户、丐户史时予以高度评价："本朝尽除其籍，而天地为之廓清矣。"

棘手的难题

未得到解放的贱民固然处境悲惨，但平民、佃户也不见得日子都好过。在中国古代，田赋、差徭是臣民对于政府的两项基本义务和负担，雍正从小接受儒家传统教育，在儒家的政治理论中，轻徭薄赋向被为国泰民安的根本，君主宽政爱民的表现，他当然不会不予重视。有一次雍正查看各省赋税记录，发现交税最多的地方共有两处，一是江苏的苏州府、松江府，二是浙江的嘉兴府、湖州府，值得一提的是，它们还不是现在才交这么多税，其缴纳重税的历史竟然已长达数百年之久。

这是一段与惰民、九姓渔户起源相同的历史。元末明初，陈友谅与朱元璋抗衡，以苏、松、嘉、湖四府为据点进行固守，朱元璋取得天下后便归罪于四府，加重其赋税。清袭明制，清初时仅苏、松每年就必须交税数十万两，老百姓负担非常沉重。了解这一典故后，雍正评点说，就算陈友谅挡了你朱家的路，那也只是陈友谅一个人的罪过，怎么好怪到百姓头上去呢？"是洪武之苛也"，这姓朱的也太刻薄狭隘了！

雍正首先向苏、松下达了免税令。诏令一下，苏州每年免六十万两，松江免十五万，两地居民闻讯敲锣打鼓，欢天喜地进行庆祝。两年半后，嘉、湖也得到减税待遇，赋税各被免掉了十分之一。

江浙本属富裕地区，即使原先的赋税重，老百姓可能也就觉得艰难些，还不至过不下去，其他地方就一样了，从康熙年间起，不少地区的居民便"逃亡过半"，有的地方甚至"逃亡者十之九"，原因就是贫民负担不了差徭，只能一逃了之。

田赋、差徭历来都是分别征收的，简单来说，田赋收的是土地税，差徭收的是人头税，所以也称丁役。在清代税额中，丁银的数额相当大，少一点的有四成，多的甚至达到六成以上。康雍时期社会稳定，人口和土地的开垦面积都有了较快的增长，但人口增长的速度永远比土地增加的速度快，人均土地也就越来越少，据统计，从1685年至1717年，三十多年时间里，全国人均土地已由平均三十亩下降至二十五亩。

地少甚至无地的贫民急剧增加，他们收入极为有限，交不起丁银，除了逃亡根本就没别的办法可想。鉴于在粮、丁分征的体制下贫民逃亡问题严重，1723 年 6 月，山东巡抚黄炳向雍正提出奏议，主张将丁银摊入田亩征收，有地则纳丁银，无地则不用缴纳，以解民困。

雍正不但没有接受黄炳的建议，还责备黄炳不该冒冒失失地越出职权——你老老实实地把你山东一省的刑名钱谷办好吧，那才是正事，不要呱呱一张嘴，动不动就拿如此重大的国家议题过嘴瘾！

雍正板着脸做出不愿一听的样子，却并不等于他内心不受触动。说实在的，黄炳的建议绝不是什么新观点新主张，康熙朝就有人提出要搞摊丁入亩了，但是当时反对的声浪非常大，反对者站在富人立场，认为穷人富人都是人，都应承担差徭，将丁银并入田赋，等于是让富人代赔穷人的丁银，有失公平。

康熙本有心对赋役制度进行改革，但见辩论双方相持不下，也只得把这个棘手的难题暂时搁置下来，结果到临死前也没能拿出一个令各方面都满意的办法。

雍正是个极具使命感的人，他当然不会容许任何难题在自己任上继续拖下去，之所以否决黄炳只不过是觉得眼下实施摊丁入亩在时机上尚不成熟，还不能仅凭一个封疆大吏的一面之辞就进行决断而已。

一个月后，直隶总督李维钧再次奏请摊丁入亩，并请求雍正批准他在直隶进行实施。一样的主张，一样的诉求，一样的理由，雍正却没有像斥责黄炳那样斥责李维钧，而是把李维钧的奏章交给礼部讨论，并在给李维钧的朱批上表示，摊丁入亩是可以考虑的，只是不要推行得太急，最好是等到农田丰收的时候实施，那样拥有田地比较多的富人也比较好接受一些。

户部站在专业角度上进行讨论，很快同意了李维钧的意见。为慎重起见，雍正又令其他部门和李维钧共同商议，解决了诸如土地按好坏等级摊入等技术性问题。

1723 年 10 月，雍正批准第二年在直隶先行实施摊丁入亩，但让人始料不及的是，作为该政策的建议人和未来的实施者，李维钧自己却又突然变得犹豫起来。

李卫当官

和火耗归公、养廉银等带有雍正标志的新政改革一样，摊丁入亩所产生的后果将是颠覆式的，这一制度实施之后，可以预计的情况是，谁的土地越多越好，交的税也就越多，谁的土地越少越差，交的税就越少，无田者或佃户则不需要交纳任何赋税费用。

它实际上是一种调剂贫富、利贫损富的办法，正如雍正在上谕中所说："丁银摊入地亩一事，于穷民有益，而于绅衿富户不便。"

雍正明白的事，他的臣僚岂能不知，李维钧害怕有权势者或政敌拿着摊丁入亩这件事做文章，对他进行攻击，到时如果雍正再反悔，说都是他李维钧一个人要做的，那他就惨了。

李维钧其实是多虑了，雍正不是那种瞻前顾后、优柔寡断的性格。对于一件事，他要么还没想好，一旦有所把握，认准了可以干，就会不怕艰难，不顾阻挠，一往无前。当李维钧发出密折，奏称自己遭到"权势嫌怨"，感觉十分孤立时，雍正马上告诉他："照直去做，坦荡荡不要有任何心理压力。如果你信不过自己，那就是信不过朕，朕难道是那么容易被其他人蛊惑的吗？"

得到雍正如此明确有力的支持，李维钧这才安下心来。直隶是摊丁入亩制度的试点省，之后山东、云南等省也紧跟其后，使得该制度开始由个别省份向全国普遍推行。

作为清代赋役制度的一项重大改革，摊丁入亩对雍正年间的社会发展起到了很大的推动作用，最突出的反映就是人口增加了。资料显示，在康熙五十年即1711年，全国人口还只有两千四百多万，至雍正十二年即1734年，全国总人口已达到两千六百多万，增加了两百多万。人口增长的原因很多，比如经济振兴，儿童的出生率亦有所增加等，但主要还是与实施摊丁入亩有关，因为摊丁入亩以后，不征人丁税，劳役负担也免除了，老百姓用不着再隐匿人口。

一个不容回避的事实是，各省在推行摊丁入亩的过程中确实受到了很大阻力，浙江就是典型例子。1724年，当浙江计划在全省范围内实施摊丁入亩时，省城杭州一些田多丁少的富人坚决不同意，他们纠集了百余人到巡抚衙门喊叫阻拦，巡抚法海惊恐不已，只得表示暂不实行。无田的贫民知道后更不满意，认为富人"阻拦摊丁"，而巡抚姑息养奸，于是也"聚众乡民，围辕吵闹"，或者"聚众进城，闹至县堂"，一直闹到了法海被撤职为止。

浙江本可被称为摊丁入亩的先驱。早在康熙年间，宁波府农民就提出了“随地派丁”的主张，另有两个县的无产业百姓和外来流寓人员表示承受不起丁役，要求赋税时不要把人丁考虑在内。至计划全省实施摊丁入亩时，部分州县实际已经在试行当中，但就是因为遭到部分绅衿富户的反对，全省计划屡屡受折，包括法海在内的两任浙江巡抚也都对此束手无策。

就在大家都觉得搞不定的时候，李卫上阵了。

终雍正一朝，最受皇帝宠幸的汉臣莫过于田文镜、李卫，但雍正喜欢李卫的程度应该还在田文镜之上。李卫的出仕方式与田文镜相同，都没有经过科举，而是通过捐纳走入了官场，不同之处是田文镜乃汉军八旗，李卫非旗籍，且出身豪族，家里很有钱。

李卫的先祖在明初以军功起家，世代承袭锦衣卫一职，后由浙江迁至江苏定居。世人对李卫向有“公不甚识字”的批评，他自己后来也向雍正承认：“臣孤失学，不习章句，缘从母命，访择塾师，仅能讲说《通鉴》，粗知古人行事。”

就是说，李卫虽然上过私塾，但从小读书不多，除了对《资治通鉴》了解得多一点，对于四书五经以及参加科举考试的必要技艺，根本就没下过功夫。

可想而知，如果要让李卫参加科举考试，那是绝对没戏的。好在家里什么都可能缺，就是不缺钱，李卫三十岁那年，正好碰上青海用兵，国家急需用钱，李家就拿钱出来，先给他买了个监生资格，然后让他以国子监学生的身份，捐了个兵部员外郎。

康雍时期有很多捐纳出身、目不识丁的大吏，所以李卫当官并不稀奇，他官当得也不错，颇得上司认可。兵部右侍郎田从典对他大加称赞，说：“非常才也！此席他日属君矣。”——你可不是一般的人才啊，我的位置以后一定是你的！

两年后，李卫升任户部郎中，到了新的部门后，他干得同样出色，张廷玉评价他在户部“遇到复杂的疑难问题，能够代替上司裁决，且都处理得清清楚楚、明明白白”。

有一年山西闹饥荒，李卫以户部专员的身份随左都御史朱轼前往赈灾，朱轼也就成了他的临时上司。在山西期间，李卫辅助朱轼悉心筹划，救活的人难以计数，与此同时他又保持着极佳的操守，不论经过哪个郡县，即便当地只请他吃顿饭都拒不接受。朱轼看在眼里，回京后便向康熙举荐，康熙感慨地说："在部属各司的官吏中，像李卫这样实心任事的人，已经没有几个了。"特授李卫为直隶巡道，不久，又保留道员衔仍回户部办公。

从这时候起，有一个皇子就注意起了李卫，这名皇子就是允祥，他在雍正面前竭力推荐李卫，称李卫"才品俱优，可当大任"。

大闹天宫

雍邸时期的雍正一开始并没有听说过李卫，直到允祥力荐，才知道有这么一个人。经过了解，他发现允祥对李卫的推重确非言过其实，李卫所做的不少事情都令人刮目相看。

有一位亲王分管户部，规定户部所收缴的白银，每千两就要额外加收十两作为损耗。李卫坚决反对，多次谏阻，但亲王执意不听，李卫就将收来的损耗银用一个柜子装起来，柜子外面注明这是某某亲王的"赢余"（即额外收入），然后将银柜抬至户部东廊，让进出的人都能看见。此事让亲王很是震惊和尴尬，只得下令停止了克扣行为。

另一件事也反映了李卫不畏权势的刚直性格。这位亲王王府中的歌伎杀了人，李卫奉命同刑部一起对其进行会审，刑部因为涉及亲王，便有意宽纵，想把事情拖下来，然后不了了之。李卫不干，跟刑部争吵起来，逼着刑部尽快开审。李卫的同事劝他说，即便刑部开审也不要急着去，这样好给刑部和王府都留点面子，李卫听了反而早早就赶去会审现场，总之是非把罪犯绳之以法不行。

李卫的这种性格脾气和作风，令雍正很是欣赏，一登上大宝便任命他为云南盐驿道。李卫是个孝子，奏称因母亲年老，做儿子的不宜远行，所以想辞去这一职务。雍正下谕说："朕新政不久，万里外边疆重地，无信任的人可以委派，你千万不能推辞！"他还勉励李卫到任以后，一定要澄清吏治，对一些不合理的制度实施改革，同时可以随时就当地所发生的情况向他单独进行报告。

李卫遵奉旨意，到云南后一边详查盐务，一边用密折向雍正进行详细汇报，结果他发现云南盐课存在严重亏空，积欠竟达十一万余两白银之多。

食盐是人们生活中的必需品，也是古代重要的利税来源之一，在清初的各项财政收入排名中，盐课仅次于田赋，列于第二位。云南的井盐和岩盐资源丰富，有着两千余年的产盐史，到清代时，盐税占全省赋税收入的比例已接近三分之二，云南盐课亏空的主要原因是官员们利用职权营私舞弊，中饱私囊，甚至有官员在其任内对挖出的盐井也隐匿不报，窃为私有，其横行不法、蒙混渎职的程度堪为全国之冠。

号准了脉之后，李卫立即从吏治着手进行大力整治，其间不管牵涉到谁，一概追究到底——在京城都跟亲王对着干，现在到了西南边陲，又能怕你们谁？

李卫在云南官场大闹天宫，所过之处仿佛被扫荡过一般：对盐务官员进行严查，所有已查出有贪污行为的官员负责分摊亏空的银子；云南前任巡抚甘国璧私自挪动盐课，从中取用资金，虽然甘国璧本人已离滇，但他的儿子还在云南，那就父债子还；有官员在拜谢上司时，曾从盐课中挪了六百两银子使用，如今必须一文不少，即刻归还。

李卫此时才刚刚三十八岁，比田文镜小足足二十四岁，他的性格也与田文镜不同，田文镜较为守敛持重，他则豪放粗疏，不拘小节，加上又要“大闹天宫”，与上司同僚的关系难以融洽，自然很容易引起各种非议。雍正知道李卫的性格弱点，在李卫从云南发回的第一批奏折中就对他说：“朕对你的忠诚勤敏没有顾虑，不放心的地方，就是怕你的少年锋锐之气太盛，又报效心切，在和上司同僚相处时太过强势，以致招来倚仗皇帝撑腰，轻狂放纵等议论，我可不希望这样。”

在要求李卫戒除身上的坏毛病，学会谦虚待人的同时，雍正也不忘对李卫进行保护。云贵总督高其倬上奏抱怨李卫这个属下“轻视同官”，“往往盛气凌人”，雍正批谕“此人心肠、本领是个好的”，他让高其倬代替他就近对李卫进行包容和培养，“琢磨他，期于上进，莫负朕惜才之意”。

高其倬是个官场老油条，见雍正态度如此，马上唯唯诺诺，不再瞎叨咕了，而有皇帝亲自挡枪，李卫身上所承受的压力毫无疑问被大大减轻。在履任八个月后，他治盐的成效也出来了，亏空不仅从盐课的账本上完全消失，而且还盈余了三万余两。

雍正接到报告后十分高兴，夸奖道：“你为人刚直，忠诚无私，处理公务也勤勉机敏，对此朕非常了解……到底没有辜负朕对你的赏识和提拔。”他让李卫再接再厉："一切但放胆去做，自有朕做主。"

经过李卫的整饬，云南盐务亏空陆续得以完补，连高其倬也在奏疏中说："李卫在云南，盐政焕然一新，一切皆尽心料理。"

雍正盛赞李卫是"国之伟器"，除颁赐亲书"公勤廉干"匾额以及人参、貂皮等物，还升任他为云南布政使兼理盐务、铜矿事务。

并没有什么大不了的

还在"田李互争案"发生前，雍正就不是很介意官员的出身，而是更看重对方的实际才干。他认为科举取士，只能看出一个人适不适合应试，至于这个人的人品好不好，实际才能如何，却是完全看不出来的，所以他主张选拔任用官员，"不可尽以科甲为人才，而视他途为市井小人"。

与此同时，雍正对官场论资排辈的风气也极为反感，说循资按次、照例选用的官员往往都不合格，"庸碍无能者有之，年老衰惫者有之，少不更事者有之"，让这些人做官只能造成政务废弛。为了创造崭新的政治局面，雍正按照"宜广其途，以为搜罗"的思路，在传统的选官制度和模式之外，一再打破出身和资历的限制，竭力为他所看中的贤才创造脱颖而出的各种条件和机会，从田文镜、杨文乾等人，再到李卫，莫不如此。

李卫升任布政使后，雍正特赐折匣一个，使他享有了超出职权之外的特别奏事权。其间，李卫曾奉旨奏议黄河治理，他对当时的河道总督齐苏勒不满意，便请求雍正访寻"深知黄河水利，实有经济"的人去总理河务。又有一次奉旨论用人，李卫把过去在户部的老上司都评点了一番，说原户部尚书赵申乔精熟钱谷吏治，但他把精力都放在细枝末节上，对重大事务和政策反而把控不好，又说户部侍郎张伯行与赵申乔相仿，人很清廉，可是一样不擅统筹，"密于小而疏于大"，往往被坏人钻空子。

不论齐苏勒还是赵申乔、张伯行，都比李卫的现有职位和品级要高，雍正让李卫直言不讳地谈论对他们的看法，一方面是用作下一步用人行政的参考，另一方面也是信任李卫的一种表示，换句话说，李卫从这时起就已被正式纳入了雍正的近臣圈子。

信任和重用是一方面，另一方面在自己的允许范围之外，雍正并不希望李卫放纵和妄言，也期待着他改正身上既有的一些毛病。可是俗话说得好，江山易改，本性难移，李卫就算是升了官，也还是保持着原来的老样子。有人密参李卫四款罪，说他私下居然称呼云贵总督高其倬为“老高”，巡抚杨名时为“老杨”，非但如此，李卫还在节礼生辰时收受川马、古董等礼物，自己的执事牌子上写的是“钦用”字样，等等。

李卫这几个被举报的罪状都是可大可小，若往大了说，“老高”“老杨”是恃才傲物，对督抚上司粗鲁无礼，收受礼物是操守和廉洁有问题，而“钦用”直接就是犯了忌讳。有些皇帝如果知道自己的臣下这样，可能立刻就会上纲上线，但雍正的反应却很平淡，因为他的思考角度和用人观与别人并不相同，在他看来，这些事其实并没有什么大不了的。

像李卫这样实心任事，整饬地方的大臣官员，极可能会触犯方方面面的利益，从而导致其不为周围的舆论所容。雍正对此非常清楚，他历来主张，观察一个官员好与坏，不能只被舆论左右，归根结底还是要看他有没有干实事，以及政绩怎样。退一步说，即便李卫真的在“操守廉洁”上有可被指摘之处，其才也足以进行弥补。过去主流社会的用人观一般都是重德轻才，“与其得小人，不若得愚人”，包括康熙都是如此，雍正则反其道而行之，他认为德才兼备的官员当然是最好的，但如果才能与操守不可兼得，则宁可舍弃不能办事的所谓清官，而任用那些操守看起来平常的能吏。

当然“重能轻贤，重才轻守”的前提是，必须确保臣下能够像田文镜那样，大节不亏，始终与君王站在一起，“以天心为心”，同时雍正也不相信李卫真像密参者说得那么糟糕，他怀疑李卫仅仅只是细节上不注意，被人抓住了把柄。为了加以确证，他特命贵州提督马会伯进行调查：“最近听说李卫做事轻狂放纵，操守亦不如前，是否如实？你一丝一毫不能顾及情面，也不能存有酬恩或报怨之心，必须据实向朕奏闻。”

对于这样的奏报，马会伯自然不敢随意往里面夹私货，在经过一番调查后，他老实回报：“李卫虽然赋性急躁，样子看上去也有些轻狂放纵，但做事其实并不偏执乱来，操守也依旧不错。”

雍正一颗心落了地，不过他仍把密参内容转给李卫，并在朱批中一一告诫：“以后待人接物尽量学得谦虚老成一点，即便是私下的称呼，也不要不知轻重；虽然你是偶尔收受礼物，也没有用于损公肥私，但这事还是要检讨一下自己；‘钦用’牌什么，那是你能用的东西吗？赶快停下来！”

挨了训的李卫表示他将“谨遵礼法”，“不敢任性，亦不敢委蛇从事”，可是却又说“若稍避嫌怨，万难整顿”，显然心里还是不服气：这才多大一点屁事啊，也值得去皇上您那里打我的小报告？我才不怕呢，我还是要继续跟他们干到底！

对于李卫这样勇于任事、刚直不屈的劲头儿，雍正是赞赏的，他担心的是李卫分不清刚直与傲慢的区别，于是又用朱批加以教导：“不避嫌怨与使气凌人、傲慢无礼可不是一回事，二者判然两途。你要勤加修习的东西，唯‘涵养’二字最为要紧，你一定要努力做一个完人，这样才能不辜负朕对你的知遇之恩。”

他的居心是好的

雍正为李卫可谓操碎了心，谁知李卫似乎横竖与“涵养”二字无缘，他依旧和云南按察使张谦等人不和。雍正闻讯，就像是父母对待毛病始终改不了的孩子一样，既着急又有些无可奈何，他嘱咐高其倬对李卫严加管理，并且说：“李卫是个好材料，就是性格不够平和，太过意气用事。你千万不要因为朕对他信任重用，就过分地屈就他，你是他的上司，这种上下体统是绝不能乱的。”

李卫和张谦的矛盾尚未能够理顺，他和署贵州巡抚石礼哈之间再起纷争，而且这回的声势大到吓人，两人甚至到了势同水火，有你无我的地步。

如同“田李互争案”时一样，雍正为了考察官吏的优劣和忠心，往往会加大密折的使用范围，通过将一位大臣的密参内容给另一位大臣看的方式，让官吏们相互督促和揭发。不过出于保护密参者的考虑，密参者的名字势必要预先裁去，他给李卫看的密参就做了这样的处理，李卫不能确知到底是谁参了他，而只能进行猜测。

猜测的目标当然主要集中于那些平时对自己有意见或提过意见的人，李卫倒没有怀疑到张谦身上，他认为最有可能暗算他的人就是石礼哈，于是在奉旨进京，途经贵州时，逢人就“问候”石礼哈的长辈，将石礼哈的祖父一顿痛骂，还说两人至此势不两立：“他参我四次，我亦还过他七次。”

其实，密参李卫目无上司，私底下直称“老高”“老杨”，确系石礼哈所为，但其他三款却与其无关。石礼哈亦非泛泛之辈，与李卫相比，两人在年轻气锐，敢做敢为方面极为相像，因此也颇得雍正赏识，他刚到贵州时任威宁总兵官，未几即署贵州巡抚。做了巡抚的石礼哈同样恃宠傲物，得知李卫在自己的地盘上到处骂他，如何忍得下这口气：你既然说都是我参的你，好，我就这么着了，而且更狠的招还没放出来呢，你能拿我怎的？来咬我啊！

石礼哈一不做，二不休，向雍正密奏：“李卫在云南，骄奢放纵，作威作福，不顾公论，专任私情。凡文武官员有要投靠他，想依附于其门下的，便竭力庇护，有与他合不来的，便想方设法除掉。”

如果说石礼哈的前一次密参尚有事实根据，这次明显是在编织罪状，故意抹黑。雍正了解李卫，他知道李卫虽有种种性格弱点，但为人处世一向光明磊落，更不至于党同伐异，所以对石礼哈的这次密奏未作任何批示。

雍正从不怠政，他破例不予批示就是一种态度，可石礼哈依然不死心。未几，他又密折参劾李卫的前任、原云南布政司毛文铨，指控其在任时涉嫌贪污。

参劾毛文铨其实只是一个引子或者说借口，最终目的还是打倒李卫——据石礼哈说，李卫在与毛文铨进行官职交替时，两人结为儿女亲家，从此以后，毛文铨便敬李卫如神明，言听计从。

石礼哈的言外之意，是暗指李卫可能与毛文铨联手涉嫌贪污。根据雍正所掌握的情况，毛文铨怎样且不去说它，李卫则根本就没有与别人联手进行贪污的事实。他对这种为了给别人定罪从而捕风捉影的行为很不以为然，当即直接道出了自己对于李卫的看法：“李卫确实有以气凌人、傲慢的毛病，朕也时常加以教诲，但他也只有这一个毛病，除此之外，他的居心是好的，一心想着要报效国家，才情亦属难得。”

正如李卫在贵州时放话出来，石礼哈参他四次，他也参石礼哈七次那样，石礼哈连参李卫的同时，雍正也收到了李卫参劾他的密折。这让雍正颇有啼笑皆非之感，他把李、石互参之折发给云贵总督高其倬看，说：“人心如此，真堪发一大笑。”

李、石虽然互参，但李卫再怎么说石礼哈不好，也只是就事论事，甚至于他每次参劾别人，在呈上奏章后都必定会让人抄写一份送给被参劾者，以示光明磊落，堂堂正正。石礼哈就不一样了，在雍正看来，他已经发展到了无所不用其极的地步，这也让他在雍正心目中原本不错的印象大打折扣。

雍正见过大臣们相互攻讦的现象太多了，如果只是因为与对方有矛盾，在密奏中表现得情绪化一些，并不难理解，他唯一无法接受和容忍的就是罔顾事实，他认为这不仅会影响他做出正确判断，也暴露了对方的人品。为此，他在朱批中对石礼哈进行了严厉批评："看过你参李卫的折子后，朕很看不起你这种孟浪无知的做法，对你的器重之心也因而减去了大半。你要记住，一个做臣子的，心中一丝一毫都不能存有嫉贤妒能之念。"

多年后雍正让另一宠臣鄂尔泰评点李、石相争案，鄂尔泰评论道："论心地，李卫颇为正直，石礼哈则近乎狡谲。论人品，李卫没说的，石礼哈却较为低下。"鄂尔泰提供的说法应该是较为公允的，实际这也是雍正当年对李、石的看法。

鉴于李、石互不相让，又都不肯改正自身的缺点，雍正决定用人事调整的办法来解决矛盾。他认为李卫既难以和西南的上司同僚搞好关系，便不适合继续留在西南，只能调往其他省任巡抚，让其独当一面，以观后效。至于石礼哈，为了个人恩怨，竟然不惜在公事上泼别人脏水，这样的人，反而不能让他所当一面，但调往其他省也不妥。最后雍正做出的处理是，将李卫调往浙江担任巡抚，取消石礼哈署贵州巡抚的官衔，仍任威宁总兵官。

李、石的一升一降间，可以明显看出雍正的倾向性，某种程度上，他也是在以此与未来赌博，他要看看他的鉴人有术是否真的能够像他所自信的那样，达到精准无误的程度。

大爷我只会武的

明清时期，浙江是财赋要区，有道是"天下财赋，半出江南"，但同时它又是海上门户和当年南明小朝廷的根据地，至雍正年间，南明残余势力也仍在当地从事反清复明活动，其重要性和复杂性不言而喻。李卫看上去浑身是胆，就没有他不敢做的事，但对于担任浙江巡抚，也觉得责任过于重大，为此曾以"无巡抚之才"婉谢（当然没有能够获准）。

任职浙江后，李卫首先要解决的就是被暂行搁置的摊丁入亩问题。1726 年 8 月，正当他准备在全省实施这一政策时，又再一次遭到了激烈反对。时值乡试，拥有土地较多的绅衿聚集了一千余人到钱塘县衙请愿，不许推行摊丁入亩，而地少丁多的贫民也向政府施压，他们聚众闹事，将当街铺面上的瓦片扔下去，逼迫商人罢市。

前任巡抚遇到这种情况，往往是与闹事者讲道理，道理讲不通，便只能答应暂不实行。李卫不一样：我本身都不识几个字，还跟你们来文的？大爷我只会武的！

半句废话都没有，李卫直接动手，把闹事者抓了起来，剩下的人都傻了眼，谁也不敢再跟官府叫板了，十几年来在浙江一直争执不定、久施不决的摊丁入亩制度迅速在全省得到推行。

对于李卫而言，镇压闹事，推行改革只是小菜小碟，真正让他大显身手的还是整治盐务。李卫在云南就当过盐官，但浙江的情况与云南不同，如果说他在云南整治盐政必须侧重于吏治的话，那么在浙江就必须侧重于打击盐业的走私。

在古代，政府为增加税收，规定食盐不得私卖，而公卖的食盐价格至清代时已达到成本的三十倍，如此惊人的利润，使得私盐也营运而生。私盐比官盐便宜得多，自然影响官盐销路和国库收入，因此历朝历代，政府都要出动力量，对私盐加以取缔。

清代划分十几个盐区，浙江沿海是产盐大区之一，浙盐行销浙、苏、皖、赣四省，所征盐课是浙江省的重要收入来源之一。可是浙江盐区的走私情况也非常严重，由于打击走私不力，在很长时间内，私盐竟然可以公开叫卖，像上海（时称松江府）那样的新兴城市，市场上已经全部都是私盐，官盐“片盐不销”，一斤都卖不出去。

私盐的泛滥不仅直接造成官盐滞销，使得浙江盐务出现亏空和财政收入大减，而且也使地方治安受到了影响。经过一番调研，李卫决定采取标本兼治的办法对食盐走私进行整治。

官盐在市场上不受欢迎，价高是最主要的因素，要降低官盐价格，就必须控制成本。古时以制盐为业的人户被称为盐户，盐户一般情况下都是各自独立设灶煎盐，为节省制盐的成本，李卫一面将摊丁入亩制度同样推行于灶地，一面鼓励盐户并灶煎盐。

私盐贩子自己不会生产盐，其私盐也需从盐户手里进行购买，而盐户之所以违反政府规定，将盐卖给他们，大多又与管理盐场的场官收受贿赂、管理废弛脱不开干系。李卫软硬兼施，除提高场官地位，用功名前程来引导他们，使其重名忘利，还对场官严加约束，一旦查明不称职者即永不起用。

当时浙江省的松江、台州、温州三府的盐场产量最大，在政府计划收购之外，盐户往往还有不少余量，所以透漏出去的私盐也最多。李卫具体情况具体对待，奏请朝廷发放帑银也就是国库银，专门用于收购三府的余量盐，然后再销给本地的渔民，这部分盐也被称为帑盐。

在控制成本、尽量堵住私盐的流出渠道之后，缉私便成为关键。浙江海宁县长安镇是私盐贩子出没最为频繁的一个通道，李卫在此镇设立了巡盐千总，专门负责缉拿私贩。与之相应，针对缉私过程中各官敷衍塞责、相互推诿的状况，他又设立了缉私道员，后者对于治内盐务大案拥有审理权——既然你们对于缉拿私贩都一推三六九，那我就专门找人来管这件事！

浙江盐区的私盐既有浙盐，也有从两淮盐区透漏的两淮盐。两淮盐价格低廉，对官盐的威胁最大，特别是在江苏，因为与两淮盐区靠近，私贩纷纷将两淮盐越区运到江苏贩卖。

私贩有高额利润可赚，相应也就有能力大量购买武器和招募武装人员。清以前的很多造反大王，比如唐代的王仙芝、黄巢，明代的张士诚，都是实打实的大盐枭，要打击他们这些人，从来都是件吃力不讨好而且极为危险的事。江苏官吏认为盐课收入反正与本省的财政收入无关，便乐得采取不闻不问的态度，浙江官吏倒有心打击私盐，然而往往又鞭长莫及，徒呼奈何。偶尔上面追查下来，江苏官吏为了交差，也会对私盐贩子进行缉捕，但抓到的往往都是出货量仅一升两升的小贩子，真正的大盐枭仍然逍遥法外。

在这种情况下，李卫认为必须跨省兼理盐务，否则无济于事，于是便向户部奏请关防，却没有得到批准，李卫再以缉私急需为由呈请，户部仍不给予关防。

退而求其次

李卫缉私，等于是为国家增加财政收入奔忙，跟户部直接相关，为什么户部还不同意不支持？其实也没别的原因，就是户部官员都看不惯李卫那种“我是救世大英雄，你们都要给我当助手”的嘴脸。雍正知道后，一语道破，说李卫对此也有责任，性情太骄傲了：你以前是户部的人，但现在户部是你的上级机构，还是要尊重人家嘛。

尽管如此，雍正依旧对李卫毫不瞻顾，一心要把事情干好的劲头表示欣赏，他直接指示户部，说李卫奏请关防是业务需要，不要阻拦，马上颁给。

拿到关防，李卫即通盘筹划，在足以决定浙盐销售成败的苏、松、常、嘉四府（江苏的苏州府、松江府、常州府，浙江的嘉兴府）对两淮私盐进行严堵，尽力保障浙盐的销路。

要取得打击走私的彻底胜利，就要主动出击，向大盐枭宣战。打大盐枭是要操家伙动武的事，有的白面书生出身的文官可能会觉得提心吊胆，然而李卫却是兴味盎然。

史载李卫身高六尺二寸，若用现代社会的长度单位换算，已接近两米。除此之外，他身材魁梧、膀大腰圆、膂力过人，而且自幼习武，练就了一身本领，早在任云南布政使时就曾亲自入山，擒获了两名为害一方的山贼。

李卫的祖先在明代是以军功起家的武将，李卫自己虽然以文臣为职业，但平时也爱琢磨武事，常有以武定国的志向。雍正将其调任浙抚时，他认为自己不能胜任，想让雍正给他调换的官职就是“总兵武弁”。他还建立了一个勇健营，招募兵勇，教兵勇们练习搏击拼刺之术。每当进行野外演习的时候，他都要身披金甲，手持一柄铁制的爪杖，亲自登台进行指挥，兵勇则拿着武器，按照他的指挥像模像样地“冲锋陷阵”。

李卫对领兵打仗十分向往，以至始终念念不忘。在浙抚任上，他曾两度请缨，一次是提出想当提督或总兵，“专心缉盗练兵，准备征战，随时效命疆场”，没有得到同意。第二次是母亲过世，他再度上奏，说母死已无牵挂，愿效力西陲，朱批依然是：“但愿此等处不用卿也。”

雍正对李卫说，我知道你素来想从军，也深谙武备，但边防上暂时还没有这种需要，而且按照我的想法，也不应该把你用到那方面去，言外之意，李卫做文臣所起的作用会更大。

不能到边疆保家卫国，便只能退而求其次，通过在家里剿匪过过瘾了。在当时需要打击的大盐枭中，以沈氏的势力为最大，此人既有武艺又有胆量，部下数百人，大船也有好几艘，经常用船满载私盐，在江浙平原纵横来去。官兵前往追捕，一再败北，沈氏因而变得更加嚣张不可一世。

打不赢和抓不住盐枭，说明缉私队伍的力量需要加强。李卫发现千总韩景琦擅长捕盗，他不仅予以重用，还让自己的小妾拜韩景琦为义兄，以拉近双方的关系。韩景琦知恩图报，遂用尽全力对沈氏实施抓捕。

清代的江南民间完全是个江湖社会，江湖风气非常浓厚，即便如盐枭，其实也算江湖中人。韩景琦原来做过镖头，对江湖中人的规矩及其命门可谓了如指掌，他熟门熟路，很快就设计将沈氏予以生擒活捉。沈氏本人一落网，该团伙即告自行瓦解，其余盐枭亦被震慑，人人避官兵唯恐不及。

产、运、销、管是贯穿盐务的四个基本环节，李卫不愧老盐官，纲举目张，很快就使原先官盐滞销的情况大为改观，出现了“食私盐者少，食官盐者多”的局面，浙江盐务很自然地得以扭亏为盈。后来邻近的两淮盐区实施盐政改革，几乎是照搬了李卫所创立的这套盐务模式。

李卫整治盐务取得成功的报告传至京城，雍正对李卫大加激赏。此时距离李卫离开云南，出任浙抚已有两年之久，两年后，李卫的政绩变得更加出色，但当年憋足劲排斥李卫的石礼哈却在走下坡路，老是把事情办糟，总挨皇帝的批评，在仕途上已没法跟李卫相比了。

雍正很高兴，因为这证明了他两年前对李、石的判断和任用是完全正确的。在批评石礼哈的时候，他旧事重提，对石礼哈说：“你总是不能客观准确地评价别人，比如当初参奏李卫，就说人家是不可容留之辈。你瞧瞧你都是怎么看人的，说你有眼无珠不过分吧？”

至此，李卫得到雍正的进一步信任和倚重。有一段时间，李卫病重，雍正竟索取他的生辰八字，让京城的相师算一算李卫究竟还能活多长。算下来的结果估计让雍正很满意很安心，因为过不了几天，李卫就被擢拔为浙江总督管巡抚事了。

那些所谓毛病

在李卫担任浙抚后，雍正的朱批中还常见他对李卫的训诫之语，不外乎是让李卫注意涵养，戒除“粗狂”、傲慢等毛病，而到授其以浙督前后，类似的批评就慢慢地从朱批中消失掉了。原因当然是在密折中参李卫的人不多了，雍正因此高兴地对李卫说：“看来最近大家对你都比较谅解，已经没有什么人再抱怨你了。”

其实哪里是真的没有抱怨和不满之声，只是官员们看到雍正这么宠信李卫，甚至都超过了田文镜，大部分人都不敢上来触霉头而已。当然，愿意拿花岗岩脑袋撞墙的主儿也不是绝对没有。李卫向户部上呈关于两浙（浙东、浙西）盐务的题本，户部议复时称李卫为“该盐政”，而不按规定称“该督”。雍正一看就知道有奚落李卫的意思，马上发旨查问是怎么回事。查询得知，原来是户部司官张复故意所为，雍正毫不犹豫地将其予以革职，发回原籍云南，交当地督抚严加管束。

李卫的那些所谓毛病也从来没有真正得到改正，比如说“粗狂”。李卫爱出风头爱招摇，他出行穿的都是绣衣衮袍，坐八抬大轿，坐轿前方安排一个特选的巨人，巨人肩上扛一把明晃晃亮闪闪的鬼头刀，作为前导。除了通常都有的鸣锣、鼓吹等仪仗，这支队伍里还配备有“提炉”，也就是把带链的香炉拴在一根棍儿上让人提着走，香炉里点的是檀香，轿子抬到哪里，香气就弥漫到哪里，而且经久不散。

与其他高官不同的是，李卫出行不仅不要求沿途的百姓回避，而且他还希望来看的人越多越好。为了告知和吸引围观者，随行人员把锣鼓敲得震天响，以至于三四里范围都能听到，就跟过节一样，结果是他要么待在官衙里不出来，一出来差不多整个杭州城里的男女老少就都知道了。

知道李卫好这一口，大家也都挺配合，围观的人群通常都是里三层外三层，他们在围观时也如同李卫所期待的那样，啧啧称赞于总督大人的威风八面以及出行仪仗的漂亮炫目。

李卫有时究竟会“粗狂”到一个什么样的程度？他疏浚西湖，在西湖建了一座花神庙，庙内正中央塑“湖山正神”，旁边塑“花神”，结果这小子居然让人按他的形象塑“湖山正神”，按他妻妾的样貌塑“花神”，还在一个小神龛内放置了一张他和妻妾们的画像。杭州人来花神庙拜神，拜来拜去，拜的都是他李卫一家子，实在是让人哭笑不得。不过好在杭州百姓对这位父母官的印象极佳，好多年了，也从来没有听说过他们对此有什么意见，后来还是当了皇帝的乾隆巡幸江浙，参观西湖花神庙时发现问题，才下旨予以撤毁。

李卫的“粗狂”有时也挺可爱。他非常喜欢听评书，时常把民间说书的老艺人叫到衙署内为他说书，每听到忠臣义士含冤受屈，小人得志，常忍不住呜呜啼哭，甚至于还会破口大骂或拔剑而起。明清时，一些舆论往往把王安石视为误国奸臣，据说李卫某次听人说书，听到王安石变法“误国”时，一气之下，竟下令把杭州的王安石祠堂给拆了。

李卫在公务上认真敬业、忠于职守，曾几次累到吐血，但与刻板拘谨的田文镜不同的是，他也很爱游玩，正好杭州的西湖又是“人间天堂”，他便常常留恋其间，有时兴之所至，还会让人敲锣打鼓，把文案搬到西湖的亭台楼榭间“现场办公”。事情传出去后，一般人都不敢在雍正面前指责李卫，唯恐惹得雍正不高兴，说他们小题大做，只有田文镜上折，径直参劾李卫爱“嬉戏游玩”。

凭借对李卫的了解，雍正就算不调查，也知道田文镜说的八九不离十，应该是真的，只好说：“李卫向来喜欢嬉戏游玩，确实是不太检点，朕一直都知道他有这个毛病，但没料到会如此过分，等他下次来京陛见，朕一定要好好地训斥教导他一番。”

对于“嬉戏游玩”的指责，李卫倒从来没有否认过，他申辩的理由是从没有因此耽误过公事，甚至有时对公事还有益。比如说他读书少，而且“不求甚解”，但听评书却可以从中学习礼仪，还可以知道哪些人物是好人，哪些人物是坏人，向好人学习，坏人引以为戒，等等。雍正对李卫知之甚深，了解他的性格和为人，于是除了略加告诫，也多数不了了之了。

英雄作为

李卫不光“粗狂”，还傲慢，除了雍正，基本上任何一个上司同僚他都敢得罪，哪怕对方也是皇帝的宠臣。

这里就要说到田文镜了。田文镜在河南，李卫在浙江，按道理双方风马牛不相及，他为什么要弹劾李卫？如果让田文镜自己陈述理由，他肯定会说为国家惜人才，希望李卫能够做得更好更出色之类，但清代笔记中却认为他其实是忌妒李卫更受宠幸，所以才会背地里弹劾李卫。

富有戏剧性的是，按照笔记所载，在田文镜弹劾李卫，却发现雍正除了打马虎眼，根本不为所动之后，他又害怕起来，转而想结纳李卫。正好李卫的母亲去世，田文镜就派人以他的名义送礼物前去吊唁。不知道是他弹劾的事已经让李卫知道了，抑或李卫本身对他也有看法，不但不收礼，还大骂道："我母亲生前就算饿死，也绝不会收受小人的哪怕一勺水！"骂完之后，他便将田文镜的使者推到大门外，同时将田文镜的名片也扔进了厕所。

笔记里记载的内容往往都只能划入野史，但李卫在故事里的言行却完全符合他的性格，称得上是惟妙惟肖，所以有专家分析，李、田之间发生的这类冲突很有可能就是实录。

雍正如此悉心保护甚至可以说是袒护李卫，是知道李卫与年羹尧、隆科多不同，却和田文镜有相似之处，即能够保持大节，勇于任事。有这些作为基本前提和保证，其他诸如粗狂骄傲、不注意小节之类都可以放在次要位置，留着对当事人慢慢提醒，慢慢改正。

在其他大臣密参李卫的奏折中，雍正将自己的这一用人理念表达得非常清楚："李卫粗疏直率，轻狂放纵，这是人所共知的，你们大家就不要介意了。朕也知道这些，但朕用他，是看重他操守廉洁、勇于任事的品格，用以挽回因循苟且，视国政如儿戏的颓风！"

雍正本身的性格，在认真严谨一丝不苟之外，还有真性情和有趣的一面，后者也正是李卫身上所表现出来的特质，或许正因为这样，相对于苛急刻薄的田文镜，李卫才更讨雍正喜欢一些。

前任浙江巡抚朱轼是个有点食古之化的理学名臣，在他抚浙期间，不但要求百姓的婚丧嫁娶、请客吃饭都必须遵循古制，而且禁止灯棚、水嬉、妇女入寺烧香、游山、听戏等，弄得市面上一片萧条，赖此维持生计的人家只得关门闭户，心中愁苦不堪。李卫在户部任职时，朱轼曾做过他的临时上司，有知遇之恩，但李卫为政却不如此古板，他到浙江后便听众民意，下令将朱轼所禁的所有民间娱乐活动全部放开，非但如此，他还不顾保守势力的指责，实行"三不取缔"，即不逐娼妓，不禁赌博，不干扰茶坊酒肆的正常营业。有人提出异议，他给出的理由是："这些都是缉盗的线索，不能禁绝，否则很难跟踪盗贼。"

因为李卫的到任，浙江重新变得歌舞太平，老百姓都为此称颂李卫施行了善政。不过话又说回来，朱轼当初治理地方的出发点究竟有没有错？其实也没错。朱轼精通理学，他是想把古代礼制的思想和教条融入百姓的日常生活中去，从而教化民众，用孔子的话来说叫作“齐之以礼”。只不过优秀的理学家未必是合格的能吏干臣，也注定做不出超出框范的英雄壮举。李卫就不同了，有人评价他在治理浙江的大胆行政就是一种英雄作为，也让地方老百姓真正得到了实惠，可称之为“敏则有功”（李卫去世后获赐谥号敏达）。

父母官好不好，治下民众最有发言权。几年后，李卫调离浙江，未几坊间便传出民谣，说：“李太保督浙万民安业，万提督到任阖省胥谗。”

李太保即李卫，那时他已被封为太子太保，万提督是指万际瑞，新任浙江提督。民谣中直接称赞李卫督浙有方，使得百姓安居乐业，相比之下，继任提督简直是个渣渣，全省人没有一个说他好的。

又过了好多年，李卫调任直隶总督，因为一个偶然的机会，他与户部尚书海望一道到南方勘察海塘，经过浙江时，恰好被一些村民给看到了。人们以为李卫“前度刘郎今又来”，又要到浙江来当督抚了，全都额手相庆，消息传出，数十里范围内挤满了纷至沓来的欢迎人群，一时欢声震天，李卫在浙江得人心之深可见一斑。朱轼听到后也颇有自叹不如之感，说：“古人云，观徐、傅言论，不复以学问为长。这话讲得太实在、太真实了！”

“徐”是南北朝时的名臣徐羡之，“傅”是指那时候的另一位大臣傅亮。徐羡之和李卫一样，平民出身，也没有读过什么书，但却被朝野上下一致公认为有当宰相的能力和声望。每当大臣们聚会时，其他如傅亮等才学渊博、善于言辞的大臣都雄论滔滔，唯有徐羡之大部分时候都保持着沉默，只在适当的时候才发言，但他那种庄重严肃的态度和喜怒不形于色的涵养放在那里，反而使当时的人加倍推崇他。有人叹息道：“观察徐羡之、傅亮的言论，已经不再是以学问见长了。”

如今不比学问了，要比就比能力，比贡献！

自雍正下令清查钱粮亏空并限定期限和目标以来，能否如期达标便成了检验各省督抚吏治水平的一项重要标尺。钱粮亏空本身是康熙朝遗留下来的历史问题，因时间久远，现任督抚的前任们都已经换了好几茬，关系网更是盘根错节，面对这一困难，一些能力平平的督抚往往不是束手无策，就是只能敷衍塞责。

在李卫履任浙江时，浙江的钱粮亏空也很严重，而且过往的浙江督抚同样换得跟个走马灯相仿，李卫又是怎么解决的呢？据清代笔记记载，当雍正的六年清查期限行将结束时，其实浙江离达标还远得很，李卫问幕僚们该怎么办，众人大眼瞪小眼，谁都拿不出什么奇思妙策。

见所有的人瞬间都变成了哑巴，李卫说：我倒有一个办法，如今不妨一试。

借力打力

李卫虽然从小读书和识字不多，但绝非不通文墨，甚至他还能跟别人讲一讲《资治通鉴》。

《资治通鉴》收录从战国到五代之间一千多年的史实，总结了军事政治方面的许多经验教训，既是一部大型历史书，同时也相当于政治学教材。对一个大吏来讲，读《资治通鉴》其实比单纯地读四书五经要有用得多，李卫也自认受益匪浅，从中了解到了不少古人做事的方法。

由读《资治通鉴》、听评书中得来的启示，再加上本身就具备的天赋，让李卫在处理各类行政事务时表现得非常灵活机智。就拿上报的奏章和公文来说，他一般都是先让幕僚起草草稿，然后再读给他听，听到不满意处时，就能立即提出相应的修改意见，而且常常切中肯綮，入木三分。据说有一次，雍正诏命李卫到某地办差，但他正好痔疮发作，于是就让幕僚将这一隐情报告给雍正。幕僚担心若直接写痔疮二字会对皇帝不敬，迟迟难以下笔，李卫脱口而出："那你为什么不写'坐处不安'呢？"

"坐处不安"就是告诉皇帝，我患痔疮了，行动不便，做这样的文字处理，既不会有不敬之嫌，又没有偏离事实，大家听后无不心悦诚服。

清理亏空非普通处理文案可比，但二者却也有相同之处，那就是都得用脑。为什么浙江用了六年时间都无法在清理亏空上收效？一个重要的原因，是下面的州县官还没有充分感受到压力。李卫认为，期限临近看似是个坏事，但反过来也能对州县官造成压力，他的办法就是借力打力，倒逼州县官们赶快交代真情，从而收到事半功倍的效果。

清查分两种：一种是自查，以雍正对李卫的宠幸程度来说，如果李卫提出自查，应该是能够得到允许的，但对于自查的结果，雍正会不会相信，那就是另外一回事了。另一种就是朝廷派人来查，缺陷是可能会让李卫失去对局面的掌控，那他的办法也不能得到成功实施，李卫因此对幕僚们说："如果不请朝臣（即钦差大臣）来清查，皇上不会相信，但如果朝臣来了，督抚没有权，事情就糟了。"

在李卫的授意下，幕僚起草了一封奏疏，奏疏中说："浙江政事废弛已久，如果有朝中大臣前来督责办理亏空案当然是再好不过的事，但朝臣初来乍到，恐怕难以抓到要害，我身任浙江总督，希望能够由我来协助朝臣，对清查事宜进行主持。"

奏疏写成后即火速上奏。李卫随后假装要过生日，大摆筵席，接受下属的祝贺。总督过生日发请柬，有谁敢不来？浙江七十二州县的官吏能到的全都到了，其间，李卫在杭州城里张灯结彩，设乐演戏，搞得还真像那么回事。生日会结束，他以留下来继续饮酒为名，借机将把州县官们带入了一间密室。

直到走进密室，李卫才把脸色沉下来，对大家说："朝廷负责清查亏空的使节就要到了，你们库中究竟亏了多少，丝毫不能瞒我，这样我才能救你们，否则的话，一旦被揭发出来，就是诛罚的大罪，到时你们不要怨我。"

州县官们事先没有一点思想准备，听后全都吓呆了，个个都流着眼泪请总督大人无论如何施以援手，而且保证李卫怎么说，他们就会怎么办。

这哪是什么生日会，简直是催命会！州县官们一回去就赶快行动起来，有亏空的按册核实，密报李卫，没有亏空的也都向他打了书面报告。

没多久，李卫写给雍正的奏疏批了下来，雍正派户部尚书彭维新为钦差大臣赴浙清查，同时准许李卫协理。彭维新是个很有名的清官，对地方官员的贪腐之风一向深恶痛绝，他南下后先到江苏，管辖江苏的总督、巡抚都不敢在他面前说假话，完全按照他的安排进行清查，结果江苏各州县被处以流放、斩杀、监禁、追究的不计其数。

查完江苏，彭维新再杀到浙江，其风风火火的气势十分吓人。此时李卫虽已拿到详细的亏空名册，但还来不及进行弥补，所幸他早已有备，在迎接彭维新时即拿出雍正的朱批给对方看，说："朝廷准行我参与清查，彭公就不要像江南省那样办了吧。”

明白了李卫在这次清查中所处的地位和角色，彭维新当然就不能再以钦差的身份居高临下，说少啰唆，本大臣马上就要展开清查之类，不仅如此，他还得稍稍对李卫礼让一些才行呢。

李卫为第一

李卫按例设宴款待彭维新，酒过三巡，菜过五味，他突然举杯叹息道：“凡是大家在一起共事，就没有不产生争执的，偏偏我这个人性情粗鲁，又好与人争斗，为此曾屡次受到皇上的教诲和批评。这次我下决心再不能与彭公你争了，可是又不知道怎么做，才能完全避免我们两人之间的争执？”

彭维新也想尽可能避开李卫，以免受其干扰，于是就提议说：“把州县分开，你我各查一部分如何。”李卫听了喜形于色，说好，马上让身边人将全省各州县名称书写在纸上，然后将纸揉成豆粒大的纸团，用漆盘装着，供他和彭维新分别抓阄。

在接下来的日子里，彭维新像清查江苏时一样，拿着算盘，亲自对所分到的州县进行钱粮核算，但不管他怎样反复算，最后连握算盘的手都起了老茧，还是没有发现账本上有问题，而且每个州县都是如此。

奇怪吗？不奇怪。彭维新并不知道，李卫在抓阄分州县时做了手脚，每个纸团上都有特殊标记，李卫据此将那些存在亏空问题的州县都抓在手里，而没有问题的州县则都归了彭维新。

李卫名为与彭维新一道清查，实际是暗中督促各州县弥补亏空，待到清查全部结束，亏空也基本弥补得差不多了。这时候李卫才故意问彭维新：“怎么样，你那里查到有亏空的没有？”彭维新当然回答说没有，他转问李卫那边情况如何，李卫立即装出一副喜出望外的表情，说他负责的州县也没有。

两人一同向雍正奏报，说浙江没有夸空。雍正闻之大喜，对身边的人说：“听到要清查亏空了，督抚们多数愁眉苦脸，只有李卫不放在心上，该玩玩，该吃吃，这是他督浙有方，对此有自信的缘故啊！”遂加封李卫为太子太保，外加许多赏赐，同时浙江各级官吏也都因此各升一级。至此，“江南之人，望如天上”，官员们都对李卫佩服得五体投地，把他看得好像神仙一般。

笔记所述的故事或许有很多夸张虚构的地方，但也足以看出李卫在整肃吏治方面确有自己的独到之处。

作为一个深受雍正欣赏和重用的封疆大吏，李卫各方面的能力都很突出，不过他最擅长最拿手的还是缉捕盗贼。

清代的江浙两省一方面是富省，另一方面贫富差距也较他省更大，这里不仅充满江湖气，而且盗贼出没横行，社会治安很成问题。李卫赴浙莅任后便全力缉盗，他之所以顶着压力在浙江实行“三不取缔”，既是因为认识到青楼、酒坊、茶肆等乃地方财政收入的重要来源，须赖此发展地方经济，同时也确是如他所言，要从中寻找破案缉盗的线索——民间娱乐行业总离不开盗贼光顾，从业人员当然最恰宜被官府发展为跟踪他们的眼线。

一旦得到重要线索，李卫就或令捕快干员乔装改扮混入贼窝，或命已向官府投诚的盗贼暗通情报，以便知己知彼，全面准确地了解盗贼的情况。在此基础上，李卫才正式指挥人马发起出击行动，有意思的是，每次出击，他都会交给部下一个锦囊，部下们只要按照锦囊去做，每次也都能大获全胜，从无落空的时候。

在李卫所辖范围内，最后就连发生在二三十年前的康熙朝积案都被他给破获了，浙江由此出现了“东南数千里无盗贼之警”“千里如枕席”的局面，“拐逃、假银、扒手、赌博等犯”的作案次数也都锐减。雍正对此大加称赞，说“督抚中能侦缉匪类的人，惟李卫为第一”。

江浙原本的盗案都一样多，就在浙江的社会治安大为改观的时候，隔壁江苏却还是老样子。雍正认为是地方官有问题，在他看来，两江总督范时绎缺乏缉盗之才，江苏巡抚陈时夏的性格又过于柔懦，以致在加强地方治安方面毫无起色，已经与邻省浙江拉开了好大一段距离。

包括范时绎、陈时夏在内，雍正都希望他们能够效法李卫，曾经屡次对他们说：“朕之所以这么信任李卫，正在此处（指侦缉匪类），他是真正识得大体，能知地方利害的一个督抚。”当然再怎么训诫，你要范、陈二位一下子就赶上李卫的水平，也是件不可能的事，所以雍正就干脆下令将江苏所属七府五州的一切盗案全部移交给李卫管理。

对于李卫到浙江后的表现，后世有说他粗狂傲慢的，有说他意气用事的，甚至还有批评他摒弃前任朱轼的治理方法，“不纯用儒术”的，却都不能否认他对于地方的贡献，也都不得不肯定其在抚浙期间，“恩惠施及海边僻远地区，乃封疆大吏中的佼佼者”。

第八章
伟大的变革

在李卫由云南调至浙江的那一年，他的上司、云贵总督高其倬被召进京，继任者为原云南巡抚杨名时，但杨名时身为总督，其权限却仅限于云南巡抚，反而新任云南巡抚鄂尔泰实际行使着总督的职权。

总督、巡抚名实颠倒，究竟怎么一回事呢？这就得说到鄂尔泰其人，他并非一般大吏，而是与田文镜、李卫齐名的雍正朝“模范三督抚”之一。实际上，雍正对鄂尔泰的器重和喜爱程度还要超过田、李，本来鄂尔泰刚刚才从江苏布政使晋升为广西巡抚，但在赴任途中，雍正觉得他仍可大用，想命其节制云贵，可是又不好让在总督位子上屁股都还没焐热的杨名时马上腾出交椅，于是这才有了安排鄂尔泰“以巡抚职管总督事”的非常规做法。

鄂尔泰系满洲镶蓝旗人，其先人投归努尔哈赤，为世管佐领。与田文镜、李卫以及很多不学无术的满洲八旗子弟不同，鄂尔泰是正宗科举出身，二十岁就中了举人，不过他只是把科举作为敲门砖，在靠中举获得进入仕途的资格后，就不再参加科举考试，而转入了对真实学问的钻研和掌握。

拒绝与被拒绝

鄂尔泰最初在官场上得到的职位是袭佐领世职，在宫廷充当侍卫。这是一项清闲差使，鄂尔泰就利用其间的余暇进行学习，每当到内廷值班时，他都必定要带去两本书，“手不释卷，竟夜忘寝达旦”。鄂尔泰自己后来也说，他入仕前读书其实纯粹是为了应付考试，并未认真研习过学问，“生平得力，全在禁廷直宿之时”。

鄂尔泰少年登科，但在其后的相当长一段时间里，却好像是进入了一个仕途的瓶颈期，怎么都升不上去。直到三十七岁时，他才得以出任内务府员外郎，可是往后去又停滞不前了。

鄂尔泰的这一遭遇与田文镜颇有相仿之处，原因或许也都可以归结到性格上去，就是他在为人处世方面和田文镜很相像，都比较刚正，不太会趋炎附势的一套。

据记载，康熙朝时有一个暴戾的郡王，强命鄂尔泰替他徇私舞弊，鄂尔泰不从，郡王就把他叫过去，要予以杖击。鄂尔泰去是去了，但在袖子里藏了一把匕首，眼看将受杖击之辱，他当场将匕首掏出来，声明如果要当场打他，那他宁可自杀，“士可杀，不可辱！”鄂尔泰毕竟也是一个朝廷命官，郡王本来就心怀鬼胎，见事情可能闹大，连忙让属下收起刑具，并且亲自向他道歉。

如鄂尔泰、田文镜这种类型的官吏，在康熙朝并不受青睐。一晃五六年过去了，鄂尔泰依旧还在内务府当着他的小郎官，这使他的内心很是苦闷。四十二岁的时候，他作诗自叹：“揽镜人将老，开门草未生。”又吟道：“看来四十犹如此，便到百年已可知。”怀才不遇、悲观失望之情溢于言表。

是雍正完全改变了鄂尔泰的人生走向，或者可以这样说，如果不是遇到雍正，至少“模范三督抚”中的鄂、田都将注定蹉跎到老，更不用说在史册上留下印记了。

有人以为“模范三督抚”是雍邸旧僚，所以才受宠，其实包括鄂尔泰在内，三人在雍正登基前和他都没有任何特别的历史关系。当然鄂尔泰其实与雍邸时期的雍正也有过接触，只不过这种接触是外人看起来很不愉快的“拒绝与被拒绝”——雍正想托鄂尔泰利用公务之便为他办点分外之事（也有说他是想拉拢鄂尔泰），但遭到了鄂尔泰的严辞拒绝：“皇子宜毓德春华，不可交结外臣。”

换别人，可能恼羞成怒，即便当时不能拿鄂尔泰如何，也一定会记在心里，等着日后有机会再给他小鞋穿，然而雍正到底非同一般，他在碰了钉子后，不但没有记恨鄂尔泰，反而很欣赏他这种耿直的作风，认为这是一种忠臣的品格和资质，对皇帝的统治有好处。

雍正登基后，特召鄂尔泰入宫，说：“你不过是个微不足道的小郎官，可是却敢上拒皇子，说明守法意志甚坚。现在朕任命你为大臣，想来你也一定不会私下受他人之请托。”

因为雍正的不计前嫌和豁达大度，鄂尔泰被任命为云南乡试副主考，终于在仕途上走出了泥潭。

康雍时期的不少满洲大员文化都不高，或不识字或不通汉文，只能靠幕客为其起草和阅读文件，雍正有时也会在朱批中好奇地问对方："听说你竟然不识字，怎么送来的奏折都如此通顺妥当呢？"他有时更会叹息某某大臣其他什么都好，可惜就是一字不识，平时离不开某某幕客，故难以大用。鄂尔泰不仅是正宗科举出身，而且有着广博学识，像他这样的人才，在当时的满洲大员中委实比较罕见，一旦被选拔出来使用，想不脱颖而出都难，于是仅仅几个月后，鄂尔泰又被越级提拔为江苏布政使，成为了地方大员。

在得到雍正的重用后，鄂尔泰精神大振，又作诗两首，一云："问心都是酬恩客，屈指谁为济世才？"一云："炊烟卓午散轻丝，十万人家饭熟时，问讯何年招济火？斜阳满树武乡祠。"

在忠于国君的前提下，鄂尔泰誓言要以济世为己任，以先贤诸葛亮为榜样，敢作敢为，大展宏图，除此之外，他也仍保持和坚守着他固有的为官准则，即不趋炎附势，不畏强暴，哪怕可能危害到自己的仕途乃至生命安全也在所不惜。

在年羹尧势力最盛的时候，就连他的家奴都到处耀武扬威，不可一世，而地方大员慑于年氏淫威，大多不敢予以得罪。鄂尔泰偏不就范，有一次，年羹尧的家奴路过江苏，鄂尔泰虽开门迎客，但在家奴进门后，他却连站都没有站起来，只是高坐堂上问道："你主子还好吗？"见鄂尔泰一副凌然不可侵犯的样子，家奴情知占不到便宜，只得"屈膝出"，灰溜溜地滚蛋了。

鄂尔泰"行为反常"，反而让年羹尧不知所措。他知道鄂尔泰也得到皇帝宠幸，可是又不知道宠幸到了哪一步，为此他不仅不敢拿鄂尔泰怎样，还极力保荐他升官。隆科多那段时间都是在跟风走，年羹尧保他也保。

此时的雍正已对年羹尧、隆科多产生怀疑和不满，原本他因为对鄂尔泰在江苏的政绩感到满意，已打算提拔鄂尔泰做巡抚，年、隆如此做法，倒让他误会鄂尔泰是依附年门之人，与年、隆有所牵连。他通过朱批告诉江苏巡抚张楷："鄂尔泰做官甚好，朕所以不给他做巡抚，是因为年羹尧、隆科多极力保荐，必是他附托于人。你可以传朕的谕旨给他，令其改过，实心办事，朕自加任。"

之后雍正很快了解到了真实情况，对鄂尔泰逾加欣赏，仅仅几个月后，即升他为广西巡抚，在其赴任途中又调其为云南巡抚管理云贵总督事。

改土归流

在鄂尔泰节制云贵之前，有一件西南要务始终让雍正决断不下，这就是“改土归流”。

“改土归流”的“土”是指土司制度，主要施行于西南少数民族地区。土司制度下的土司，即统治这些区域的少数民族头目，他们与内地的州县官不同，是世袭的，并非由中央政府所委派。当然土司也经过国家封授，一般情况下分两种，如果授的是武职，统称土司，比如宣慰司、宣抚司、安抚司等；如果授的是文职，统称土官，比如土知府、土知州、土知县等。

古代中国的很多制度和办法，一开始都有其特定的作用，后来则往往弊端丛生。土司制始自于元朝，元朝疆域空前广阔，超过了历史上以往的任何朝代，在当时条件下，直接在边远少数民族地区设置郡县是很困难的，而土司制的创制，至少做到了用最省力的方式把这些地区置于中央王朝的统治之下。

明代承袭了土司制，但也正是从明朝起，土司制的弊端越来越多地暴露出来。当时对于土司们单方面制定的法令，中央都不能过问，同时多数土司手中还掌握着军队，有的甚至达到数万人之多。不少朝廷官员为之忧心，认为必须设法遏制土司这种“小者视子男，大者竟数倍于公侯”的趋势。

为了解决土司制的问题，明代出现了流官，所谓流官，是指由中央政府派任，定期调动和更换的官员，明代政府拟在有条件的地方用流官来代替土司，此即“改土归流”，但“改土归流”在明代只是偶有实行，区域也不大，只是零星式的。

随着时间的推移，至明朝中后期，土司制问题已相当严峻。有些翅膀长硬了的土司仅在名义上接受中央政府的封号，暗地里却进行分裂活动，“无事近患腹心，有事远通外国”，个别胆大妄为的土司甚至还发动了叛乱，土司由此成为西南地区不安定的一个重要因素。

明朝政府被迫大举用兵。正统年间，兵部尚书王骥总督云南军务，率部在八年时间里，先后三次征讨麓川土司的叛乱，每次出兵都达到十几万的规模。虽然明军最后占领孟养并直抵孟那海，但并未抓到土司头目，也没能在孟养设置流官，等于前功尽弃。更可怕的是，明朝国力受到极大削弱和牵制，乃至有土木堡之变，重蹈了唐玄宗天宝年间因征南诏而使盛唐走向没落的覆辙。

与唐朝在没落后也曾出现中兴一样，明朝到万历时有所谓“万历中兴”。在国力复振的情况下，明军兵分八路，平定了播州土司杨应龙的叛乱，这就是“万历三大征”之一的播州之役。此役明军投入兵力总计达到二十万以上，糜饷超过两百万，虽然取得完胜，但也被认为严重消耗了中央政府的财力，“白骨山积，海内骚动”，成为压垮明朝迅速走向衰落的最后一根稻草。

由于土司制未能得到根本改变，嘉靖年间的御史杨鹤在上疏中曾指出：“（土司制）将来尾大不掉，实可寒心。”他的预言很快得到验证，崇祯时西南各省的土司叛乱不断，令自身已经陷于四面楚歌中的明朝政府雪上加霜。当时明军到处扑火，本来就不够用，可仅仅为了对付其中阿迷州土司发动的叛乱，便在整整一年半的时间里，调动了四名将军所指挥的五万兵马，“劳师动众，转饷万里之外”。

明军并没有能够把土司叛乱完全遏制住，清初当吴三桂率大军西进时，西南少数民族地区仍基本处于动乱状态。吴三桂在进兵的过程中也没少吃土司的苦头，曾因弹尽援绝，受困两个月之久，好在最后总算把大的叛乱给镇压下去了。

从吴三桂镇守云南到康熙讨平三藩之乱，中央政府都无力顾及西南，只得沿用土司制度，其间虽然也在少数地区试行过“改土归流”，但其规模和动静与明代相仿，都属于隔靴搔痒，小打小闹，解决不了根本问题。

雍正登基之初，土司势力仍在继续恶性膨胀，出现了许多辖地数百里，拥兵数万或数十万的大土司。这些土司不仅拥有大量的世袭领地和军队，还有自己的官吏、法庭和监狱，致使属民“知有土官而不知有国法者久矣”。

高度集权、大一统是清代政治体制的两个关键词，雍正一手把他的皇朝带入了集权统一的巅峰期，他当然很难容忍这些“国中之国”和土皇帝、割据者的长期存在，除此之外，关于土司制其他弊端的报告也让他感到极为恼火。

说起来容易，做起来难

清代土司必须向中央政府缴纳贡赋。纳贡采用实物折成银两的形式，一般是三年一次，而且不多。赋税是每年都有，但也很轻，这其中纳赋最多的是云南车里宣尉司，也不过才每年一千多石。可是在土司的“国中之国”内，赋税却是“一年四小派，三年一大派，小派计钱，大派计两”，远超土司要缴纳中央的贡赋。比如云南镇沅土知府刀翰，他在雍正初年每年进贡银三十六两，米一百石，而向属民征收的是银两千多两，米一千多石，二者竟相差十倍至五六十倍。

土司不仅在辖区内横征暴敛，而且可以对属民“任意取其牛马，夺其子女，生杀任情，土民受其渔肉，敢怒而不敢言”。更有甚者，土司还可以像对待牲畜一样，将属民任意转让，或杀死敬神祭祖。

很多年后，西方传教士涉足当时尚存的土司区域，惊叹这是“一片充满阴谋、法律不行、道德败坏、劫掠、强奸、谋杀及大量其他类似行为的土地”，“中国文明中的一处污渍”。在西南活动的传教士大多见多识广，各种野蛮现象不是没看到过，但他们对土司区域描绘最多的仍只有“恐怖”两个字，“它的恐怖气氛不由得令人沉思，若是贴近它去体验一下，还将感知更大恐怖气氛”。

雍正对土司区域属民的悲惨生活了解得非常清楚，他在上谕中感慨，土司属民也都是“朕之赤子”，可是就在其他地区百姓安享太平之乐的时候，属民却仍过着跟牛马一般的生活，每每想到这些，“朕心深为不忍”。

土司制也一直严重影响着西南的社会安定，清代土司虽然已不至于像明朝那样发动对中央的战争，但由他们所触发的战争、仇杀仍持续不断：有的土司支系不明，私相传接，再加上地方官从中偏袒作弊，导致土司内部为了争夺继承权，经常发生大大小小的战争；土司之间围绕争夺土地、人畜的战争相当频繁，有的甚至经年不解，世代为仇；土司到邻近州县抢劫、屠杀汉民的事屡屡发生，因此造成了土司属民与汉民的对立，属民往往成群结队骚扰汉民，有的还在夜间乘汉民不备，焚屋屠戮，而汉民也对他们恨之入骨，常有属民一离开村寨就被汉民杀掉的例子。

雍正初年，随着国内政局渐趋稳定以及社会经济的发展，“改土归流”已成众望所归。一方面，部分属民不堪虐待，本身就有脱离土司统治的愿望，有的已全村离开土司，呈请改归地方政府统辖。另一方面，汉民中要求改流的呼声也越来越高，有人甚至直接指出，土司制“名为羁縻”，实为“天地间之缺陷”，若任其继续存在下去，“诚恐数十年后，边人终未得高枕而卧也”。

处于这种新形势下，云贵总督高其倬、广西提督韩良辅曾先后上疏，提议在云南威远和广西的土司地区实行改土归流，然而当时朝中对此有不同意见，广西巡抚李绂就认为土司虽然为恶，但还不至于非改土归流不可。

大臣们出现争议，最终都要由皇帝来衡量和裁断。雍正是注重实际的实干家，他考虑到，土司制毕竟横跨元明清三个朝代，已有数百年历史，树大根深，要予以取缔，必然说起来容易，做起来难，“唐朝征南昭而衰，明朝征麓川而亡”的教训可以说是历历在目。再加上，他当时的皇位还没彻底稳固，朝中、边疆一些更紧要的军政大事亟须处理，所以支持了李绂等人的意见。

在李绂的奏折上，雍正这样阐述自己的看法：“土官相袭已久，若一旦无故夺其职守，改土为流，谁不惊疑？”此后对于西南官吏一再奏报的土司不法情况，他只能一面叹息谴责，一面用朱批告诫众人不得轻举妄动：“柔远之道，安边为要，万万不可贪利图功，轻启衅端。”

等到雍正逐步解决了朝中、边疆那些棘手的大事，皇位也坐稳当了，他的态度仍不是很积极，久而久之，也就没人再敢提及改土归流这四个字了。

不能半途而废

雍正年间的西南是朝廷眼中的未开化或半开化地区，那里有些少数民族地区，比如“苗疆”，连中央政府承认的土司都没有，只受该族头人统领，这些头领可称为土舍。实行土舍制的苗疆往往被邻近土司所控制，其弊病与土司区域相比，有多无少，所以官方习惯于把土舍、土司问题放在一起对待处理。

苗疆顾名思义是以苗族为主的聚居区，但此处的“苗”或“苗民”并不仅仅包括苗族，还有彝族等其他少数民族。自明代以来，各种史籍中又常常把“苗”划分为“熟苗”和“生苗”。所谓熟苗，是指邻近汉区或与汉民杂居，能讲汉话，其生活习俗也同汉民比较接近的苗民。在苗疆里生活的多为生苗，他们一般居住在偏僻山区，由于言语不通，生活习俗差异大，所以不仅与汉民关系疏远，有时矛盾还相当尖锐。

在云贵两省的苗疆中，以贵州省广顺州长寨的“仲苗”势力为最强。长寨地处“各苗之腹”，乃周围大小苗寨的核心，有一呼百应的作用和效果。“仲苗”土司屡屡向官府挑衅，但因其地势险要，又有大小各寨的呼应支援，数百年来历朝历代都无可奈何，拿他们没什么办法。

1724年，“仲苗”土舍阿近自称苗王，再次倚险作乱，云贵总督高其倬设计诱擒阿近，平息了这次叛乱。之后他经雍正批准，在当地设立军队戍防地，以控制前后左右各寨，开始将苗疆置于政府的军事控制之下。

“仲苗”并不甘心，两年后，土舍阿革、阿纪派人用大石块堵塞路口，不让官军建房进驻。在朝命无法得以执行的情况下，署理贵州巡抚石礼哈、提督马会伯先后上奏，向雍正提出用兵请求。雍正尽管内心很赞同他们的意见，但又怕他们年轻鲁莽，谋虑不周，不能成功，反倒把事情搞砸，故而还是将他们的奏请压了下来。

不久，石礼哈因为与李卫闹矛盾而去职，又重新回到了威宁总兵官任上，新任黔抚何世璂反对用兵，奏请对长寨土司进行招抚，雍正内心虽不以为然，但还是同意让他一试。结果证明何世璂过于书生气，一直都拿不出好的招抚办法，事情仍然一无成效，这也间接促使雍正下决心召高其倬入京，在进一步了解云贵少数民族情况的同时，就长寨问题的处理征询其意见。

高其倬的态度与何世璂相左，与石礼哈、马会伯相近，也主张用兵征剿。雍正一时犹疑不定，难以决定，遂又下旨向“以云南巡抚管云贵总督事”的鄂尔泰进行询问。

此时阿革、阿纪更加猖狂，已开始焚烧官军营房。见事态严重，鄂尔泰在回复雍正的询问时力主必须用兵，“穷究到底，杀一儆百，使不敢再犯”。

收到奏折，雍正内心为之一宽，在朱批中，他说自己深知鄂尔泰乃“才德兼优之督臣”，必能承担重任，因此完全赞同鄂尔泰用武力开辟边疆的建议。他鼓励鄂尔泰全力以赴，将来事定，“当以军功赏叙”，本来石礼哈已调用广州将军，雍正也让其暂停赴粤，待配合鄂尔泰完成任务后，再履新任。

获得雍正的批准后，鄂尔泰立即兵分三路，向长寨进兵。在会攻的开始阶段，官军虽拿下了长寨，并焚其附属七寨，但没有抓到为首的阿革、阿纪，副将刘业濬所部也在苗兵的反击下被迫撤退。

政府内部因而再起争执，何世璂主张适可而止，鄂尔泰坚持不能半途而废，总兵官丁士杰从“柔远”“安边”角度，提出“三不可剿”，鄂尔泰则答复以“三不可不剿”。

官司打到雍正那里，雍正认为鄂尔泰做得对，何世璂是书生之气，他要做的不是对鄂尔泰的决策和指挥说三道四，而是要努力协助鄂尔泰完成此役。丁士杰也遭到一番数落，雍正说他见解谬妄，失于怯懦因循。

当初鄂尔泰赴任西南，便被雍正寄予厚望。知道他身体不适，染有微恙，雍正亲自派人为之推算命理，得大寿八字才安心：“朕之心病已痊愈矣。”接着又特命其乘御舆前往西南任所，沿途还命所经各地长官，随时呈报鄂尔泰的健康状况。

当鄂尔泰途中自己报告已恢复健康时，雍正欣喜不已，说：“朕与卿一种君臣相得之情，实不比泛泛，乃无量劫善缘所致。”

乾隆当时虽然还未接老子的班，但对鄂尔泰已有所了解，也弄懂了为什么皇父会那么器重鄂尔泰。他继位后评价说：“当年鄂尔泰、田文镜、李卫都是督抚中最为皇考所称许的人，但其实田文镜不及李卫，李卫又不及鄂尔泰。”

政治家的品格

鄂尔泰胜过田文镜、李卫和其他人之处，在于他其实是雍正朝大臣中少有的政治家。清代尤其是前期，在国事方面虽然有大的发展，但由于皇权得到前所未有的加强，所以使得臣下难以发挥政治家那样的作用，当然也就不容易产生像明代张居正那样的政治家了。田文镜、李卫再实心任事，也就是实施雍正的新政特别得力而已，距离政治家的标准还很远。

没有大局量和大胸怀，就做不成大事业，政治家的品格之一就是要有容人之量。鄂尔泰赴任前，李卫曾当着面让他提防石礼哈，鄂尔泰马上答道：“人须自防，何用防人！”李卫听了悻悻然，他虽然不得不承认鄂尔泰言之有理，然而最后还是撂下一句：“你去了就知道了。”

鄂尔泰赴任经过贵州时，自然要与石礼哈见面。尽管石礼哈躁动好斗的名声在外，李卫又预先打了“预防针”，但鄂尔泰在会见石礼哈时，并没有对他表现出任何芥蒂或防范。石礼哈刚被降职，很怕新上司对他另眼相看，鄂尔泰的态度当然让他感到安心，于是一改桀骜不驯的脾气，对鄂尔泰“相待甚恭”。

鄂尔泰正式上任后依旧和石礼哈相处融洽。令人佩服的是，他并不是为融洽而融洽，作为上司，他既能看到石礼哈敢作敢为，颇具胆略的一面，又深知其恃才任气，有时做事“过于勇往直前”的缺陷，因此经常进行提醒劝诫。以后直到石礼哈被调往广州，鄂尔泰和他之间的上下级关系始终都处理得很好，石礼哈的缺点也在不知不觉中改进了不少。

与石礼哈相比，鄂尔泰与杨名时之间似乎要难相处得多。在外人看来，杨名时有总督身份却只能去管巡抚之事，心里面多少都会有点想法，两人在平时也免不了要磕磕碰碰，但事实上他们一直配合得不错，不说关系有多密切吧，至少相安无事，没有出现过什么大的争端或矛盾，要知道，就算没有雍正的超常规安排，总督巡抚之间要做到这样也不容易。

鄂尔泰有一句名言：“大事不可糊涂，小事不可不糊涂，若小事不糊涂，则大事必至糊涂矣。”这就是说为人处世要明辨大是大非，而不要太在意和理会某些与大局无关的琐事。张廷玉与鄂尔泰私下有竞争关系，但亦服其见识，说鄂尔泰的这句话“最有味，宜静思之”。

知人善任是作为政治家的另一个重要品格。在用人观上，雍正、鄂尔泰君臣极其投契，首先他们都认同“为政首在用人”，其次在用人标准上，都认为用人应以能力为宗旨，在对德和才的要求上，才是第一位的，有才无德的人可以信任，但不可以重用，以免妨碍政事。

鄂尔泰在此基础上进一步阐述说，国家设官定职，出发点是为了办好事，不是为用人而用人，尤其不能为养闲而设职。一句话，谁能把事情办好就应当用谁，而不必管他原本是所谓的君子还是小人。当然，这不是说对有缺点的人才就可以放纵，实际更应该“惜之，教之”，从而让人才从自身的负担中解脱出来，更好地施展他的才能。

雍正在看了鄂尔泰对用人观的阐述后，也不由得击节赞叹，称赞鄂尔泰的说理“实可开拓人的胸襟”。

鄂尔泰用人唯才的思想不是光嘴上说说，而是自始至终贯彻于其实践当中，对石礼哈是这样，对其余下属的任用也是如此。史载，鄂尔泰“节制滇南七载，一时智勇非常之士，多出幕下”。

贵州威宁镇游击哈元生勇猛善战，在1724年平定“仲苗”土舍阿近的那场战争中，就已立下过战功。因为哈元生行伍出身，地位不高，所以那次出征还是由石礼哈推荐的，此次鄂尔泰则大胆任用人才，继副将刘业濬折戟后，破格让哈元生替代他统领全军。

鄂尔泰没有看走眼，哈元生的确是一位难得的将才。有他在前线指挥，官军势如破竹，不但攻下多次险要苗寨，而且还将阿革、阿纪及其党羽七十余人生擒活捉，长寨之役也终以官军大获全胜而告终。

破点

长寨之役结束后，鄂尔泰不辞辛劳，亲自来到贵州，用五天时间巡视和踏勘了长寨等地。他发现此役共克五十七寨，不算在内的小寨也有数十个之多，但缴获的刀弩却只有百余。显然，能够与官军剧烈对抗的苗兵绝不可能仅仅拥有这点武器，鄂尔泰下令重新搜查，结果在三天内共搜缴弓弩四千余张，毒箭三万余只，皮盔皮甲刀标各数百，由此消除了潜藏于长寨的一大隐患。

与窝藏武器相应，鄂尔泰在用兵期间就发现土舍很狡猾，他们往往会在官军进攻时或逃跑，或伪装投降，可是等到军队一撤，又故态复萌，兴风作浪。于是鄂尔泰又在长寨设立参将营，分别扼守险要地区，并推行保甲法，稽查田户，巩固既得成果。

换作其他人，可能多数都不会这么做，对于他们来说，仗打赢了也就可以见好就收，回去邀功请赏了。副将刘业濬就是如此，他极力劝谏鄂尔泰不可在长寨安营，结果遭到了鄂尔泰一顿训斥。

鄂尔泰主张对长寨用兵，不是临事治标，也不是看到哪里起火就往哪里浇水。他是政治家，拥有政治家必须具备的全局观和政治眼光，他拿下长寨，不仅仅是为了平息事端，更要“破点”。

古代交通以水道和陆路最为紧要，只有控制住其中的点与线，才能真正把交通掌握在手中。以长寨为例，长寨本寨加上后路和周边的苗寨，总计有一百多个苗寨，寨里的苗民全是生苗，数百年来，这些苗寨垄断着黔西南要道，官府根本不敢问津。

在鄂尔泰看来，要打通黔西南交通，只需攻破所有苗寨的“点”，然后再安营守之，而用不着一个寨一个寨地大费周章。

石礼哈与鄂尔泰意见一致，在赴广州前竭力协助鄂尔泰在长寨设营，雍正也表示支持，在鄂尔泰的奏报上批道：“甚是，甚当。”其后事情的进展证明了鄂尔泰决策的正确性，见官军在长寨安设大营，附近苗寨纷纷被迫前来就抚，即便僻远一些的苗寨听闻后也不敢不来归附，官军不动一刀一枪，诸多问题就得以迎刃而解。

如果把“长寨经验”复制到其他地方，其实就是要全面推行改土归流，鄂尔泰认为这样做，不但能够一劳永逸地解决土司、土舍问题，而且有助于打通西南各省的边境交通，进一步加强朝廷对西南地区的直接控制。

善于抓纲领，重大局，是鄂尔泰为政的一个特点。他后来在云南的继任者尹继善就说鄂尔泰“大局好，宜学处多”，道咸年间的学者钟琦也评价他“识理宏渊，规画久远”。

自奉命管云贵总督事以来，鄂尔泰认为在滇黔两省的行政当中，处理土司问题乃第一要务，是所有事务的点和纲，点破事成，纲举目张。反之，如果土司问题依然存在，作为督抚而言，其他钱粮兵刑等事务即使办理得宜，便还是没能够抓住重点。

1726 年 9 月，鄂尔泰上奏，正式提出了改土归流的建议。据说在他的条陈送到京城时，鉴于此前雍正已明确表示反对改流，连商量的余地都没有留下，朝堂之上“盈庭失色”，大家都为鄂尔泰捏把汗，认为他这么做有损皇帝权威，极有可能惹得雍正大怒乃至降罪于他。

孰料雍正见到鄂尔泰的条陈后一反常态，不是大怒，而是大悦，还对鄂尔泰赞不绝口，说：“卿，朕奇臣也，此天以卿赐朕也。”

为鄂尔泰担心的人其实都没猜到雍正的心思，他哪里是不想彻底解决土司问题呢，他只是一直没有找到得力的官员和妥善的办法罢了！

鄂尔泰在长寨一役中的表现已充分显示其“才必能办寇”，这不就是雍正为了改流而寻寻觅觅不可得的能吏吗？至于改流策略，鄂尔泰更是讲到雍正心坎里去了，那就是既要用兵，又不专恃用兵，快速实现，以及尽量减少波及面和少留后遗症。

看得出，雍正对鄂尔泰的条陈极为满意，他不时在奏折上留下“即此二句，上天鉴之矣”“好”等批语，最后又总批道：“朕内心十分高兴，竟至于多出了这许多感触！也没什么可教谕你的了，好好努力吧。”

鄂尔泰的建议全部获得批准，西南地区开始大规模启动改土归流。1726 年 10 月，雍正实授鄂尔泰云贵总督，并加兵部尚书衔，以利于他更好地在辖区推行改流和其他政策。鄂尔泰在谢恩疏中说，皇上给他的恩已达到了极致，“内外臣工无有如臣者”。雍正朱批道：“内外臣工无有如臣者，卿以受恩而言此九字，朕则单用此九字也。”

鄂尔泰所得到的宠遇与其要承受的压力其实是对等的。他向雍正表示，自己一定竭尽全力地把改流这件事做好，“必诚必敬，矢勤矢慎，时时问心，决不自昧天良”。

重剿不重抚

长寨用兵成为西南改流的开端。鄂尔泰移贵阳同知驻于长寨，在此地设立了长寨厅（今长顺县），隶贵阳府，以流官代替了土司或土舍。紧接着他又乘威招服了长寨东、西、南三面的广顺、定番、镇宁生苗六百八十余寨，永宁、永丰、安顺生苗一千三百九十八寨，其锋直抵广东边境。

在贵州南、北、西三面的局势逐渐稳定下来后，鄂尔泰便集中兵力，向黔东南的苗岭山脉和清江、都江流域进兵。黔东南的这些区域地处要害，是沿江路打通湘黔粤交通要道的关键和前提条件，同时清江两岸及九股一带物产丰富，盛产桐油、白蜡、棉花、毛竹、桅木等物，一旦可以做到“上下舟楫无阻，财货流通”，黔东南的汉民和苗民均将受益匪浅。参与改流事业的大臣方显由此认为，开辟苗疆对于贵州全省都是件大好事，“诚能开辟，则利可兴也”。

对于如何开辟黔东南苗疆，清廷内部起初存在着很大争议。这时像何世璂那样的纯招抚派已无市场，“剿抚结合，二者不可偏废”成为共识，但表现在实践中仍有侧重及其先后，具体可区分为重抚派和重剿派。比如方显就是重抚派，他认为必须“先剿后抚，剿平之后仍归于抚”，而鄂尔泰是重剿派，主张“剿在抚先，抚以善其后”，同时强调猛力优先，“穷究到底，杀一儆百，使不敢再犯”。

鄂尔泰的这一主张与他的整个改流策略完全一致，为此就算被政敌和反对派加上“严急”“残刻”之名亦在所不顾。他这么做自然有其现实考虑，按照他的观点，土司、土舍既拥有土地、属民、财富，又多储兵械，高筑堡寨以自固，更发展到不受朝廷节制的程度，与分土称王还有什么分别？若以一纸“招抚”空文加之，就指望他们自觉自愿地去掉封号，缴上兵械，向朝廷纳土称臣，解甲归田，岂不等于天方夜谭？

“既未示以军威，亦未晓以法纪，寸铁未缴，一人不杀，而骤望其宁贴，无此理，无此事！”

方显曾“奉饬”招抚清江北岸及九股诸苗寨，先后有六十余寨“就抚”，这被重抚派引为可证明己派正确的典型例子。鄂尔泰则大不以为然，在他看来，“就抚”的这些苗寨只是慑于兵威下的个案，而且也难以保证以后不会复叛。对于大多数苗寨而言，有土司、土舍在背后作祟，就决不会轻轻松松地让你解决问题，他们“纵则啸聚，擒则遁藏，本无能为，实不易治”，而奉命去对付他们的大小文武官弁，“怯懦者托言羁縻，取巧者斟酌利害”，反正谁都不肯当恶人，最后弄得“抚”变成虚应故事，“剿”又失去了时机。

在给雍正的奏疏中，鄂尔泰多次以事实为证，说明若不先下定“剿”的决心，会如何贻误大事：某处未经改剿，某处只用招抚，结果后来还是只好用兵，费力是原来的许多倍；某处的指挥官举棋不定，始而欲“抚”，始而欲“剿”，弄得部队疲于奔命，徒劳无功；某处本已改流，但因未清理土司，导致复叛，已有改流成绩几乎前功尽弃。

“剿在抚先”，重“剿”不重“抚”，也就意味着要多杀人。鄂尔泰解释说他本人并不是个喜欢杀人的杀人狂，“但恐今日不杀少，日后将杀多”，换言之，为了承担历史责任，就决不能苟且偷安，也不能太在乎个人的声名毁誉，“难固不辞，罪亦不避。倘目前惟图苟安，日后又将有事，即迟至十年、二十年，官去身亡，犹有余愧！犹有余恨！”

鄂尔泰的意见得到了雍正的支持，方显等重抚派的“招抚”设想和计划告寝，他们也转而服从于鄂尔泰，在其指挥下着手对黔东南苗疆进行武力开辟。

用将

黔东南苗疆地形险要，山重水复，同时此处苗民全为清一色的生苗，且“蒙昧如昨”，过去这些地区也并不在中央政府的版图之内，连贵州的土司都无钳制和约束之责。当时一般认为有三种难以改流或实在无法改流的情况，即“天时之多雨久雪，地势之万夫莫前，人心之同恶誓死”，而这三种情况，黔东南苗疆全都具备。

官军最初计划由平越路进剿凯里，从而攻占清水江上游水路。这一带的土舍率领苗众埋伏于深山，凭险固守，伏击官军，使得官军处于被动挨打的地位，在无法前进的情况下只得撤退。

进剿受挫不但没有使鄂尔泰怯步，反而加强了他打通苗疆的决心。经过分析，他决定在都匀、黎平、镇远三府中分别轻重，次第解决，并选用贵州按察使张广泗率军出征。

张广泗是除哈元生，鄂尔泰在改流进程中所选拔任用的第二位出色将才。雍正因为从未见过张广泗其人，不明底细，曾在上谕中问鄂尔泰：“（张广泗）胸襟立志，不知道是不是开阔坚定？”

鄂尔泰回奏，说张广泗“胸襟亦颇开阔，立志亦颇坚定”，忠于君主，一心向上，而且有统顾全局的能力，“先筹全局，次扼要领，不遗琐细”。

鄂尔泰善于用将，他的分析与张广泗的行事基本相符。张广泗按照鄂尔泰所授机宜，在吸取教训，重新察看地形的基础上，变换了进剿路线，将原先的穿越平越路改成了攻克八寨。

八寨被视为都匀府要隘，八寨既克，官军从八寨出发，沿旱路攻下了大小丹江。这一下就将清水江中游水道予以截断，土舍无法再相互应援，割据凯里的土舍腹背受敌，最终不得不归顺朝廷。

官军沿江而下，直抵镇远府所属的清江。当时土司、土舍身边常有“汉人军师”，他们其实是一些常在苗疆经商走动的汉人小贩，因为自恃既学会了苗语，又懂得一些汉区的规矩，所以能够为土司、土舍们出谋划策，鄂尔泰对此辈非常痛恨，斥之为“汉奸”。清江就有一位这样的“汉奸”，名叫曾文登，他通过散布“改流升科，岁额将增至十倍，且（清江）江深崖险，兵不能入”的言论，鼓动当地的土舍和苗民拒绝改流，与官军对抗。

在曾文登的谋划下，土舍佯令老弱少幼苗民出寨迎接官军，归顺朝廷，暗地里却将所有土舍兵武装起来，埋伏于要隘，准备乘夜色袭击官军。

张广泗本身也有探报，得知前方有诈，他索性将计就计，令主力部队夜间暗渡过江，扼其要道，伏击企图劫营的土舍兵。官军在取得大胜后，进而“突捣其巢，填壕拔橛，冒险深入”，给予了土舍兵以摧毁性的打击。

消息传出，苗众“四山号泣”，被迫将曾文登绑缚献出，同时接受归流。自此，清水江上至凯里，下达赤溪，沿岸数百里全部为政府所实际控制。

在打通清水江水路之后，鄂尔泰奏请在清水江、丹江两地设重营，分别屯兵三千驻防，以控江路。他又雇苗船百余艘，在军队的押运护送下，前往湖南购买食盐布匹粮食，这样湘黔两省的商业便迅速发展起来。

接下来官军需要进剿的是黔东南苗疆中心、黎平府的古州。康熙朝平三藩时，吴三桂的部队在湖南与清军作战，战败后由贵州溃往云南，途经古州时曾丢弃大批辎重和武器装备，为古州土舍所得并用于武装自己的部队，再加上山川之险，古州土舍便自以为有了反对归流的资本，于是以群山中的诸葛营为据点，与官军展开对峙。

官军此前不知道攻克了多少苗寨，已经积累出丰富的作战经验。进攻部队特制有西瓜炸炮、火毒群蜂炮、火箭、火砖以及基本备而不用的冲天炮等，用以攻寨，无坚不克。土舍兵虽有部分“大炮重甲火药”，但主要武器不过还是矢石、标杆、枪铳而已。经过半年多的进剿，官军沿都柳江而下，一举攻夺了诸葛营，并将古州土舍分割成两部分，使其被迫分别困守于上江、下江。

见官军势大，又深信官军不会长久住下来，土舍们便表面接受朝廷“招抚”，但却规定官军不能渡江进入其防地。

杯酒释兵权

鄂尔泰之所以重“剿”不重“抚”，就是知道土司、土舍多数都会采取缓兵之计，他马上宣布要在诸葛营建城堡设古州镇，屯兵三千。土舍闻讯，果然“群起拒命”，于是战端重开。

按照鄂尔泰的部署，张广泗一面故意在下江方向虚张声势，一面暗度陈仓，集中力量进剿上江。一天晚上，官军用数百只木船搭成浮桥，抢渡过江，对扼险据守的土舍兵发起突袭，将土舍兵大部予以歼灭。

之后，张广泗率部进入下江。下江两岸崇山峻岭，仰不见日，土舍兵隐蔽于其间，暗中袭击官军。张广泗采取“伐山通道，穷搜窟宅”的手段进行搜剿，使得“神焦鬼烂，百里内外咸震”，直至将都柳江全部打通。

都柳江一通，贵州与两广在水路上便无阻碍，上下游民众可以自由地进行贸易往来，“粤商船直抵古州城外，古州大定”。

黔东南苗疆的整个开辟过程很长，在此期间，因两江总督事务繁剧，雍正曾欲调鄂尔泰往任，并认为“两江非卿不能整理”，他还把鄂尔泰与怡亲王允祥相提并论，说：“怡亲王实不世出之贤王，卿实国家之名器，真皆朕之股肱心膂。”

鄂尔泰则唯恐自己一去，对改流造成不利影响，使其功亏一篑，遂以“云贵极边，关系紧要，一切时宜尚未有头绪”进行辞谢。雍正不但没有不高兴，还十分感动，朱批：“上苍鉴之，朕临御四载，亦只得卿与怡亲王二人耳！勉之一字，朕皆不忍下笔矣！”

坚持不懈的努力必定会换来报偿，经过长达五年的反复进剿，鄂尔泰终于得以先后在八寨、清江、丹江、古州等地设立了由流官主政的六厅，在官方文书和史志中，这六厅被专称为“新疆”。

“新疆”六厅的设置，标志着贵州全省特别是黔东南两江流域的改土归流基本获得成功，其改流设官地区之广，差不多相当于原来州县的一半面积，正如近代大学者魏源在其著述中所云：“苗疆辟地二三千里，几当贵州全省之半。”

云南的改流系与贵州同时进行，该省土司势力很大，猖獗万分。镇沅土知府刀翰、沾益土知府安于藩不仅“势众地广，尤滇省土司之难治者”，而且罪恶昭著，其中刀翰强占民田，强奸民妻，安于藩更甚，“视命盗为儿戏，倚贿庇作生涯，私占横争，任其苛索”。

鄂尔泰在云南改流，首先拿刀翰、安于藩开刀，他在发兵将两人擒拿归案后，随即在其地分设镇沅州、沾益州。此后改流中即遵循这样的办法，即对于抗拒朝廷同时又罪大恶极的予以严厉处置，没收他们全部或大部分财产，并施以重刑，但对于其余能够及时看清形势，自动缴印，申请改流者，则既往不咎，按照类似于杯酒释兵权的原则，授职世袭，给以出路。

过去，有些土司、土舍区域地处川滇两省交界，政令难以在其区域内推行，一旦发生事故，一省也无法予以处治。比如四川的东川府就是这样，该府离成都将近三千里，距昆明仅四百里，它在四川的邻境乌蒙土府要攻劫它，东川知府向四川方面报告，请求救援，可是四川方面却无法及时援手，还得另外请云南救护。

东川府虽已于康熙中期改流，然而实际情况与未改差不多，东川土人常到云南境内与之接壤的三土州内抢掠人口牲畜。三土州告到官府，因为隔省审理，四川对东川多有徇私舞弊之举，而且还拖着长年不能结案。

换句话说，这东川、乌蒙两府都不是省油的灯，其中乌蒙土司不仅荼毒东川，而且凡滇、黔、蜀与之接壤之地就没有不受其害的。

早在全面提出改流建议之前，鄂尔泰就向雍正提议应改变滇川两省间这种不合理的行政区划，把东川划归云南。雍正很快就予以批准，在改流正式开始后，又将乌蒙、镇雄二土府也一并划归云南建制，以便鄂尔泰能够统一事权，有步骤地实行改流。

东川既然名义上已经改流，鄂尔泰便名正言顺地派部队进驻，趁势将东川土司全部予以裁革，代之以真正的流官。不久他又亲自坐镇东川，以乌蒙土知府禄万钟攻掠东川府，镇雄土知府陇庆侯助之为虐为由，命哈元生率军讨伐。在四川军队的配合下，讨伐获得全胜，乌蒙、镇雄遂被分别改设为乌蒙府（后改称昭通府）和镇雄州。

1727 年底，官军挥师进入茶山、孟养一带。这是明朝兵部尚书王骥征讨麓川土司所到达的极限边界，过了国境线就是越南（时称交趾）、缅甸等东南亚国家。土司、土舍们在叛乱时会和邻国相互勾结，彼此呼应，向来都是中央政府的一个大麻烦。

当年王骥率部到此时，当地人曾大为震撼，说："自古汗人（即汉人）没有能够来到这里的，实在是天威啊！"可惜王骥连个土司头目都没抓到，流官也未设置，就匆匆忙忙地班师回朝了。鄂尔泰认为正是因为这样虎头蛇尾的做法，才把祸患遗留至今，而他现在绝不能再犯同样的错误。

在鄂尔泰的部署下，官军深入每个敢于对抗朝廷的“凶寨”，逐一进行攻克，最终达到了“贼巢俱破，贼首俱斩，贼党俱擒，群蛮皆愿归附”的目标。

奏报传至京城，雍正朱批：“朕欢庆喜悦的心情，实难笔谕，勉之一字，皆不忍书矣！嘉之一字，实亦有负卿之心也！”

理财高手

鄂尔泰改流的基本策略是将先礼后兵的古语倒过来，以“剿”促“抚”或逼“抚”。“剿”则必先练兵，所谓制苗“尤以练兵为急务”，而练兵又必先筹饷，二者相联密不可分，尤以筹饷最重要。鄂尔泰在西南前后用兵历五六载，兵员在十几万以上，糜饷在四百万以上，但所有官兵都不是来自京师八旗，军饷也主要不是由户部掏腰包。

究其原因，是鄂尔泰吸取了明朝的教训。明朝从正统年间王骥领兵征讨麓川土司，到“万历三大征”的播州之役，兵力动辄几十万，调用的全是京师武装，糜饷多的时候超过两百万，全须国库承担，最后削弱国防力量、用空国库且不去说，劳师动众结果还未必得到满意的收获，所谓用力多而成功者少。

雍正朝为盛世，中央可调往西南的八旗军队绝不会弱于明朝，如果鄂尔泰照此向雍正请兵，相信雍正也不会一口否决，但鄂尔泰认为前车之鉴，后车之覆，“极盛之世，尤当思患预防，则力半功倍，可谋久远”。

鄂尔泰在组织用于征剿的部队时，都是就地添补调拨，其主体成分为滇、黔、粤西三省的驻防部队及绿营，然后再掺之以土司兵，土司兵的数量与正规官兵相比一般是一半对一半，有的甚至还超过一半。

军饷同样是就地筹集，其中以云南为最多。这也是外界特别感兴趣的一个地方，云贵两省虽幅员辽阔，但作为两个标标准准的穷省，它们每年在赋税方面都入不敷出，就算鄂尔泰把两省的赋税钱粮统统截留下来充作军饷，也是远远不够的。

有人说鄂尔泰是拜了改流所赐，从改流地区得到了这部分钱粮，然后再以当地之粮养当地之兵。实际上，纳粮是在改流之后，为了达到改流的目的，未改之前就必须用兵，而用兵又必须有饷。此为其一；其二，即便在那些不须用兵，自动接受改流的地方，少数民族原先并没有纳粮交税的习惯，现在知道要纳粮交税了，但纳交的数量微不足道，数十至百个苗寨加一起只有数十百两银子，就算数百上千苗寨也不过才数百两银子。更何况，改流后中央政府还会施以免赋、不科粮等优惠政策，因此若要靠在改流区纳粮收税来充作军饷，根本就无济于事。

那么，数额如此巨大的改流费用究竟从何处而来呢？

鄂尔泰不但是政治家，也是个理财高手，他认为“国家政治，只有理财一大事”，田赋、兵车、刑名、教化等各项要务最后都要归结到理财上去，“财不理得，则诸事不振”。

鄂尔泰在滇理财和筹措军饷时，紧扣五个环节，即盐务、厂务、庄田、公件、商税。说到盐务，还得夸夸李卫，当年正是由于李卫的一番整顿，才使得云南盐课由亏空转为盈余，鄂尔泰来滇后，又增加了不少盐井，自改流开始，盐课每年都有三十万两银子的盈余。

厂务也就是矿务。西南矿产资源丰富，云南有铜、锡、金、银，贵州有铅、铜，原先各厂因经营不善，非但赢余很少，有的还出现亏损。鄂尔泰到滇后，改善经营方法，各厂都有了大幅赢利，获利较以前有了数倍乃至十倍以上的增长。

庄田也称田庄，是指朝廷划拨各级官府或个人的田地和庄园，有官庄、私庄之分。云南文武衙门大半都各有官庄，此外私庄尤多。鄂尔泰一抵滇任即加以清理，至 1727 年冬，前后共清出一万五千亩，第二年又清出十一万四千余亩，这还不算无主和以往隐漏的田地。

公件始于前任云贵总督杨名时，杨名时在康熙末年任云南巡抚，当时他宣布取消云南的各种火耗，只保留“公件银”，所以公件银实际也就等同于养廉银，鄂尔泰除酌留一部分办公，尚可节省出一部分。

五大收入来源的最后一个来源是商税。这里的商税不仅包括对工商业所征的税收，还有沿江河口岸关卡所征收的关税，随着改土归流的深入和道路被打通，西南自由贸易的范围越来越大，政府所能得到的商税自然也就越来越多了。

总而言之，鄂尔泰是将盐课盈余（盐息）、厂务赢利（铜息）、庄田的田租折银、公件银和商税中节省出来的部分，全部都充作军饷。据统计，自 1726 年至 1731 年，即改流最重要的五六年时间里，通过五项收入，共得军饷四百六十万两，其中盐息一项占到总数的一半，鄂尔泰在奏疏中也说：“滇省钱粮，半山盐课。”

与明代相比，鄂尔泰集结的兵力不算多，里面还有那么多的地方部队和土司兵，军饷也主要是海绵挤水一样的就地筹措，他胜就胜在计划周密，而且能够抓住重点，做到兵得其力，财尽其用，尤其着眼于打通点和线这一战略，使得改流不仅立竿见影，而且事半功倍。

“鄂尔泰之才之能，有非他人所能及者”，这不仅是历来学者对鄂尔泰在改流中表现的一个定评，恐怕也是雍正本人当时的真切感受。正是因为有了鄂尔泰这个能干且忠诚的大臣，他不仅能完成改流这项古今罕有的大事业，而且也确保了其他国政不受其影响和连累，比如钱粮方面，自始至终，他用来犒劳改流军队的费用，不过才四到十五万两银子。

三十万兵安在

1728 年 12 月初，鉴于广西与两广总督衙门驻地较远，与滇黔两省相近，改流的事务也较多，雍正将广西从两广总督辖下划出，归云贵总督管理，鄂尔泰由此职权扩大，成了云南、贵州、广西的三省总督。

鄂尔泰受命后，考虑到广西与云贵的情况稍有不同，而当地官府长期以来又“吏治因循，营伍废弛”，若贸然强行推动改流，恐怕适得其反，因此请求皇帝容许他在积极料理的同时适当放慢速度。

雍正照准，并且说：“卿自有次第料理措置之道，实在用不着朕为西南之事担心，只是想到卿心神过劳，不免于心不忍！”

广西以泗城的力量为最强，此处方圆两千余里，实力上数倍于乌蒙、镇雄。泗城现任土司岑映宸原本对改流持抗拒态度，为此在南盘江以北地区聚兵四千，但乌蒙改流的消息传出，让他明白此次朝廷的改流是动真格的，于是气焰立刻委顿下去，赶紧撤兵缩回了老窝。

鄂尔泰可不会这么容易就放过他。泗城的土司制有着数百年的承袭历史，土司“举止仪从，盛于制抚”，排场甚至比督抚还要大。按照鄂尔泰所掌握的情报，过去川滇黔粤四省的抢劫凶杀案多由泗城、乌蒙、镇雄三地的土司所主使，现在乌、雄两府既已改流，无论是从彻底消除隐患的角度，还是为广西改流打开局面，势必都要对泗城动手。

按照与鄂尔泰的约定，广西巡抚兼提督韩良辅首先赶到贵州南部的安笼镇，为进剿行动打前站。鄂尔泰随后也亲自赶到安笼，但让韩良辅感到惊异的是，鄂尔泰身边除了护卫部队，竟未携一兵。他忙问究竟怎么一回事，鄂尔泰让他不要担心，“我已携三十万兵矣。”

直到第二天，韩良辅仍未见到进剿大军的影子，不过岑映宸却已未战乞降。韩良辅好奇地追问鄂尔泰：“三十万兵安在？”

“煌煌明诏（即圣旨）当兵十万，乌蒙先亡（指改流）当兵十万，某不才，从诸公后亲莅南笼（安笼），亦可当兵十万，是则强兵三十万也。”

韩良辅等人听后心悦诚服，都感叹鄂尔泰的谋略“深不可测”。

在改流方式上，云贵两省除一部分是以威力相威胁，借其他罪名对土司予以革职，大多通过战争方式解决。事实上，也正是这种咄咄逼人的大规模用兵对岑映宸起了作用，使得他的心理防线在最后一刻崩坍了。岑映宸乞降后，鄂尔泰即在泗城改设流官，并以南盘江为界，江北划归贵州省，江南仍属广西。

受泗城不战而改的鼓舞，梧州、柳州、庆远等地的土民“争备粮请兵”，请求官军前去帮助他们推翻当地酷虐的土舍。在这股民意潮流的推动下，广西各地的改土归流和设官建制全都得以顺利展开。

西南改流的省份除了滇黔桂，还有与之接壤的湖北、湖南、四川。湘鄂川比较接近内地，与地方政府的联系多，汉、土民交往密切，土司、土舍的势力也小，滇黔桂改流、建制的浩大声势给他们造成了猛烈冲击。处于这种强大的内外压力之下，土司们相继呈请交出世袭印信，让出领地。

改流后的原土司及其家属，开始一般仍留于原地。后来云南的刀翰家属闹事，雍正闻讯重新思考了这一问题，他考虑若将土司及家属留在原地，放松管理的话，他们会闹事，可要是管束太严，这些人又没法生存，于是决定不如远远打发。以后包括刀翰家属在内，土司及其家属便都被从西南迁往内地，尤以皖、苏、赣三省最为集中，雍正要求各地督抚对他们予以关照，及时拨给房屋和土地，但不准他们再潜回原籍。

1731年冬，见改流已有头绪，鄂尔泰奉诏进京任武英殿大学士。其间改流仍在进行，一直到雍正去世那一年即1735年，经过十年的不懈推进（从1726年算起），滇黔桂湘鄂川等西南六省的改土归流和设官建制才基本实现。这次改土归流历时之长，涉及地区之广，改流之彻底，影响之深远，均为明清乃至有史以来所仅见，它不单单是从政治上取消了世袭土司、土舍，巩固了西南边疆，还伴随着一系列开发西南的经济和文化措施，包括兴修水利、开发交通、广设学校、实行科举等。

尽管其间也存在着许多缺憾和硬伤，但改土归流仍不失为一个伟大的变革。作为对雍正朝那个励精图治，文治武功均称一时之盛的时代的直接验证，即便两百年后，当大清作为没落王朝已经永远消失在历史尘埃之中时，依旧有许多人对此念念不忘，《清宫词本事》中就写道："文武雍雍共赞襄，滇黔万里靖边疆！"

鸡蛋里挑骨头

自雍正执政以来，如果说治下有哪几个省最让他放心不下，除了西南的滇黔，大概就得算东南的江浙尤其是浙江了，这一点在他的用人和布局上体现得极为明显——作为最受雍正信任和欣赏的两位封疆大吏，鄂尔泰和李卫一个萝卜一个坑，分别替他控制着这些省份。

雍正不放心浙江，主要是对浙江民风始终抱有一种深深的疑虑和不满。他认为江南一带自明朝灭亡以来，始终笼罩着挥之不去的遗民情结，而浙江的读书人又往往在其中充当着重要角色：隐居者著书讽世，出仕者妄议朝政。

最早给雍正留下深刻印象的是汪景祺，他在所著的《西征随笔》中说什么"功臣不可为"，还对雍正年号中所含的"正"字说三道四。在雍正看来，这就是妄议朝政，非予以严惩不可，一查汪景祺的籍贯：浙江总督府所在地杭州！

汪景祺之后还有吗？有，此人名叫查嗣庭，浙江海宁人。

海宁查家是个有名的文宦之家，尤其在康熙年间整个家族进入了鼎盛期，有十余人考中进士，五人进入翰林院，后者包括了亲兄弟三人，遂有"一门十进士，兄弟三翰林"之誉。"兄弟三翰林"就是查嗣庭和他的两个哥哥，三人皆为翰林院编修，其中查嗣庭在雍正登基后任内阁学士兼礼部侍郎，雍正还曾赐以御用衣帽等三次赏赐，对他甚为优待。

汪景祺在其人生的大半时间里只不过是个落魄文人，即便成了年羹尧的幕僚，也没能得意到哪里去，与查嗣庭可以说完全没有可比性，但命运就是这么诡异和无常，最终这两个起点不一的文人却遭遇了同样的噩运。

1726年，查嗣庭受命为江西乡试正考官，有人告发他所出试题荒谬。雍正仔细看了试题后，认定告发基本属实，遂接连发出上谕，说查嗣庭和汪景祺系浙江同乡，很可能是一党，并下令将查嗣庭予以革职拿问，交三法司严审。明清的刑部、都察院、大理寺合称“三法司”，遇到重大案件，才会由三法司会审，所以也称“三司会审”，足见雍正对查嗣庭案的定性之重。

在后世流传的说法中，查嗣庭所出试题是“维民所止”，此语出自《诗经》，原文为“邦畿千里，维民所止”，意思大致是说国君如果不能爱护百姓，国家的面积就是再大也终究会失去。告发者指认查嗣庭把雍正年号中的“正”字变成“止”，是蓄意要削掉雍正的脑袋。

其实查嗣庭所出试题中并没有“维民所止”，给他惹祸的一共是这四道题：第一题出自《论语》，“君子不以言举人，不以人废言”，君子不会仅仅因为某人能说会道就提拔他，也不会因为某人有缺点错误就轻易否定他所说过的话；第二题出自《周易·大壮》，“正大而天地之情可见矣”，君子若能懂得正大光明的道理，就能了解天地万物的真相；第三题也出自《周易》，“其旨远，其辞文”，这个人所做的文章，意境深远又富于文采；第四题出自《诗经》，“百室盈止，妇子宁止”，秋天丰收了，上百个粮仓一字排开收粮入库，而且个个粮仓都装满了粮食，妇女儿童喜气洋洋。

不愧是饱学之士，查嗣庭所出的四题皆为四书五经中的名言，而且作为试题，给予考生的发挥空间也很大。那雍正又是如何看出其中毛病来的呢？他认为查嗣庭是在借古喻今，讥讽时事。比如雍正选拔任用官员的一个主要方法，就是在引见过程中与其交谈，凭个人印象对其进行打分，而查嗣庭在首题中就说“君子不以言举人”——朕即国家，你是在反对国家的用人之道吗？

与国家政策唱反调尚在其次，最主要的还是雍正把第二题和第四题结合了起来，又与汪景祺的《历代年号论》联系起来进行分析，从而得出了更加让人瞠目的结论：《历代年号论》中说“‘正’字有一止之象”，查嗣庭的第二题前用“正”字，第四题后有“止”字，不也就是把“正”字拆成“一止”吗？

第二、四题本来位置相隔，为什么居然可以这样结合起来呢？一向擅长且喜爱逻辑推理的皇帝再次发挥了他的所长，说第三题“其旨远，其辞文”的作用就是起承转合，明讲此事，而让你联想到彼事，“寓意欲将前后联络，显然与汪景祺悖逆之语相同”。

这真是哪儿跟哪儿啊！雍正也怕外界说他鸡蛋里挑骨头，欲加之罪，何患无辞，所以特地指示李卫和浙江将军鄂密达，对查嗣庭的老家进行查抄，以便进一步搜集证据。

月黑见渔灯

雍正既被民间称为“抄家皇帝”，抄家于他是家常便饭，而且早就抄出经验来了。他要求搜查时甚至连墙壁和小洞都不能放过，凡是查嗣庭亲笔所写字迹以及抄录件，一律都要搜出“封固送部”，同时还警告李卫、鄂密达，说你们要是走漏风声，使得查家预先进行藏匿，一定拿你们是问。

李卫等人岂敢怠慢，连夜赶往查府，将查家的里里外外都搜个了遍。在搜出的所有文字资料中，有两部查嗣庭的日记，而正是通过这两件极其重要的证物，雍正得到了他想要的东西。

指责查嗣庭通过试题讥讽时事，连雍正自己都担心太过牵强附会，日记就不一样了，查嗣庭通过它们清楚地表露了自己对时政的很多异见，其中康雍两朝都有涉及，雍正斥之为满纸“悖乱、荒唐、怨谤、捏造”。

比如皇帝引见官员，不中意者即行罢斥，查嗣庭说是失去用贤之道，可见他确实是对皇帝选拔官员的方式有意见。又如康熙朝时，翰林戴名世写了一本历史书《南山集》，因书中用南明年号并对“扬州十日”等加以揭露，被康熙问斩，从而酿成康熙朝最大的文字狱“南山案”，查嗣庭直截了当地认为这就是文字之祸。再如雍正登基后最爱大讲特讲所谓祥瑞，出现祥瑞或者灾异与否，也被视为对其政权支持与否的表现，而查嗣庭常在日记中对此反着来，别人称颂风和日丽，他就记“大风大雾大露大雨大电”。

查嗣庭获咎，除了他的试题和日记，以及那被认为“讥刺时事”的思想，实际都离不开更为复杂的背景——查嗣庭与隆科多、蔡珽有私交，他任内阁学士，系由隆科多所荐举，兼任礼部侍郎，则又是出于蔡珽所荐。

说到底，查案不过是汪景祺案的翻版，是作为政治斗争附庸的文字狱。在查嗣庭所获罪状中，他与隆科多、蔡珽、科甲朋党的关系也被加以特别强调，甚至雍正在定罪时，也仍延续了他在处理汪案时的那种欲盖弥彰的手法——先前给汪景祺案定罪，只涉及汪景祺作诗讥刺康熙，而不提《历代年号论》。这次给查嗣庭治罪，也说查嗣庭在日记中所批评的都是康熙朝的事，“于雍正年间之事，不但没有加以诋毁，还有感恩戴德之语”，似乎雍正治罪于查嗣庭，只是为了维护乃父康熙的名声而已。

当查嗣庭案最终审结时，受到巨大惊吓的查嗣庭已在狱中病死，虽仍遭戮尸示众的惩罚，但总算免去了被刑场处决的痛苦和屈辱。古代刑法有连坐的制度，即父母有罪，子女亲属也有罪，按照判决结果，查嗣庭的成年儿子都要被处决，最终其长子病死于狱中，像父亲一样避免了受刑，次子被判斩监候，秋后遭到处决，其余未成年儿子、侄子均被流放三千里，家产也被变卖后充作浙江海塘工程的费用，是名副其实的家破人亡了。

查嗣庭的两个哥哥被判的是“家长失教罪”，二哥查嗣瑮父子被发配至边疆，后来查嗣瑮死在了戍所。大哥查慎行先在京城被关了一年，所幸他诗写得好，雍正很欣赏，说他像杜甫一样忠君，特加宽赦，一年后将其行放归原籍。

当年的“兄弟三翰林”，能够活着回到海宁故乡的，仅查慎行一家四口。“好一似食尽鸟投林，落了片白茫茫大地真干净”，这是比曹雪芹家族和《红楼梦》还要更加悲惨的结局，查慎行从此告别官场，一心专注于写诗和藏书，经此一劫，整个查氏家族也都放弃以科举为重心，文学成了他们新的信仰和追求。

查家不再出进士、翰林、大吏，子弟中更多的是没有功名在身的文人，直至近现代，涌现了诗人穆旦、武侠小说家金庸，方才让人们重新关注到这个家族长达六百年的传奇经历。

“月黑见渔灯，孤光一点萤，微微风簇浪，散作满河星。”这是现代小学课本所选录的一首古诗，诗名“舟夜书所见”，作者就是查慎行。它更像是查家命运的一个隐喻，这个家族虽曾遭受极权政治的极度碾压和摧残，但所保存下来那一点萤光，只要有微风拂过，就又立刻化为了倒映于水中的满天明星。

浙江习气

至少在雍正看来，汪景祺、查嗣庭等浙籍文人对朝廷和时政都是不满的，这使他逐渐产生了浙江人“不忠”的印象，并由此诞生出一个专门用以评论浙江人的贬义词：浙江习气。

从雍正的讲话来分析，他所认为的“浙江习气”主要是指绍兴、杭州、嘉兴、湖州四府的“浇漓”民风。

浇漓者，社会风气浅薄不厚道是也。平心而论，当时的浙江民风中的确也有一些阴暗面，为雍正的指责提供了口实。比如绍兴的职业幕僚在雍正年间进入极盛阶段，混迹京城的“绍兴师爷”不少，他们既能像田文镜的幕僚邬思道那样帮助官吏办事，但也会参与各种潜规则和幕后交易，并进而对京城各衙门造成不好的影响。雍正经常听到相关报告，因此他说绍兴地区“生事不法之徒皆出在外”，至于他对杭嘉湖三府的看法，除了被他引为例证的汪景祺、查嗣庭，还可以套用大臣王国栋的话，即“杭州人狂放，湖州人刁健，嘉兴人浮薄”，总之都非良民。

本来只是两个浙江读书人的事情，这下不仅祸及了整个省的读书人，而且让普通民众也跟着倒霉。雍正下谕指责浙江“绅士刁悍浅漓，以强凌弱，相习成风，如汪景祺、查嗣庭，肆行讪谤，目无国法”，他宣布要重点整治杭州府和海宁县，今后这一府一县的最高长官也必须由皇帝亲自选派。

见皇帝对“浙江习气”如此厌恶，有的大臣也着意迎合，推波助澜地呈上奏折，对浙江民间存在的刁钻、兴讼等情况进行数落。雍正听后更加愤怒，便以浙江风气太坏为由，下令暂停浙江士人的乡试和会试，同时谕令内大臣，向他们征求劝导、惩治浙江风气的办法。

吏部等部门提出，唐太宗贞观年间曾遣使巡行天下，号“观风使”，可为先例，援用于当朝。雍正采纳了这一建议，并略加改变，专设观风整俗使一职，说是要协助地方官改变当地风俗，使其回到正道。

第一个被雍正任命为观风整俗使并派往浙江的，就是点评杭嘉湖三府风气的大臣王国栋。1727 年，当他计划去查嗣庭的家乡海宁进行宣讲时，人还没到海宁，当地就传言朝廷将要对海宁进行屠城，吓得城里人争相外逃。及至王国维抵达海宁，当地未逃走的绅士们看到他都战战兢兢，一边叩头谢恩，一边切齿痛骂“查贼”（查嗣庭）。

不光浙江本地的绅民人心惶惶，惴惴不安，就连有些在京的浙籍官员也不能免除被株连的恐惧。礼部左侍郎沈近思是杭州人，尽管平时围绕某个政策上的意见分歧，他都敢于和皇帝当庭辩论，但为了力证自己没有“浙江习气”，仍然忙不迭地上书雍正，建议对母省的“浇漓”民风予以整顿，还说因为出了汪景祺、查嗣庭这样的“逆种”，致使“越水增羞，吴山蒙耻”。

雍正看了很高兴，夸奖沈近思的奏议切中浙江时弊，而沈近思自己身为浙江人，却无“浙江习气”，已足以“洗越水吴山之羞耻”。他让李卫等人采纳施行，李卫便把沈近思的奏议与相应圣旨一起“贴遍全乡”，用以警示和劝服浙江绅民。

有的清代笔记站在官方立场，硬是睁着眼睛说瞎话，称雍正朝的文字狱其实没有人们想象中那么严重，“文字之禁，以本朝为最宽”。例证是雍正不像前朝，对自己的名讳颇不在意，见到有臣工为避讳，要用其他字代替他名字中的“禛”，居然还发怒了，说：“朕不就一个名字吗，哪里多出来这许多名字？避讳朕的名字，是对朕的不敬！”

问题是避讳严不严，跟文字狱多不多，完全是两码事，因犯讳而起的案子与清代文字狱也根本不能混为一谈。比如清初八旗臣工奏对时都习惯自称奴才，雍正认为旗籍的奴仆对主人才自称奴才，大臣也自称奴才有些不合体统，遂除被革职官员以外，一律禁止八旗臣工再如此称呼自己。

可是与此同时，雍正本质上却仍然希望臣下能够像“奴才”那样对自己保持绝对忠诚，一旦有八旗臣工敢于越出界限，其下场可能连旗籍的奴仆都不如，年羹尧、隆科多便是明证。

事实是，雍正一朝的文字狱总共有约二十起，比顺治、康熙两朝加起来还多！

不过在清代，雍正尚不是兴文字狱最多的，最多的是他的儿子乾隆。雍正朝最大也是其区别于乾隆朝的特征是，各案中真正因文字贾祸的只是少数，多数其实是政治案件。从早期的汪景祺、钱名世案，再到查嗣庭案，虽都有文字致祸成分，但他们之所以被议罪，首要因素不是文字，而是被怀疑成了年羹尧党或隆科多党。

凡是雍正朝的文人，只要与皇帝的政治对手有瓜葛，也就等于进入了政治斗争的圈子。从争储中杀出来的雍正对于任何政治对手及其附从者都持毫不留情的态度，一俟有机会逮住，必定严惩。他对于年、隆党是这样，对皇子党也是如此，允祉门下的陈梦雷、允禩门下的何焯、允禟门下的秦道然，这些人有的负责出谋划策，有的只是歌功颂德，虽然文字上没有任何出格的地方，但照样都倒了大霉。

投书案

1728 年 11 月的第一个周末，川陕总督岳钟琪自西安向京城发来一份紧急密折，报告说有个叫张熙的人投来一份“逆书”，张熙已被逮捕，正在进行审讯。

雍正君臣后来才知道，写“逆书”的人不是张熙，而是张熙的老师曾静，曾静才是投书案背后的策划人。

李卫亲身涉及了投书案的审案过程，又看过许多关于投书案的通报，对曾静这个名字可谓是如雷贯耳，然而当他在杭州乍见曾静时，却发现此人和自己的想象完全不一样。在上呈雍正的密折中，他颇有些失望地说：“观其（指曾静）相貌谈吐，鄙陋不堪，甚为平常。”

李卫的观感，与案发前曾静的身份和境遇倒是基本相符。曾静是湖南永兴县的一个落第秀才，据他自己说，他所住的村庄位于湘赣交界地带的幽僻谷地之中，离县城很远，包括曾家在内，附近的人们大多非常穷困贫寒，家中都没有什么银子或钱币，平常交易只能使用以物易物的方式，即用稻谷来做买卖。

曾静应试科举的运气不好，学问也没有什么了不得之处，但他在社会和政制上却都有一些自己的观点。中国古代曾有一种井田制，按照通常解释，所谓井田制，是按“井”字形将土地平均划分为若干份，“井”字周围的耕田为私田，每个耕户都拥有其中的一份，中间是公田，由耕户共同耕种，其生产所得用以纳粮交税。虽然井田制在春秋晚期就已经遭到淘汰，但儒家对它非常认可。曾静年轻时读《孟子・滕文公》，看到孟子竭力主张实行井田制，便也对这种土地制度产生出向往之情，“心中觉得快活”。

通过阅读古籍，曾静还相信治理中国的良方莫过于在政治方面实施封建制，即像春秋时代那样，在上有天子进行统治、协调的情况下，让各诸侯国都拥有各自的疆域并实施独立的管理。曾静认为，自秦以后，国家被划分为州、府、县等辖区，官员由朝廷任命，多数官员都不勤政爱民，其责任心和使命感更没法与以前的诸侯国君相比，所以应重新恢复封建制。

站在职业政治家的角度，曾静的观点或许并不难于驳斥。雍正就针对性地指出，历史发展本身会指明新的方向，井田制、封建制既被淘汰已久，就证明它已不合于时代，若硬要实行于现代社会，必定会带来内乱和外患。

尽管如此，一个偏僻乡村的秀才能够想到和坚持这些，就已经说明他的思想深处有不同于他人的地方，也可以用来解释为什么他能够挑起这场轰动全国的惊天大案。

在曾静那个穷到极致的山沟沟里，他可以称得上是百里挑一的“金凤凰”，因为当地方圆十余里全是山农，像曾静这样的读书人实在是凤毛麟角。曾静自述，因为父亲死得早，他十八岁便到丈人家入赘，岳丈一见到他，就指着他大声说：“此诗礼大家，方正君子。”岳丈还向别人夸耀自己生平做事，只有挑选女婿这一桩做得最为成功，“眼力高过天下”。

曾静的这位老泰山对现实社会很不满，同时怀念前朝，“极鄙薄当今，屡叹先朝文物衣冠”，这一点和女婿十分投缘契合，他因此当着面称赞曾静：“贤婿有济世之德，宰相之量。”

很多年后，当曾静身陷囹圄时，对于岳丈曾经跟他说过的那些话，他连一个字都没有忘记，可见印象之深刻以及对他本人影响之大。

因为家境贫寒，曾静极少有机会出门远游，除非是去城里应试。正是应试期间，他在州城里偶然读到了理学大师吕留良的著述。

吕留良代表着清初科举考试中解读四书的正宗，被尊为“东海夫子”。他去世后，友人从其笔记中搜罗编纂成《四书讲义》，该书编排适当、论辩精详，连同吕留良生前自己编纂的进士科考文集，一向都是无数科举学子的首选读本。曾静之所以“偶然”读到，实在是因其原先条件太差，无法与人交流所致。

曾静不读吕留良便罢，一读便被吸引住了，他对吕留良在书中的精辟分析佩服得五体投地，相比之下，感到以往所见的相关著作都十分浅薄。吕留良也由此在曾静的心目中奠定了地位，他认为吕留良是“本朝第一等人物”，以后不管说什么话，写什么文章，都应该以之为范。

在古代，读书识字直至科举入仕，近乎是穷人借以改变境遇、出人头地的唯一希望，可惜曾静寒窗数载，皓首穷经，但除了考到一个秀才，一直未能在科举之路上有所斩获，出于生活所迫，他中年后只得放弃举业，从此以授徒为生。

年轻时的曾静急欲取得功名，主要还是把吕氏著作当成科举考试的敲门砖，对吕留良的为人行事以及其他遗著并不了解。从这个时候起，他开始有时间有耐心重新深入接触吕留良的学说，令他深感震惊的是，他发现吕留良在正统理学家的大众面孔之外，竟然还隐藏着另外一个身份——反清义士！

第九章
好辩的性格

在雍正所认为“浙江习气”严重的浙江四府中，有一个嘉兴府，吕留良的家乡就属于嘉兴府。吕家祖上在明朝世代为官，对明朝的感情自然也更为深厚，吕留良以及他的哥哥、侄儿都在顺治年间参加了抗清斗争，侄儿被捕遇害时，还是吕留良为他送的行。

吕留良本人不但学问渊博，而且精通兵法和武艺，很小的时候即能拉开劲弓，且每射必中。奈何时事变迁，非个人所能改变，吕家所组织的抗清斗争最终归于失败，吕留良带着作战时所受的箭伤和国仇家恨归隐乡里。其间他一度参加过科举考试，一考就考中了秀才，但随即又反悔自责，发誓再不在新朝应试出仕。

康熙年间，浙江学使到嘉兴考核生员，吕留良拒不应试，被革除了秀才资格。后来康熙开博学鸿词科，用以笼络明朝遗民和隐士，吕留良是浙江省第一个受到推荐的人，如果他要应试的话，百分之一百可被取中，也百分一百可做高官，但吕留良坚决予以了拒绝。两年后嘉兴官府再荐，吕留良觉得这是“逼仕”，在无可奈何的情况下只得削发为僧，实践了他“死以山林隐逸，荐则剃发为僧”的志愿。

五星联珠

吕留良晚年，大清江山已经日益稳固，然而吕留良不改初衷，在他私底下撰写的著作和日记中，对大清及大清皇帝从不冠以尊称和敬称，而谓之以“燕”“北”“清”等，相反对于南明皇帝则礼敬有加。他称南明最后一个皇帝为“永乐皇帝”，而不按当时的要求称“伪永历”。他还充满敬意地描写永乐被捕时，满汉官兵为之动容的情景，“（永历）勒马前行，以鞭梢向东面一指，东面的满汉清兵都跪了下来，向西面一指，西面的满汉清兵也都跪了下来”。记述永历被害，吕留良的笔下更是充满同情和悲伤，“天昏地暗，日月无光，百里之内，凡关公庙全都遭到了雷击”。

吕留良的讲义和所编纂的科考文集作为公开出版物，看似持论平正，没有什么偏激的观点，但如果你弄清吕留良真实的政治立场，便会察觉出他在其中也深藏着某些反满思想，最典型的是他会借评论科考文章的机会，宣扬“华夷之分大于君臣之伦”，明眼人一看就知道是怎么回事了。

堂堂理学鸿儒，居然是个有异端思想的人！

曾静除了大惊，还有大喜，因为这种所谓的异端思想，他也有，而且随着屡试不中以及生活的日益艰难，这种思想正逐渐变得越来越强烈。

一度陷入消沉的秀才仿佛听到了时代召唤的声音，在吕留良遗著的指引下，他结合自己的体验和观察，开始热衷于思考社会问题，并写成《知新录》《知幾录》，用以表达自己的政治观点和诉求。

吕留良主张“华夷之分大于君臣之伦”，大清皇帝虽是君主，却是满人，是“夷”，按照汉族“夷夏之大防”的传统观念，必须进行反抗，争取恢复汉人的明朝。曾静完全同意，他说对于这些少数民族统治者就不应该客气，“只有杀而已矣，砍而已矣”。

从自身处境出发，曾静对贫富不均的现实状况非常不满，他一直认为解决的良方就是实施井田制和封建制。令他格外意外和惊喜的是，吕留良也同样对井田制和封建制感兴趣，并且认为完全可施行于今世，从而把百姓从贫穷生活中拯救出来。曾静如遇知音，在《知新录》里，他兴致勃勃地写道：“治天下必要井田封建，井田封建复了，而后方可望得治平。”

曾静在老家做先生，能收到的学生也全都穷得叮当响，他的弟子张熙、廖易莫不如此，这使曾静虽在当地有些声望，人称“蒲潭先生”（据考证，蒲潭应为曾静故居旁的一处水潭），但日子仍然过得十分艰难窘迫。曾静的岳父病逝于康熙末年，临死也没能看到“贤婿”和自己的家族得以翻身，而他的舅子更因为在本地实在难以维持生计，最终不得不举家迁往四川。

“湖广填四川”是发生在清代的一次大规模移民事件，为了吸引湖北、湖南、广东、江西等其他地区的居民移民四川，从中央到地方政府都制定了一系列政策措施。曾静父亲活着的时候就曾有移徙四川的想法，继舅子迁川后，曾静便也动起了移民的脑筋。

曾静最初的打算是先到四川看看，然后再搬迁，但在经过长沙时，他突然看到一张告示，上面写着“五星联珠，日月合璧”的话，原来是朝廷正在宣传刚刚发生的祥瑞，这使他莫名地激动和兴奋起来，竟然认为世道将如自己所预想的那样变好，井田制和封建制也要实行了。

既然就要实行井田制和封建制了，那么何处无安身之所？又何必再拖家带口，背井离乡地去四川呢？于是曾静打消了移民的主意，返回了家乡。可是回家后，他却失望地发现，井田制和封建制不仅没有要实行的迹象，随着水灾的爆发，家乡米贵谷贵，日子反而变得比以前更艰难了。

莫非“五星联珠，日月合璧”不是祥瑞，而是一种可怕的异象？吕留良的弟子严鸿逵在日记中这样引述“钦天监官员”的话，说“五星联珠”并非祥瑞，实际是内战之先兆，国家要以此线划分为西南和东部两国，军队将在城中哗变起事。“五星联珠”中的金星又称启明星，肉眼看上去为白色，“钦天监官员”因此还警告称，这预示着大清王朝即将衰落。

其实，就算是钦天监官员真的有类似说法，也不敢公布出来，这不过是民间的一种流言罢了，当然也代表着曾静、严鸿逵等人的解读。

曾静虽然命运不济，但却一向自视甚高，岳丈在世时夸他有“济世之德，宰相之量”，他可真听进去了。他幻想着“五星联珠”出现后，中国将出现一个新的治世，而他则可以当仁不让地辅佐吕留良式的贤君，改变政局。他的弟子张熙也将他看作一个了不起的人物，师徒自此便操练起来，用雍正的话来说是“以济世自命，心怀异谋，图为不轨”。

曾静师徒皆为手无缚鸡之力的读书人，他们有“异谋”，但是要想“不轨”也就是成事的话，就必须寻找实力派作为依靠。此前曾静除了赴州城应试以及去了一趟长沙外，很少出远门，也没有见过什么大世面，他并不知道外界的世界究竟如何，当然也不了解谁是肯支持他们的实力派，这可如何是好？

岳公爷

在封闭保守的古代社会，人们获取外界信息的一个主要方式就是等待外乡人的光临，尤其是在被崇山峻岭所环抱、几乎与世隔绝的山村里更是如此。这时虽然曾静自己已放弃了移民的计划，但湖南、广东等地不断有百姓搬家前往四川，从曾静家门口经过的也有不少，他们给曾静及其乡民们带来了各种新鲜的故事和信息。

曾静注意到，大部分过路者似乎都听到过西部有个叫“岳公爷”的人，说他爱民如子，深得百姓拥戴，“西边的人最肯服他”，不过当被问到“岳公爷”的真名是什么，担任什么官职时，这些人却又都答不上来。

在此之前，住在附近的一位秀才低声给曾静讲述了一个关于某总督的故事。在这个故事里，皇上一再传谕某总督进京面圣，意图趁机剥夺其兵权并将其处死，但某总督对皇帝深具戒心，拒不从命。皇帝无可奈何，只得让大学士朱轼为其安全担保。朱轼原是某总督当初出任官职时的推荐人，当他到陕西相请时，某总督出于知遇之恩，便在安全得到保证的情况下同意入京。

一到京城，某总督就上书皇帝，说“用人不疑，疑人不用”。皇上见他坦荡无惧，勇气可嘉，态度已经稍稍有所转变，但当要求其回任时，某总督却拒不接受，说除非像召其入京时那样，有人出来保他，否则他决不成行。

可是这回朱轼不愿再保了，找其他大臣，也没有一个肯出面相保，最后皇帝就决定自己保，某总督这才安心离京。在他离京四天后，有人奏称，朱轼不保他，是要和他一起图谋造反，这种情况下，更不应当让某总督离京。皇帝后悔莫及，忙派亲信侍卫追赶某总督回京，可是某总督已经不愿再回去，侍卫难以向皇帝复命，唯有自杀以谢罪。某总督到达任所后就上书皇帝，谴责他背信弃义。

这个故事非常符合民间百姓的口味，内容上生动具体，有板有眼，情节上山重水复，扑朔迷离。当然讲述者也不是故事的第一源头，他本人甚至连某总督姓甚名姓都不知道。

直到后来，曾静听人转述川陕总督岳钟琪“上一谏本，说些不知忌讳的话，劝皇上修德行仁”，他这才恍然大悟，茅塞顿开，意识到“岳公爷”和某总督其实指的都是岳钟琪。

岳钟琪系岳飞后裔，这个岳飞便是南宋时率部抵抗金军入侵，并力图收复失地的那个岳飞岳鹏举。多少年来，从小说戏曲到评书演义，他的忠勇事迹在民间广泛流传，使其成为人们心目中忠臣良将的完美典范。对于清代的汉人来说，怀念岳飞还有更深一层的意义，那就是如今统治江山的满人，正是当年岳飞所抵抗的金军也就是女真人的后裔。很多人相信，岳钟琪身上仍流着祖先的血液，终有一日要像岳飞那样，“还我旧山河”，恢复汉家昔日的荣光。“岳公爷”和某总督的故事不正说明了这一点吗？

众里寻他千百度，蓦然回首，那人却在灯火阑珊处。曾静激动不已，他认定岳钟琪就是自己要寻找的人，于是决定派弟子张熙赴陕策动岳钟琪起来造反。

1728 年 10 月 28 日，到达西安的张熙将曾静亲笔所写的书信投送至川陕总督衙门。岳钟琪单看信封，尚未拆看信的内容，就意识到自己遇到了一个极大的麻烦，因为抬头并不是以他的现任官职“川陕总督”相称呼，而是极为突兀的“天吏元帅”。雍正年间流言纷生，“天吏元帅”的称呼本身就是一个十分危险的信号，于是岳钟琪迅速传令将张熙予以拘捕候审，而他自己则独处书房，开始仔细阅读这封陌生而又神秘的信件。

曾静在信中给他和张熙都分别起了化名，并自称是“无主游民”，也就是不承认清政府，希望有新的人主出现之意。信的主旨是劝告岳钟琪：你是宋朝岳飞的后人，清朝皇帝是金朝女真人的后裔，岳飞既是抗金英雄，他的后人就不应该侍奉仇人的后代，而要利用手中的权力反对清朝，替祖宗报仇，为汉人雪耻。

读完信函内容，岳钟琪证实了起初的判断，确认这是一封谋反味十足的“逆书”，同时他也感到极为郁闷，因为信中的说法，他已经不止听到过一次了。

万万没想到

岳钟琪出身将门世家，是纯靠军功擢升起来的武将，在“驱准保藏”、青海平叛等一系列西北战役中屡建奇功。年羹尧出事后，岳钟琪成为接替年羹尧的不二人选，出任川陕总督，加兵部尚书衔。

岳家前两代虽然也是高官，然而都还没有达到像岳钟琪这样显赫的程度，尤其川陕总督这个职位，自康熙中期起即有定例，乃八旗人员的专缺，汉人从未能够染指。岳钟琪能够破例得到这个职位，赫赫战功自然是其资本，但若没有雍正的宠信，是根本做不到的。

可是正所谓“誉满天下，谤亦随之”，朝中忌妒岳钟琪的人不少，光是密参他的“谤书”便在雍正那里装了满满一筐子。“谤书”中最具杀伤力而又让当事人难以辩解的言论之一，便是说他是岳飞的后人，他要追随先祖，揭旗反清云云。

岳钟琪知道后真是又急又气。岳飞抗金离清代已将近六百年，在如此漫长的时间里，没有一个家族的政治理念会不发生变化。事实上，从清初起，岳家就已经成为大清的忠臣了，而他们岳家也恰恰就是靠大清才重新发达起来的：岳钟琪的爷爷乃山西大同镇总兵官；父亲参加平定“三藩之乱”，为康熙所重用，授职四川提督，充议政大臣；岳钟琪本人更是红极一时，被雍正倚为重臣，雍正甚至还将岳钟琪的长子岳濬提拔为山东的署理巡抚，以示恩宠。

日转星移，岳家早已不是要保大宋，而是要保大清了，后者才是岳家新时代的“精忠报国”。包括岳钟琪在内，岳家子弟从未想到要借着所谓“种族大义”的名义去反清，岳钟琪更不可能与皇帝对着干，外面的传言不过都是造谣中伤或一厢情愿罢了。

就在张熙赴陕的前一年，岳钟琪领军坐帐于成都府，有一天中午刚过，突然有一个人双手抓着石块，在成都街头狂奔，嘴里还大叫“岳公爷带川陕兵丁造反”，他还说城内的秘密会社将在成都四门同时发难，见人就杀。此人随即遭到逮捕，在被押往监狱后竟立刻全身虚脱，死睡过去，对外界的一切都失去了知觉。

经审讯查实，他叫卢宗汉，是个乡下老百姓，先前因与邻居发生土地纠纷，以及未能够如愿收回部分被迫出售的土地，曾向乡县官员提出上诉，但当地衙门未予受理。他对此感到极为不满，脑子一时转不过弯儿，便逐渐变得疯癫起来，之所以跑来省城成都，是为了替自己“申冤”。

在发现卢宗汉实际是一个疯汉之后，他的一系列看似疯狂的举动也就获得了较为合理的解释：狂言造谣，可能是他听到过岳钟琪秉公理案的名声，在没法正常见到这位“包公”的情况下，就想做出点什么事来引起岳钟琪本人的注意；两手握住石块，是为了驱赶一路追赶他的野狗，而不是真的要造反；被捕后昏睡，是因为案发前已患有疟疾，加上满街乱跑消耗了体力所致。

卢宗汉案水露石出，真相大白，可是它给岳钟琪造成的困扰却并没有能够就此消除。与此同时，岳钟琪与朝廷关系不协调，遭到朝廷谴责，其长子岳濬甚至已被捉拿问罪的流言，也开始在社会上广为传播。在这种巨大的压力下，为避免真的引起皇帝的猜忌，岳钟琪只好主动上折，强调身体欠佳，日感虚弱，自请解除包括川陕总督在内的所有职务。

其实雍正对岳钟琪一直都是相当信任的，这依赖于他对所有关于岳钟琪的情报的综合分析，而不是任何捕风捉影式的猜测——如果他雍正也像俗人一样，仅仅因为岳钟琪是汉人，是岳飞的后裔，就相信对方要揭旗反清，那他的头脑该有多简单，又哪里还配得上做大清的国君！

至少，雍正就是这么想的，在他的书房里，说岳钟琪不忠的“谤书”已经收了一大筐子，但就是再来几筐，他也照旧会嗤之以鼻，不屑一顾。

对于新近发生的卢宗汉一案，雍正在回复中只是轻描淡写地一笔带过，并且说所有在背后诽谤岳钟琪的言论都是“鬼魅之所为”，它们不但伤害了岳钟琪，也极大地污蔑了作为西北边陲三军后盾的川陕忠良百姓。

雍正用人向来都有定见，此时朝廷已准备出兵准噶尔，岳钟琪是年羹尧之后西北最出色的大将，自然更不能允许在这个节骨眼上退出，所以他鼓励岳钟琪振作精神，继续供职，还说健康状况确实不可疏忽，但是他将派深受其信任的太医院太医南下成都，为岳钟琪做一番彻底的诊疗。

不久，太医刘裕铎果然奉皇命来到成都，来了之后便接连用三天时间为岳钟琪号脉、试药，直至根据他的情况开出药方。岳钟琪长年征战沙场，身体上难免这里那里有点毛病，所谓身体欠佳并不全是托辞。他在按照刘太医的药方吃药后，再经过一番调养，很快便“宿疾顿除，手足轻健”，当然最重要的还是将一块心病给去掉了。

让岳钟琪万万没想到的是，事隔不到一年，同样的大麻烦会再次落到自己头上。尽管他在卢宗汉案中有惊无险，但眼前的案子无疑比卢案又要复杂和严重得多，首先案犯头脑清醒，目标明确，不是卢宗汉一类的疯子，其次“逆书”白纸黑字，言之凿凿，更非寻常流言可比。面对如此奇诞的案情，他该怎样向皇上解释清楚呢？皇上还能相信他与之毫无关系，对他不产生疑心吗？

岳钟琪很清楚雍正对于封疆大吏忠诚与否的重视和敏感程度，尤其他又处于这样举足轻重的位置上，稍有不慎，就可能步其前任的后尘，因此心情格外紧张不安。

头等大事

岳钟琪的第一反应是找同事作为旁证共同提审张熙。对于如此重案而言，官小了还不具备同审的资格，岳钟琪最初想到的是西安城内的二把手、陕西巡抚西琳，偏巧西琳有事不能出席，于是便退而求其次，把三把手、按察使硕色请来衙署同审。

审讯时，硕色在侧厅旁听，由岳钟琪亲自对张熙进行讯问。一开始，岳钟琪故作和颜悦色，请张熙喝茶，想从他嘴里套出实情，但张熙并未上当，坚不吐实。其后直至西琳把自己的事忙完，匆匆赶到衙署，审讯也仍然陷于僵持状态。

岳钟琪与西琳一商量，既然案犯敬酒不吃吃罚酒，那就只好上大刑了。可是他们对张熙动了几个小时的刑，对方除了痛楚号叫，未肯再提供任何有用的口供。

发现张熙是个硬骨头，大刑不管用，第二天，岳钟琪又换了个套路，他一方面不断威胁要继续用刑，然而棒子举得高高，就是始终不落下来；另一方面，则用一种貌似推心置腹、将心比心的方式，竭力劝说张熙交代实情。谁知张熙在挨过大刑后，对岳钟琪更加难以信任，不管怎样软硬兼施，横竖还是不肯就范。

至1728年10月30日清晨，投书案已过去两天，但对张熙的审讯依然毫无进展。眼看拖不下去了，岳钟琪只得研墨敷纸，向雍正报告。在密折中，他字斟句酌，将张熙如何投书，所投“逆书”的大致内容，以及这两天审讯的经过都详细汇报了一遍，为的是证明自己在收到“逆书”后，毫无隐匿不报之意，且依然对皇上忠心不贰，凡他节制下的西北大军更不会有任何谋逆的心思和举动。最后他坦陈自己对此案至今束手无策，因此恳请皇上同意，将人犯押送至京城，由富于审讯经验的内大臣再行审理。

古代急递费用昂贵，速度也较慢，受限于此，各省督抚及以下外臣的密折通常都不会一件一件递送，而是集为一批，放入其个人专用的奏匣后一起递送出去。比如在岳钟琪十天前发出的奏匣中，就统共收了十二份奏折，其中既有地方税收等一般事务，也包括西北用兵后勤供应等朝廷要务。

投书案的密折是单独发出的！如此超越常规的做法足以显示出，该案在岳钟琪心目中已成为一桩头等大事，刻不容缓，必须立即处理。与之相比，其他公务无论平常看起来有多么重要，如今也都变得无足轻重了，所以不必同时递送入京。

写完并寄出密折，岳钟琪稍稍松了一口气，但并不能从烦闷和忧虑中完全解脱出来。自投书案爆发，无论愿不愿意，他都已经与此案紧紧捆绑在了一起，即便皇上在看了密折后，和过去一样相信他是无辜的，但破不了案本身，就已经足以让皇上对他留下软弱无能的印象了，这对他今后的仕途和前程而言，可以说是相当不利。再者，他建议将人犯押京受审也等于把难题推给皇上，万一京城的官员也对张熙毫无办法，问不出一句供词呢？

不管如何，还是得想方设法在自己手上破案啊！可是这几天软磨硬逼却总不见效，看这情形，就算是再给张熙赔多少笑脸，他也照旧会守口如瓶，若是一味严刑逼供，又怕把他给打死，令整个案件成为无头案。

既然明攻难以达到目的，何不智取？岳钟琪强迫自己静下心来，将投书案从头到尾重新细想了一遍，渐渐地，一个新的行动方案终于在头脑中浮现出来。

当天晚上，张熙被从牢里提出，移送至衙署内一个较为舒适的客房内居住。其时天气寒冷，岳钟琪不仅命侍卫给张熙送来皮袄和暖酒，还派一名“家仆”专门进行招待。这名“家仆”绝口不提案情，只是一边陪着张熙饮酒，一边闲扯些西安当地的闲言碎语，之后便极力夸赞其主子的为人信誉。

张熙不知道，“家仆”其实是岳钟琪请来的代理知县李元。李元刚刚赴任不久，岳钟琪估计张熙应该不会碰巧遇见过他，最重要的是，李元原为西安城东的学监，跟读书人打交道是他的强项，自然更懂得如何攻破一个孤立无援、惊惧不安的读书人的心理防线。

果然，张熙的态度大为松动。他本为策动岳钟琪而来，不肯说出实话是因为他还信不过岳钟琪，岳钟琪突如其来的款待和李元与他的对话令他一下子放松了警惕，对于打动和说服岳钟琪的原计划也重新产生出极大期待。

诡诈术

按照岳钟琪制订的新方案，1728 年 10 月 31 日黄昏，再次开审。张熙被从其过宿的新客房带至总督府大堂，在大堂上，岳钟琪故作真诚地告诉张熙，说他对信函上的内容以及张熙的话进行了反复思量，如今才痛下决心，甘冒风险参与造反，并希望张熙的老师能够辅佐自己。

经过和李元的对床夜话，张熙已经认为岳钟琪值得信任，岳钟琪的这一番慷慨陈辞也正是他所想要的，但出于保险起见，他仍然坚持在他披露所有实情之前，岳钟琪必须对天盟誓，绝不向任何其他人透露消息，更不会背叛他和老师。

对岳钟琪而言，设下骗局诱骗一个像张熙这样的要犯，于公于私都没有任何忌讳，唯独让他跟老天爷撒谎，多少都会产生些心理阴影。可是既然已经到了这个地步，总不至于前功尽弃吧？

岳钟琪一口答应了张熙的要求，不但赌咒发誓，而且发誓的时候痛哭流涕，表现得要多有诚意就多有诚意，他甚至还让自己的侄儿整理行装，做出了一副随时准备迎接曾静来归的样子。

张熙毕竟年轻，而且他和曾静一样，很少出远门见世面，哪里料得到眼前这位有头有脸的大人物为了达到其目的，竟可以如此不择手段地行其诡诈之计？他当下就把岳钟琪当成自己人，一五一十地吐露了对方最想知道的一些秘密，包括他和曾静师徒的真名实姓，家住哪里，与谋判计划有关的还有哪些人，等等。

岳钟琪高兴得小心脏怦怦直跳，但他表面上仍不动声色，在结束当晚的问话后，即派人将张熙送回客房休息，让其和李元继续轻松闲聊，并命令手下在天亮前不得入内打扰。

乘此间隙，岳钟琪着手撰写出关于投书案的第二份密折，大致叙述了自己如何设下圈套，又如何假意盟誓以获取张熙的信任，以及当晚所套出的部分案情、包括曾静师徒在内的六名初步共谋嫌犯的姓名住址。笔墨刚干，岳钟琪就挑选了一名得力驿卒，命其乘快马连夜出发，将密折单独送往京城。

天亮后继续审讯，这次岳钟琪获得和掌握了所有案情，最具实质性也最让他感兴趣的信息，是张熙说出了吕留良对他们师徒乃至投书案的作用和影响。张熙还告诉岳钟琪，一年前他曾奉师命去浙江拜访吕留良的后裔，吕留良的孙子让他阅读了吕的日记及其他著作，并送给他一些吕诗作的刻印本。

岳钟琪先将张熙打发回客房，继而再展笔墨，撰写并发出了关于投书案的第三份密折。在这封密折中，他根据和张熙的谈话内容，建议重点追查吕留良家族，同时列出了新发现的七名共谋嫌犯的名单。至此，六天之内，三份密折都先后发了出去。

当岳钟琪的第一份密折送到雍正的案头时，摆在他面前的还有另外一份来自西安的密折，落款日期也是 10 月 30 日。具奏人是陕西按察使硕色，主要是汇报他旁听审讯的经过以及对案犯张熙的印象："臣细看此人甚是狡猾，（此案）断非一二人所谋之事，必有党羽匪类。"

雍正看过后仅仅批了一个"阅"字，这是最简单的一种批阅方式——说白了，硕色的作用就止于验证一下岳钟琪有没有撒谎，雍正对他的想法没什么兴趣。

岳钟琪才是牵动投书案的关键人物，雍正花了很多时间批复他所送来的密折。当然，他那时候还没有觉得投书案有什么特异之处，而只是把它当成了卢宗汉案的增强版，认为顶多是一个疯子变成了两个不自量力的腐儒而已，看法是："竟有如此可笑之事，可恨之人！"

正如岳钟琪发出密折后所考虑到的那样，雍正并不认为把张熙送到京城审理是个好主意，凭他的直觉，张熙既有胆造反和挑拨别人造反，又能熬过大刑，必是一个悍不畏死的亡命之徒，如果不改变审讯方法，就算押至京城，还是难以让他开口。

若论诡诈术，雍正甘居第二，没有谁敢称第一。略加思索，他便一口气给岳钟琪想出了四条计策，其中有的是假意与张熙开诚布公，套对方的话，有的是夸赞张熙为英雄好汉，借机劝他归化朝廷，有的是先随意攀谈缓和气氛，然后伺机展开审讯，还有的是欲擒故纵，释放张熙，但将其置于严密监视之下，待时机成熟，再将其与同伙一网打尽。总之，岳钟琪能想到的，雍正都想到了，岳钟琪没想到的，雍正也都想到了。

雍正批阅密折的惯例是通览来自一地的奏折，处理完后将朱批奏折放回同一奏匣，再由进京递送的驿卒发还给具折人。岳钟琪、硕色的密折都是发自西安，自然也就算作一批，不过还没等雍正把它们交到驿卒手中，岳钟琪的第二份密折已经飞马送到。

死人在指挥活人

通过新的密折，雍正得知案情已经获得突破性进展，且突破方法与其预想的思路基本一致，这让他大为激动，尤其是当读到岳钟琪佯装对天盟誓并允诺加入谋反行列一节时，更是动了感情，他以朱笔对密折中的这段文字加圈，批复道："读至'盟誓'二字，朕不觉落泪。"

雍正信佛，他认为，岳钟琪出于尽快破案和让皇帝安心的考虑，在明知自己将欺天的情况下仍对天盟誓，已足见他对皇帝和朝廷有多么忠诚。他安慰岳钟琪，说："此等盟誓乃不得已的权变之举，神明有知，不但不降祸，还一定会消灾灭罪，赐福延禄。"

从收到岳钟琪的第二份密折起，雍正就明确投书案与卢宗汉案完全不同，属于前所未有的民间大案。随着第三份密折的到来，不仅涉案嫌犯人数已达到十三人之多，而且还具体延伸出曾静、吕留良两案，而这无疑又进一步验证了雍正的认识。最令他感到震惊的，莫过于吕留良在案件中的出现，这位已故的浙江大儒竟然对两案中的一干嫌犯都有着那么深刻的影响力，宛如死人在指挥活人，谁能想得到？

十三名嫌犯分别居住于湖南、浙江和江苏，雍正下令由三省督抚亲自负责，同时在三省展开抓捕。1728 年 11 月 24 日深夜，浙江总督李卫接到雍正急谕，要求除抓捕嫌犯，还必须彻查吕留良宅院及藏书。

如果李卫兴师动众地派部队包围吕宅，人是一定跑不掉，但警觉事情有变的吕家必然可能毁书。李卫先前已有查办查嗣庭案的经验，为防止意外发生，他便想出了一个瞒天过海之计。按照其部署，缉捕官隐瞒身份，欺骗吕氏家人，假称他们来自京城内廷史馆，特地到民间拾遗补缺，收集图书，并将用现银购买吕宅中藏有的珍本。吕氏家人对此毫无防备，在遭到官兵突袭时自然也未能做出任何应变，结果使得李卫如愿以偿地达到了既捕人又搜书的目的。

从吕宅搜出的所有手稿都先被送至总督府，由李卫本人阅读、甄别，然后再与抄没的其他吕氏著述一起送往京师，供皇帝阅览。李卫在破案子、抓犯人方面是把好手，读书就头大了，看来看去，愣是看不出这些所谓危害巨大的文章与别的文人撰著有什么区别，自然也不知道它们究竟有何"危害"。为此，他只好在密折中向雍正老实承认，由于自己学业不精，因而对抄没的手稿、著述缺乏鉴别力，难下判断，只能粗略地认为吕留良及其后人、弟子是在以研究理学为幌子，四处散布异端邪说。

其实倒也不能完全怪李卫不学无术。吕留良著述浩繁，加之学术、隐寓和批判性文字交织其间，李卫又只是没有重点的粗略浏览，当然很难发现不轨的段落。张熙随身有一本吕留良的诗稿，岳钟琪在审讯时拿着看了半天，也是看不出任何名堂，最后还是在张熙的指点下，从另外的角度重新审读玩味，才得以琢磨出一点意思出来。

比如诗卷里有一首长诗《钱墓松歌》，这是吕留良应友人钱汝霖之邀，到嘉兴名胜南北湖游玩时所作。钱家是嘉兴望族，钱汝霖的祖上全都葬于南北湖，他们的墓前遍植松柏，形成了一片郁郁葱葱的松柏林，人称“钱墓”。从表面上看，《钱墓松歌》不过是一个文人对“钱墓”松柏的感怀，但寓意就暗藏其中，因为吕留良在诗中特别以松柏发论，说此松应自元朝时就存在，接着又用短短数行的篇幅，描述了在元朝统治下，中原百姓的困苦生活。

元与清一样，都是少数民族进入中原后所建立的王朝，可想而知，任何一个有反满倾向的人只要一读到这些诗句，立刻就能联想到元与清之间的关联，也随即能够明白作者的政治立场和观点。曾静就是如此，他说他刚接触《钱墓松歌》时即受到了巨大震撼，尤其诗里“其中虽有数十年，天荒地塌非人间”一句，更是令他“如坠深谷”，不能自拔。

与《钱墓松歌》相比，另一首长诗《题如此江山图》的背景更为复杂。《如此江山图》是一幅画，画中的“如此江山”实际是一座亭子，称为“如此江山亭”，乃杭州吴山的一处胜迹，据传是北宋被金灭掉后，南渡的遗民所建，用以寄托对故国的思念。这幅画的作者陈仲美则生于南宋，但他少年时南宋就被元朝倾覆了，所以作者同样是在托景寄情，既写山水之美，复叹时代变迁。

宋遗民的悲情引起了吕留良的共鸣，他在题咏诗中写道：“其为宋之南渡耶？如此江山真可耻。其为崖山以后耶？如此江山不忍视。吾今始悟作画意，痛哭流涕有若是。”

《如此江山图》虽是山水画，但山水间依稀可见人物，只是画中人的穿着很奇怪，既不像是一般士大夫的官袍，也不像山林隐士的竹笠粗服。吕留良借题发挥，甚至不惜超出画卷本身创作的时代，说如果画中人是宋人，那么其必然以祖国大好河山落于蒙元铁蹄之手而为耻，如果画中人是明人，则其必为汉人重拾江山而举杯痛饮，欣喜若狂。

一首《钱墓松歌》，一首《题如此江山图》，不要小看就是两首诗，正是它们对曾静起到了醍醐灌顶的作用。曾静读后“始而怪，即而疑，继而信”，开始觉得怪，后来感到有些疑团，最后就完全相信了吕留良关于“华夷之分”的学说。

收买人心

雍正的文化水平和学养远非李卫可比，加上已经仔细阅读和研究过岳钟琪等人的密折，所以他对吕留良隐藏于字里行间的这些情结全都看得真真切切、明明白白。除此之外，其他诸如吕留良反感和蔑视清廷，对明朝充满同情等细节，也都被雍正火眼金睛般的从各种书函、日记和著述中一一“抠”了出来。

雍正越读越气愤。在他看来，吕留良与汪景祺、查嗣庭是同一个类型的人，都是他极为厌恶的“浙江习气”的具体体现，但比起汪、查等，吕留良还要更为可恨和可怕得多。因为前者毕竟影响力有限，而吕留良却托名讲学，将“华夷之分”“夷夏之防”等观念灌输给士子，造成了“海内士子尊崇其著述非一日矣”的现象。曾静师徒本是僻处湘南山区的乡下人，竟然也受到吕留良启蒙，并视之为精神偶像，就可见情况已有多么严重。

与雍正只能透过文字勾勒吕留良的思想脉络不同，在吕留良晚年，他的反政府倾向常常通过行动直接表现出来。以他作《钱墓松歌》的南北湖之行为例，清廷开国后，严禁汉族文人结社，但南北湖之行就是一次典型的文人聚会，钱汝霖、吕留良等具有反满倾向的文人会聚在一起，在南北湖及周边盘桓达四十余天，已经是在公然与朝廷唱对台戏。更为严重的是，他们那次其实还钻了钦天监推算日历失误的空子，说是要在南北湖过除夕，但这个除夕并非清历所规定的除夕，其意就是不承认和不按清廷的时节办事。

康熙朝的情报网或许没有雍正这么严密，然而康熙也熟知下情，尤其对江南社会的动静一直都很关注，吕留良的这些行迹不可能一点都不为他所察觉，但可以看出他既未采取什么措施，也没有下令严查。对于吕留良本人，如果说康熙有什么遗憾，倒很可能是吕留良始终不肯“入其彀中”，以及宁愿剃发做和尚也不肯参加他的博学鸿词考试。

清在取代明后，出于调和反满情绪及满汉矛盾等多方面因素的考虑，表面上一改抹黑前朝，抬高当朝的做法，在对待明朝君臣的态度上表现出了相当的气度。康熙六次南巡，每次到南京都要祭扫明孝陵，并且行三跪九叩大礼，以示对明太祖朱元璋的尊重。不仅如此，他还亲题“治隆唐宋”四字，赞誉明朝的治理和兴盛程度为唐宋所不及。

雍正登基后，检视康熙的遗物，在书箧中发现了一道康熙的未发谕旨，上面说自己决定效法前人，查访朱元璋的子孙，然后给他封官加爵，以继承朱元璋的香火。雍正看后认为父亲说得很对，遂在雍正二年派人找到了据传是明室后裔的朱之琏，加封其为一等侯，让他承担明朝诸陵的祭祀，并将其“抬入”了汉军正白旗（朱之琏的先人被清军俘虏，已入八旗）。

对于明臣，清皇室也有他们的一套做法。顺治说：“明臣而不思明者，必非忠臣。”清修《明史》，对明末清初因抗清而遇难的明朝官员予以表彰，反过来将那些投降清朝的官员称为大节有亏的变节分子，洪承畴、祖大寿等人就算是对清代立国立下过赫赫功勋，堪称大清的开国功臣，但也照旧被列入了《贰臣传》。

康熙等人这么做，讲穿了都是收买人心之举，为的是让汉族臣民像忠于明朝一样忠于清朝，转而为他们服务。如果有谁越过底线，对大清统治造成了威胁，他们还是要予以打击的。像雍正找到的那个明室后裔朱之琏，其实据说并不正宗，最正宗的是崇祯帝第五子、民间称为“朱三太子”的朱慈焕，他也是截至康熙朝时，唯一活下来的明皇室后裔。问题是反清复明者都纷纷打着“朱三太子”的旗号造反，哪怕朱慈焕自己并没有实际参与进去，可康熙也依旧将他给处死了。

辩论

虽然对真正的“朱三太子”绝不肯放过，但康熙朝时，清廷的统治基础尚不稳固，反清复明的起义和排满斗争不断，在那种情况下，康熙不可能听到一点风声就打，否则就会四面树敌，到处激化矛盾。

二十多年前，雍正还是雍亲王的时候，曾发生过一桩旧案。江苏苏州人一念和尚以忠于“朱三太子”和前明为号召，突然聚众起事，参加这次起义的人一律头裹红巾，打着仿明朝的旗帜，檄文通令也都沿袭前明年号。

一念武功高强，许多江湖侠客如甘凤池等都是他的徒弟，同时他又通晓作战之术，清军骑兵闻讯前去“围剿”，被打得大败。至当年年底，起义军已增至数千人，只可惜他们终究独木难支，次年还是遭到了失败，一念亦被捕遇害。

当时吕留良早已去世，被俘的起义军士兵指控吕留良的孙子吕懿历参加了起义军，吕懿历因此被抓去审问，并与指控者当面对质。在审问过程中，他坚称自己从未见过指控者，也否认与起义军有任何瓜葛，最后，朝廷派去江浙平叛的钦差大臣穆旦宣布将其无罪开释。

正常情况下，涉嫌谋反可没有这么容易就脱身，更何况还有人证。李卫在审问吕氏家人时初次听到此事，马上命人从总督府旧档中翻出了关于吕懿历的卷宗，上面有穆旦写的公文，说他确信吕懿历并未说谎，于是下令撤销了对吕懿历的所有指控。

实际上，穆旦的公文只是官样文章，他开释吕懿历的背后，是得到了皇帝的特别指示和许可——康熙顾念吕懿历出身宿儒世家，不谙世事，故特命将其宽宥释放。

是康熙真的特别器重吕留良这样的宿儒，所以才对其子弟网开一面？自然不是，而是当时的政治形势和对外宣传需要他这么做。为此，康熙一方面该硬的时候不手软，坚决镇压反清起义，消除重大隐患；另一方面，又积极主动地拉拢汉族上层知识分子，实行要官给官，要名声给名声，要出路给出路。即便是那些执意不肯与朝廷合作的明遗民及其后代，只要不直接拿着刀枪跟官府对着干，也都尽量睁一只眼闭一只眼，康熙对吕留良和吕氏家族是如此，对于名气比吕留良更大的“三大儒”黄宗羲、顾炎武、王夫之亦然。

康熙朝时的顾虑到了雍正朝已经不复存在。随着康熙平定台湾，郑氏退出政治舞台，海上最后一个反清堡垒消失了，江南虽然仍有遗民风气，但反清的武装起义已明显式微，号召力也大大下降，到了这个时候，对于一些在他们看来给脸不要脸的文人儒生来说，清皇室自然就没有理由再忍着性子好声好气地哄骗和包容了。

雍正决定下旨对吕留良展开批驳，为了显示对这次行动的重视，他特意从相对较为舒适的圆明园移驾回紫禁城养心殿，在那里专心撰写谕旨。

雍正元年，从中国返回自己国家的朝鲜使臣曾向国王报告，说亲眼见到雍正“气象英发，语言洪亮”。事实上，雍正不但说话声音饱满洪亮，而且好辩善辩，有学者认为，他这种好辩的性格最初应该得益于康熙。康熙倒不是好辩，他是爱讲逻辑，据分析，康熙之所以会如此，小半是接受了宋明理学关于“理”的观念，大半则受西方传教士利玛窦、汤若望等人的影响。

雍正一方面继承了父亲的性格特点，另一方面他偏好禅学，而禅学重自省思辨的倾向也必然会渗透到思维和语言习惯中去。雍正登基后，不但支持禅宗，而且直接参加了佛教宗派的学术斗争，其间，曾亲自对他所认为的“邪魔外道”进行指斥和批驳，并集成了《拣魔辩异录》一书。

和尚都是老百姓，雍正以皇帝之尊与他们辩难，免不了招来“以人天子与匹夫搏”的讥笑，但这就是雍正的一贯作风，他认为自己不单单是能靠皇帝的无上权威来强行压服别人，更重要的是还可以做到以理服人。

这回雍正需要驳倒的是吕留良，与以往批驳“邪魔外道”一样，他先要寻找对方的弱点，而吕留良的弱点或者说是软肋是什么？

是吃着本朝的饭，却砸着本朝的锅！

如果吕留良是一个明朝官员，为明朝鞠躬尽瘁，死而后已，那他还不失为一个尽其本分的忠臣，但雍正说可惜了，吕留良只是出生于“明朝之末季”，清军入关时，“年方孩童”。按照雍正的理解，吕所得到的完全是大清的恩泽，是清朝给他提供了读书教育的机会，甚至于后来应试成为秀才，都得益于此，可以说他本人是长于斯朝，得喂养于斯朝，其子子孙孙亦生长于斯朝，那他有什么理由对这个朝代如此痛恨和憎恶呢？

吕留良一生中最感到悔恨不已的一件事，莫过于为生计所迫和免遭陷害，在顺治年间参加了清廷的科举考试，他自己也常称之为“失脚”。雍正紧抓住这一点不放，把吕留良因思想改变而自弃考试，说成是赴考不中而一改初衷，在他的笔下，吕留良成了一个原本对明朝毫无依恋之情，一心以仕途为念的人，直到后来考试受挫，丧失了秀才资格，才突然尊奉起明朝，而做起了肆意污蔑大清的文章。

在上谕中，雍正质问道：“谁曾见过吕留良这样怪诞无耻、可嗤可鄙者？”随即发出感慨：“朕即位以来，实不知吕留良有何著述之事，而其恶贯满盈，人神共愤，天地不容，致有曾静上书总督岳钟琪之举。”

明顶暗抗

“华夷之分”是吕留良反满思想的核心论点，也是雍正予以批驳的重点。在古代中国，少数民族素为汉族的主流政治圈所排斥，连雍正也无法堂而皇之地说出满人亦可为中原之主这样的话，不过他不愧是辩论战的高手，此路难行，立即另寻捷径，转而用偷换概念的手法，以地域代替民族。

雍正说，什么是华，什么是夷，依地域来分的话，上古的舜帝为夷之人，周文王为西夷之人，这两个君主不都是公认的圣德明君吗？我们清朝皇帝也一样，不过原先住在满洲而已，自然也像舜帝、周文王一样有资格做中国的皇帝。

在论证华夷无别，地域不能作为区别君主好坏标准的基础上，雍正说清朝开辟疆土，创造太平盛世，“令四方无事，百姓康乐，户口蕃庶”，否则的话，全国将仍陷于战乱和苦难之中，臣民们应该感到庆幸才对。更何况，清朝是从李自成手里夺来的天下，夺明朝皇位的并不是他们，相反，他们还打败了李自成，为明朝报了仇，雪了耻。现在一些居心叵测的汉人却专门将明朝后裔作为反清旗号，这种行为只能算作叛逆。

在亲自出马，对吕留良进行一番批驳后，雍正自认为找到了予以惩处的合理依据，他在发下批驳谕旨的同时，下谕给在京百官和封疆大吏，要求内外臣工拿出了一个处理吕留良及其家族的具体办法。可让他没想到的是，他初夏时颁下的旨意，整个夏季都快结束了，竟然还是没有任何有关的奏疏上达。

雍正虽将吕留良与汪景祺、查嗣庭列为一类人，但吕留良在文人圈中的地位和影响力其实与汪、查根本不在一个档次。很多科甲出身的官员都看过吕留良对儒家经籍的注解，或者在走进考场前阅读过吕所编纂的应试文章范本，吕留良在这些著述中多持论平正，就是偶有一些偏激之语，也早就为后来编辑其著作的学者所删除，所以他们印象中的吕留良，只是一个具有杰出学术成就的注经通儒和理学家而已，实在难以跟雍正上谕中那个狂妄悖逆、十恶不赦的“大坏蛋”挂上钩。

不少人认为吕留良晚年没有从事过实质性的反清活动，纵使有“华夷之分”“夷夏之防”的言论，主要还是认识问题，不是政治问题，他获罪是受到了曾静案的牵连，是曾静案把他给连累了，所以应予重惩的不是吕留良，而是元凶曾静。雍正接到密报，湖北按察使王萧章对贬低和处罚吕留良表示不满甚至愤怒，考虑到王萧章只是在表达意见的过程中，“含愤激切，一时昏聩，致失检点”，雍正在警告之外，没有对他进行惩处。

有的在雍正看来却是非惩处不可。广州府同知朱振基在自己管理的书院内供奉吕留良的牌位，还让前来参加考试的生员向牌位跪拜，在雍正发出批驳谕文后，才将牌位移至家中，若不是被人举报，难保他不会暗中继续敬拜。事发后，朱振基被撤职严审，并受杖刑，直至死于狱中。

在吕留良的家乡嘉兴，早已退休的学官张昌言被揭发不仅刻了吕留良的牌位，而且将牌位请到城内一座著名书院中供奉。浙江总督李卫下令将张昌言处以鞭刑，同时焚毁吕氏牌位。

从湖北到广东再到浙江，三个省份的官场竟然都不约而同地出现了对批驳谕令明顶暗抗的事件，而且涉案者除一名退休官员，另外两人不是执掌一省司法大权者，就是负责督导教育的官员，连他们都沉迷到了不惜抗旨甚至供奉吕留良牌位的地步，可想而知吕留良对臣民的影响力有多大，不整治又怎么得了？

雍正于吃惊和警惕之余，又连发几次长谕，对吕留良的弟子严鸿逵等人展开批驳，并着刑部严加审问，议定其罪，资以制造更大的声势。

就在雍正及其拥护者急于获取朝野舆论支持的时候，福建泉州有个叫诸葛际盛的书生向读书人发了一封公开信，立刻得到了他们的注意和重视。诸葛际盛在公开信中写道，读罢皇上谕旨，发现吕留良居然在日记中攻击先皇圣祖康熙，真是太可恶了，而吕留良的子孙不但不对吕留良的行径感到忏悔，还故意藏匿其父祖的“逆书”，由此可见，吕氏合门上下都有企图颠覆大清之祸心。

诸葛际盛还不忘拿姓氏做文章，吹嘘自己是一千多年前忠君爱国的诸葛亮的后代，同时又说吕姓一族千年以来有不少奸臣，受刑斩首的也不乏其人。

按照这位书生的意见，吕留良已死，砍他的脑袋是不可能了，最适宜的惩罚是开其棺戮其尸！

小人行径

任何时代都会有想靠踩别人来获得进身之阶的小人，诸葛际盛大抵如此。一开始，他的文章还只是局限在小范围内，一位支持雍正处理吕留良案的大臣偶然看到了，如获至宝，决定在邸报上破格刊登此文。

邸报全国发行，是官员们必读的内参，一个处于京师官僚机构圈子之外、此前又名不见经传的书生，如果没有皇帝的允许或至少是默认，怎么可能刊载他的文章？毫无疑问，这是雍正在用希图上位进阶的小人当武器，给朝臣施加压力，在批判吕留良方面逼迫他们接受自己的意志。

出于同样的目的，雍正明谕表彰在广州朱振基案中举报朱振基的四名生员，下令增加广州一地生员乡试配额四名，这四名生员可以用此特置配额参加乡试，若成绩优良，即赏作举人，送京城参加会试。

在一片人为制造出的沉默中，竟仍不乏勇敢倔强之声。按照制度，邸报的阅读范围仅限于朝廷命官，但朝廷命官的私聘幕僚实际上总能接触到这些内部材料，据湖北省通山县知县井濬详报告，他的师爷唐孙镐从邸报上读到诸葛际盛的文章后，“忽然疯狂大作，詈骂号呼，无所不至”。

官场之上，谁都知道诸文的背景有多深，井濬详连忙上前阻止，但不管他哄劝也好，责骂也罢，唐孙镐依旧不改初衷，几天后又突然向井濬详提出辞职。

唐孙镐追随井濬详已有数年之久，井濬详忙问他将何去何从，回答说要去向省城官署呈递文书。问是什么文书，唐孙镐交给东家一份他花了几天时间写就的揭帖。

井濬详不看揭帖则已，一看大惊失色。唐孙镐在其中大骂诸葛际盛是汉人中的败类，一个“蛇蝎为心，豺狼成性”的小人，此人诋毁和攻击吕留良不过是“饰奸为忠，希图幸进”。

唐孙镐通过揭帖直言，正是诸葛际盛的这种小人行径促使自己不能不挺身而出，为吕留良说几句公道话。他承认，吕留良并非无过，但那是有历史原因的，因为在吕氏生活的时代，东南沿岸动乱未息，明末忠臣义士仍在举旗抗清以图恢复，吕留良受此影响，私下不免会流露出同情前明的言论。可是这些都不是最重要的，最重要的是吕留良写出了不朽的学术著作，就以《四书讲义》而言，虽然以他唐孙镐的学识不足以完全窥其精妙，但也知道此书“阐扬圣道至精且详，海内文人莫不宗之”，甚至即便孔孟程朱这些儒家圣人复出，都“不易其言”，不能随便改动书里的话。

唐孙镐认为皇上日理万机，可能无暇翻阅《四书讲义》等吕氏名著，于是才在“疑信相参”的情况下，下旨让群臣细研吕氏之书，希望听取众臣的见解，以此作为判断依据。可是内外臣工因为都怕得罪皇上，便纷纷甘作违心之谈，导致如今被小人所乘，竟有了开棺戮尸之说。在唐孙镐看来，如果此说成真，必将使饱读圣贤之书、尊崇孔孟之道的天下儒生为之心寒，“孔孟在天之灵亦应为之流涕”。

在诸文发表于邸报的前后，湖北按察使王萧章受警告，广州府同知朱振基、嘉兴学官张昌言遭严惩等一系列事件已经传开，它们都再清楚不过地表明了为吕留良辩护的后果有多么严重。唐孙镐也知道呈上揭帖之后，“感悟天心十之一，身罹法网十之九”，成功的可能性很小，而且还会给自己带来灭顶之灾，但他已做好了思想准备，“与其与无耻之诸葛际盛并生阳世，何如与儒雅之吕氏父子同归阴府也！”

读完揭帖，井濬详被吓得胆战心惊，这时候他如果再放唐孙镐离开，就有知情不报乃至包庇私幕的罪名了，于是只能先下令羁押唐孙镐，然后向湖广总督迈柱呈报案情。迈柱仔细阅读后，次日便向雍正寄呈密折并附上了唐孙镐的揭帖抄件。

唐孙镐在揭帖中猜测，皇上可能是没空阅读吕氏名著，未能领略到它们有多么了不起，所以才向臣下广泛征求意见。实际情况恰恰相反，雍正虽不可能在短时间内读完吕氏的全部著述，但重要部分他都看了一遍，而他要对已经死了四十多年的吕留良予以严惩的决定，也正是在看了吕氏著述后才做出的。至于征求意见，那不过是雍正一贯的权谋风格而已——虽然雍正贵为皇帝，手中拥有绝对的权力，朝廷上下也没有任何有效机制可对他进行限制，然而每逢重大决策，他总是要征求朝廷内外的意见，为的是取得道义上的支持和舆论的背书。

从整治皇子党起，雍正玩的就是这一套，已经极其娴熟，吕留良案并非特例。也就是说，对怎么处理吕案，他早有定见，用不着别人说三道四，他所需要的，只是掌声和应和声而已，但他没想到，这一套在吕案上会显得那么不适应，尤其唐孙镐的出现，让他简直有手足无措之感。

权谋之术说到底，都是在利用人性的弱点。允禩、允禵厉害吧？一个智谋超群，一个将略出众，可是他们本身就是皇位的追逐者，其有所求则必会让别人有空隙可钻。年羹尧、隆科多皆为大臣中的出类拔萃者，然而他们贪图荣华富贵，漏洞到处都是，乃至于雍正只要一打招呼，还没等公开宣布罪状，两人就已形同瓮中之鳖。

唐孙镐是什么样的人，他既非王子王孙，也不是朝中重臣，甚至连一个起码的官职都没有，不过是个极普通极平常的书生。同为未受朝廷升斗之粟的书生，诸葛际盛一肚子私欲，对雍正而言，这样的人最好拿捏，也最适宜用来当武器，唐孙镐却与诸葛际盛正好相反，他什么都不求，只求维护读书人的信念和正义。

雍正最拿手的权谋在唐孙镐身上失去了用武之地，而若改用强权的话，唐孙镐又根本无惧生死，正如他在揭帖中所说："莫谓无人也，犹有不怕死之唐孙镐在！"

无可奈何之下，雍正不得不放弃了他所谓的以理服人，但是如果公开处决唐孙镐，又怕招来外界议论。在迈柱的密奏末尾，他用朱笔如此批注道："像唐孙镐这样的人，你杀了他反而成就了他的声名，那太便宜他了，不如将其秘密处决，比如杖毙，或者用其他办法。总之，这件事就当从没发生，你千万不要跟别人说曾就此事上奏朕，谁都不要说，包括井濬详。"他还特地嘱咐迈柱，务必跟井濬详讲清楚，不得把唐孙镐的揭帖泄露出去，否则将来必定严惩不贷。

迈柱是个久历宦海、经验丰富的老官僚，收到雍正的朱批后马上明白了皇帝的心思，他回复说，因为担心用杖刑打死唐孙镐太过引人注目，所以没有马上采用这一办法，不过好在唐孙镐"不数日而伏冥诛"，自己在监狱中患病身亡了。

唐孙镐其实并不是病死，根据后来流传出去的说法，他是在狱中被人用沙袋压死的。迈柱做了这个安排后，便将唐孙镐的猝死解释成连老天都不能宽饶这等逆天大罪，并报告说已将唐孙镐的揭帖原稿就地销毁，一定不会外泄。

就像当年对待囚禁中的允禩、允禟一样，雍正既要解心腹之患，又希望尽可能避免被人议论，所以体察其意的大臣便用同样一个"冥诛"的办法，让他遂了心愿。

雍正君臣自以为料理得干净利落，不料几天后，湖南就传来消息，沅州的一位巡察御史竟在书案的一大堆公文中见到了唐孙镐的揭帖！

雍正闻讯大发雷霆，劈头盖脸训斥了迈柱一顿，说揭帖风波不但未销声匿迹，反而波及远地，“海内外皆传闻矣”。你口口声声都料理好了，怎么给我出现这种情况？

谁也不知道在明明已被销毁的情况下，唐孙镐的揭帖是如何再现，又从湖北来到湖南的。很有可能唐孙镐在写好揭帖后，另外还抄了若干份，并已在他获罪前进入了别的官方流转渠道。

不管怎样，揭帖的秘密是再也守不住了，其内容在文人圈子里迅速得以传播，并得到了一些正直之士的推崇。唐孙镐乃浙江会稽人，他的浙江同乡、天台秀才齐周华将揭帖易名为“讨诸葛际盛檄文”，收入其辑刊的《名山藏副本》。“名山藏”取自于司马迁“藏之名山，传之其人”，意思是现在不便公世，只能藏起来给后人看，果然，后来的人们都通过这篇作品领略到了一个底层知识分子所拥有的坚毅、执着与伟大。

揭帖的事且放到一边不去说它，让雍正感到烦闷不已的是，大臣们对吕留良案的表态仍不踊跃。在多方暗示也不见动静的情况下，他终于失去耐心，多次降下严旨，纵论历史和罪案，向满朝文武施加压力。

明末之际，战火频仍，明朝军队镇压李自成起义不得力，在滥杀百姓用以充数邀功方面却很起劲。自李自成发动起义后，整个中原都沦为战场，据雍正自己估计，至少有半数内地百姓死于战乱以及战争所带来的动荡、迁移、饥荒。他还特地提到四川，因为这个省那时候死伤特别惨重，即便少数幸存者，也多被剜目去耳，残足伤手，否则何至于有“湖广填四川”？

雍正说，当是时，他们大清“出薄海内外之人于汤火之中”，镇压了起义，拯救了大家，给关内带来了和平和统一，可谓居功至伟。然而时至今日，反清的谣言仍间有耳闻，打着恢复明朝汉人江山旗号的起事者也依旧层出不穷，此情此景，让他感慨系之，真有不知何从何往之感。

在雍正看来，吕留良的恶毒正在此处，他的那些悖谬思想由其门生继承，再传于曾静，所以曾静才会有“八十余年以来天地昏暗，日月无光”的狂言以及阴谋造反的举动。

1731 年 1 月，距离雍正下旨征求意见已经过去了整整十八个月，六部九卿终于呈上了基本符合雍正意愿的审结建议。吕留良案由此正式定案：吕留良及长子吕葆中（已死）、门生严鸿逵戮尸枭示；吕留良最小的儿子吕毅中、严鸿逵弟子沈在宽斩立决；吕留良和严鸿逵的孙辈全部发遣宁古塔给披甲人为奴。

吕案被曾静案所牵连，而吕案本身又牵连了很多人。因为雍正认为凡与吕留良有关的人员均应重判，所以最后连与吕留良有交往的刻书人、藏书人都被问斩，其株连人员之广、判刑之重，在文字狱中也是不多见的。

十大罪状

在岳钟琪最初关于投书案的密折中，一直未随折附上“逆书”原件，只是做了概要介绍，以及配合案情陆陆续续地透露了一些其中的信息。

为什么不附原件呢？岳钟琪的理由是“逆书”过于“诬谤悖逆”，他担心“有污圣览”，皇上看了会影响心情。彼时雍正还表现得颇为轻松镇定，提笔写道：“犬吠兽号之声耳，有何可介意？送来闲观之。”

其后，岳钟琪奉命将曾静所写的“逆书”原件递送入京。乍见“逆书”全文，雍正的反应却是大受震动，激愤之情无可名状，已全无一点“闲观之”的淡定和从容了。

原来曾静在“逆书”中直指雍正是失德暴君，并给他列了十大罪状，即“谋父”“逼母”“弑兄”“屠弟”“贪财”“好杀”“酗酒”“淫色”“怀疑诛忠”“好谀任佞”。这十条罪名基本囊括了雍正从继位起直至投书案前的一系列重大政治事件，其中除“好谀任佞”稍显平淡，其他九条罪名全都称得上是触目惊心，骇人听闻。曾静说雍正这样的暴君，就算不是满人，是汉人，也根本没资格做皇帝。

暴风雨前的宁静瞬间就被击破了。在岳钟琪的奏折中，雍正批道：“朕览逆书，惊讶堕泪。览之，梦中亦未料天下有人如此论朕也，亦未料其逆情如此之大也。”

雍正说做梦也想不到有人会这样议论他，其实也并非实话。之前通过情报网，他早就知道在他的继位、处理皇子党、惩处年隆等问题上，朝野颇多私议。不过一者，流言毕竟是流言，当事人总是不太好自己去挑明。二者，就像不在乎避讳一样，雍正本身不重虚名，他认为这些流言都处于零散状态，况且只是对他本人表示不满或质疑罢了，尚没有对其政权构成挑战，所以不需要像处理其他重大政治事务那样拿出大量精力去认真对待，一般性点到为止即可。比如雍正元年、二年，雍正在讲话中曾两次提到有人说他“凌逼弟辈”“凌逼众阿哥”，但除了矢口否认，他都没有追究流言的具体来源。

“逆书”之所以能够起到让雍正都坐不住的作用，是因为经过曾静的妙笔生花和归纳综合，在雍正看来荒诞不经的那些社会流言，不仅全都被包装得十分像样，颇能令人信服，而且还骤然上升到了对其人格和政绩的全盘否定——若雍正真的像上面所说的那样，他哪里是配不配做皇帝的问题，根本就是连做人的资格都不具备了，简直一个禽兽不如！

别说雍正本来就好辩，就算他不好辩，事到如今，也得逐一严辞批驳了。

“谋父”是曾静所列举的雍正第一罪状，曾静显然对社会上雍正毒死康熙的传说深信不疑，认为新皇帝处处与老皇帝“为仇为敌”，终至弑父、改诏、篡位。这是雍正所要驳斥的最大指控，为此他调动全部脑细胞，竭力追忆了他继承大统前对康熙的敬爱孝顺，以及康熙在畅春园病重、弥留期间的种种细节。雍正思维极其缜密，他不是单方面说自己如何如何，而是还将康熙去世之际，接受“末命”的皇子、王公大臣的姓名和接受时辰都一一描述了一番。

“谋父”以下，指责雍正残害至亲骨肉的罪状尚有“逼母”“弑兄”“屠弟”。“逼母”是说仁寿皇太后（德妃）之死为被迫自杀，“弑兄”是怀疑被囚的废太子死于雍正之手，“屠弟”当然是指允禟、允禩的死于非命。“逼母”“弑兄”均被雍正视为令他忍无可忍的恶毒谣言，他也像批驳“谋父”一样，一一拿出了对自己有利的证据，唯有“屠弟”一条，他却无法完全否认。

当初为了秘密结果允禟、允禩，雍正和大臣李绂合谋，想出了一个“冥诛”的法子，他们自以为得计，谁知老百姓心明眼亮，都知道是怎么一回事，认为正是李绂秉承君命谋害了允禟、允禩。实际上，雍正在通过情报网得知外界有他“屠弟”的流言后，也已经开始感到后悔，后来他的儿子乾隆便回忆说对于处置允禩、允禟，“皇考晚年意颇悔之”。雍正当然不会是后悔对允禩、允禟进行整治，他应该是在发现靠“冥诛”也无法瞒天过海后，觉得与其如此，倒还不如把这哥儿俩像允禵一样予以永远囚禁了，那样的话，他们既翻不了天，自己也不会落一个“屠弟”的恶名。

哭笑不得

在批驳圣谕中，雍正先解释了整治允禟、允禩等人的原因，说这些皇弟都是不安分的觊觎大位者，在康熙生前和自己执政初期有种种不端非法行为，康熙早就对他们不满。自己圈禁他们，也并非出于一己之私，或出于残忍或报复之心，而是为了尊重先帝的意愿，维护祖宗留下的江山基业。

雍正说他虽然下决心要大义灭亲，但并没有想要允禟、允禩的命，反而还在他们生病时遣医送药，就怕他们在狱中有什么闪失。二人也确实是病死的，是伏了“冥诛”，受到了阴间的惩罚。

正好此时李绂已因科甲朋党案而失宠，雍正就顺势把责任都推给他，指责李绂没有把允禟、允禩病死的情况明白地告诉众人，以致引起了外界无端的怀疑和猜测。至于他自己对两个皇弟的死，“不辩亦不受”，意思就是说他也不是一点责任没有，但至多就是负失察的责任而已。

平心而论，曾静的十大罪状中有相当大一部分都是无中生有、空穴来风的谣言。比如“淫色”，指责雍正特别好色，竟将废太子的妃嫔都收归已有。雍正气愤地说他自幼对女色就兴趣乏乏，“朕常自谓，天下人不好色未有如朕者，‘远色’二字朕实可自信，而诸王大臣近侍等亦共知之”。他称自己登基以来，从未广置后宫嫔妃，更不用说什么收归废太子的妃嫔了，“今乃谤为好色，不知所好者何色，所宠者何人”？

紧跟着“淫色”的是“贪财”和“酗酒”。“贪财”的内容不少，曾静曾从移民四川回来的百姓那里打听到，皇帝“使人从四川贩米，至江南苏州发卖”，又据行走于广东的人传言，雍正还在“广东、广西发卖水银”，于是曾静就都列入“逆书”，作为了雍正贪财的证据。

曾静所举的两个例子都确有其事，只是在被传来传去的过程早已扭曲变形。雍正解释，最初是外省督抚上奏时向他提出的建议，说江浙一带人多米贵，因此请求动用国库里的银钱，向产米的省份购进后，再运到江浙。

雍正辩驳道，把米粮平价卖给百姓，以解决当地的吃饭问题，是自古以来就有一种米粮调配办法，况且减价卖给百姓，朝廷还亏着本呢，他本人又如何可以从中得利？

水银的事，则跟原任贵州巡抚金世扬有关。金世扬在任时，由于动用府库的银两收贮水银等原因，使得府库亏空，无法完成交接，新任巡抚石礼哈向雍正报告了此事，同时建议将金世扬收贮的水银在广东变卖，用以充公平账。雍正同意了，认为这是一举两得的好事，既解决了亏本，也保全了金世扬的身家性命，但这跟他雍正想占谁的便宜完全不搭界。

在据理驳斥时，雍正再三强调，他身为一国之君，富有四海，如果他想要钱财的话，不费吹灰之力就可以取之不尽，用之不竭，有什么必要去动与民争利的小脑筋?

“酗酒”的指控直接来源于坊间流言。社会上传闻雍正是一个不理政事的酒鬼，常带着大臣在圆明园内大白天的饮酒作乐，隆科多得宠时，他曾频频与之饮至深夜，直到把隆科多灌得烂醉，令人抬出为止。又传说有一年端午节，雍正与诸王大臣登上数十条龙舟，在船上畅饮蒲酒。

对于这一罪名，雍正颇有哭笑不得之感。他引用古史所载，说连尧舜都喜好饮酒，《论语》中亦称孔子“唯酒无量”，这表明饮酒这件事即使对圣人的道德而言，都没有什么损害，作为他本人，如果真的喜欢喝几杯的话，绝不会遮遮掩掩，躲躲闪闪。然而实际情况是，他天生就不爱喝酒，同时平时的工作量和身体状况也不允许他整日流连于醉乡之中，酗酒云云完全是无稽之谈。

雍正还提到一件事。前年陕西固原提督路振扬来京朝见，有一天忽然启奏说：“臣在京很久，每天晋见皇上，仰看皇上容颜，发现完全不像喝过酒的样子，可为什么臣在外省任上时，却听到有皇上喜欢饮酒的说法呢？”

雍正说他听后只是一笑置之，如今想来，曾静诽谤自己酗酒，应该就是这一类谣言的反映。

在“逆书”中，曾静在指责完雍正的个人品格后，马上就转向了其执政风格，控诉雍正“怀疑诛忠”。所谓“怀疑诛忠”，无疑是指年羹尧、隆科多的案子，雍正认为这个罪名本身就不成立，“诛忠”？年、隆能算是忠臣吗？他对年、隆的怀疑无错可言，最终予以处置，乃其“自招”，是他们“倚功造过”的结果，属于咎由自取。

曾静痛骂雍正“极好杀人，京城凛凛”。雍正大叫撞天屈，说他的本性是最仁慈的，平时别说随便惩罚一个人了，连走路都不肯轻易伤害蝼蚁。他继任后更是时刻以谨慎用刑为宗旨，每遇到死刑犯案件，都要亲自审查，如果能够从中为罪犯找出一线生机，他心里都觉得十分愉快，这样曾静居然还说他“好杀”，那真是和他的存心以及现实相差得太远了。

最新线索

“好谀任佞”在“逆书”诸条罪状中算是比较轻的，但这是历代昏君的标配，原告不能不提，被告也不能不驳。雍正辩驳称在藩邸四十余年，早已看透了各种人情世故，什么是谗言，什么是谄媚，了解得比谁都清楚，他自己也十分讨厌虚伪和卑鄙。即位以来，凡是歌功颂德的马屁文章，他都扔到一边，或一看即过，不再留意，以至于内外诸臣都已形成习惯，不敢把浮夸颂扬的词句写入奏章或者口头说出，就怕遭到他的厌弃和轻视。

雍正说曾静如此诬蔑他，是把他看得太浮浅了，把他当成了那种从娃娃开始就做皇帝，以致没有一点人生阅历的人。他质问道，现在你曾静既然说我爱好阿谀奉承而任用奸佞之人，那么，能够举出一人一事来加以证实一下吗？不能吧！

在雍正洋洋洒洒地亲笔完成批驳后，内阁按其旨意整理出了一份长达八十三页的长谕，不过这份长谕除在乾清门外当着所有在京大臣的面宣读了一遍，并没有公开下发。原因当然是里面也同时披露了“逆书”的内容，大臣们担心其中的“十大罪状”反而会引起民间的注意和兴趣。

雍正对此很不满意。曾静的“逆书”已经让他认识到，相对于在政治上取得的成功，自己在民间舆论中却一直处于极其不利和被动的地位，有相当一部分人对他的嗣位及其政策表示质疑、不满和反对，这些人千方百计地散布攻讦他的言论，希望他立即垮台。

对雍正而言，舆论上对他的进攻跟政治斗争紧紧挂钩，所以必须全力以赴地打它一仗。过去政务繁忙，就算想打也没时间打，现在皇子党瓦解了，年、隆灰飞烟灭了，科目人受到打击，吏治得到整饬，火耗归公、养廉银、摊丁入亩、改土归流等新政已逐一得到实施，也就到了可以腾出手来好好策划一番的时候了。

正所谓来得早不如来得巧，曾静用“逆书”发难，提出嗣位和施政问题，不正好为出击提供了一个开火的靶子吗？在投书案初发阶段，雍正就对岳钟琪说曾静投书是坏事，也是好事，随后他在给李卫的朱谕中进一步明确了这一观点：关于我的谣言，由曾静暴露出来，乃是天赐良机，我可以“借此表明于天下后世，不使白璧蒙污”。

要知道，他雍正肯花那么大的力气和那么多的篇幅，一一驳斥“逆书”，可不光是好辩或者一时激愤所致，而是有着明确的政治企图和用意。在他的计划中，向所有在京大臣宣读长谕，也只是第一步，离最终目标还没远，奈何大臣们不能理解，居然到此就想刹车了，这怎么行？

就在雍正考虑如何推进下一步骤的时候，湖南方面传来了最新线索。这一线索来自已经被捕且正在湖南受审的曾静，曾静是在长谕宣读的前一周被捕的，当缉捕官兵闯入他家时，情知大事不妙的曾静曾经大叫道：“蒲潭先生卒于此！”

看样子他想自杀，可惜没有成功。其后当缉捕官兵在对曾静进行搜身时，发现其夹衣上绣有几个字，是“渤潭（蒲潭的别称）得道先生”，另外衣衫上还绣有一副对句。按照当地的乡间风俗，已故老人的寿衣上常绣有姓名故里，为的是在阴间易于识别，曾静此举似乎表明他对被捕和自杀成仁已经有了一定的心理准备。

不过曾静显然又没有他想象中那么坚强，他很快就向雍正专门派去湖南的承审官求饶了，“痛哭流涕，叩头不已”，并且按要求写下了详尽的供状。当承审官们追根究底，要他提供流言根源时，他虽然称只是“偶听来往路人传言，实未询确姓名住址，不敢信口妄报”，但还是交代有一个叫王澍的人在案发前曾造访过他的学馆，自己“逆书”中关于雍正的罪状很多也都出自王澍之口。

据曾静供述，王澍自称丙戌进士，与“十四爷”同窗读过书，而且有一个儿子现在正在川陕统兵。曾静当时看到王澍的来头太大，就没敢再深入打听他的其他信息，但猜测此人可能就是岳钟琪的父亲，王澍只是他的化名。曾静说正是因为王澍的到访，才直接促成了张熙的西安之行。

至此，投书案的性质发生了彻底改变。大家这才知道，不管吕留良的著作对曾静产生过多么巨大的影响，也不管曾静本人对异族统治和现实政治抱着何等不满的情绪，实际上他派弟子远赴西安投书策反岳钟琪的直接起因，还在这个神秘的王澍身上。

很显然，王澍不太可能是岳钟琪的父亲，但仅凭他自称的进士、“十四爷”允禵的伴读等身份，就足以判定，他绝不会是一个普通人，与那些或人云亦云或目不识丁的路人亦截然不同，更为巧合的是，吕留良长子吕葆中即丙戌科榜眼，王澍与他还是同年。

第十章 出奇料理

王澍的出现，令一度陷于困局之中的雍正几乎有了柳暗花明又一村的感觉，他重又亢奋起来，脑子里也有了新的设想。

为了对自己的设想加以验证和取得支持，雍正决定给在西南主持改流的云贵总督鄂尔泰寄去长谕的副本。凑巧，鄂尔泰的一名亲信家臣正好也在京城，于是雍正便将副本封在一个黄缎包裹的奏盒内，令此人迅速携件返回，交给其主子。

就算没有收到长谕，有关投书案及其该案中所暴露出来的对于雍正不利的一些言论，也早已传到了鄂尔泰耳中。作为一个政治家型的能臣，鄂尔泰拥有发达的政治嗅觉，他和雍正都应该能察觉得到，无论是以前的查嗣庭案，还是如今的曾静案、吕留良案，案犯有一个共同的特点，就是都喜欢在异象上做文章，与皇帝和当朝唱对台戏。

翻一翻查嗣庭、吕留良、严鸿逵的日记，里面均津津乐道于各种自然灾害，并把它们解释成为灾象征兆。当雍正从日记中读到此类记述的时候，真是又气又恨。他在长谕中拿出相当篇幅对此进行了专门批驳，说吕留良之辈对于自然灾害缺乏常识性的了解，要知道，中国的自然灾害在历朝历代都会间隙性地发生，并不是大清朝所独有，也不仅仅发生于吕留良他们所生活的这个时代。

报祥瑞

既然自然灾害总是不可避免，正确的应对态度是什么呢？是在灾害时期救百姓于水火！

雍正认为他的父亲康熙就是一个这样的楷模，其勤政爱民的风范与功绩，无人能出其右。纵观当今之世，吕留良家乡的父母官李卫同样公忠体国，面对一个被吕氏之辈所散布的谣言所毒害，以致民风败坏、士风堕落的省份，他兢兢业业，一心为百姓谋求福祉。相形之下，倒是吕留良自己，平时以追随圣人的理学家自居，动辄引经据典，实际却心怀恶念，任意诠释自然灾害，真可谓无耻之尤。

雍正说得有没有道理？至少听起来很像那么回事。可是有没有用？老实说，没什么大用。

有专家认为，中华民族从来都不是个严谨的民族，中国人的思维模式向来感性强，理性弱。更何况，在“天人感应说”长期控制人们思想的古代，你要大家在自然现象面前不迷信根本是难以做到的。相应地，灾异之说也最容易动摇人心，曾静不就是因为对“五星联珠，日月合璧”的解释前后不同，而逐渐产生出“异谋”的吗？

甚至雍正本人也不能免俗。你别看他一张嘴一套又一套，但他其实最迷信，尤其在当初刚刚登基、帝位不稳的时候，更是大讲祥瑞，一个“五星联珠，日月合璧”之瑞，就能把他给乐得屁颠屁颠的。讲祥瑞的同时必然恶灾变，朝鲜来华的使臣回国后报告说，雍正“恶闻灾异，钦天监虽有灾不敢奏”。

显然，当自然现象被与政治紧紧联系在一起后，讲祥瑞或灾异便被人为地赋予了政治意义：报祥瑞，就是支持朝廷；讲灾异，便是对朝廷表示蔑视或反对。

鄂尔泰不愧是雍正的第一心腹重臣，当雍正身陷各种不利传言之中，据理辩驳看上去又作用不大，效果有限时，是他第一个想到了以报祥瑞来支持雍正——这回不但要讲祥瑞，还要有意识地有针对性地大讲祥瑞，哪怕是为此编瞎话也在所不惜！

投书案案发后，鄂尔泰频频奏称云贵出现了诸如瑞莲、瑞谷、瑞鹤等祥瑞。这其中最出彩的还是卿云，据他说，万寿节也就是雍正过生日那天，云南四府三县出现“五色卿云，光华捧日”，次日“绚烂倍常”，此乃“从来未有之嘉瑞”。之后他又奏报，贵州省的思州和古州一个月内竟连续出现了七次卿云。

卿云偶尔出来亮相一两次就够给面子了，如此频繁地现身，你以为搞批发呢？一些官员认为鄂尔泰吹得太过离谱，是在刻意迎合和谄媚皇上，大理县有一个刘姓知县说：“我怎么看不到卿云哪，莫非是眼睛里迷了沙子？”

雍正听到后很不高兴，他斥责说鄂尔泰陈奏祥瑞，乃是出于强烈的爱君之心，哪像你们所认为的那样龌龊？你们在背后说人家的风凉话，才真正是藏有幸灾乐祸的邪心呢！

雍正当然要给鄂尔泰撑腰，他们君臣在类似的政治操作上可谓一拍即合。曾静指控雍正大逆不孝，十大罪状中的“谋父”“逼母”“弑兄”“屠弟”个个都触目惊心，而鄂尔泰就引《孝经》中“天子孝，则卿云现”之语，把卿云与天子孝顺连在一起，说卿云的出现正是皇上“大孝格天”的征兆，当今圣上乃是标标准准的大孝子，在道德方面没有任何缺陷，曾静之辈完全是在恶意诋毁。

别的地方和别的时候或许都可以低调，唯独此处此时绝对不能。在鄂尔泰的奏折中，雍正异常高兴地用朱批写道：“朕每遇此祥瑞，蒙上天慈恩，岂有不喜感之理。”他随后即谕告廷臣，特别引出“天子孝，则庆云现”的话，说：“朕之事亲，不敢言孝，但自藩邸以至于今，四十余年，诚敬之心，有如一日，只此一念，可以自信。”

对于雍正、鄂尔泰两君臣的喜庆之意，大臣们心领神会，大家全都应声附和，上书请求将卿云这一所谓的罕见祥瑞载入正史。雍正颁旨批准，同时大肆开恩，对云贵官员加官晋爵，鄂尔泰被超授为三等男爵，其他县令以上官员也都得到赏拔。

雍正在位期间极少大兴土木之举，没有建造过任何一座专供游赏的离宫别馆，但他此次援引古制惯例，破天荒地下旨特造风、云、雷、雨四座神祠，表面上说是为了祈祷风调雨顺，其实还是想把这股因祥瑞而起的声势再炒大炒热一些。

知音

在雍正的支持和鼓动下，继鄂尔泰报卿云之后，各省关于祥瑞的报告纷至沓来。在当年余下的八九个月中，山东、山西、湖北等省总共有十六封奏折驰入京师，打开来看，汇报的全是本省所出现的各种各样的祥瑞，里面最多的即为卿云，不是“霞光万道”，就是“光华四射”。

雍正一边欲盖弥彰地表白“朕从来不言祥瑞”，“朕素不言祥瑞”，一边乐滋滋地对奏报省份迭加奖励。他当然知道这些所谓的祥瑞里面掺杂着多少水分，但这重要吗？不重要。相比之下，通过国家机器的宣传，尽可能让那些危险的恶兆烟消云散，以及使所有居心叵测的流言归于破产，才真正重要。

鄂尔泰是一个极具城府和见识的人，他不是李卫，可以“粗狂”到把自己当成西湖花神，他内心完全清楚祥瑞之说有多么荒诞，但就是这样，他还要推崇祥瑞，甚至冒着声誉受损的危险假造祥瑞，说穿了，都是为了支持雍正，使其能在政治上取得主动。

这是一个有意设计的政治行动，不知内幕或不直接参与操作的人不应受责。鄂尔泰是政治家，他有这个雅量，所以对奚落他的大理令刘某不但不记仇，反而嘉许他的公直，主动向雍正予以推荐。

思想感情上的高度契合，使得鄂尔泰比别人更能领会雍正的深意。在读完雍正寄来的长谕副本，完整了解曾静的各种指责后，他像雍正一样感到激愤、痛心和不安，回复说："我大清开国八十多年，施政有方，恩及百姓，但国家人民却并未达到齐心合一的境界，一方面汉人尚有疑心异念，另一方面满人在治理方面也有可议论之处，否则就不会让曾静辈有机可乘了。"

"汉人之心思终不能一，视满洲之人物犹未如争光"，鄂尔泰的这段话简直就是雍正自己的心声，他在奏折上特地加圈并批道："朕亦叹息流涕耳。"

除了交流感受，鄂尔泰还向雍正提出了具体建议，这些建议与雍正的设想也完全合拍。鄂尔泰认为曾静案不能孤立看待，而应透过现象看本质，按照他的分析，"逆书"中的十大罪状以及种种社会传言都事出有因，官场是它们的发源地，但本源必在皇室内部，具体地说就是允禩、允禟等人。

知音啊！王澍现身后，雍正设想的关键一步就是要顺藤摸瓜，对幕后的允禩、允禟等人进行重点追查，鄂尔泰的分析可谓正中下怀，他不由得称赞鄂尔泰："恳挈详明，深诛奸逆之心。"

雍正希望从鄂尔泰那里得到的东西，现在都得到了，剩下来的就是像以往规划重大政事和权斗那样，镇定自若地逐一走出令对手和旁人都瞠目的杀招。他告诉鄂尔泰："为朕放心，丝毫不必愤闷。过此怪物，自有一番出奇料理。卿可听之。"

雍正"出奇料理"曾静案的第一回合，是找出攻击他失德的舆论根源。对王澍的追查自然首当其冲，但让承审官们感到发愁的是，关于王澍的所有信息都来自于曾静的一面之辞，他甚至都说不清楚王澍任何职以及籍贯故里，只记得好像是江浙一带人，"彼时有四十多岁，如今有五十余岁了，五短身材，胖胖的，微须"。

只能先从王澍的丙戌进士、曾做过允禵伴读这些线索查起。可是负责审案的官员在经过彻查后，却发现丙戌科的进士题名榜上并无叫王澍的人，在其他科虽有一个同名者，但此人从未入侍皇子，也无子任职西南，更重要的是，此王澍年已六十二岁，不久前才致仕归里，返回江苏安葬父母，怎么看，都没法和案中的王澍对上号。

显然，“王澍”从名字到身份都是假冒的。雍正没有就此放弃，他谕令吏部彻查旧档，从中寻找可能为假王澍的人，查询标准一共有两条，可任择其一，其中一条是至今仍不知去向的候补官员，另一条是廷试中榜且出任皇子伴读的进士。

事实上，具备这两条标准的人并不多，结果很快就出来了。康熙末年官僚机构重整，湖北某处有个叫王倬的官员因而丢了饭碗，按规定，他应向吏部备案，以申请新的职位，但他没有这么做，而且从此杳无音信。

沿着这条新线索，两湖官员对王倬进行通缉，直至将他逮捕归案并解送京城。此后承审官立即将王倬带往关押曾静的监狱，让两人互相对质，然而让众人大失所望的情景再次出现：曾静、王倬面面相觑，彼此都根本不认识对方。

线索断了，王倬不是“王澍”。

柳暗花明

在屡屡碰壁的情况下，挖空心思的承审官不由得想到了另一种可能，即假王澍是不是认识真王澍，或许还曾替真王澍办过差使，所以才利用了一部分他的信息进行假冒。问题是，当承审官就此访问正在无锡家中的真王澍，并向他提供曾静所述的假王澍相貌特征时，真王澍就算搜索枯肠也回忆不出身边有过这么一个人。

相貌特征已成为假王澍的唯一有价值线索。承审官们专门请来了一位画师，让他根据曾静的描述画出一幅人物肖像。肖像画成后即被四处散发，让所有可能与假王澍有过接触的人进行辨认，但依然一无所获。

古代信息和交通都不发达，要仅仅依靠画像找出一个人，无疑形同大海捞针。对假王澍的追查就此进入了死胡同，但好在曾案本身又突然出现了柳暗花明般的转折——曾静在审讯过程中承认，除王澍，茶陵州的风水先生陈帝西是流言的另一个信息源。

陈帝西立刻遭到逮捕和提审。经过审讯，他供称流言也是路上听来的，那是他去衡州城为母亲买丝线，因为天气酷热，就在一个小凉亭里乘凉歇脚。这时有四个说官话、穿马褂、旗人打扮的人也走进了凉亭，陈帝西听到他们互相议论，说："岳老爷上了谏本，不知避讳，恐怕不便。"

陈帝西和曾静一样，都属于没怎么见过世面的乡下人，他见四人语带官腔，举止行为颇像京城八旗禁军，就没敢询问细节，也没胆量问一下他们的身份和姓名。

无论是京城禁军还是侍卫，没有皇帝的特批，是不能随便前往外省的，更不用说还带出"岳老爷"之类犯忌的话了。审讯结果报上来后，按照那四个人所走的路线，雍正推测出他们可能是发配南方边疆的犯人，而且还是身份不一般的犯人，遂令沿途各省长吏按图索骥地进行追查。

不久，各省巡抚相继应命报告。广西巡抚金铁具折上奏，报告查出五名由衡州流往本省的太监，据他说，这五名太监昔日均供职于皇子府邸，在流放地，他们每每于酒足饭饱之后信口开河，在公开宣扬其从前主子皇阿哥好处的同时，为其主子鸣冤叫屈。

五名太监随即被锁拿进京。雍正对广西方面的追查非常满意，在金铁的奏折上明确批示："料理可嘉之至。"让他感到不满的恰恰还是湖南，湖南巡抚王国栋等人在查到四个过路人后就没了头绪，雍正屡次降旨催责，"再行详讯，务必追出传言之人，则此事方可归着"，但官员们仍旧一筹莫展。

雍正下令将王国栋调往京城，其余承审官员也予以革职论处。当官的最害怕丢官，新任湘抚赵弘恩为避免重蹈覆辙，铆足劲儿进行侦查，终于将太监们在经过湖南戍所时的言行也全部翻了出来。

各种逮捕档案、审讯记录、押解兵丁和沿途店家的耳闻目睹，随即被汇总到一起，拼凑出了一幅较为完整的画面。从中可以看出，涉案太监均为允禩、允禟、允䄉、允禵门下，主子获罪后，他们也被判流放南方。怀着为故主和自己复仇的念头，在前往流放地的途中，这些太监就"沿途称冤，逢人讪谤"，每到村庄城市总是高声呼喊："你们都来听新皇帝的新闻，我们已受冤屈，要向你们告诉，好等你们向人传说。"甚至有太监叫嚷："只好问我们的罪，岂能封我们的口？"

北方同样有流放的皇子党门下太监，从那里传来的案情消息，证明他们中有人也没闲着。流犯、三藩之一的耿精忠之孙耿六格被充发在三姓（今黑龙江省依兰），据他供招，他在允禵使用过的八宝家中，曾听允禩心腹太监何玉柱、于义向八宝的妻子讲述皇上改诏篡位、毒死康熙、逼死太后的话。

另一名流犯达色供认，允禩太监马起云向他讲过太后自杀的情况，“皇上令塞思黑（允禟）去见活佛，太后说何苦如此用心，皇上不理，跑出来，太后怒甚，就撞死”。佐领华赉供称，他在三姓供协领时，听见太监关格说：“皇上气愤母亲，陷害兄弟。”

尽管仍未查出假王澍的底细和去向，但雍正已经初步达到目的，他宣布曾静案以及与之相关的投书案已经真相大白，可以结案了，此案的罪魁祸首也就是有关他失德舆论的制造者与传播者，即为允禩集团。

雍正断言：“谤及朕躬者，则阿其那、塞思黑、允禵、允禵等之逆党奸徒，造作蜚语，布散传播。”在他看来，曾静之辈同允禩集团之间，属于彼此利用的关系，“曾静等素怀不臣之心，一经传闻，遂借以为蛊惑人心之具耳”。

改造和利用

雍正说要“出奇料理”曾静案，对流言的来源追根究底当然还远称不上“奇”，其真正出奇之处，恰恰体现在对曾静本人及其言论的“料理”之上。

在曾静案的审理过程中，雍正亲自览读了曾静所写的《知新录》《知幾录》，与吕留良的日记、诗作相对照，他可以明显发现曾静所受吕氏的影响之深，但同时也能一眼看出两人在学养、境界上的悬殊差别：“吕留良生于浙省人文之乡，读书学问初非曾静山野穷僻寞顽无知者比。”

吕留良从儒学里挖掘精神资源，主张“华夷之分大于君臣之伦”。曾静接受了这一观点，遂“华夷之见横介于中心”，不过他更大的兴趣却集中于究竟让谁做皇帝。在《知新录》中，他信心满满地写道：“皇帝合该是吾学中儒者做，不该把世路上英雄做，周末局变，在位多不知学，尽是世路中英雄，甚至老奸巨滑，即谚所为光棍也。”

曾静认为，只有饱学之士和大儒们才有资格做皇帝，从古到今，春秋时应是孔子，战国应是孟子，秦以后应为程、朱，“明末皇帝该吕子（吕留良）做”。至于明亡以后更是如此，国政毫无疑问要由吕留良来掌握，而不能拱手让于外夷、“光棍”或者千百年来只会一时之勇，却因循夺取江山的匹夫们。

结合曾静被捕后的表现，雍正有足够理由认为，这就是一个愚腐鄙陋的乡下秀才，一方面他看了吕氏等人的书，有点飘飘然，想做点大事，但另一方面又缺乏做大事应有的见识、能力和胆魄，所以无论谋划还是实干都只能停留于表面。

如果拿曾静与吕留良案中的唐孙镐做一个对比，还可以更清楚地看出此人的无能和无足轻重。

唐孙镐虽也不过是个师爷，但他见多识广，又是圈内人物，有官场上的关系和背景，要不然就无法解释在唐孙镐被害，原揭帖也已被销毁的情况下，其备份揭帖如何会进入其他官方流转渠道。曾静则才疏学浅，且因为陋居村乡，与外界几乎隔绝。

唐孙镐可以从一份官方文件邸报中看出问题所在，而且进行言之有据、条理分明的批判，足见其具有独立和极其敏锐的判断认知。曾静完全无此头脑，他在“逆书”中的指控并不是来自本人直接的观察和思考，所依据的不外乎是道听途说、谣言恶言罢了。

同样是吕留良的追随者，之前同样名不见经传，唐孙镐对吕留良的慕拜发自内心，对吕留良的学说也有真切的认识，所以他在被捕前后才会不屈不挠，不惜以殉道的精神与强权进行抗争。曾静就简单多了，雍正把他这类读书人称为“好乱乐祸”之徒，说白了，就是企图浑水摸鱼，乱中夺取富贵的野心家。野心家尚有大小之分，曾静属于能力不强、意志薄弱的小野心家，表现在现实中就是甫遭逮捕，即痛哭流涕，悔恨再三。

出色的人因无法掌握，一旦形成危害性，就万不能留他在这个世界上，反之，无能的人你可以看不起他，但唯有这样的人，才更便于玩弄于股掌之间。先前为了在吕留良案上制造声势，雍正曾将那个叫诸葛际盛的书生作为工具，曾静、诸葛际盛看似观点立场和做法截然相反，一个是站在朝廷的对立面进行谋逆，一个是站在朝廷这边主动献媚，实则他们的层次相差并不大，都是易于被利用和控制的类型。

雍正新设想的核心就是对曾静进行改造和利用，他认为要做到这一点并不难，也唯有做到这一点，他才可能在舆论反击战中真正占据主动。

改造曾静的第一步是让他重新端正认识，认清皇帝与岳钟琪之间的真实关系到底如何。雍正为此特别降谕，让承审官亲赴关押曾静的大牢，将一批宫廷密件交给他细细阅读体会，之后再写感想。

这批密件都是数年来岳钟琪的密折及雍正的御笔亲批。在曾静所写的感想中，他对于密件中所披露的君臣亲密关系深表惊讶，承认自己误听误信了谣言，加上家乡农业歉收，生活艰难，又受到吕留良华夷之分思想的毒害，才最终导致了自己叛逆狂悖念头的滋长。

不管曾静是真的感到惊讶，还是被迫低头，雍正都认为这种用接触朝廷公文原件来触动其反省之心的策略是行之有效的。接下来，他又下了一道谕旨，令承审官收集各省数百份奏报交给曾静阅读。

看着眼前堆积如山的奏报及其皇帝的批阅，曾静傻眼了，一直以来，他凭借着民间传闻和自己的臆想，都把清宫中的皇帝想象成一个饱食终日、无所用心的昏君，何曾想到雍正会这么辛苦呢？

更让曾静觉得不可思议的是，雍正每天要处理如此多的军政要务，但他批阅时孜孜不倦，从不掉以轻心，所以连字句笔误、数字不合都别想逃过他的眼睛。

在“逆书”中，曾静根据流言将雍正描绘成了个酒色之徒，现在他知道这根本不可能——雍正哪有时间去花天酒地，这位皇帝必须“自朝至暮，一日万机，件件御览，字字御批”，甚至到了半夜三更，还得批阅密折，“竟不用一人代笔，其焦劳如此”。

眼睛不会骗人，事实面前，曾静深受震动，百感交集，自叹：“蝼蚁度天，何处测其高深。”他这才明白皇帝不是好当的，“吾儒”和吕留良们且不说根本不可能当皇帝，就是当了也未必治理得好国家。

大功告成

在让曾静了解和认识国家大政运作机制的同时，雍正还针对自己所蒙受的不同指责，分门别类地让他阅读相关奏折。比如“逆书”的十大罪状中有“好杀”一项，他就亲自列出一系列当年春夏两季送朝廷三复审的案子，令曾静静心细读，并对每一件案子的判决发表意见，特别让他反省，这中间有哪一件可以说明皇上“极好杀人”？

没有例外，曾静在将案子一一读过之后再受震撼，他说他没想到皇上对普通老百姓的死活也看得如此之重，乃至于每一个细枝末节都不肯放过，他这才知道以前对皇上误解之深，今后再也不敢存皇上好杀生、轻人命之心了。

眼看以摆事实为主的攻心战已经胜利在望，雍正又拿出他的绝活，通过书面对话，一面就“逆书”中的十大罪状等向曾静解释，一面与之进行辩论。

说是辩论，其实光看后来所拟的责问标题，就知道纯粹都是碾压式的，是一方肆无忌惮的猛打猛冲，而另一方连招架之功都已失去：

“大逆不道的吕留良真的能和孔子相提并论吗？”

“你曾静为何尊敬悦服一个行走于市井江湖的吕留良呢？”

“你曾静真的是可以担当‘天聪明，乾之九五’的大人物吗？”

“你曾静自命为济世英才，你真的有‘宰相之量’，还是心怀异谋，图为不轨呢？”

……

如雍正所希望的那样，曾静迅速在精神上缴械投降，在口供中逐一认罪忏悔，就其标题而言，倒也与雍正的责问相映成趣：

“乱臣贼子吕留良是怎样把我们引入歧途的？”

“我是怎样受吕留良思想毒害，而成为弥天重犯的？”

“我这过去的禽兽，如今是怎样脱胎成人的。”

“皇上不是有意遵循守孝三年的古制，不过是为了尽心尽孝才安心罢了。”

……

雍正对曾静的改造终于大功告成，既然如此，当然就用不着再对他予以惩罚乃至处死了，雍正决定特赦曾静和他那个也已经认罪忏悔的弟子张熙，让他们双双从宽免死。

本来雍正可以直接下特赦令，但与对吕留良案的处治一样，他希望由朝臣们而不是他自己首先提出这一建议，然后他再来个顺水推舟。可是这只是他一厢情愿的想法，大臣们根本就想不通这是一个什么道理：吕留良都死四十五年了，也没有任何直接谋反的举动，不过是言论有些出格，就要加以严惩，而曾静蓄意谋反，大逆不道，却要予以宽宥！

大臣们不敢明辩，唯有选择默不作声。雍正眼巴巴地盼了半天，朝中就是没有一个人主动上书奏论此案，万不得已，他谕令九卿六部再次会审曾静，就其是否“自知罪大恶极，愧耻悔恨出于本心”做出最后裁断。

在皇帝的严令下，九卿六部对曾静进行了一周时间的重审。曾静在重审过程中态度非常老实，句句都是万分悔恨的话，但大臣们的决议却不免让雍正失望，因为他们依据刑律，仍旧坚持非判曾静死刑不可。

更让人觉得难办的是，这还不是某几个人的意见，而是浩浩荡荡一大群人的意见——自曾静案发生以来，所有有关此案的上奏都是由个别大臣、衙门具名奏闻，可是这一回完全不同，奏章上总共有一百四十八名大臣署名，从大学士到六部，官员们的名字整整齐齐，密密麻麻。

奏章是按刑部名义呈报的，然而看这阵势，分别是文武百官已经团结一致，横竖就是不同意放曾静一马。

利用曾静打舆论反击战乃是雍正既定方略中最重要的一招，岂肯因大臣们组团施压就轻易让步？1729年11月27日，在刑部决议已经呈递上堂的情况下，雍正仍然下令暂缓勾结该项决议。

理由已经编好了。当初岳钟琪为了从信使张熙口中套出实情，曾立下盟誓永不背叛曾静师徒，雍正称岳钟琪为其股肱大臣，与他这个做皇帝的应视为一体。换句话说，岳钟琪若是失信、不忠，那就等于他雍正失信、不忠，所以必须遵守盟誓，宽免曾静师徒。

再者，经过追查，发现社会上那些恶毒攻击皇帝和朝廷的谣言原来都是允禩、允禟的太监所为，若要论刑的话，允禩、允禟、允䄉、允禵及其太监们应是主犯，曾静、张熙只能算是从犯，而且正是因为有了他们师徒的投书，才能展开追查，如此看来，他们还立了功，有减免罪罚的条件。

至于最后究竟应该如何处治曾静师徒，雍正说有先例可循：康熙年间，吴三桂等三藩造反，从者甚众，但康熙一旦平息三藩之乱，即降下谕旨，凡一般妄从者，只要深具悔意，立志重新做人，则一律赦免其罪。

奇书

雍正向文武百官宣谕，声明康熙处理三藩党羽的原则完全适用于曾静师徒。宣谕完毕，他便称日后将再有旨意，命令散朝，实际是在继续察看下面的反馈。

反馈的结果一点都不让人乐观，从京师到外省都有人把曾静案与吕留良案联系起来进行比较，并间接地对雍正处治曾静的方式表达不满。雍正不得不一再向臣工们强调："曾静讥及于朕躬，而吕留良则上诬圣祖皇考之圣德，曾静之谤讪由于误听流言，而吕留良则出自胸臆，造作妖妄。是吕留良之罪大恶极，诚有较曾静为倍甚者也。"

他还说，投书案至今已经一年有余，他前后考虑思量了很久，认为有一件事是极为清楚的，那就是此大案中的每一个重大疑点都不是源自曾静，"曾静之误听尚有可原之情，而无必不可宽之罪也"。

在与雍正的角力中，大臣们并无任何优势可言，但他们也不是纯粹吃素的，为了既能挽回圣意，又不因此获罪于皇上，他们决定附翼于最为雍正所信任的内大臣之下，做最后一争。12 月 5 日，怡亲王允祥应邀出面，代表百官领衔上疏，提出像曾静师徒这样的"诬谤悖逆、罪恶滔天"之徒，不杀不足以蔽其辜。

事情到了这个地步，雍正想让臣下为其背书的初衷完全落空，他已没有别的退路和选择，只能乾纲独断了。于是当天稍晚时候，他正式下达谕旨，明确表示曾静案已不是臣下所可以参与的，他说宽宥就宽宥。至于这件事到底是对是错，他的看法是留诸后世评判，责任由他一人承担，"天下后世或以为是，或以为非，皆朕身任之，与臣工无与也"。

雍正不仅将曾静师徒免罪赦放，而且公开留话给自己的继位者，让他不要对曾静师徒动刀，"即朕之子孙将来亦不得以其诋毁朕躬而追究诛戮之"。

曾静意外获赦，自然感激涕零，他搜肠刮肚，前引后证，写了一本《归仁录》。此书一反《知新录》《知幾录》等"逆书"中的观点，一边对吕留良以及诋毁雍正的谣言进行痛斥，一边大加称赞清朝历代帝王的作为，尤其颂扬雍正至纯至孝，勤政爱民，把他吹捧成了一个宛如尧舜在世的罕有圣君。

雍正早先寄上谕副本给鄂尔泰时，鄂尔泰就曾建议没必要将上谕藏着掖着，"不为一曾静，而为千百亿万人，遍示臣民，布告中外”。这一建议与雍正的想法不谋而合，他下令将曾静的口供、《归仁录》与上谕编辑在一起，集成《大义觉迷录》一书，加以刊刻，分发于全国各地。

由于雍正的这道谕令，至1730年11月底，连远在台湾的官员也上奏朝廷说收到了寄书。雍正的要求是，上自各省府州县，下至集镇乡村和驻地军营，“使人人观览悉之”。

全国各府州县学被作为重点，学官必须带领学子们观览，如果读书人不知此书，一经发现，该省学政、该州县教官都要被从重治罪。各地府州县之中，台湾因收复未久，移居岛上的百姓不多，学宫数目有限，但台湾府的官员为了达到雍正的要求，也根据寄来的样本印了不下一千多册。

即使不识字的乡间小民，也要通过巡回宣讲让他们知晓。作为特殊身份的宣讲人，雍正下令将曾静、张熙分别派往江浙和陕西进行巡回宣讲，现身说法地对《大义觉迷录》进行宣传。这种宣传效果自然是任何人都无法企及的，而它也正是雍正要留住曾、张的性命并加以改造利用的目的所在——想想看，两个被吕留良遗著愚弄的乡下读书人，如今幡然悔悟，重新做人，反戈一击地揭穿了吕氏和允禩集团的老底，是不是很有故事性？是不是比仅仅杀了他们和揪出谣言根源更高明，更有远见？

除此之外，雍正还从翰林院中选拔新科进士，组建征西宣谕队，专门奔赴陕西、甘肃等被认为流言广布的地区进行宣讲。按其谕旨，《大义觉迷录》被传播到西北的每个基层角落，连一些人烟稀少的乡村都没有遗漏。

在国家机器的助力下，《大义觉迷录》当时的普及之广，读者规模之大，是普通著书人连做梦都想不到的，它也因此成为18世纪30年代初期中国人阅读并引述最为广泛的一本清代奇书。

神秘人

雍正允许曾静在前往江浙宣讲前，先回家乡“料理家务”。曾静返乡在当地引起了极大震动，他所遇见的每一个人，无论是亲友、邻人，还是曾有一面之缘的旧相识，无不惊讶不已，而当他们听说了曾静在京城中的际遇，尤其还是皇帝亲自下旨将其开释时，更是个个目瞪口呆。

曾静启程离京时，雍正特地派太监御赐了一包衣服及一些其他东西作为礼物。看到这些来自皇宫的衣服和礼物，乡人们一个个都把眼睛给瞪圆了，脸上全是羡慕和不可思议的表情，“简直是着了迷”。

曾静不说是衣锦还乡，起码在乡人面前没有丢份儿，他在感恩戴德的同时，也尝试着要报答皇帝的恩惠，穷本追源地找到那个始终没有下落的神秘人——假王澍。

经过四处查访，曾静掌握到了一个新的线索。他得知，1723 年 5 月 20 日那天，假王澍自耒阳县南下，曾在祝融庙落脚。祝融庙是位于永兴县的大路旁、两县交界处的一座小庙，据当时接待王澍的该庙住持弥增回忆，王澍喜谈宫廷内幕及早些年在陕西边地的行军生涯，尤其钦佩皇十四子允禵，夸赞允禵“文武圣神”，还说他和允禵志同道合，朝中大事全靠他们两人把定，假如没有他们两人在朝，“天下一日难安”。

十一天后，也就是 1723 年 5 月 31 日，王澍来到永兴县，拜访了曾静设于大路边的学馆，并在学馆里逗留了两天，正是在王澍的启发和引导下，曾静才下决心派张熙前往西安投书。

那么在此之后，王澍又去了哪里呢？曾静一路寻访到桂东县，桂东县见过王澍的人还不少，他们证实，王澍行藏诡异，蓄微须，留指甲，曾在本地四处走动，拜访士人，参观藏书，如果受邀也会吃上一顿饭，并闲聊京城掌故。知情者还说，王澍最后客死在了本县大岭山的一个茶馆里，并被安葬在了茶馆附近。

本来曾静还要继续追查下去，但他必须在规定时间内到长沙衙门报到，于是他便向湘抚赵弘恩进行报告，深入追查的事也就由官府接了过去。

在官府的严查下，更多证人证词被收集和汇总到一起，由此描述出的王澍形象越来越立体化，但也令此人的各种信息变得更加扑朔迷离：他言必称京师皇宫，还自称是北方人，但其言语中却带有明显的南方口音；两手空空，甚至铺盖卷都没带一个，有人问他何以随身竟不带行囊，他回答说是身负秘密使命，为免被怀疑，不便多携行李；自诩精通艺文，却从未亲笔写过一个字，随口吟了一首诗，还被识破是抄袭之作。

连祝融庙住持弥增和尚都上了当。王澍曾送给他一张五十两的银票，说是可以购置大约十亩地，用来维持小庙生计应该不成问题了。银票上由耒阳县知县署名，湖南布政使担保，并签有“皇子允佑”字样。可是经过核对，这张银票却是假的，银票本身连同上面的署名、签字、担保皆系伪造。

追查结果显示，王澍后来在桂东县染了病，不断吐血，而且身无分文。他临时雇了一个行贩做随从，他说自己要图大事，并且口头许诺事成后会给予重酬，但实际上随从身上仅有的一点钱也都被他给借走用光了。

在大岭山的那个茶馆里，王澍开始大量呕血，直至咽下最后一口气。他死后，茶馆要把他的尸体扔出去，在随从的央求下，当地一个与王澍见过面的文人出资买了一副棺木和一小块墓地，才将王澍予以安葬。

随从跟着王澍跑东跑西，不仅预期的酬劳落了空，自己还倒贴了进去，但他对王澍却并无怨恨之心。曾静估计王澍有四五十岁年纪，他则认为王澍死的时候看上去年纪还不超过三十，并且叹息着说王澍“让人觉得是个颇有教养的人”。

承审官再三追问王澍死前有没有留下什么话，以及他到底是谁，究竟来自何方。随从答道：“他临死时，小的也曾问他家住何处，家里还有子弟没有。他只两眼流泪，竟不答应就死了。”

根据当事人提供的线索，官府发掘出了王澍的棺木及其尸骸，证明他确实是死了，然而包括籍贯、身份在内，围绕此人的众多谜团仍然没能解开：他如此寒酸穷困，为什么会了解这么多京城掌故、皇宫秘闻乃至陕西边地的军旅生活？他来到永兴县的目的是什么，究竟担负着怎样的使命？他一直声称要从事一桩惊天动地的大事，这件大事究竟是什么？

现在，所有这些谜都永远成了谜，再也不会有人知晓了。

什么叫奇

在曾静的家乡永兴，至今还有一个传说。传说从前有一个名叫曾甑的读书人，他家旁边有一个水潭，透过潭里的水泡可以看到皇宫，有一个道士告诉曾甑，只要看到鸡上墙、狗上屋，就可以通过水潭造反。

一天，有一只鸡突然飞上了墙头。眼看“鸡上墙”有了，独缺“狗上屋”，曾甑的妹妹盼哥哥早日成事，就把一条狗抱上了屋顶。曾甑不知道是妹妹硬凑的数，以为时机已到，便拨开潭里的水泡，对着皇宫射了一箭。

这一箭本来要射的是皇帝，可是因为道士所预料的机缘其实并没有真正来到，皇帝没有被射中，而曾甑的造反企图也被发现了。随后皇帝就派人将曾甑捉去，关进了死牢。

在死牢里，曾甑想到自己一肚子学问，不甘心就这样白白死了，于是要来文房四宝，连夜写了一本《增广贤文》。《增广贤文》进呈皇帝，皇帝看到曾甑的才学如此之好，出于爱才之心，就赦免了曾甑的死罪，把他给放了。

显然，这个传说与曾静的故事有着密不可分的联系。在当地方言中，“曾静”与“曾甑”的发音非常近似，其差异几乎可以忽略不计，而曾静故居旁也确实曾有一个水潭，所以曾静才会号称“蒲潭先生”。

《增广贤文》是明清时期的儿童启蒙读物，相对于四书五经，它或许更易被农村人所熟悉，同时书名中“增”字与“曾”同音，也可能是它被作为传说中道具的一个重要原因。写一本《增广贤文》就能免罪，既可以看出乡间百姓对朝廷法律机制的隔膜和陌生，也能充分反映出他们当年对曾静犯造反这样的大罪却能全身而退的迷惘和不解。

老百姓不能理解，官员们也同样感到困惑，但这就是雍正“出奇料理”中的“奇”。什么叫奇？就是奇在雍正能够放下架子，以皇帝之尊与一个穷秀才对话，奇在他敢于把所有不利于他的论点和舆论公布出来，进行大批判、大辩论，奇在他可以置百官的意见于不顾，宽恕并将曾静师徒放到社会上去做典型。

毫无疑问，如果雍正没有超越常人的政治气魄，没有善于料理重大政治事务的能力和决心，“出奇料理”别说做，根本是件连想都不敢想的事。

至于作用和效果，从因追查王澍而被拘捕的证人们口中，已经不难看到——

王澍在永兴县活动期间只口述，从不亲自写字，字是由他找来的一个塾师代劳的。王澍曾当着塾师的面大谈他与皇宫的关系，吹嘘他与允禩、允禟之间的友情，还说他在此地肩负着秘密使命，皇室前程安危在此一举。塾师差点相信了，直到他参加了一次乡约集会，听了《大义觉迷录》的宣讲，才领悟到王澍所说的众皇子故事有多么荒唐可笑。

那个为王澍买棺木、墓地的桂东县文人名叫钟湘，他与塾师有着差不多同样的体会。先前王澍登门拜访钟湘时，讲了许多有关他与允禩、允禵、允禟之间关系密切的话，钟湘说他那时候还有些将信将疑，不置可否，及至读了《大义觉迷录》，才知道在这些事情背后，原来都有着重大干系与复杂背景。钟湘表示这使他擦亮了眼睛，终于意识到了王澍此人的危险性。

除了诸多证人，曾静当然更不能不提，他已经从一个无法无天的谋逆罪犯彻底转变成了诚心归向的合作者，一个朝廷的喉舌和帮手，此次若不是他主动且第一个发起追查王澍的行动，王澍逃匿和潜藏于何处就要成为悬案了。

作为对曾静协助查案之功的奖赏，雍正谕令湘抚从省库银中拨出一千两银子送给曾静。无论以什么标准来衡量，这笔钱在当时都是一笔巨款，曾静因此也欢天喜地向官府请假，要求回家乡“葬亲置产”。湖南方面将这一陈请上奏朝廷，雍正同意给假一年，待期满后回长沙报到。

有人猜测，雍正赠予曾静重金，并仅仅是奖赏，其实还另有意味——王澍送给弥增和尚一张面值五十两的银票，说是可以用来买十亩地，结果还是假的。雍正给曾静的礼物货真价实，白花花的千两银子，足以购买百多亩良田和他以前可望不可即的任何好东西。

曾静就是榜样，你们都瞧好了，是要坚持跟朝廷作对，还是合作，自己看着办！没有什么比这种对比更能刺激人了。当眼睁睁地看着再次回乡的曾静从穷秀才摇身一变成为地主，可以堂而皇之地享有各种良田美宅的时候，有更多人开始效仿曾静，在精神上将自己与吕留良，与反清复明，与各种反政府思想进行剥离，而这也正是雍正所乐意看到的。

内中堂

作为大清入关后的第三代君主，雍正本人虽从未像乃父那样御驾亲征，但他对西北形势和政务一直极为关注，而在西北地区，自康熙朝以来，新疆的准噶尔部又始终是一个长期存在的最严重隐患。

康熙末年，允禵以抚远大将军的身份移驻甘州，对准噶尔部采取了进攻的姿态，却发现难度较大，同时康熙在西藏平乱后，也强调用防御性手段对付准噶尔，本身就没有大举兴兵，深入对方老巢彻底消灭之的打算，所以前线未能取得明显进展。

解决准噶尔问题是康熙的未竟之业，也是他留给后继者的一个重要使命，但雍正即位后就以兵丁在前线日久、勤劳过度为由，将大军撤回了内地，仅在哈密、吐鲁番等地留下戍兵驻防。这当然不是雍正不想解决问题，而是当时内部事务繁多，经济力量也不足，客观上缺乏用兵的条件。

准噶尔方面，由于在入藏时曾大败于清军之手，所以也对中央政府多出了一些忌惮，首领策妄阿拉布坦决定派遣使臣到北京讲和。雍正热情款待了使臣，1724年元旦，该使臣要求随同廷臣一起朝贺，雍正便让他与朝鲜使臣一道行礼。

准噶尔使臣行礼时，“光景十分虔诚”。看到策妄阿拉布坦似乎表现出了讲和的诚意，雍正即派人到准噶尔与之进行和谈，然而此后的谈判并不顺利，始终商谈不出任何结果。

谈不出结果，是因为双方在核心利益和价码上相去甚远。未几，和硕特首领罗卜藏丹津在青海叛乱失败，率两百多人逃往准噶尔，为策妄阿拉布坦所接纳和藏匿。雍正遣使索取罗卜藏丹津，策妄阿拉布坦拒不奉诏，但也不敢轻易侵犯边境，双方再次进入了相互敌视的状态。

看来光谈是没有用的，雍正相信，只有重新做好在西部秘密集结大军的准备，从军事上时刻保持对准噶尔的警惕，才能防范准噶尔袭击和抑制其势力的扩张。

做军事准备需要进行商议和部署。以往决定军国大事，都是召集议政王大臣会议或由内阁拟议，但议政王大臣全都是世袭贵族，没有实际经验，就是把他们召集到一起也谈不出个子丑寅卯。内阁在紫禁城太和门外，离街市近，人员又多，往返递奏本章容易泄露机密——想想看，京城中有蒙古王子和公主，有游贩的商人，有念经的喇嘛，只要稍有风声传出去，他们中的任何人都有机会把相关信息传递给准噶尔，到时可能朝廷还没做好准备，准噶尔就已经先发制人，大举进攻了。

出于这些考虑，雍正只能把商议的对象限于少数他最信任的大臣，为了与外朝官员相区别，雍正称他们为“内中堂”。内中堂的核心成员一共有三个人，为首者自然是怡亲王允祥，其次则为大学士张廷玉、蒋廷锡。

雍正朝有“四大宠臣”的说法，除了排在前面的鄂尔泰、李卫、田文镜外，剩下来的就是张廷玉。张氏家族发源于安徽桐城，如同查嗣庭所在的海宁查家一样，他们也是一个极有代表性的科举家族。张廷玉父子均为进士出身，张廷玉自己六次充任廷试的读卷官，有一年他主动申请回避，原因是他的弟弟、堂弟、侄孙居然同登甲榜，全都考中了进士。雍正听说后特降谕旨，破例允许他继续担任读卷官，被外界称为“异数中之罕见者”。

众所周知，雍正对科甲人讲究师生、同年这一点很是反感，认为是唐宋遗留下来的积习，应当予以清除，并有意通过科甲朋党案实施了打击。当然这不等于说他不要科甲人，他所不满意的只是科甲朋党和所谓“科甲习气”而已，张廷玉作为一个科举出身的官员，之所以能够在“四大宠臣”中叨陪末座，用雍正的一句常用评价就可加以概括，那就是“不似科甲，像一实力办理之人”。

股肱大臣

张廷玉久在官场，又屡次在科举考试中担任考官，同僚和门生故吏自然到处都是，但他非常注意不让这种关系影响到自己的公事。康熙末年，他被任命为会试考官，一天同僚中有人造访，张廷玉当着他的面铺开白纸，不动声色地写下诗句：“暗室无欺古所难，四知常凛寸心安。帘前月色明如昼，莫作人间暮夜看。”

我们千万不能“暗室欺心”，昧着良心做坏事啊！你看，我这间房间里除了你知我知，还有天知神知，那帘前明月相照，万事都能被它照得透亮。

来人的目的就是要与张廷玉攀关系，想从中舞弊，眼见张廷玉以诗寓意，已直接加以拒绝，只得羞愧而退。会试放榜后，张廷玉洁已奉公之誉以及他的这首绝句很快就都在士人中流传开来。

张廷玉性格宽厚，但他身上不仅没有雍正所讨厌的“科甲习气”，而且驭下也极严。吏部有个姓张的吏员仗着有些背景和人脉，经常用玩弄文字的手法构陷官员，京师内外不少人都吃了他的暗亏。张廷玉担任吏部左侍郎后，毫不犹豫地对张某痛加惩治，即使朝中权贵多有前来为张某求情的，亦不为所动。张某绰号“张老虎”，张廷玉把他都给降服了，令众人感到敬佩，遂尊称其为“伏虎侍郎”。

又有一次，张廷玉坐堂理事，一名小吏拿了一份地方报上来的文书来给他看，说是文书中将元氏县误写成了先民县，所以应发回地方驳问。张廷玉一眼看穿了其中猫儿腻，他笑着说："地方上的人如果把先民二字错写成了元氏二字，这种可能性也许是有的。现在多写了好几笔，那就不是人家粗心的事了，我敢肯定是书吏加了几笔，目的无非是想向地方上索贿敲竹杠罢了。"他随后下令重责书吏，以儆效尤。

严格执法，不徇私情，是雍正"威严政治"的一个重要特征，鄂尔泰、李卫、田文镜最初能得到雍正的赏识，皆来源于此，张廷玉在这方面同样也符合要求。

张廷玉具备超强的记忆力和文字书写能力。雍正召见他，有时问起某部院大臣或司员胥吏的名字，张廷玉不仅可以随口报来，还能准确无误地讲出此人的籍贯甚至入仕前取自于科举的哪一科。白天雍正讲过的话，散朝回家后，他会一字不漏地记录于日记之中，据说一直到八十多岁他才把一句话给记颠倒了，为此还掷笔叹息，说人上了岁数，到底不行，"精力竭矣"！

雍正面谕廷臣或召见地方官员都要讲话，大家聆听时，或没有听清，或有所遗忘，总之落实到谕旨中常有不合原意的情况，但如果把书写谕旨的事交给张廷玉，则可以做到百分之百符合雍正的本意。雍正大权独揽，多数主意都是他自己定夺，身边缺的就是一个出色的书记长，张廷玉正好填补了这一角色，是以屡获表扬。

与鄂、李、田较为张扬的性格不同，张廷玉不喜声张，他的为官之道也是缄默二字。北宋大家黄庭坚说"万言万当不如一默"，张廷玉以为至理名言，"终身诵之"。这实际也是他常伴君旁的处境所决定的，毕竟疆吏需要自己去开拓，在朝为臣则不用，因为大事自有君王拿主意，作为朝臣只要记着以君王之意为意，默默去做就行了，事成自然归功于君王，事败也不能辩解或企图摆脱责任，默默接受就是。

缄默的背后，是张廷玉对荣辱进退相对淡然的态度。每次朝中出现让人意想不到的升迁任免，别人都会用惊讶的语气私下议论，认定其中必有缘故，他们问张廷玉怎么看，张廷玉往往一笑置之，说："天下事，哪里有你们说的那许多缘故呢！"

不算疆吏，朝臣中除弟弟允祥外，雍正最器重最赏识的就是张廷玉。张廷玉曾经六次得到雍正的大笔赏金，有一次还受赐典铺一所，价值三万五千两白银。遍查史册，能够得到如此高规格赏赐的大臣实属凤毛麟角，张廷玉也因此将他家的花园起名为"赐金"。

有一年张廷玉得了个小病，痊愈后，雍正对近侍说："连日来朕臂痛，用了几天时间才好，你们知道吗？”消息传开，众人争相前来问安，雍正笑着解释事情弄错了，他不是说他自己真的臂痛，而是指张廷玉这位股肱大臣生了病，“张廷玉患病，跟我臂痛有何分别”？

张廷玉和蒋廷锡精明强干，忠心耿耿，而且他们一个以大学士兼管吏部，一个以大学士兼管户部，其中吏部涉及官员调遣，户部涉及钱粮调配，均为用兵所必需。允祥作为秩位最高的亲王，平时承雍正亲命总理事务，统筹全国财政经济，并参与京师防务及西北军事，更是雍正在选将练兵、军需后勤方面的得力助手。

正当雍正在几位股肱大臣的协助下，为出兵准噶尔进行筹谋的时候，西藏突然爆发叛乱事件，这更促使他下定了用兵的决心。

次第解决

康熙末年平定藏乱后，建立了五噶伦共管西藏事务的体制，雍正继位后，又于元年将留守驻藏的部队撤回了内地，只在四川的察木多留少量军队驻守。

五噶伦也就是五个噶厦的高级行政官员，由于中央政府放宽了对西藏的控制，五噶伦内部的矛盾加剧，原先地位更高的前藏贵族阿尔布巴出于夺取权力，控制西藏的目的，开始对被朝廷所扶持的后藏贵族发起挑战。1727 年 7 月，阿尔布巴发动武装叛乱，杀掉了后藏贵族康济鼐，又出兵对另一个后藏贵族颇罗鼐发起进攻。

雍正向来认为，西藏问题和准噶尔问题紧密相联，准噶尔安宁无事，西藏就不致生出太大波澜，反过来，西藏若料理不妥，必然会引起包括准噶尔在内的北部蒙古的不安甚至躁动。此时恰值准噶尔首领策妄阿拉布坦病故，出兵西藏已无后顾之忧，雍正于是决定抓住讨伐叛乱这一契机，将两个问题予以次第解决：雍正六年（1728 年）解决西藏问题，七年（1729 年）转向准噶尔，“必灭此而后朝食”。

1728 年 6 月，清军取道八年前驱逐准噶尔的路线，由南北两路同时进藏。部队刚刚入藏，尚未与叛军正式开打，阿尔布巴就已被颇罗鼐所擒获，这使清军剩下来的任务变得更为轻松，不久便得以肃清叛军残部，彻底平息了叛乱。

平叛后，雍正一方面封颇罗鼐为贝子，将西藏政务委于其一人总理，另一方面又在西藏正式设立驻藏大臣办事衙门，派遣两名驻藏大臣，分驻前后藏，协助颇罗鼐处理政务，并留川、陕兵各一千驻守西藏。

清军入藏平叛前，七世达赖正处于前藏众噶伦的控制之下，其父索南达结更是已与阿尔布巴等人结成死党。这使得雍正对出兵入藏一度产生过犹豫，就是怕把阿尔布巴给逼急了，索性挟持达赖喇嘛逃奔准噶尔，两边共同作乱，则后果不堪设想。

好在这一切都没有发生，为安定人心，免除后患，雍正下令将达赖父子迁往内地。1728 年 12 月 24 日，达赖父子在清军保护下离开拉萨，移驻于原归属于前藏，此时由四川管辖的里塘。

自决定次第解决西藏、准噶尔问题起，雍正就加快了讨伐准噶尔的军事准备。首先是挑选和训练出征兵将，对于如此重大的西北战事，自然要调拨驻京八旗参加，但雍正对八旗中的汉军有看法，认为他们平时耽于安逸，不肯演习，导致骑射技术生疏，难以胜任战事，现在纵使勉强调去打仗，也派不上什么大用处，所以索性就不派他们了。

八旗的兵员数本身就不多，少了汉军，就更加捉襟见肘。在这种情况下，雍正只能考虑重用和选募地方上的绿营。清代笔记中载，雍正曾招募天下壮士，成立了数千人的一支部队，称为勇健军，又说勇健军的士兵都是力大无穷的好汉，最厉害的能拉开二十石的强弓，还能举起千斤重的大刀。

古代一石少说点也有二三十斤，二十石那是什么样的硬弓？可见这与千斤大刀一样，都只是一些民间的噱头。不过雍正在挑选绿营兵将方面确实还是很严格的，对他自己的话来说，“殊非草率从事”，除了士兵必须是“行伍中出格精壮”者，基层将领也均为“镇协中优等人才”。

西北距内地较远，要深入敌后进行作战，保障军需供给的压力很大，雍正为此建立了专门机构——军需房。军需房人员除原有的内中堂成员外，又将川陕总督岳钟琪等前线将帅纳入，雍正集中这些军政精英，一起秘密商量兵马粮饷屯守进取的方略。

骆驼、骡马是古时运输的主要工具，西北用兵为长途运输，驼骡自然不可或缺。雍正虽然从各省征用了大量驼骡，但仍不够用，再买的话代价太大，而且还得考虑到驼骡在战场上易受攻击，一旦出现损失，便会对供给保障造成影响。

雍正让大家筹谋良策。岳钟琪提出了车营法的建议，办法是制造一种宽二尺、长五尺的战车，用一人推辇，四人保护，即一车五人。按照这一单位推而广之，每五车为一伍，每五伍为一乘，每四乘为一队，每十队为一营，称为“车骑营”。

车骑营在行军时用战车装载军粮军衣，以人力代替驮骡，驻防时则将战车作为营盘，对大营进行保护，到了作战的时候临时拆开，各负其责：两队在前，进行冲锋格斗，三队随后跟进，其余五队保护大营，劫杀可能冲入的敌军。

雍正采纳了这一建议，下令打造战车，并挑选满洲护军作为车骑营的骨干，同时密令河南、山东、山西三省督抚从各省步兵中挑出两千人，要求是不必擅长弓马，但一定要会放鸟枪，以便用于车战。

毕其功于一役

1729 年 3 月，在内部政局稳定，财力充足，外部解决了西藏问题，相应准备工作也已充分完备的情况下，雍正公开发布上谕，提出对准噶尔的用兵主张，并下令朝臣进行讨论。

朝臣们在讨论时意见并不统一。大学士朱轼、左都御史沈近思认为解决准噶尔问题的条件尚未成熟，“天时人事未至，不宜用兵”。散秩大臣、前锋统领达福也从军事角度力言不可：准噶尔的老首领策妄阿拉布坦虽死，但得力的旧臣仍在，而继位的策妄阿拉布坦之子噶尔丹策零“亲贤使能”，能够信任和利用好这些先帝旧臣，后者感念于老首领生前的恩泽，必然拼力死战。

“我军千里转战，官兵疲惫，要进攻以逸待劳且誓死一搏的敌军，臣看不出这样做的胜算有多大。”达福慨然道。

除了觉得难以打赢，反对派中还有人批评进攻准噶尔这样的游牧部落是穷兵黩武，对大清帝国而言，没有多大实际意义和价值，“得土不足以耕，得民不足以使”。

支持用兵的主要都是雍正的亲信大臣，其中张廷玉极力主战，已在西南改土归流中取得重大进展的鄂尔泰也斥责反对派是庸人畏事，目光短浅，只知道评论事情的难易，而不管事情的正确错误以及利害关系，在他看来，所有反对派的意见“皆不足道耳”，都是一些不值得称道的议论。

如果说鄂尔泰主战是有感而发，张廷玉等军需房成员更多还是早已摸透雍正的意图，深知他用兵决心已下，无可挽回，讨论云云和之前决定许多大政一样，都不过是走个形式过个场，想让大臣们附和他，为其背书而已。

如果大臣们不能达成一致怎么办？照例，雍正自己负责，自己决断，1729 年 4 月，他下令出兵讨伐准噶尔，与此相配合，军需房改为军机房（当年改名为军机处），以便协助他料理军务。

两个月后，雍正以出征告祭太庙，其间他与傅尔丹等将领一一行跪抱礼，还在检阅车骑营后难得地当场赋诗："万里玉关平虎虏，三秋翰海渡天兵。"

雍正对此次出征的极端重视不难理解。在清代前期，准噶尔人的势力除控制新疆外，一度达到西藏、青海、漠北蒙古，噶尔丹时期甚至还想将战火从边疆延伸至华北地区。为了全力对付准部这个心腹大患，康熙不得不在他极为敬重的孝庄太皇太后死后"秘不发丧"，继而还在中俄边界谈判中将尼布楚让给俄国。之后经过三次亲征噶尔丹，才终于消灭了噶尔丹势力，然而此消彼长，没想到策妄阿拉布坦一支又跑出来做乱，弄得康熙年逾六十都差点再次率部亲征。

所有这些都被雍正看在眼里，从中他深切地体会到了彻底解决准噶尔问题之难，同时也明白一旦成功解决，对于一个大清皇帝的荣誉和作为而言意味着什么。康熙作战，于战前必认真准备，雍正不仅把父亲的这种作风继承下来，而且做得更为精细和富于耐心，可以说，他从即位起就一直在暗中为出兵准噶尔做着准备，凡是康熙能忍的，他也都忍了，比如急于同俄国订立边界条约那件事，即含有阻止沙俄勾结准噶尔之意。

整整七年的筹划，筹措的军需用银高达六千万两，相当于每年国家财政收入的两倍，加上军需房的建立，这一切都是奔着毕其功于一役，完成皇父未竟事业而去的！

出征部队按照以往模式分两路向准噶尔进军，以形成夹击之势，其中内侍卫大臣傅尔丹为靖边大将军，统领北路军，川陕总督岳钟琪为宁远大将军，统领西路军。

西路军以绿营为主，岳钟琪及部将也多为汉人，而从战前雍正主要与岳钟琪筹商各项事宜，以及自西藏平乱以来的惯例看，西路军乃是当仁不让的主攻力量。1729 年 9 月 13 日，岳钟琪率西路军十二支先遣队"出关"，也就是出甘肃肃州向西，六个星期后抵达新疆的巴里坤。闻此消息，雍正立即致信岳钟琪，对他及前方将士表示关切和期望之意："鞍马风霜，卿好么？官弁兵丁人马安泰否？特谕。"

西路军出发不久，策零就探知了消息，正如廷议时达福所料，这位准噶尔的新首领虽然继位不久，但在狡黠好战方面不让其父，绝非易捏的软柿子。

得悉清军大举进攻，策零连忙派使臣特磊前往岳钟琪军营说项。特磊在见到岳钟琪后，按照预先商量好的口径编了个瞎话，诈称罗卜藏丹津阴谋与其族人杀害策零，后者发觉了，拟将其解送清廷，谁知走到半路，却听到了清军进兵的消息，于是就又把他送回了伊犁。

特磊说如果清廷能够原谅策零，"俯念愚昧，赦其已往"，他们便再将罗卜藏丹津解送过来。岳钟琪当即将这一情况向雍正进行报告，并表示怀疑策零求和的诚意。

相对于政治方面的才能，军事和外交向来都是雍正的短板，尽管他已经做了那么长时间的准备，但到了实际操作时，仍与康熙相去甚远。从军事行动刚刚开始起，他就有料敌不足的倾向，只是一味认为己方兵精粮足，胜券在握，见对方主动派人求和，他在深信不疑的情况下，一面命岳钟琪将特磊送至京城，一面谕令策零"请封号，所有属下悉编旗分佐领"。

为显示自己的从容大度和等待噶尔丹归降，雍正又下令暂缓两路军进兵，于是在其后整整一年时间里，前线都处于战不能战、和亦不能的窘境之中，以致先机丧失，将士怠急，师老兵疲。更糟糕的是，岳、傅两位前敌总指挥也被雍正临时召回京城商议军情，此时两路军尚顿兵于敌境之外，而这显然也是兵家之大忌。

颓丧之气

雍正八年，即1730年，雍正正式登基的第八个年头，北京突然发生了一次强烈地震。震前是狂风暴雨，震中地动山摇，房屋倒坍严重，紫禁城、圆明园、畅春园全都遭到了不同程度的破坏，连太和殿的一角都倾颓了。死伤人数也很多，有说死了两万人，有说死了四万人，虽然数据并不统一，但总之极为惨烈。

出使中国的朝鲜官员李枢、李橈此时正在北京，他们听内大臣常明说，地震发生后，皇上先是跑到船上，后来又住在临时搭建的帐篷里，"乘船幕处，以避崩压"，以致没能像往常那样回宫室理政和休息。这一信息传到朝鲜国内，向来就对清王室没有好感的朝鲜君臣表现得幸灾乐祸，国王李昑讥笑雍正“以万乘之主”居然泛舟而居，如此惊讶失措，大失常态，真是够丢脸的，“可谓骇异矣”。

其实只要是人，雍正也好，李昑也罢，不管是什么身份，又有什么样的作为，在大自然和命运面前都一样极其渺小。雍正一个劲儿地让臣下们报祥瑞，但一个大地震就把几乎所有祥瑞都给冲淡冲没了，随之而来的便是无论如何都无法遮掩的颓丧之气，这其中最令雍正感到无法接受的，则莫过于怡亲王允祥的因病去世。

先前京城中有一个名气很大的刘道士，外界传闻他已经几百岁了，能知人的前生。有一次允祥见到他，他就说允祥前生也是一个道士，允祥把这件事当作趣闻告诉皇兄，雍正大笑道：“这是你们生前的缘法，应如是也，但只是为什么商量来与我和尚出力？”

雍正以戏言的方式把允祥视为道士，自比和尚，说允祥一直在为自己出力。事实也正是如此，允祥既是参与帷幄的重臣，又是雍正身边贴心的大管家和侍卫长，忙里忙外，东奔西跑，可谓完美地恪尽了臣弟之道。雍正曾亲书“忠诚敬直，勤慎廉明”八字匾额赐予允祥，并且对众人说，廷臣之中能够做到“忠诚敬直”的不乏其人，而具备“勤慎廉明”的则很少，所以你们都应向怡亲王效法。

允祥死前仍在为雍正调度西征事宜，尤其是粮草等后勤供应，他比雍正小八岁，死时年仅四十四岁。雍正悲痛万分，亲临奠祭，称赞他“自古以来，无此公忠体国之贤王”，并超出常例，为允祥素服一月，在朝官员也不例外。

允祥对雍正的支持作用在皇室之中有目共睹。外界传言，允祥死后雍正身边无人扶助，所以命大学士马尔赛传旨，欲赦免和重用囚禁中的允禵，允禵回奏只有杀掉马尔赛他才会应命，雍正见状只好放弃了起用他的念头。虽然这只是谣言，但无风不起浪，可以看出已被雍正完全压制的政敌残余可能又有了某种异动，最明显表现出来的就是允祉，他不仅迟迟未参加允祥的丧礼，而且在丧礼上即便是装也不肯装出忧伤的表情，惹得雍正大怒，下令将他和允禵、允禩一样囚禁起来。

其实雍正本人的健康状况也早已出现危机。皇子时的雍正身体素质应该不错，否则既不可能在储位争夺战中获胜，也无法在即位后日理万机地料理政务，然而再好的体魄恐怕亦难承受数年如一日的超强度工作。自 1729 年冬天起，雍正经历了一场他自我感觉“不大爽快，似疟非疟”的大病，但究竟是什么病，却连太医院的御医们都弄不清楚，亦束手无策。

这场病的持续时间相当之长，一直到参加允祥丧礼，寒热不定、饮食失常和睡眠不好等问题都一直缠绕着雍正。至1730年上半年，他的病情已极为严重，只得给田文镜、李卫、鄂尔泰等心腹督抚秘密发出谕旨，让他们为自己访求医家。

李卫得旨后访得道士贾士芳浪迹河南，很有名气，于是便向雍正推荐。其实雍正与贾士芳见过面，后者原为京中最有名的道家圣地白云观的道士，允祥认为他“精通医术”，曾把他推荐给雍正，但雍正召见后感觉他虚诈不实，就将他给打发走了。此次也算病急乱投医，见李卫说好，雍正就让河南总督田文镜将贾士芳送来京城。

贾士芳进京后，用口诵经咒加按摩术的办法为雍正进行治疗。一开始很见疗效，雍正十分高兴，寄信给鄂尔泰，说：“朕躬违和，适得异人贾士芳调治有效。”

不料没过多久，雍正忽然又宣布贾士芳是妖人左道，随即下令对贾士芳予以治罪，一个月后即行处斩。这是怎么回事呢？

后事安排

从贾士芳采取的治疗办法来看，他其实也没真正找到雍正的病因，口诵经咒充其量是一种精神治疗，目的是配合按摩，让雍正进入睡眠放松状态，以便得到休息。这种治疗方法应该说效果是有的，但不治本，只可能时好时坏，时间长了，雍正便认为贾士芳是在利用他的健康故意控制他。

有一天贾士芳给雍正治病，雍正听到他诵的经咒是“天地听我主持，鬼神听我驱使”，于是便以此理由给他定罪：我是至尊的皇帝，尚且要听命于天地神祇，你一个外方道士，有何德能敢当着我的面让天地鬼神都听你的摆布？我看你不仅仅是在亵渎神明，而且还是大逆不忠！

对一个病人而言，谁都能得罪，唯医生不能轻易得罪。想想看，千方百计找来的贾道士都被你以这样一个莫须有的罪名给斩了，以后还有哪个“异人”敢为你医治？就是李卫们在推荐民间良医方面也不敢再积极了。

雍正素来以不好杀人作为标榜，综观其在位期间，类似的情况不是没有，但确实少之又少。或许只能这样说，雍正生病后，病情给他制造了太大的病痛和压力，已经让他有些歇斯底里了，所以才会变得疑神疑鬼，喜怒无常。

经过此次变故，雍正对口诵经咒的调治失去了信心。久治不愈让他想到自己大限将至，随时可能一命归西，为了防止猝死无备，他不得不打破禁忌，对后事做出安排。从1730年6月18日起，雍正陆续降旨，指定自己的棺内随葬品以及御容（画像）前、陵寝内用物，其中最引人注目的是他所亲自指定的三件棺内随葬品：数珠两盘、玻璃鼻烟壶一只。

这三件随葬品分别与雍正的三个亲人相关，其中两盘数珠为孝庄文皇太后、康熙所赐，玻璃鼻烟壶则是允祥的遗物。

孝庄是雍正的曾祖母，其对大清的贡献、对少年康熙的扶持，以及在康熙心目中的地位都是人尽皆知的事。孝庄病逝时，雍正已经十岁，他亲眼见过孝庄，孝庄能够把数珠赐给雍正，说明了老人家对这位曾孙的喜爱，这当然也会影响到康熙对皇储的选择。

至于康熙，不管他在夺储时期如何无端地罚过雍正，也不管雍正为了取得康熙的好感和信任，如何处心积虑地揣度他的心思，到了最后，康熙终究还是把皇位传给了雍正。仅凭这一点，就足够雍正后半生都念着皇父的好，更别说他还受到了康熙许多教诲和真传，执政手法处处都可以见到康熙的影子。

允祥是雍正人生中第三个也是最后一个亲人兼贵人。他遗下的那只玻璃鼻烟壶被雍正珍藏在一个精致的黄匣内，见物如见人，自允祥病逝后，雍正一直都把这只鼻烟壶带在身边。

人之将死，其言未必都善，但其情却多半真挚。雍正平时喜欢宣传自己对母亲仁寿皇太后（德妃）的孝顺以及仁寿对他的偏爱，但看看他所选择的棺内随葬品，竟无一件仁寿的遗物，这对母子的实际关系究竟如何，就很可玩味了。

遗诏也是要准备的。1730年7月，重病中的雍正将皇四子弘历、皇五子弘昼、庄亲王允禄、果亲王允礼以及大学士、内大臣数人召至御榻前，“面谕遗诏大意”，以便草拟遗诏。

皇储早已确定，还在雍正元年，雍正就按照自创的“密建皇储”法，密定弘历为皇位继承人，其名写进密诏，藏在乾清宫“正大光明”匾额后面。由于雍正经常不在宫中居住，而是在圆明园安身，他怕出了大事后，身边没有遗诏，弘历不好即位，也为了与第一份密旨进行验证，所以又写了一份与乾清宫密诏内容完全相同的密旨，藏于圆明园内。

尽管已经是双保险，但毕竟以前从未施行过此法，雍正仍担心出现闪失，于是决定提前向亲信大臣进行透露。10月，他把密诏和密旨的内容单独透露给了张廷玉，后来又告诉了鄂尔泰，并叮嘱他们注意保密，说："汝二人之外，再无一人知之。"

雍正把自己的后事安排得十分周到稳妥。办理完这一切后，他就静等龙驭上宾了，然而出乎意料的是，经过药丸调治，他的身体状况又有所好转，不仅没有死，还出现了逐渐恢复健康的迹象。11月14日，雍正特别召为鄂尔泰递送密折的亲信家臣进宫，后者向鄂尔泰报告："亲见万岁佛爷脸面十分丰满。"

虽然暂时得以转危为安，但这场突如其来的大病已足以使雍正元气大伤，以往那种只要处理公务就生龙活虎，不以为苦反以为乐的状态也从此一去不复返。恰恰在这个节骨眼上，一个令雍正深感意外和震惊的消息传来：西路军营遭到准噶尔突袭，驼骡被劫！

第十一章
最险恶之局

策零所谓的求和不过是缓兵之计，利用清军停止进攻的机会，他迅速进行调兵遣将，随后又乘岳钟琪回京，派兵偷袭科舍图。

岳钟琪离开前线后，由四川提督纪成斌临时代摄军事。准军所偷袭的科舍图系西路军的临时牧场，也即放牧驼骡的地方，此处虽当敌来路，但距离大营甚远，理应派重兵堵御险要隘口。退一点来说，就算不能分兵保障，也要将驼骡及时收回大营，可是纪成斌重视程度不够，仅派副参领、满人查廪率兵到牧场放牧。

康雍年间，不少满人养尊处优，已失去了原先强悍和肯吃苦的本色，查廪怯懦畏寒，奉命后自己躲在山谷间，只派五十人在牧场空旷处放牧。准军乘机攻袭，抢走了不少驼骡，查廪无心恋战，狼狈逃跑后求救于总兵曹勷，曹勷仓促出战，大败而归。樊廷等总兵闻讯前去增援，大家力战七天七夜，终于夺回了被劫掠的大多数驼骡。

得知损失轻微，雍正转忧为喜，除特别奖赏樊廷等人，还派遣内务府总管鄂善到前线犒师。

科舍图遇袭期间，西路军营的紧急奏报接二连三地驰递京师，这些奏报不仅打破了雍正不战而屈人之兵的幻想，也让他变得紧张起来，因为需要他及时处置的紧要军机事务开始急剧增加。

廷寄

清初继承明制，将内阁作为国家中枢机构，凡皇帝的谕旨、内外臣工的奏章，都是通过内阁周转，其中皇帝的谕旨通过内阁发抄，称为明发谕旨。明发谕旨的最大缺陷是难以保密，特别是由内阁刊登在邸报上的行政公告和敕令，本来按律只有京官、内大臣及县令以上的外臣才有资格阅读，可是外泄之事却层出不穷，且早已见怪不怪。比如在对曾静案的查处中，师爷唐孙镐就是从邸报上读到了诸葛际盛的文章。更有甚者，内阁、六部的官吏以及地方官员为牟取私利，还会偷偷将邸报贩售给民间报房，结果导致印刷粗糙的政府公文满天飞，根本无机密可言。

雍正一向偏爱机密和高效的行事风格，为了纠正明发谕旨的缺陷，他除密折制度，还使用了廷寄。所谓廷寄，是指皇帝绕开内阁，当着亲信大臣的面口述旨意，再让亲信大臣以“遵旨寄信前来”的口吻所拟的谕旨。负责拟稿的亲信大臣都是像张廷玉这样既让皇帝信得过，还善于体会皇帝意旨，同时又博闻强识、书旨得体、运笔如飞的角色。

廷寄写好后，便由兵部加封，发驿站寄出，它的好处是不仅可以保密，而且能减少皇帝的工作量（毕竟不需皇帝亲自拟稿构思了），同时其准确性、权威性和时效性也绝对可以保证。不过以前雍正身体好的时候，每天精力旺盛，凡事都要亲力亲为，使用廷寄的机会和数量很少，大部分时候还是通过密折朱批来处理事务和给臣工发去指示，这些朱批动辄都有数百字，上千字的亦不鲜见。

得病以后，雍正的身体渐渐不堪繁剧，为了治疗，他又搞了几个月的“静养调摄”，自云其间“精神不能贯注”于政务。直接对于政务的影响就是朱批不仅数量有所减少，内容也日见简短，诸如“览”“是”“勉为之”“实力为之”等个把字的朱批比比皆是，雍正自己也承认：“偶然不批，乃极寻常之事。”

显然，对于西北战争及其他重大紧急机密事务，既不能延迟也不能简直处置，而通过内阁发朱谕（即内阁明发谕旨）又怕泄密，于是以 1730 年年末科舍图遇袭为标志，由军机处拟发的廷寄便开始被频繁采用，并逐渐超过朱批，开始在谕旨形式中居于主要地位。

军机处和廷寄虽然让雍正轻松了许多，但也仅止于此，他每天仍须理事，而且只要健康状况允许，一些重要的活动和仪式也会亲自去参加。比如，按照康熙生前的惯例，雍正每年春天都要到农坛行“耕耤礼”，1730 年、1731 年这两年他都生着病，但还是去行了礼，只是因为精力不足，取消了筵宴而已。

李卫曾奏请雍正“万几之余，稍为静养片刻”，雍正表示完全静养做不到，且未必对身体有好处。他按照自己的方式边理事边调养，身体也确实越来越好，但这时科舍图遇袭事件真相的暴露，却差点把他又给气趴下。

原来樊廷等人夺回的驼骡只是少部分，西路军折损的驼骡高达十二万余头，阵亡汉蒙官兵三千多人，换言之，西路军的损失不是轻微，而是极其惨重。这样的大败仗，他们最后却以大捷上报，从雍正手里骗取了奖赏和犒劳。

雍正平生最恨欺瞒他的人，何况还涉及如此重要、如此关键的军务，西路军方面对他的误导已足以让他的下一步战略部署错到一塌糊涂。

具体写大捷奏报的虽然是纪成斌，但雍正不能不对岳钟琪表示怀疑和不满——岳钟琪不仅是纪成斌的上司，还是他的保举人，即便纪成斌的奏报未曾受到过岳钟琪的暗中授意，然而至少岳钟琪也没有加以反对或揭穿，他们已实际形成共谋！

失策

雍正用人有一个显著特点，即他如果发现你对他忠心耿耿而且能力又很强，他会宠待异常，乃至推心置腹，但一旦你表现得并不那么尽心尽力，或者与他想象中的相去甚远，他对你的态度又极可能走向另一个极端。

1731 年 3 月，岳钟琪向雍正上奏军机事宜十六条，建议击敌后方，然后在吐鲁番屯田，并在哈密、吐鲁番之间设置哨所。雍正便借纪成斌讳败饰功的事加以责备，说岳钟琪所提建议中没有一条可以采用，“朕心深为忧烦”。言辞之中，可以看出他对岳钟琪无疑是失去了信心：“卿向持稳守大营、步步为营策略，如今驼马为准噶尔所劫掠，乃因愧愤而一改初衷，倡言长驱直入敌据腹地。以今之势，何以能保必胜？”

自此，岳钟琪在前线的日子就越来越不好过了。因为怀疑岳钟琪及其亲信会谎报军情，雍正任命都统伊礼布为西路副将军，率两千八旗满洲兵前往赴任。伊礼布临行前得到指示，凡岳钟琪统兵所到的地方，他也可带满洲兵一同前往，这实际上是在监视岳钟琪。

在击敌后方的计划被否定后，岳钟琪采取了坚壁防守的战略，可是雍正又不高兴，说他统兵两万九千人，却不能御敌，是筹度无方。为此，雍正派石倬云为西路副将军，以分岳钟琪的统兵之权。岳钟琪在出兵之时，其川陕总督一职就由大臣查郎阿署理，雍正一边让查郎阿在陕甘后方专理军需，一边摆出了一副你岳钟琪不卖力，我可以随时用查郎阿等人将你换下来的姿态。

有人批评雍正对岳钟琪信用不专，但客观地说，岳钟琪也有他本身的问题。他虽然有勇有谋，在西藏、青海平乱中的大显身手更是令人惊艳，但放到主帅的位置上来看，他在用将和统筹全局等方面与允禵、年羹尧相比仍有不小差距。

还在出师之际，岳钟琪就疏言有“十胜”的把握，从天时、地利、人和、兵精、粮足一直到车骑营设计，说得头头是道，并且还断言必能“指日荡平，献俘奏凯”。这些言论明显所含水分太大，大言、浮言成分太多，有人说这是因为曾静、吕留良案尚未正式结案，岳钟琪为防嫌所以才极力迎合雍正意愿，以表明自己的忠诚，但能把话说到“十胜”这么绝对，何尝不是他自己骄傲情绪的一种外在表露？主帅的这种情绪很容易感染其部属，纪成斌及其官兵防范不周，不能说与岳钟琪的轻敌思想没有关系。

与此同时，岳钟琪又是一个典型的攻强守弱的战将，进攻时常能出奇制胜，轮到防守时却难以做到风雨不透、无懈可击。车骑法本是他“立意用车”与准噶尔部抗衡的得意之作，西路军的车骑营扎营时以千辆大车围成一个圆圈，内有前车、后车、中车三帐，确实看起来美观，练起来也整齐，但那是在平原地带，到了沙碛沟堑地区就是两回事了。

西北千里荒漠，利于战马驰骋，而不利于人力战车移动。准噶尔部是游牧民族，擅长用马，其骑兵大则三五千，小则四五百，可以经常性袭击清军，其进攻和撤退均十分迅猛，待到清军驾车迎战追击时，准军骑兵早已逃之夭夭。总之，车骑营在实战中打起来蹩脚，撤起来拖泥带水，难以对敌，使得清军常常处于非常被动的地位。

为了阻止准军侵袭，岳钟琪上疏力请移筑木垒扎营，称木垒能与巴里坤成犄角之势。雍正准其所请，但木垒地处两山之间，岳钟琪筑城其中，等于把重兵集中于形如釜底的兵家忌讳之地，而且他在木垒要冲仅拨了两营军士，士兵不过五百，如果遇敌袭击根本无力抵御。当然更糟糕的还是清军移驻木垒后，准军骑兵依旧隔三岔五地潜入西路军控制区，对其牧场造成侵扰。

西路军孤军深入，战线拉得很长，粮队和牧场频频受到袭击，使得大营时常发生粮草接济不上的紧张情况。数万清军在饥饿中作战，导致军心不稳，就是战机在眼前也抓不住。1732 年 1 月，六千准军自乌鲁木齐扰掠哈密，岳钟琪闻讯派兵迎击并欲断敌后路，结果却是一无所获。

这时由于西北军情紧急，西南的改土归流又已步入正轨，雍正遂将鄂尔泰内召回京城，封其为保和殿大学士，居内阁首辅地位。鄂尔泰首先弹劾岳钟琪，指责他拥重兵数万，却只能眼睁睁地看着自投罗网的敌人来去自如，“既不能料敌于先，又不能歼敌于后”。

鄂尔泰的弹劾分量之重，在朝臣中无人能及。雍正当即下令削去岳钟琪宁远大将军的名号，仅保留川陕总督衔，让他在前线戴罪立功。不久又以“办理军务未协”为由将其召回北京，改由张广泗护宁远大将军印，总理西路军一切军机。

张广泗在改土归流的战争中脱颖而出，是由鄂尔泰一手提拨起来的用兵行家。他到任后对岳钟琪的军事指挥进行检查，继而上疏指出了岳钟琪在战略战术的种种失策。雍正看到此疏后，下令罢去岳钟琪的官爵，交兵部拘禁，其负有责任的亲信部将纪成斌、曹勷分别因谎报军情和打败仗，于军前处斩。本来内阁奏议也要将岳钟琪处死，雍正鉴于他以前所立下的功劳，令判为斩监候，岳钟琪被关在大牢里，一直等到乾隆上台才得以恢复自由。

下下策

科舍图失利是整个西北战争的转折点，西路军失去绝大多数驼骡，就意味着他们在短时间内失去了主动出击以及与北路军相互呼应的能力，这也是为什么雍正认为岳钟琪击敌后方的计划根本不现实的原因所在。

由于西路军已难以有所作为，雍正便只能转而倚重北路军。为防止准军像袭击科舍图那样，也对北路军营实施偷袭战术，雍正仿效父亲康熙生前留下的军事方略，令北路军统帅傅尔丹用筑城进逼的办法向准军步步推进。按照他的部署，自 1731 年 6 月起，傅尔丹坐镇科布多，督理部队筑城，准备等城池筑竣后再进兵。

北路军以满洲兵为主体，此前准军屡为满兵所败，上上下下都对其怀有极深的畏惧感，连策零也不例外，他告诫部下，让他们千万不要主动和北路军接战，如果北路军逼近，也只能监视戒备，等到降大风雪时再伺机偷马，“将其马畜奋力赶回”。

清军的两路军暂时无法相互策应，给准噶尔用兵北路创造了一个千载难逢的机会。策零决心抓住这次机会，这时准噶尔最多可动员六万到七万男丁，其中准噶尔人不满两万，但却要同时防备哈萨克、土尔扈特、俄国和清军。为取得兵力优势，策零不惜从防御死敌哈萨克的西部鄂托克抽调兵力，从而集中了可动员兵力的百分之五十也就是三万人马，用于进攻北路军营。

北路军有两万人，比来攻的准军少一万人，但他们可以依托科布多城进防御。科布多城尽管尚未完工，然而配备火器后仍具有较强的防御能力，准军没有重炮，即便兵力上占有优势，也无力攻陷。如果清军以坚守防御的战术对敌，准军依旧可能乘兴而来，无功而返，可令人匪夷所思的是，傅尔丹却偏偏选择了可称之为下下策的弃城出击。

雍正善于用人，却不善于使用军事人才。鄂尔泰曾评价在改土流改战役中表现出色的哈元生，说他“止可备调遣，不足以资统率”。傅尔丹和哈元生相似，此人身材魁梧，平时就给人以雄赳赳气昂昂的印象，可惜的就是有勇无谋，在别人的指挥下厮杀可以，独当一面做统帅并不称职。

岳钟琪有一次到傅尔丹帐中与其商议进兵之策，入帐后见四壁刀枪林立，便问他干吗要在中军帐里摆这么多武器，傅尔丹颇为自得地答道：“这都是我平常习练的，放在这里激励部下。”岳钟琪听后不便当面批评，笑着随便应付了他几句就把话题岔开了，嗣后则对人说：“为大将者，如果不恃谋而恃勇，那就离全军覆灭的日子不远了！”

准军出动到达科布多附近后，清军抓了他们几个俘虏，这几个俘虏交代说准部怕受到哈萨克袭击，已被迫分兵防守，而且罗卜藏丹津的族人谋反，策零正在与其周旋，所以此次准噶尔最具作战经验的名将大策零敦多布不能出征，仅另一名大将小策零敦多布可以东来。傅尔丹还从中了解到，准军虽有三万之众，但目前已到达前线的只是前锋，不过才一千多人，大部队尚未赶到。

有人认为俘虏们都是准军的间谍，他们是在采用诱敌深入之计，骗清军出城作战。问题在于这些俘虏的身份均为“哈喇昆”，哈喇昆是蒙古语，在准噶尔的社会结构中地位很低，恐怕还担当不了间谍这样的角色。他们被俘后都分别受到了拷问，口供能够相互印证，反映清军的情况也基本属实，并无串通好欺诈清军的可能。

关键还是傅尔丹自己相信什么以及他想做什么。傅尔丹并不是第一次与准噶尔交手，早在康熙末年，他就曾率八千人翻越阿尔泰山，对准噶尔腹地实施突袭，并在斩杀准军两百人，擒获宰桑（准噶尔的宰相级官员）等百余人后，顺利引兵回师。

那次突袭成功显然给傅尔丹留下了深刻印象。现在既然准军尚未到齐，为何不再度以雷霆万钧之势突入呢？不说完全击溃准军，也至少可以歼其一部，挽回科舍图失利后的被动局面吧。

见傅尔丹要率队出城作战，副都统定寿劝阻道："噶逆（准部）起初听到我们要进攻他们，便把部队全部缩回其境内，静以观变，可见他们是时刻预谋要对我们下手的。如今怎么能因为一个俘虏的一面之辞，就轻易突入敌垒呢？"

"不入虎穴，焉得虎子。"傅尔丹不以为然，"那个投诚我们的俘虏都说了，噶逆正处于窘迫困顿之际，如何能够抵挡我精壮强大之师？你为什么要那么胆小？"

定寿默然，回到自己营帐后即将自己的一件战袍交给随从："你拿着它，以后我战死了，就将它和我的尸体一起运回我的故乡安葬吧。"

除了定寿，另一名副都统海兰也劝傅尔丹三思而行："俘虏的话怎么能轻信呢？示敌以弱，向来都是敌人的惯用伎俩，您一定要提防啊！"

"国家为什么能够无敌，是因为武将不怕死！你们怎么都学得跟汉人一样怕死了呢？"傅尔丹火了，他不顾众人劝谏，仍然下令整军进发。

血战

为了保证突袭获得成功，傅尔丹挑选了一万余精兵随其出征，其中以京旗为主的满洲兵和专门训练的鸟枪骑兵，堪称八旗武力的精华部分。将佐也是豪华阵容，除辅国公巴赛、兵部尚书查弼纳、散秩大臣达福等赫赫重臣，定寿等人都是跟随傅尔丹多年的宿将，其中定寿还参加过当年突袭准噶尔的战役。

在草原上作战与平原不同，因为彼此都很依赖骑兵，所以一边打仗一边还得腾出时间来游牧。开始几天，准军正处于分散游牧的状态，这让清军暂时占据了优势，还俘获了一个名叫郎素的宰桑，可是清军也需要游牧，而有水草的地方又都为准军所提前占据，所以傅尔丹不得不下令撤退，向和通绰尔转移。

绰尔在蒙古语中是湖泊的意思，和通绰尔也称和通泊，此处即为"有水草处"，然而不幸的是，这时候准军也正好已从各游牧地集结，可以集中力量对付清军了。

1731年7月24日，清军移至和通绰尔的当晚，狂风骤起，大雨滂沱，还下起了冰雹。突然间，周围响起了让人心悸的胡笳声，成千上万的准军从山谷中冲出，趁着雨雹大作之机，如同黑云蔽日般向清军发起猛攻。

清军猝不及防，退无可退，只能在绝境拼死力战。双方均投入炮兵和大批配备鸟枪的骑兵，战况极其惨烈，也正因为清军是在缺乏准备的情况下骤然陷入血战，所以参战官兵都不约而同地形成了中伏的错觉，一些幸存者在事后的报告中均称他们在和通绰尔遭到了敌人伏击。

激战中，位居移营队伍前方的一千名黑龙江兵率先被击溃，接着定寿部两千余人也被分割包围。很快，他们的火药、铅弹、箭矢就都打光了，定寿对部下们说："贼（准军）实在太多了，你们各自突围，不要管我！"众人答道："我们情愿追随将军，能出则出，若不能出，共同赴难！"定寿遂带着官兵们奋力冲杀，直至中枪伤后自刎而死。

得知定寿部被包围，傅尔丹忙派六千余清军前往解围，但因准军兵力雄厚，当他们到达作战地点时，定寿部已经全军覆灭，除一名高阶将佐冲出重围，其余全部阵亡。

在和通绰尔，清军主力分立三营，其中京旗为主的满洲兵为一营，蒙古兵为一营，以索伦兵（黑龙江地区的土著民族士兵）为主的黑龙江兵单立一营。7月25日凌晨，黑龙江营因发生混乱而崩溃，此后，准军派一名清军俘虏向傅尔丹传话，说："我们两边为什么要舍命交战呢？不如这样，你们将前些天俘虏的郎素归还给我们，我们也将你方俘虏人员、尸骸送回，彼此遣使议和。"

傅尔丹答应了，随后下令在和通绰尔扎营坐守。傅尔丹这么做，据分析可能是因为部队连日苦战，黑龙江营又率先崩溃，他需要时间整顿营伍，只是他却忘了这个时候最应该做的，既不是交换俘虏也不是整顿营伍，而是抓紧时间不顾一切地进行突围。事实上，如果他在这个时候组织强行突围的话，虽然也免不了被准军穷追猛打，但代价最多不过就是牺牲后卫部队而已。

准军遣使议和自然也是谎话，他们的目的除了清理战场和休整兵马，主要是为了等待大策零敦多布及其所率兵马与之会合，以便能够全歼清军。与准军俘虏的交代不同，大策零敦多布之所以未在第一时间出现在前线，是因为眼疾的问题，与罗卜藏丹津的族人的谋反并没有关系，所以他是可以赶来参加会战的。

7 月 26 日，准军又派清军俘虏前来传话，称他们负责议和的宰桑马上就来，而且将就地交换俘虏。傅尔丹信以为真，当下便翘首等待宰桑的到来，可是他并没有等来什么宰桑和被释放的清军俘虏，反而看到了大批准军呼啸而来！

“既讲和，何来这么多兵？”傅尔丹还在懵懂之中，合兵一处的大小策零敦多布已经重开攻势，清军再也难以脱身了。

败局已定

在准军对清军发起总攻后，蒙古兵营继黑龙江营后发生崩溃，该营的各支人马全都乱了阵脚，纷纷败退或投降。整个大营只剩下满洲兵营在进行抵抗，清军败局已定。

1731 年 7 月 28 日，傅尔丹率四千满洲兵“列方营”步行突围。雍正在密谋出兵时，采纳岳钟琪的车营法建议，除了在西路军中建立以满洲护军和绿营鸟枪兵为主的车骑营，还挑选直、鲁、晋、豫四省绿营兵九千人演习车战，并将其配属于北路。不过在清军出兵讨伐准噶尔的第一年，北路军营就已经裁汰了三千名车兵，此次出征前，傅尔丹认为车骑营的战车没什么用，携带远行看上去又很笨重，便没有携车出发，六千车兵也被留在了科布多筑城。换句话说，傅尔丹的方营与车骑营完全不是一回事，这只是部队所列出的一种方形阵式，为的是守护包括火炮、粮饷、牲畜在内的行装。后来有人指责车骑营造成道路壅塞，并说清军在撤出和通绰尔时因而蒙受了重大损失，其实是不了解内情，不知道傅尔丹根本就没有带车骑营出征。

此时局势对准军极其有利，与清军的兵力对比上已形成了七打一，即七个准军打一个清军，而且清军已苦斗数日，在无生力军予以增援的情况下，个个疲惫不堪。令人称奇的是，准军却无法一鼓作气地将剩余清军也就是突围的这四千满洲兵打垮，后者以寡敌众，在海拔两三千米的山地上连续苦战，始终没有放弃保护主帅突围的希望和信念。

应该指出的是，雍正朝时部分满人的腐败无能与满洲兵的衰弱不是一回事。不可否认，满洲兵在入关后确实经历了长期的衰退过程，早已没有刚开始那种横扫一切的气势，但作为世代以此为业的军制，满洲兵尤其是京旗、右卫这样的老满洲军人仍有着较强的内在凝聚力和荣誉感，这一点绝非以募兵制为基础的绿营可比。

令准军内心有着本能畏惧感的满洲兵即便身处绝境，也依旧不是可以任人宰割的弱旅。准军没有办法，只得冒着随时可能遭遇对方援军甚至被打伏击的风险继续尾随追击。

对于和通绰尔战役的惨败，傅尔丹自然要负首要责任，他在自身兵力不占优势的情况下冒险出击，遇到重挫后，在心理上又没有做好相应准备，乃至错过了最佳的突围时机。与此同时，后方清军未出兵接应，则是战役酿成惨败的另一个关键因素。

傅尔丹在率部出征前，安排都统衮泰等人率七千余名官兵留守和抢筑科布多城，另派参赞大臣陈泰率两千满洲兵扼守科布多河东。自 7 月 24 日战役打响起，就有溃兵逃回科布多，报告大军在和通绰尔陷入重围。衮泰等人惊惶不已，除必要的守城部队，他们急调附近机动兵力前往增援，然而响应者寥寥。此时陈泰不仅辖有两千满洲兵，还新到了一千察哈尔兵，是科布多附近最强的野战和机动力量，如果这支生力军能够及时赶去和通绰尔，必能最大限度地遏阻准军的攻势和追击，减少前线部队的损失。可惜的是陈泰虽为康熙朝名将费扬古的儿子，妥妥的名门之后，却并无乃父之雄风和血性，他贪生怕死，拒绝了衮泰关于增援前线的命令。

7 月 27 日黄昏，索伦兵纷至沓来，他们声称傅尔丹已经自尽，清军损失惨重，数万准军正沿科布多河两岸开来，且旦夕即至。其实彼时准军尽管已发起第二次总攻，但傅尔丹并未自杀，满洲兵营仍在抵抗，甚至他们还没有步行突围，问题是留守将领们并不了解这一情况，都以为索伦兵说的是真的。衮泰在加强城防的同时，急令陈泰协防，万不料陈泰的回应竟然是“我的部队是负责野外作战的，不能去你筑城的那些地方”，随后便率部一溜烟地往东逃往了扎布堪。

陈泰怯战东窜，不仅令救援前线之议完全成为泡影，科布多门户洞开，而且在承担各项劳役的蒙古兵丁中引起极大动荡，不少人在惊慌失措中沿途抛弃军粮等物资，驱赶马匹、骆驼逃逸，补给线因而一度中断。

后方留守大臣中，正在阅视地形的大臣锡保属于头脑比较清醒的一个，接到警讯后，他立即从阅视地折往察罕叟尔。当时的察罕叟尔是北路最大的军运中心，仅军粮便贮有二十万石，但驻兵只有两千多人，此处倘若出现闪失，科布多守军乃至整个北路军都将陷入危局。锡保一边将东撤的宁夏驻防兵截留下来用于守城，一边从各处增调官兵前来协助防守，他还与漠北蒙古的札萨克（即蒙古王公）们商量，让他们安排喀尔喀人向内游牧，以免被准军所袭扰。

锡保事后得到雍正的赞赏，被晋封为顺承亲王，也因为他和衮泰等人的处置，才暂时确保了科布多城及其整个后方的稳定，给前线清军留下了一个可以突围逃生的落脚处。

7 月 31 日，突围部队抵达哈尔哈纳河，此时他们的弹药、箭矢都打光了，大家被迫丢弃一直守护的行装，吸引准军掠取，以便寻机突围。当天的突围战打得十分残酷，就是被俘的士兵也几乎个个浑身是伤，突围而出的官兵登上对面山岭，分两队撤退。一队由傅尔丹亲自统率，一队由副将军巴赛、查弼纳统率，后者在准军的追击下全军覆灭，只有傅尔丹的一队于两天后抵达科布多，一清点，只剩下两千余人。

成为空中楼阁

和通绰尔战役创下了八旗军在统一蒙古战争中的两项纪录：最大败绩、最高伤亡。据统计，北路军一共损失了七千多名官兵，战损率超过百分之七十，侥幸突围撤回科布多的两千余人也大多有伤在身。死伤官兵中，京旗、右卫驻防兵占到了最高比例，可想而知若不是因为他们的殊死苦斗，清军离全军覆灭也就不远了。乾隆上台后对阵亡于西北战争中的官兵追加恩恤，更对是役八旗满洲兵的表现做出较高评价：“京师、右卫之满洲兵奋勇冲击，虽年少者亦死战不退，是以尽忠者甚众。”

指挥官层面，傅尔丹以下共有十八名至少副都统衔的大臣随其出征，除傅尔丹和少数几个大臣突围得生，其余全部战殁。战殁大臣中的达福曾是讨伐准噶尔的反对派，廷议时雍正急于让他闭嘴，居然说：“达福是中暑了吧，为什么不回家去灌两碗老汤解解暑？”达福为人耿直，不但没有退缩，反而言辞更激烈了，雍正见没法说服他，只得说：“虽然你坚持己见，但如果我就是要让你做傅尔丹的副手，随其出征，你敢推辞吗？”达福一时语塞，他默默无言地向雍正叩了个头，随后便应命出征。

其实达福还有另外一个身份，他的爷爷是康熙朝时赫赫有名的权臣鳌拜。鳌拜年轻时极为勇猛善战，号称“满洲第一勇士”，作为他的孙子，达福也不是孬种，他反对讨伐准噶尔纯粹是担心取胜没有把握，并不是个人怕死。突围时，他承担了最危险的断后任务，成为战役中第一个战死沙场的清军重臣。

一次战役中阵亡这么多重臣，这在 19 世纪以前的八旗战史中是极其罕见的，往前数，也只有顺治九年即 1652 年，敬谨亲王尼堪在衢州遭遇明军伏击身亡的那一场战役可与之相提并论了。

在战后对责任人的处理上，傅尔丹被认为用兵无方，是导致“损兵败绩”的主要责任人，但因他在突围中拼命力战而得以免罪，雍正仅将其由靖边大将军降为振武将军。畏敌逃跑的陈泰则被雍正批为“不知羞耻，玷辱父祖，该杀”，只因父、祖之功而逃过诛戮，最后的处分是削职囚禁，直至乾隆朝得以获释。

和通绰尔之败不仅令清军拱手交出了北路战场的主动权，也使雍正苦心经营的筑城进逼之策顿时成为空中楼阁。傅尔丹退回科布多后虽加紧修筑城池，北路军能够集中在科布多的兵马也有一万五千多人，加上调来增援的新兵，科布多仍堪称重镇，但大败之后，部队士气沮丧，要想予以固守已经变得相当困难。更重要的是科布多的后方空虚，驻守兵力很少，设若准军越过科布多袭击漠北蒙古，清军将面临无兵可用的窘境。

原先锡保力守的察罕叟尔处于漠北蒙古纵深，这是一个与和通绰尔相似的地区，形势险要，水草丰美，便于屯戍，康熙末年出兵准噶尔时，就曾在察罕叟尔筑城驻兵。雍正认为可以效法，他指示傅尔丹相机坚守科布多，如果觉得科布多守不住，便将军队集中于察罕叟尔、拜达里克至归化城一线，分设将佐统兵，守护漠北蒙古纵深，保障通往内地的台站（即驿站）。

搞政治和军事指挥有着很大不同，搞政治需要再三权衡，话到嘴边留三分，军事指挥则往往要求当机立断，所下的命令也是越简单越直接越明白越好。雍正的本意是让傅尔丹放弃已形同鸡肋的科布多，可是在谕旨却又为固守科布多留下了空间。傅尔丹并不愿撤兵，加之此前为进攻准噶尔，清军在科布多积贮了大批物资，仅白银就有八十多万两，粮米有两万多石，难以遽行运回，所以他在接到指示后没有立即部署撤退，而是上折称察罕叟尔距科布多太远，移驻过去有困难。

傅尔丹没有想到的是，策零展开了更大规模的行动。蒙古在明末时分裂为漠南、漠北、漠西三部，漠南蒙古早在清军入关前就已被大清国所控制，漠北蒙古（也称外蒙古、喀尔喀蒙古）则在康熙朝时被中央政府完全招纳。之后，从康熙到雍正，凡是要出兵从北路进袭准噶尔本土，都是以漠北蒙古为桥头堡，越过被准噶尔人视为天然障碍的阿尔泰山，攻击敌之侧翼。

准噶尔也同样知道漠北蒙古的价值，其历代首领除了青海西藏，最想染指的就是漠北蒙古，只是自康熙三征噶尔丹以来，慑于清军特别是满洲八旗军的威力，他们从来都不敢越阿尔泰山东侵。此次策零用兵北路，堪称他一生中最大的军事冒险，没想到冒险取得了极大成功，和通绰尔一战大胜清军，他在大喜过望之余，扩展势力乃至吞并漠北蒙古的野心也因此迅速滋长起来。

和通绰尔战役结束后，策零在西北两路备兵，他让台吉（蒙古贵族）们环峙乌鲁木齐，“以伺清军西路”，又屯田于鄂尔齐斯河流域，“以窥清军北路”，但是其主攻方向始终被放在北邻的漠北蒙古，大小策零敦多布也都在这一侧磨刀霍霍。

响亮的回答

1731 年 9 月 11 日，大小策零敦多布奉命率两万六千多人，自鄂尔齐斯河上游启程，越过阿尔泰山东进。

此前，雍正已收到傅尔丹的奏折，他召集大臣们廷议，众人一致认为察罕叟尔距离科布多固然较远，可是距漠北蒙古的游牧区域较近，若大军会屯此处，战守都很方便。雍正于是下诏命傅尔丹移驻察罕叟尔，同时任命大学士马尔赛为抚远大将军，在归化城屯守，以为后援。

等雍正的诏令到达傅尔丹手上，已经是当月月底，他这才开始就地掩埋筑城工具，做撤退准备，而此时大小策零敦多布已率主力部队渡过科布多河，直逼城下！

傅尔丹虽然手握重兵，但大败之后，却已不敢出城与之野战，只能听任准军在城外各处劫掠马畜和物资。大小策零敦多布在科布多附近所获不多，他们很快就绕过北路军大营，分兵向其后方进袭。

从归化城到察罕叟尔的台站（即驿站）是北路用兵的生命线，但因傅尔丹未及时率大军移驻，察罕叟尔、拜达里克两城的守军兵力过于单薄，发现准军大举进袭，他们只能遵照上谕守城，而不敢出城应战。在清军各部“无敢撄其锋”的情况下，准军如入无人之境，从二十二台向北，直到察罕叟尔的台站几乎全部遭到准军洗劫，坐台官员、家眷、牲畜被掠走，运米的兵丁和百姓则多数惨遭杀害。尚未被劫的二十二台到十六台为防止准军袭掠，将家眷、牲畜移往戈壁，每台仅留二十名男丁、四十四马用于传讯，刚到十九台的抚远大将军马尔赛也被迫折返归化城。

雍正原本命马尔赛在后方调度，但马尔赛此人庸劣怯战，派他奔赴西北的任命刚刚下达不久，他就在众大臣集会时牢骚满腹，公然说：“让我做统领大将军，还不如发遣黑龙江，那样倒安逸舒服得多。”马尔赛折返归化后就一直缩在城里，一动也不敢动，使得后方清军更加惊慌混乱，不知所措。

一时间，北路陷入了自康熙朝设驿以来的最险恶之局，不单单是漠北蒙古动荡不安，漠西蒙古直至西藏也受到了影响。马尔赛行文漠南蒙古各部，命令他们备兵边境，以防御准军窜犯。四川总督黄廷桂等人奏报，因担心准噶尔偷袭西藏，重演挟制活佛的故事，准备将居住于四川泰宁的七世达赖移居成都。

策零自然也有动漠西蒙古、青海、西藏的念头，但他首先要做的还是彻底颠覆清廷在漠北的影响力。早在出兵漠北之前，策零就令大策零敦多布选出数名在和通绰尔战役中俘虏的漠北蒙古士兵，让他们负责充当信使，对漠北蒙古上层进行分化和拉拢。趁着清军兵威扫地之际，大策零敦多布依照策零的交代，派信使们给所属部落的王公送去了信函和礼物。

“你们都是成吉思汗的后裔，决没有做别人附庸的道理。”策零在信中说道。他希望能够在此刺激和打动对方，赢得这些漠北蒙古最有权势的王公的支持，孰料王公们不仅不为所动，而且还用血和剑做出了响亮的回答，其中表现最为突出的是三音诺颜部首领策棱。

策棱是成吉思汗十八世孙图蒙肯的后裔。明末漠北蒙古有宁玛、格鲁教派之争，宁玛、格鲁是藏传佛教的两大教派，其中的格鲁派戴黄色僧帽，拥有达赖、班禅两大活佛系统，至明末清初时已逐渐发展成为西藏地方的执政教派，图蒙肯尊奉和护持黄教，被达赖授予三音诺颜（意思是好的官长）称号，三音诺颜部也由此得名。

三音诺颜部最初隶属于漠北蒙古三大部之一的土谢图汗部，部众世代游牧于塔密尔河流域。康熙朝中期，噶尔丹举兵入侵漠北，当时的部落首领善巴被迫率众内附于清廷，康熙对他们非常重视，除将善巴及其部众暂时安置于漠南蒙古居住外，还把善巴的母亲及弟弟策棱接到了北京。自此以后，策棱便被赐居京师，教养于内廷，其所有待遇也与满洲王子无异。

康熙四十五年，即1706年，已经成人的策棱与自小青梅竹马的和硕纯悫公主成婚，被授和硕额驸（额驸即驸马），并赐贝子品级。鉴于噶尔丹和准噶尔势力已被逐出漠北蒙古，康熙让他率领本部部众归牧于塔密尔。

奇迹般的秋天

自和通绰尔战役后，清军之所以格外被动，除了战后精兵缺乏，更深层次的原因还是在于没能用好漠北蒙古的武装力量。当然这与漠北蒙古附清较晚，战斗中表现也一直不是太好有关，不过这就又看出康熙、雍正父子在军事调度上的能力和远见了。

康熙一直坚持倚重漠北蒙古军队，当年派傅尔丹袭击准噶尔腹地，漠北蒙古王公如策棱等人均被委以先锋重任。反观雍正则显得缩手缩脚，虽然他也委任策棱等三人为副将军，可是这三人均不能参与核心机密，就连跟雍正是郎舅关系、满化也最深的策棱亦不例外。雍正的态度和做法当然不可能对大臣没有影响，傅尔丹麾下有四千漠北蒙古兵，他都不用于作战，而是让这些兵丁负担台站、运米等杂役。

漠北蒙古人并不是真的不能打仗，只是出头的时机还没到而已。策棱在年少时就因准噶尔的入侵而背井离乡，内心对准噶尔极其愤恨，报仇雪耻和奋发图强的决心也十分坚定，而通过参与对准噶尔的袭击行动，又让他积累了军事经验，在本部落中赢得了威望。为了对付准噶尔，策棱从部众中挑选猛士，建立了一支千人的亲兵部队。他认为此前准噶尔能够在漠北横冲直撞，肆无忌惮，是由于漠北蒙古的军队普遍缺乏纪律约束，为此每次率部打猎和扎营，都以从清军中学来的阵法对官兵加以约束。

通过严格训练，策棱的亲兵部队军纪森严，即便在不打仗的时候，官兵们也如同与敌人对垒一样时刻做好戒备，这使策军迅速崛起于漠北，被公认为是漠北当地战斗力最强的一支武装。

策棱等漠北王公或与准噶尔是世仇，或受清廷感召，在清军不敢接战，纷纷作壁上观的情况下，他们为了保卫家园，依靠自身的力量，陆续向准军发起了反击。在这一系列的反击战中，策棱指挥了鄂登楚勒战役，他与土谢图汗部亲王丹津多尔济合作，利用自身对漠北地形的熟悉，先派六百轻骑兵向准军挑战，诱其来追，然后再实施伏击，结果大败准军。

在和通绰尔战役中，准军的损失应该并不严重，否则的话，大小策零敦多布不可能只在鄂尔齐斯河流域休整月余便挺进漠北。鄂登楚勒战役就不一样了，准军死伤枕藉，宰桑喀喇巴图鲁阵亡，另一名宰桑锡喇巴图鲁受重伤，不久也死了，大策零敦多布承认此战让准噶尔损失了“甚多好男儿”。交战中，漠北蒙古兵的强弓硬弩尤其令准军不寒而栗，“锁子甲被射透，大旗旗杆也被射断”。

鄂登楚勒战役是结束北路乱象的关键一战，经此一役，准军东来时的嚣张气焰受到极大遏制，不得不移营台锡里山以避锋芒。雍正闻讯大喜，特将策棱由多罗郡王晋封为和硕亲王，授蒙古大札萨克（即蒙古大王公）。

漠北蒙古各部除了积极抵抗，还遵顺承亲王锡保之命，将马畜内徙游牧。眼看漠北蒙古军越战越勇，抢掠的机会越来越少，连屡经战阵的大策零敦多布也萌生退意，他向策零报告，称漠北草原已进入枯黄期，战马非常瘦弱，漠北蒙古军又“力众可惧”，所以必须撤回阿尔泰山以西过冬。

1731 年 10 月底，准军渐次撤退，北路的危机终赖策棱等漠北王公之力得以缓解。事后锡保向雍正奏报：“此次喀尔喀众感戴主子厚恩，行走甚奋勉。”雍正接到奏报后，在对众王公予以嘉奖的同时，也完全改变了过去轻视漠北蒙古军的认识，策棱、丹津多尔济的事权被扩大至仅次于大将军，诸部兵亦一跃成为清廷讨伐准噶尔的核心力量。

对雍正而言，当年他经历的是一个奇迹般的秋天，不但眼看已经无法收拾的边境危机得以暂时消除，而且他自己也在身体上闯过大难，基本痊愈了！

令雍正感到伤心和难过的是，10 月 29 日，他的元配皇后孝敬皇后去世。孝敬是雍正在雍邸时期的结发妻子，性格温和柔顺，雍正又无声色犬马之好，所以两人结婚四十余载，感情一直都很好。雍正本来想亲自参加孝敬皇后的葬礼并到灵前致奠，但群臣以皇上大病初愈，尚宜静摄，不可过劳为由，竭力予以劝阻，雍正“自度量力，亦觉勉强”，最后没能成行，这也给他造成了终生的遗憾。

时势比人强

两年前，傅尔丹等人誓师出京，雍正亲自告祭太庙，检阅军队，场面热烈隆重，从皇帝到多数将帅都显得踌躇满志，认为可以稳操胜券。然而也有一些人注意到了一个细节，即当天的天气相当不给面子，大雨如注，把军旗都淋湿了，官兵们全成了落汤鸡，只能“狼狈出国门”。两年后，这一细节被放大，成了记忆中的不祥之兆。

对于出兵准噶尔，雍正可谓后悔莫及，然而开弓没有回头箭，战争的按钮一旦揿下，就不是你想停就能停的。在漠北，虽然准噶尔的军队已经撤退，但如同人的身体已经总体康复，然而依旧虚弱一样，战争的阴霾远未消散——准军只是退回去过冬，没有说不卷土重来，如果他们再集中全力发动一次攻击，实力上已今非昔比的清军能否顶得住，连雍正自己都没有把握。

准军入侵漠北期间，马尔赛等人的表现相当拙劣，再结合防御漠北的实际需要，雍正决定对北路军指挥层做出调整，他授锡保为靖边大将军，改授马尔赛为绥远将军，与振武将军傅尔丹同受锡保节制。

1731 年 11 月，北路军奉命放弃科布多城，撤往察罕叟尔，这次战略撤退标志着清军已前所未有地转入了守势。察罕叟尔、拜达里克因此从军运中心转变为屯聚重兵的桥头堡，至 1732 年 3 月，两城合计已屯有官兵一万八千余人。朝廷经过廷议，仍认为两城势孤，不足以制敌，于是又在三音诺颜部内筑城戍兵，以加厚漠北防御。

自漠北向内，到漠南境内，雍正下令在呼伦贝尔、乌尔会河、察哈尔集中蒙古兵加以训练，以补充和通绰尔战役中丧失的精锐。直隶、山西的绿营官员也接到命令，要求修缮自明亡后就一直未大规模修葺过的长城各紧要隘口，并添设兵马。

不修长城始自康熙朝，当时有人请修长城，康熙没有同意，说自秦代以来，汉、唐、宋没有哪一个朝代不修长城，然而照样都有边患，明代也修长城，可我们清军不还是照样长驱直入，谁都挡不住吗？

康熙没有修长城，但他成功地笼络住了漠北蒙古各部，又亲自出马，三征噶尔丹，这无异于在边疆上建立了一座更坚固更牢靠的长城。雍正本来也想沿着乃父的足迹继续前进，无奈能力不够，如今便只有窝窝囊囊地重走明朝老路，指望靠砖头来帮着阻挡准噶尔铁骑的南侵了。

即便采取了这么多举措，承受着巨大压力的雍正也依旧坐立不安。晋商苏大茂捎来一封策零的信件，信中谈到欲与清廷秘密议和的话，雍正虽明知可能有诈，但还是打算一试，他在谕旨中说："准噶尔之策零倘照商人苏大茂带来之信，遣使乞和，事便完结。"

时势比人强，在保住面子与避免危机之间，雍正只能选择后者，一如北京地震中，就算外人再怎么笑话，他也得不管不顾地躲到船上和帐篷里去一样。

雍正想让他的烂摊子不再继续烂下去，然而现实却狠狠地扇了他一巴掌，策零关于和谈的提议果然还是谎言，利用过冬和休整的时间，他集中了三万兵马用于再次东进。1732 年 9 月，策零把这股可称为倾国之兵的力量全部使用出来，亲自率部越过阿尔泰山，进击漠北要地乌逊珠勒。

按照雍正对北路军指挥层的调整，已任靖边大将军的锡保自然成为统帅。锡保虽然反应很快，责任心也较强，但军事才能有限，调兵遣将方面甚至不及傅尔丹。得知准军发动进攻，他也不管来了多少兵马，就给傅尔丹拨了三千人，让他前去防卫。

在乌逊珠勒，傅尔丹和准军打了几仗，都击败了对方，可那只是准军前锋，等到准军后队赶到，合力进攻，傅尔丹就招架不住了，部队也败归大营。锡保上疏弹劾，雍正撤了傅尔丹的领侍卫内大臣、振武将军等职务，并削其爵位。

锡保本身并不是一个做统帅的料，常干些将兵丁"时撤时拨"的事，抓不住战机的同时还白白损伤许多马匹，整个军营里没有不怨恨和讥讽他的，傅尔丹应该也在此列。可能是因为这个缘故，第二年锡保又再次弹劾傅尔丹，不过这次雍正经过调查，发现傅尔丹失利的原因是带的兵太少，不但没有对傅尔丹继续治罪，反而还宽赦了他。

乌逊珠勒战后，大策零敦多布率部绕过察罕叟尔清军大营，潜至杭爱山，目的是“延请”活佛哲布尊丹巴二世。

由于蒙藏百姓普遍信仰藏传佛教，所以自噶尔丹起，准噶尔便十分重视利用藏传佛教的号召力来达成其重建蒙古帝国的计划。哲布尊丹巴是漠北蒙古的宗教领袖，在漠北蒙古拥有极为崇高的威望，策零“延请”哲布尊丹巴二世，其实质与当初策妄阿拉布坦侵藏，将宗教领袖达赖和班禅予以拘禁是一样的。

雍正在军事才能上固然远不如康熙，但在政治手腕及其敏感性方面却还可能超过乃父，在上年年底，他就命土谢图汗部亲王丹津多尔济将哲布尊丹巴二世转移至漠南蒙古的多伦诺尔寺庙，活佛早在几个月前就已经启程，让准军扑了个空。

发现准军潜至厄得尔河源，锡保忙檄令副都统塔尔岱携同策棱等人到本博图山进行阻击。侦知策棱已经离开，小策零敦多布乘机突袭了其位于塔密尔河流域的游牧地，在攻破三音诺颜部的大营后，准军不仅抢掠了数万头牛羊，还掳走了策棱的妻子和两个儿子。

激将法

准军第一次出兵漠北时，之所以没有急于抢掠三音诺颜等部，是因为他们还想分化和拉拢策棱等人，结果后者不但不买账，还跟他们干了起来，如今自然没必要手下留情。不过小策零敦多布的副将事前仍向他提出警告，说：“策棱的军事实力在当下的漠北各部中居于首位，乃北藩中最强的，如果真的把策棱给激怒了，与我们死拼，恐怕连您都难以生还呢！”

其实就算副将不说，鄂登楚勒战役也已经显示出策棱有多么难对付，只是小策零敦多布垂涎于三音诺颜部的人畜，根本没听劝，依然还是做了他想做的事。

策棱率部走到半途，就听到了自己的大营被袭，牛羊被夺、妻儿被掳的消息，不由得悲愤至极。可是此时的形势与鄂登楚勒战役时已有所不同，鄂登楚勒战役时，准军实际处于强弩之末，此时出师不久，士气正盛，策棱自忖若是硬碰硬的话，未必能够战而胜之，这让他又急又恼，一时间不知该如何是好。

恰巧理藩院侍郎绰尔铎护送粮饷来到军中，策棱上前拜见，把事情经过跟他讲了一遍，随后便说自己想去向朝廷请援。绰尔铎听后，笑着对策棱说：“我向来都认为王爷是个豪杰，可现在才发现王爷原来也只是一个没用的人！您的妻儿虽然被抢走了，但精兵劲卒都还在，再加上诸部协力，您带着他们尽力攻敌，阻其归路，必可一战成功。这样的话，您不仅可以迎回妻儿，还能收复疆域，朝廷也一定会对您大加表彰和赏赐，此乃您应该采取的上策啊！”

在使激将法的同时，绰尔铎也不忘提醒策棱：“现在您如果不顾大局，独自去向朝廷请援，前线将帅们不知道您的用心，只会以为是您把事情弄糟了，所以才扔下军队和任务一走了之，到时我担心不仅漠北诸部中不会再有王爷的位置，而且您还可能被逮捕法办呢！”

“您说得太对了！”策棱是个血性汉子，绰尔铎的这番话深深打动了他，“男儿一腔血，当为诺颜倒也！”

诺颜是蒙古语，意为君王，此处指雍正。随后策棱便割下自己的头发及所乘坐骑的马尾，向天宣誓，表示将为朝廷和雍正拼死一战。

绰尔铎也没闲着，他随即前去谒见锡保，请锡保调清军配合策棱行动，这更增添了策棱与准军作战的信心和勇气。当然，策棱也并不是一个莽撞的人，行动之前，他先派遣了自己的亲信护卫绰克浑前去侦察敌情。

绰克浑有着《水浒传》中神行太保那样的本事，能够“日行千里”，步行速度快到惊人。他在到达准军军营附近后，立于高山之上，一边观察敌情，一边两手撑开衣服，远望仿佛一只大雕鼓翼而立，准军即使看见，也真以为那是大雕，所以并不为意。

绰克浑把敌情侦察得详详细细，明明白白，然后返回向策棱报告。策棱心里有了数，他立即凭借自己在漠北建立的威望，从各部落中抽调和集中了三万蒙古兵用于作战。

准军有三万之众，对外号称三十万，看起来策军似乎仍难以胜算，策棱激励大家说：“贼军（指准军）有三十万，但我们只要能够以一诛十，一个杀他们十个，也照样可以战胜敌人。”

兵马齐集，准备就绪，策军抄小路向塔密尔河逼近，他们先乘夜从山后绕出，至黎明时突然从山顶大叫着俯冲下去，向准军军营发起突袭。

听到外面的动静，准军从梦中惊醒，人不及甲，马不及鞍，猝不及防之下难以对战，遂尽弃军资，仓皇溃逃。策军急追，追至喀喇森齐泊后，两军作战十余次，准军被多次击破，只得继续奔逃。

策棱熟悉地形，率部日行三百里，抄近道先一步到达了准军必须经过的光显寺。光显寺是一座大喇嘛寺，因在蒙古语中将寺称为昭，所以也叫额尔德尼昭。该地区右邻杭爱山南麓，左傍鄂尔浑河畔，中间就是这么一座寺庙，道路狭窄，大军不易通行。策棱对部下们说："只要我军控制了此处险要地域，贼军纵有百万之众，也必定可为我所擒。"

众人请示是否要赶紧登上杭爱山据险以守，策棱摇摇头："贼军如果看到我们扼守住要害，就会主动避开，从鄂尔浑河上游逃窜，那样的话，我军反而不容易取得成功。"

策棱另有克敌妙计，不过这一妙计还必须通过弱兵来实施。

安得北斗为长弓

就在此次出击前，通过绰尔铎的协调，策棱专门与锡保会面，除商量对准军进行夹击，他还请锡保拨给他一些孱弱的满洲兵。锡保觉得奇怪：你怎么要弱兵呢？我这里又不是没有精兵，你要多少，我马上拨给你。

"我所以请王师（即清军）相助，是想用他们来做诱饵，以便让敌人上当！"策棱笑道，"不然的话，王师虽然战斗力强，但敌人更是百战之师，怎么打得过他们呢？"

自和通绰尔惨败后，清军确实一场真实意义的胜仗都没打过，策棱这话听起来虽有些刺耳，其实并没毛病。锡保也就不再坚持，按照策棱所希望的那样给他拨了兵。

在光显寺，策棱将参加联合行动的满洲兵部署于鄂尔浑河的南面，令其背水列阵，自己率本部落劲旅埋伏于山谷。其他部落的蒙古军则被安置在鄂尔浑河的北面，策棱与他们约定："听到胡笳声起，大家就按计划向敌人发起进攻。"

刚刚部署好，准军就来了。见满洲兵背水列阵，而且军容很差，小策零敦多布嗤之以鼻，不屑地说："一群手下败将，居然还敢跑来跟我们斗！也好，又可以增加俘虏数量了。”

“策棱是个才智出众的人。我们攻破他的大营，抓了他的妻儿，他能这么甘心就放我们走吗？”副将表示疑虑，“我军这一路逃过来，却没发现他在后面穷追，会不会他就埋伏在这里阻我去路啊？”

小策零敦多布自以为聪明地笑道：“你看清楚了，这是满洲兵，彼国（指清廷）制度，从来就不用外藩统率满洲兵，策棱怎么会在这里？”随后他命令所部向满洲兵径直进击。

如其所愿，准军一出击，满洲兵便望风披靡，弃甲向山谷中逃去。准军一边追击一边捡拾战利品，渐渐追进了山谷，正追得起劲，突然胡笳声大作，山谷里瞬间插遍旌旗，事先隐蔽于谷中的策军伏兵出现了！

事后来看，除了角色易位，策棱所策动的这场战役与小策零敦多布发动的和通绰尔战役其实有着颇多相似之处，尤其是到了最后关键处，处于主动地位的一方都把军事学中“兵不厌诈”用到了精彩绝伦的程度。

敌人已经中计，成败在此一举，策棱用蒙古语大呼：“策棱在此，阻君之行！”清军如同急风骤雨一般对准军发起冲击，杀得性起，策棱一把将自己的帽子摘下扔在地上：“今日若不能破贼，我以后就不戴帽子了。”

在策棱的激励下，将士们无不以一当十，奋勇争先，准军被斩杀一万余人，谷中布满尸体，人们几乎都要踏着敌人的尸体才能继续前进。

小策零敦多布率余部乘夜拼死突围，被他们丢弃的牲畜、器械、辎重塞满山谷，只为迟滞策军追击。在从山谷中突围后，准军准备继续渡河奔逃，谁知河对面的蒙古军听到胡笳声后已做好作战准备，发现敌人渡河，便立即“半渡以击之”，即趁其渡到一半时才发起攻击，可怜准军大多不是被杀死，就是在河里溺死，河水被染成血色，乃至“数十里皆赤”。

准军被彻底击溃了，小策零敦多布的副将阵亡，他自己仅率数百骑逃出重围。这就是有名的光显寺大捷，战役结束后，策棱骑在马上，弹着琵琶唱着歌，率部凯旋。

在光显寺大捷中，护卫绰克浑立下汗马功劳，在庆功宴上，策棱赐以千金，并亲自向他敬酒。绰克浑即席提出请求：“请王爷的侍姬为奴（绰克浑自称）舞剑，奴请求为王爷歌上一曲。”

得到策棱的同意后，绰克浑引吭高歌：“朔风高，天马号，追兵夜至天骄逃。雪山旁，黑河道，狭途杀贼如杀草。安得北斗为长弓？射陨欃枪入酒盅！”

据传当年文天祥被关在大牢里，晚上听到狱卒在唱一首有调无词的蒙古歌（有人认为可能是呼麦），曾深受震撼，叹息说：“此黄钟大吕之声，中土久不闻矣！”漠北草原民风强悍，士多悲歌慷慨之气，绰克浑在高歌时更是带着一种雄壮沉郁、豪迈宏大的情感，恰与光显寺大捷的氛围相契合，策棱听得高兴，即席又将自己的侍姬和所乘战马赐给了绰克浑。

本来连小策零敦多布也插翅难逃。锡保之前已给驻于拜达里克的马尔赛下达命令，让他与副都统达尔济出兵合力截击，以断其归路。土谢图汗部亲王丹津多尔济也派人向马尔赛送信，催促他尽快发兵。

拜达里克城内有一万三千兵马，仅八旗兵就有五千人，奈何马尔赛胆小如鼠，接到命令后犹豫不决，被催急了才召集诸将进行商议。众将大多主张时不我待，赶紧出兵，副将军达尔济更是已经整兵待发，唯有都统李杕主张继续守城。马尔赛自己怕死，便对李杕的意见表示支持，制止达尔济出城击敌。

糊涂蛋

参赞大臣傅鼐这时正以偏将的身份在拜达里克从军效力。他本是雍邸旧人，祖上以军功起家，自己也精于骑射，于是便主动向马尔赛请令：“贼败亡之余，成功唾手可取！鼐（傅鼐自称）刚刚远道而来，虽然马疲但犹能一战，愿大将军拨数千轻骑给鼐指挥。如果事成，归功将军；事败，鼐受其罪。”

马尔赛听后默不作声，既不愿自己统兵出城也不肯拨兵给傅鼐。傅鼐再三恳求得不到回应，急得跪在地上给马尔赛磕头，然而马尔赛依旧无动于衷，李杕则帮着他威吓众人，说：“违将令者可斩也。”

此后传来了光显寺大捷的消息，已经发起追击的达尔济也遣使来让马尔赛堵住敌军。众将看到这种情况，全都争着想出城立功，但令人不可思议的是，马尔赛竟然还是不肯发兵。第二天，将士们在城头看到准军残部从城下经过，正在焚烧荒草以阻挡追兵，阵形已经紊乱，于是再次请命出击，岂料马尔赛听到准军就在城下，却更加不敢动弹了，还说：“我奉命屯戍于此，没有奉命退贼。”

众将悲愤交集，有人拿刀砍柱子，有人都已经急得哭了。李杕见将士们不服，一边挥舞着鞭子让士兵紧闭城门，一边说谁敢擅自出城，他将按军令将其斩首示众。

李杕的高压反而激起了更强烈的反抗，傅鼐慷慨激昂地对大家说：“相公（指马尔赛）奉命断贼归路，如今逆贼已经失魂落魄，豖突狼奔地逃到此处，这正是男儿杀贼立功之时，为什么要紧闭城门，听任逆贼逃脱？”

不等马尔赛下令，傅鼐和参赞胡琳便冒着被处斩的危险，打开城门冲了出去，其他将领也紧随其后，虽然小策零敦多布已经跑远，但他们还是斩杀和俘虏了一些来不及逃跑的敌军。

看到大势所趋，拦已经拦不住，马尔赛这才无可奈何地跟着一道出城截击。他出城后没看到准军，看到的是追击准军的达尔济部，这个糊涂蛋也不管三七二十一，就把达部当成准军加以攻击。两军互有伤损，打了半天才弄明白打错了，马尔赛只得收兵回营，然后向朝廷报告说准军逃得太快，实在追不上了。

马尔赛之举激起了公愤，胡琳等人先后上疏进行检举，雍正得报大怒，命令削去马尔赛官爵予以治罪。刑部经过合议，认定马尔赛及李杕犯下贻误军机罪当斩，雍正遂传令将二人立斩于军中。

次年，锡保、丹津多尔济也受到追究。锡保被追究，除了乌逊珠勒之战中，只拨给傅尔丹拨三千兵，以致兵败外，另一个原因就是在光显寺战役中处置无方，没能调集足够兵力与策棱形成夹攻准军之效。丹津多尔济则是在光显寺大战时，明明拥兵两万，却既不参与夹攻，也不追击，纯粹观望躲避，事后却还要冒领军功。雍正下令罢去锡保靖边大将军的职位，将他和丹津多尔济的爵号一并削掉，另行委任平郡王福彭为定边大将军。

从鄂登楚勒战役到光显寺大捷，北路军两创准噶尔几乎均为策棱一人之功，雍正大赏策棱，赐号超勇亲王，并授定边左副将军，让其进驻科布多城，协助福彭经理军务。除此之外，雍正还从漠北蒙古的其他部落中分出二十旗给策棱，使三音诺颜部得以从土谢图汗部中独立出来，与土谢图汗部、车臣汗部、札萨克图汗部并列为漠北四部。光显寺大捷进一步扭转了北路军原先极度被动的局面，雍正心情大好，而这自然也对他恢复健康极有益处，1732 年 11 月，他给田文镜的朱批中透露，现在身体“健爽倍常”，已经完全好了，他在感激上天和父亲在天之灵庇佑的同时，自己也觉得超出了原来的预期。

虽然形势好转，但清准双方的战略均势尚未得到根本改变。翰林院检讨周彬上疏，指出西征已经造成国家“糜费疲惫”，必须迅速撤兵和立即停止所有军务，从而“舒天下之力，养天下之命”。

周彬揭示了一个事实，从 1729 年到 1733 年，西北战争已经连续打了四年，在这四年时间里，两路军共用兵十余万，跟役近十万，钱粮消耗尤其惊人——1723 年，雍正正式登基建元，经过六年时间的努力，才使国库帑银由八百万两增加至用兵前的五千万两，但至雍正末年，国库帑银只剩下不到三千万两，减少了将近一半，其中大部分都耗费在了西征之上！

付出如此大的代价，换来的却是败多胜少，师久无功，不能不让人对战争的前途感到忧虑。当雍正认识到这一点时，也就与周彬有了共鸣，1733 年 6 月，他宣布暂停进兵，同时特召策棱及西路的署宁远大将军查郎阿进京，与王大臣会议西北军事。

这次讨论的不再是怎样打，而是要不要打。以策棱、查郎阿、庄亲王允禄为一派，主张继续开战，大学士张廷玉曾是出兵西北的倡议者，但他跟皇帝朝夕相处，最知道雍正的心理变化，因此反而希望能议和就尽快议和，如果策零不顺从，还要来西北扰乱的话，则再整兵进讨。

雍正内心倾向于罢兵，见两派争执不下，他引用康熙生前的密谕说：“准地辽远，我往则我师徒劳，彼来则彼师受困，惟当诱致邀击，是为万全之策。”这等于从根本上否定了四年前雍正自己所定的主动用兵方略，表明他“无复深入犁庭之志”，自然也就不用再争论下去了。

尽管在事实上已经一言定乾坤，但雍正心里也不是特别有底，于是便向亲身参加过西征的傅鼐征求意见，问他对于罢兵之议怎么看，傅鼐表示赞成，叩头说：“此社稷之福。”至此，雍正才下定了与准噶尔议和的决心。

还是得靠战争来解决

准噶尔在光显寺大败后，也无力再向漠北发起进攻，据说小策零敦多布败逃回准噶尔后即向策零报告说："南朝（指清廷）大有人在，策棱谋勇兼备，未可撄其锋。"

在这种情况下，策零似乎也隐隐流露出与清廷和谈的意向，1733 年下半年，他放出口风，表示要释放清军俘虏。问题是策零之前曾以和谈和释俘作为烟幕弹，对清军发起过突袭，如今又施以相同手法，真的很难让人分出真假。定边大将军福彭因为不明敌意，甚至无法进行军事部署，雍正连忙指示：策零若遣使前来，朝廷也应表示愿意罢兵，但不能因此放松军事部署。

如果准噶尔肯不掺假地"遣使求和"，朝廷就可以体体面面地顺势接受，这无疑是宣布收场的最好方式，只是策零光打雷不下雨，放出口风后便没了后续动作。不久，查郎阿也向雍正递来奏折，称前来投奔的准噶尔人透露，策零确有讲和之意，但这一情报也并无相应事实可以佐证和跟进。

难道策零又在弄奸耍滑，想靠和谈烟幕浑水摸鱼，抑或他其实并不想与清廷和谈，还要继续打下去？非也，他不过是为未来谈判增加砝码而已，因为他知道只要清廷首先沉不住气，就必然会在谈判中做出让步。当然，作为玩心机的老手，雍正也未尝不清楚策零的这一打算，结果双方便形成了僵持的局面，谁都不肯迈出第一步，哪怕脸上都已憋到通红。

和战趋势的发展和演变最终还是得靠战争来解决，就在雍正深感骑虎难下之际，继北路军之后，西路军方面终于也传来了捷报。

查郎阿虽然名义上是西路军的一把手，但他在军事上的能力并不比锡保、马尔赛强上多少，西路军务主要还是依赖于张广泗。张广泗自受命以来，通过详细考察地形，改变了岳钟琪在任时的错误方略。他首先奏准雍正，将全军撤出被认为"地处两山间"，"非屯兵进取之地"的木垒，转而退屯巴尔库尔，以便利用地形，以守为攻。

针对准噶尔善于用骑兵实施迅猛突袭的特点，张广泗以巴尔库尔为中心，不仅在各要隘设置哨所，派兵巡护牧场，还增兵哈密、塔勒纳沁等极为重要的驿站和屯垦点，对其严加戒备。除此之外，西路军各部之间的协同配合也得到加强，只要发现准军的警报一响，各路将士便互相求援，合力对敌兵展开围歼。

张广泗在换下岳钟琪的第一年，便屡次挫败了准噶尔对西路所发动的突袭，使得西路军逐渐由战略防守转为战略进攻。次年，雍正改授张广泗为正红旗汉军都统，让他直接统帅京师八旗与准军作战，张广泗遂率一万兵为前锋，进驻北山，为实施反攻进行准备。

1734 年，张广泗组织和指挥西路军发起反攻，他亲率京师八旗冲锋在前。一场天昏地暗的恶战之后，袭击西路的准军主力被打垮，余部落荒而逃，西路军乘胜追击，直至鄂隆吉大阪全歼逃敌。虽然实际歼敌数量并不多，只斩杀准军四百余人，俘三十六人，但这是自出兵准噶尔以来，清军所独自取得的第一场货真价实的胜仗。捷报传至京城，雍正立即下诏对西路军进行犒劳和论功行赏。

西路受挫，对策零自然是个不小的打击，而在清军已经打了胜仗的前提下，朝廷如果遣使议和，便不再存在丢面子的问题，相反它还可以被解释为不拘小节的大度之举。当年 8 月，雍正主动打破僵局，派傅鼐、内阁学士阿克敦、副都统罗密前往准噶尔议和。

前往准噶尔的道路自非坦途，一路上黄沙万里，即便配备了向导，也有迷路的时候，使团往往通过连年战争所遗留的人畜白骨，才能重新辨识和找到通向准噶尔的方向道路，只是真不知道这是幸抑或不幸了。

在到达准噶尔领地和见到策零后，傅鼐即向宣布雍正的旨意，宣诏时人山人海，“观者以万计”。傅鼐相貌堂堂，声如洪钟，引得围观的准噶尔人都一边拿手指着他，一边用蒙古语交头接耳，说：“果然是中国大皇帝的使臣，相貌就是出众！”

如同其他蒙古王公一样，策零伏地听旨，但一俟进入实质性的谈判环节，他便以国与国的态度来予以对待，且寸步不让。雍正的诏书中言明为漠北蒙古和与准噶尔蒙古划分游牧地，以阿尔泰山为界，策零表示反对，要求以杭爱山为界，阿尔泰山为其游牧地。

“阿尔泰山乃不毛之地，中国（指中央政府）拿去有什么用！况且这是我的先辈披荆斩棘，刀头舐血，才从喀尔喀手里争来的地方，怎么能在我手里丢掉呢？”

惊骇欲绝

傅鼐能在这种场合下充当使节和谈判代表，自然也是能言善辩之人，他马上应声答道："我还以为您心里已经没有您的先辈呢！如果您对先辈们真的如此尊重，那是再好不过了。"

傅鼐引证说，当初康熙三征噶尔丹，策零的父亲策妄阿拉布坦与清军合作，以噶尔丹为敌。噶尔丹败亡后，策妄阿拉布坦就主动把阿尔泰山献给中央政府管辖，中央政府也已在阿尔泰山设置驿站多年。

"您现在还说坚持不让出阿尔泰山，这不单单是违背大皇帝（雍正）的旨意，更是违背了您先辈们的意愿，难道您不认为这是件很不吉利的事吗？"

策零语塞，但他并不甘心就此让步。见嘴皮子上不是对手，在谈判间隙，他便唆使一群文臣武将去威胁傅鼐，说："您今天若不答应我们的条件，就不要想活着回去了！"

傅鼐性格刚直豪爽，且向来敢作敢当，无惧无畏，当即厉声对他们说："出嘉峪关而思归者，庸奴也，我如果抱着侥幸生还的念头，就不来你们这里谈判了！今天的谈判，如果能够谈成，我们双方以后就是万世和好的局面，这对大家都有利，但如果谈不成，你们非要杀了我，那就杀好了。杀我不过是一句话的事，你们这样婆婆妈妈，搞得像女人做事一样，我真是为你们的大王感到羞耻。"

不愧是"清廷好舌头"，一番话不卑不亢，言正词严，说得众人无言以对，面面相觑，只好都灰溜溜地退了下去。

次日，策零把准方起草的谈判文件递交给傅鼐等人，在文件上，他做出了让步，以杭爱山为界被改成了以哲尔格西喇呼鲁苏为界。随后，傅鼐等人与策零所派的使节一起返京，向雍正进行禀报。

就策零所划边界，雍正征求策棱的意见，策棱说以前漠北蒙古的游牧地确实不到哲尔格西喇呼鲁苏，所以此为界是可以的，但是仍应规定准噶尔人不得越过阿尔泰山。

阿尔泰山是阻碍准噶尔人东侵的天然障碍，在西北战争中，准军两次对漠北发动大规模进攻，都必须首先越过阿尔泰山。雍正认为策棱言之有理，应该将阿尔泰山作为缓冲带。

清廷把自己的意见反馈给策零，策零又不满意。此后两边一直争论来争论去，使得和谈相持不决。尽管如此，鉴于形势已经明显缓和，1735 年上半年，雍正还是批准了两路撤军计划，除留下必要兵力屯守要隘，主力全部撤回内地。

在西北事务尚未能够最后了断的情况下，与准噶尔达成协约乃至解决准噶尔问题，仍是雍正渴望实现的目标，只是他已没有时间和机会了。

雍正自从病愈后，身体一直都很好。1735 年 10 月 6 日这一天，他感到有些不适，但仍照常在圆明园内办公，没有休息，当天大学士张廷玉照常进见，未有间断，并没有发现皇上有什么明显异样。

次日白天也不例外，晚上二更的时候，张廷玉刚刚就寝，突然有内侍前来宣诏，让他前往圆明园，而且催得非常急。他不敢耽搁，连忙起身穿上衣服，匆匆赶往圆明园。

除张廷玉，庄亲王允禄、果亲王允礼、大学士鄂尔泰等人当天深夜也都接到了前往圆明园的急召。由于事情紧急，缺乏准备，张廷玉乘的是官厩中的劣马，赶路时几乎从马上跌下来，鄂尔泰更惨，只能骑一头运煤的骡子，骡子上没有马鞍，弄得他肛门开裂，大腿上的皮也被磨破了，鲜血涔涔而下，可是鄂尔泰却丝毫没有察觉到（当然就是他发觉，恐怕那时候也顾不上处理什么伤口了）。

张廷玉第一个到圆明园，在他赶到之前，已有三四个内侍在圆明园西南门翘首以待，一看到张廷玉，他们就将他带往寝宫。张廷玉这才知道雍正竟然已濒临弥留关头，他白天一直在雍正身边，却没有发现皇上有任何危殆预兆，自然很难接受这一现实，所以那一瞬间感觉"惊骇欲绝"。

"惊骇欲绝"可以用来概括鄂尔泰等人的共同感受。在内侍的引领下，大家先在雍正的御榻前请安，然后出门到台阶下等候。事已至此，他们只能指望奇迹降临，就像五年前雍正身患重病却又转危为安那样。

太医一直在为雍正诊治和进药，但全无效果，至 10 月 8 日子时（半夜十一点至凌晨一点），雍正"龙驭上宾"。奇迹终于还是没有发生，这一天距离雍正五十八岁生辰仅差两个月！

疑案

五年前雍正病重的时候，曾把密诏和密旨的内容单独透露给张廷玉和鄂尔泰，及至雍正在圆明园去世，两人告诉允禄、允礼等人："大行皇帝曾示我二人有密旨，应急请出。"众人都表示同意。

按照雍正所嘱，密旨藏在圆明园内，可是问总管太监，他却说不知有此密旨，所以不晓得藏于何处。张廷玉平时的角色就相当于雍正的贴身秘书长，他分析道："大行皇帝当日密封之件，谅亦无多，外用黄纸固封，背后写一'封'字者即是。"

根据张廷玉提供的这一特征，众人一通寻找，终于把密旨找出，拆开一看，上面是雍正御笔亲书，说明皇位传于宝亲王弘历。张廷玉立即就灯下宣读，众臣拜请弘历（即乾隆）受命，乾隆随令允禄、允礼、张廷玉、鄂尔泰辅政，安排既定后，再率众人扶雍正灵柩返回紫禁城。

根据清宫档案，在张廷玉等人被召至圆明园之前，乾隆和他的弟弟、和亲王弘昼已经随侍在御榻旁。雍正召重臣们进宫应该是要嘱托后事，特别是宣布皇储，然而在他死后，圆明园的密旨一时竟无处寻觅，由此可知在张廷玉等人进入寝宫时，雍正已失去知觉，或至少失去了最基本的语言和行动能力。

是雍正首创"密建皇储"法以及五年前所做出的安排，保证了在如此突兀的情况下，政权仍能以最稳妥的方式得到交接。10 月 8 日寅时（凌晨三点至五点），乾隆来到紫禁城，在他的注视下，内侍从"正大光明"匾后取出了元年所封诏书，也就是可与密旨相互验证的密诏，但没有当场拆开。等到允禄、允礼、张廷玉、鄂尔泰等人到齐，才拆封宣读，其内容果然与圆明园密旨分毫不差。

明清两代遗诏多系君主驾崩后所拟，雍正五年前曾"面谕遗诏大意"，准备在他死后让大臣们给他草拟遗诏，当然他当时没死成，遗诏也就不存在了。雍正死后，他的遗诏系由乾隆与众大臣酌商拟定所成，里面基本保留了雍正面谕时所说的"遗诏大意"，比如雍正对允禄、允礼、张廷玉、鄂尔泰四人的评价（四人能够辅政，也主要缘于此），比如让张廷玉、鄂尔泰将来"配享太庙，以昭恩礼"等。

雍正自己入承大统不仅在他当朝时引起民间质疑，对后世而言也是疑团重重，但他的儿子即位却没有引起任何争议，除了父子两人所处政治环境已大不相同，雍正生前的未雨绸缪无疑是一个最重要的因素。甚至五年前他对自己后事所做的周密安排，也保证了其丧事的有条不紊，雍正所亲自指定的随葬品，即两盘数珠、一只玻璃鼻烟壶以及一部经、一个古钱，均于去世当天被放入了棺内。

雍正死得过于仓促，官书中虽载其因病而亡，却没有说清楚究竟是死于什么病，加上一直以来外界对他为人的一些争议，遂引起各种猜测，最流行的一种说法是说他被吕四娘所刺杀。

据传说，吕四娘是吕留良之子吕葆中的女儿（也有说是吕留良的女儿），吕留良案发时，她在外作客，故逃过一劫。后来，吕四娘遇异人学得一身武艺，为报父祖之仇，她潜入寝宫，刺杀了雍正，并把雍正的脑袋割下，提着逃走了。“吕四娘行刺说”主要见之于稗官野史，好事者还把鄂尔泰拉进来作为佐证，说鄂尔泰是雍正死的那天下午被召进宫的，而他在被召时，关于雍正暴崩的消息早已闹得满城风雨。

圆明园虽属离宫，但雍正一年里有超过一半的时间在里面办公和休息，园内设有护军营，军士和侍卫们日夜巡逻，要想潜入而且还要取下皇帝首级，是件不可想象的事，吕四娘到底又是如何做到的？

唐代有一部传奇小说《红线传》，里面的侠女红线身怀绝技，能潜入戒备森严的大宅中，从敌方大将的枕头底下盗取金盒。人们认为吕四娘也有这样的奇能异术，他们把吕四娘、鄂尔泰都掺入了雍正遇刺毙命的故事，使之变得更加形象生动，《清宫词本事》中这样写道：“羽林执戟卫森严，月落鸡人报警签，红线剑光寒似雪，老臣夜半泣龙髯。”

“吕四娘行刺说”流传甚广，就连有的学者都在其著作中加以引用，“雍正被刺”也因此被列入所谓的“清宫四大疑案”，与“太后下嫁”“顺治出家”“狸猫换太子”（雍正与海宁陈氏换子的传闻）并列。

最好的时期

从史实上看，当年雍正在处理吕留良案时，就已下令将吕留良的孙辈全部发戍宁古塔，给披甲人为奴，这些吕氏后人遭到严格管制，不能自由活动，当然更无法替祖上报仇。值得注意的是，雍正末年社会上确实出现了“吕氏孤儿”漏网的流言，并且已经传入宫内，雍正为此在浙督李卫的奏折上批道："外边传有吕氏孤儿之说，当密加访察根究，倘若吕留良子孙有隐匿以致漏网者，在卿干系匪轻。"李卫随后通过密折禀复雍正，说吕氏一门，不论男女老幼都已被抓了起来，连吕留良父子的坟茔也在监视之列，他可以保证不会有任何一个人漏网。

雍正行事严谨周密，甚至还可以说有些过于苛刻细致，从来容不得臣工给他打马虎眼，李卫作为宠臣，又以善于侦缉闻名，在这件事上自然不会也不敢敷衍搪塞，由此可知吕四娘侥幸漏网是不太可能的，史学界也普遍认为，吕四娘刺杀雍正是子虚乌有的传闻之辞，历史上并无此事。

既然不可能有吕四娘刺杀雍正的事，民间这种传说又是因何而起呢？1729年，江南大侠甘凤池等人在浙江策划反清复明活动，准备在次年秋天举事，此案被李卫侦破，甘凤池遭到逮捕，这就是"江南案"。自清初以来，江南一直是前明遗民和江湖情结特别浓重的地区，康熙时，包括一念和尚在内，许多人都打着"朱三太子"的旗号在当地进行活动，甘凤池本人就是一念的徒弟。至雍正中期，江南反清势力才日渐式微，"江南案"更使之遭到了雪上加霜般的沉重打击，从此一蹶不振，此后也不再见有打着朱姓旗号起事者。

现实中越是难以做到的事，人们往往越希望它在想象中能够实现，"江南北八侠"由此应运而生。民间称八侠中包括吕四娘、甘凤池在内的七人都曾是郑成功的部下，并且都始终不渝地从事着反清复明活动，这样便很容易把吕四娘与吕留良联系到一起，再与社会上"吕氏孤儿漏网"的传言一结合，吕氏孤儿也就顺势变成了能够飞檐走壁地混入宫中，用飞剑将皇帝脑袋削去的神奇女侠吕四娘了。

近年史学界对雍正死因的推测，主要集中于中风死、过劳死、丹药中毒等几种，但都只是推论，并无板上钉钉的确凿依据。古代医学不发达，对于很多病症都束手无策，雍正五年前得的那场重病，皇家档案中就没有注明病因，实际也可以看作根本没有查出来，后来之所以能够痊愈，药物固然起到了一定作用，但可能多半还是靠运气。据此是否可做这样一个判断：由于当年的病因没有真正查出，病根很有可能仍然潜藏在雍正体内，只是没被发觉而已。疾病潜伏的时间久了，自然来势就猛，所以五年后一旦发作，就能在瞬间将雍正彻底击垮。

雍正从入承大统到驾崩，计在位十三年，时间甚短，但对国家事务、社会问题、民间生活都影响深远。著名历史学家郑天挺讲明清史问题，列举1840年以前明清史上发生的十四件大事，其中属于雍正朝的就有两件，即实行摊丁入亩和设立军机处。他在讲清史时，说到清朝历史上有八件大事，属于雍正朝的也有两件，其一是摊丁入亩，其二则是驱逐西方传教士。

从明朝建立的1368年到鸦片战争开始前的1840年，在这近五百年的漫长岁月中，雍正朝只占十三年，但却有两三件以上不同凡响的施政大事，足见雍正的魄力以及那个时代的重要。

事实上，雍正朝不仅是清代历史也是中国历史上一个相对太平、富足的时代。嘉庆年间的皇族学者昭梿在《啸亭杂录》中说，康熙末年“库帑亏绌，日不给”，而至雍正末年，封柜库所藏国帑“至三千余万，国用充足”，朝廷“仓廪皆充实，积贮可供二十余年之用”。

至雍正中期，国库存银一度达到六千万两，在康熙规定“永不加赋”的前提下，这是一个相当可观的数字。后来由于西北两路用兵，动用了将近一半，但就这样，到新君继位，国库也还存有两千四百万两白银。

即便与世界上的其他先进国家相比较，雍正朝时的中国也不逊色。当时的欧洲各国正处于资本主义萌牙期，近代科技和政治思想虽已露出峥嵘，但还刚刚驶出历史的站台，远没有到开花结果的时候，就物资繁荣程度而言，中国尚走在它们前面，社会发展程度则各有千秋，至少可以做到两相持平。

这是所谓康乾盛世的中间阶段，也可以说已经进入了盛世中最好的时期，把它推上巅峰的人实在功不可没。在当政的十三年里，雍正“以勤先天下”，坚持“今日事今日毕”，每天看的奏折有多少且不说，只是亲手批阅的公文就印行了《上谕内阁》一百五十卷，《朱批谕旨》三百六十卷，没有印行的还有很多。郑天挺因此评价雍正“作为一个封建帝王，能做到这点（指勤政），是很不容易的”，他认为雍正是一个“好皇帝”。

雍正在他统治的后期，也做了一个自我评价，说：“朕返躬自省，虽不敢媲美三代以上圣君哲后，若汉唐宋明之主实对之不愧。”

他一点都没有谦虚，当然也不用谦虚，因为他这一生正是照着这个去做的！

参考文献

[1] 冯尔康 . 雍正传 [M] . 北京：人民出版社，1985.

[2] 冯尔康 . 清朝通史：雍正朝分卷 [M] . 北京：紫禁城出版社，2003.

[3] 冯尔康 . 雍正继位新探 [M] . 天津：天津人民出版社，2007.

[4] 梁希哲 . 清帝列传：雍正帝 [M] . 长春：吉林文史出版社，2004.

[5] 杨启樵 . 揭开雍正皇帝隐秘的面纱 [M] . 上海：世纪出版集团，上海书店出版社，2002.

[6] 杨启樵 . 雍正帝及其密折制度研究 [M] . 上海：上海古籍出版社，2003.

[7] 史松 . 雍正研究论纲 [J] . 清史研究，1993（2）：68~78.

[8] 韦庆远 . 论雍正其人 [J] . 史学集刊，2000（3）：29~37.

[9] 张大春 . 雍正的第一滴血 [M] . 北京：宝文堂书店出版社，1988.

[10] 李春光 . 清代名人轶事辑览 [M] . 北京：中国社会科学出版社，2004.

[11] 启功 . 启功口述历史 [M] . 赵仁珪，章景怀，整理 . 北京：北京师范大学出版社，2004.

[12] 冯尔康 . 清人生活漫步 [M] . 北京：中国社会出版社，1999.

[13] 中国社会科学院历史研究所清史研究室 . 张诚日记 [M] // 张宝剑，译 . 清史资料：第五辑 . 北京：中华书局，1984.

[14] 国家清史编纂委员会编译组 . 张诚书信 [M] // 辛岩，选译 . 清史译丛：第二辑 . 北京：中国人民大学出版社，2005.

[15] 王锺翰 . 清史满族史讲义稿 [M] . 厦门：鹭江出版社，2006.

[16] 王锺翰 . 王锺翰清史论集：第二册 . [M] . 北京：中华书局，2004.

[17] 郑天挺 . 清史简述 [M] . 北京：中华书局，1980.

[18] 麻天祥 . 雍正与清初禅学之兴衰 [J] . 湖北社会科学，2007（9）：

103~106.

［19］线天长，吴营洲．戴铎的聪明与雍正的聪明［J］．书屋，2008（9）：51~54.

［20］徐广源．康雍乾三帝的两次会聚一堂：雍正帝继位的关键［J］．紫禁城，2013（3）：120~126.

［21］范军．雍正为什么不高兴［J］．传奇故事：百家讲坛下旬，2009（10）：18~22.

［22］刘宗志．清代北京的仓储［J］．中国减灾，2008（5）：50~50.

［23］闫文博．清代仓储亏空的官吏赔补制度［J］．西南大学学报（社会科学版），201，37（4）：75~80.

［24］孟森．清世宗入承大统考实［M］// 孟森．明清史论著集刊．北京：中华书局，1959.

［25］孟森．清初三大疑案考实［M］// 沈云龙．近代中国史料丛刊：第36辑．台北：文海出版社，1966.

［26］金承艺．从“胤禵”问题看清世宗夺位［M］.//“中央研究院”近代史研究所集刊：第五期．台北：近代史研究所，1976.

［27］金恒源．雍正帝篡位说新证［J］．史林，2004（3）：122~125.

［28］鄂世镛．浅谈雍正用人［J］．辽宁大学学报（哲学社会科学版），1983（3）：60~63.

［29］刘桂林．清世宗选贤任能述论［J］．历史档案，1985（2）：88~91.

［30］王志明．清雍正帝的面试术［J］．史林，2002（4）：94~102.

［31］史景迁．追寻现代中国：1600—1912年的中国历史［M］．黄纯艳．译．上海：上海远东出版社，2005.

［32］史景迁．皇帝与秀才：皇权游戏中的文人悲剧［M］．邱辛晔．译．上海：世纪出版集团，上海远东出版社，2005.

［33］中国社会科学院历史研究所清史研究室．襄勤伯鄂文端公年谱［M］// 张宝剑，译．清史资料：第二辑．北京：中华书局，1981.

［34］许宏芝．论田文镜及雍正朝的吏治［J］．广播电视大学学报（哲学社会科

学版），2006，23（3）：85~87.

［35］吴玉清．雍正与怡亲王允祥［J］．清史研究，1993（1）：99~103.

［36］倪军民．雍正“逼母”考［J］．紫禁城，1998（1）：26~29.

［37］罗尔纲．湘军新志［M］// 沈云龙．近代中国史料丛刊续编：第 95 辑．台北：文海出版社，1983.

［38］王志明．雍正反腐败的政治极限［J］．江汉论坛，2004（2）：62~65.

［39］江晓成．清雍正朝两湖地区的财政亏空及其清查［J］．石家庄学院学报，2012，14（1）：49~53.

［40］陈锋．清代的清查亏空［J］．辽宁大学学报（哲学社会科学版），2008，36（6）：72~76.

［41］张文霞．浅析雍正清查亏空［J］．企业家天地下半月刊：理论版，2009（3）：268.

［42］王兴亚．田文镜在河南治贪倡廉举措与实践的反思［J］．黄河科技大学学报，2016，18（2）：74~81.

［43］李志茗．论清代俸给制度的嬗变［J］．清史研究，史林，1998（1）：20~29.

［44］董建中．耗羡归公政策究竟是如何出台的［J］．清史研究，2002（2）：36~45.

［45］李国荣．论雍正帝的务实思想［J］．故宫博物院院刊，1998（1）：46~53.

［46］王伟，袁艺．现存雍正画像研究［J］．美术大观，2010（1）：12~13.

［47］马国贤．清廷十三年——马国贤在华回忆录［M］．李天纲．译．上海：上海古籍出版社，2004.

［48］鲁人．雍正时期的“教难”探讨［J］．中国天主教，1998（2）：43~45.

［49］孟桑．在北大讲清史［M］．杨佩昌．整理．北京：中国画报出版社，2010.

［50］萧一山．清代通史：第一卷［M］．上海：华东师范大学出版社，2005.

［51］李国文．雍正的嘴脸［J］．海内与海外，2009（4）：42~43.

［52］况周颐．餐樱芜随笔［M］．张继红．点校．太原：山西古籍出版社，1995.

[53] 吴吉远 . 雍正帝与年羹尧的郎舅情结［J］. 紫禁城，1997（4）: 20~24.

[54] 苏同炳 . 雍正与年羹尧［J］. 紫禁城，2009（10）: 30~34.

[55] 马以工 . 黑色的雍正四年［J］. 紫禁城，2011（8）: 52~55.

[56] 马以工 . 红楼梦与雍正［J］. 紫禁城，2009（3）: 40~43.

[57] 王志明 . 清雍正帝的面试术［J］. 史林，2002（4）: 94~102.

[58] 李秀兰 . “模范督抚”李卫［J］. 历史教学，2002（8）: 66~69.

[59] 青云 . 保定直隶总督轶事（之二）“模范督抚”李卫［J］. 乡音，2006（11）.

[60] 李婷婷 . 清朝中后期捐纳制度的嬗变及影响［J］. 齐齐哈尔大学学报（哲学社会科学版），2015（4）: 79~81.

[61] 黄培林 . 云南盐史概说［J］. 盐业史研究，1996（3）: 62~66.

[62] 胡忠良 . 雍正中期“江南案”透析［J］. 清史研究，2001（1）: 58~64.

[63] 宋媛媛 . 直隶总督李卫与京畿治理研究［J］. 河北大学，2014.

[64] 韦庆远 . 论雍正其人［J］. 史学集刊，2000（3）: 29~37.

[65] 曹相 . 清朝雍正年间滇西南地区的改土归流［J］. 云南师范大学学报（哲学社会科学版），1997（1）: 18~23.

[66] 余宏模 . 清代雍正时期对贵州苗疆的开辟［J］. 贵州民族研究，1997（3）: 66~74.

[67] 伯格理，甘铎理 . 在未知的中国［M］. 东人达，东旻 . 译 . 昆明: 云南民族出版社，2001.

[68] 杨正贤 . 张广泗评述［J］. 凯里学院学报，2013，31（4）: 63~67.

[69] 王进驹 . 一份清代失意文人病态心理的标本——谈汪景祺的《读书堂西征随笔》［J］. 广西师范学院学报（哲学社会科学版），2000，21（2）: 52~54.

[70] 雍正 . 大义觉迷录［M］. 北京: 中国城市出版社，1999.

[71] 俞国林 . 吕留良与吴之振交游述略［J］. 中国诗歌研究，2011.

[72] 庄秋水 . 愤怒的师爷［J］. 新世纪周刊，2011（22）: 102~102.

[73] 郭成康 . 雍正密谕浅析——兼及军机处设立的时间［J］. 清史研究，1998（1）: 1~13.

[74] 瞿兑之 . 杶庐所闻录，故都闻见录［M］. 太原: 山西古籍出版社，1995.

［75］阿海．雍正十年：那条瑞典船的故事［M］．北京：中国社会科学出版社，2006.

［76］徐广源，孙秀珍．雍正提前安排后事［J］．出版参考，2003（1）：19~20.

［77］张建．火器与清朝内陆亚洲边疆之形成［J］．南开大学，2012.

［78］张建．雍正朝北路军营“鹿角兵”考［J］．历史档案，2015（4）：125~127.

［79］昭梿．啸亭杂录［M］．北京：中华书局，1980.

［80］魏源．魏源全集（第三册）：圣武记，附夷艘寇海记［M］．长沙：岳麓书社，2005.

［81］潘洪钢．雍正帝之死［J］．紫禁城，2009（10）：60~63.

图书在版编目（CIP）数据

雍正大传 / 关河五十州著 . -- 北京 : 现代出版社，2018.8

ISBN 978-7-5143-7279-3

Ⅰ. ①雍… Ⅱ. ①关… Ⅲ. ①雍正帝（1678-1735）—传记 Ⅳ. ① K827=49

中国版本图书馆 CIP 数据核字 (2018) 第 162065 号

雍正大传

作　　者：关河五十州
责任编辑：张　霆
出版发行：现代出版社
通信地址：北京市安定门外安华里 504 号
邮政编码：100011
电　　话：010-64267325　64245264（传真）
网　　址：www.1980xd.com
电子邮箱：xiandai@vip.sina.com
印　　刷：三河市宏盛印务有限公司

开　　本：710mm×1000mm　1/16
印　　张：24　　字　　数：384 千
版　　次：2018 年 8 月第 1 版　　印　　次：2019 年 9 月第 3 次印刷
书　　号：ISBN 978-7-5143-7279-3
定　　价：55.00 元